Studien zum Zivilrecht

Herausgegeben von

Prof. Dr. Dr. h.c. Barbara Dauner-Lieb, Universität Köln
Prof. Dr. Christian Berger, Universität Leipzig
Prof. Dr. Florian Faust, Bucerius Law School Hamburg

Band 28

David John

Rechtswidrigkeitszusammenhang und Schutzzweck der Norm

Dogmatische Chimären im Kontext rechtmäßigen Alternativverhaltens

Nomos

Die Deutsche Nationalbibliothek verzeichnet diese Publikation in der Deutschen Nationalbibliografie; detaillierte bibliografische Daten sind im Internet über http://dnb.d-nb.de abrufbar.

Zugl.: Hamburg, Bucerius Law School, Diss., 2019

ISBN 978-3-8487-6450-1 (Print)
ISBN 978-3-7489-0574-5 (ePDF)

1. Auflage 2020

Meinen Eltern

Vorwort

Die Arbeit wurde im August 2018 fertiggestellt und im Herbsttrimester 2019 von der Bucerius Law School – Hochschule für Rechtswissenschaft – in Hamburg als Dissertation angenommen. Am 5. November 2019 fand die mündliche Prüfung statt.

Mein herzlicher Dank gebührt meinem Doktorvater Herrn Professor Dr. Jens Prütting, LL.M. oec. Er hat mir nicht nur die wesentliche Anregung für das Thema dieser Arbeit gegeben, sondern auch die dogmatische und rechtstheoretische Schärfung der Untersuchung durch wertvolle Hinweise unterstützt. Frau Professor Dr. Katharina Lugani danke ich für die Erstellung des Zweitgutachtens. Frau Professor Dr. Dr. h.c. Barbara Dauner-Lieb, Herrn Professor Dr. Christian Berger, LL.M. (Edinburgh) und Herrn Professor Dr. Florian Faust, LL.M. (Michigan) danke ich für die Aufnahme in ihre Schriftenreihe.

Für die zahlreichen ermutigenden Worte meiner Familie, Freunde und Kollegen während der Anfertigung der Arbeit bin ich sehr dankbar. Besonders danke ich Philipp Gudert und Arne Hammerich für die aufmerksame Durchsicht und Korrektur des Manuskripts.

Dass mir durch ein sehr unterstützendes Umfeld die Freiheit gewährt wurde, mich in Lektüre und Gedanken zu vertiefen – und mich hin und wieder auch von diesen abzulenken zu lassen – begreife ich als großes persönliches Glück.

Hamburg, im Dezember 2019, David John

Inhaltsverzeichnis

Abkürzungsverzeichnis

a.A.	anderer Ansicht
Abs.	Absatz
AcP	Archiv für die civilistische Praxis
AG	Die Aktiengesellschaft
Aufl.	Auflage
BAG	Bundesarbeitsgericht
BAGE	Entscheidungen des Bundesarbeitsgerichts
BB	Betriebs-Berater
BeckRS	Beck online Rechtsprechung
BGH	Bundesgerichtshof
BGHSt	Entscheidungen des Bundesgerichtshofes in Strafsachen
BGHZ	Entscheidungen des Bundesgerichtshofes in Zivilsachen
BVerfG	Bundesverfassungsgericht
BVerfGE	Entscheidungen des Bundesverfassungsgerichts
Ders.	Derselbe
DNotZ	Deutsche Notar-Zeitschrift
f.	folgende
ff.	folgende (mehrere)
FS	Festschrift
GesR	GesundheitsRecht
GmbHR	Die GmbH-Rundschau
JA	Juristische Arbeitsblätter
JR	Juristische Rundschau
JuS	Juristische Schulung
JZ	JuristenZeitung
LG	Landesgericht
m.w.N.	mit weiteren Nachweisen
NJW	Neue Juristische Wochenschrift
NJW-RR	NJW Rechtsprechungs-Report

Nr.	Nummer
NZA	Neue Zeitschrift für Arbeitsrecht
OGH	Oberster Gerichtshof
OLG	Oberlandesgericht
RG	Reichsgericht
RGZ	Entscheidungen des Reichsgerichts in Zivilsachen
Rn.	Randnummer
RWZ	Rechtswidrigkeitszusammenhang
SJZ	Süddeutsche Juristenzeitung
VersR	Versicherungsrecht
vgl.	vergleiche
WM	Wirtschafts- und Bankrecht
ZfPW	Zeitschrift für die gesamte Privatrechtswissenschaft
ZIP	Zeitschrift für Wirtschaftsrecht
ZRP	Zeitschrift für Rechtspolitik

§ 1 Einleitung

A. Ziel der Untersuchung

Die vorgelegte Untersuchung widmet sich der kritischen Analyse zweier maßgeblicher Konzepte, die zur Bewältigung des Problems rechtmäßigen Alternativverhaltens im Privatrecht herangezogen werden: Dem so genannten Rechtswidrigkeitszusammenhang (RWZ) und dem Schutzzweck der Norm. Das Problem rechtmäßigen Alternativverhaltens stellt sich in Form der Frage: Kann ein rechts- oder pflichtwidrig handelnder Schädiger nach geltendem[1] Schadensersatzrecht haftungsbefreiend einwenden, dass der Schaden auch bei recht- oder pflichtmäßigem Verhalten eingetreten wäre? Die zentrale Gemeinsamkeit der Konzepte des RWZ und des Schutzzwecks der Norm ist, dass sie unzutreffende Schlüsse aus demselben Grundgedanken ziehen. Beide Ansätze stützen sich auf einen „*Steuerungsgedanken*“[2], demzufolge das Schadensersatzrecht, nach bewusst-gesetzgeberischer Ausgestaltung, auf eine schadenspräventive Verhaltenssteuerung abzielt. Dieser Steuerungsgedanke wird – nach älteren Konzepten der Literatur[3] – herangezogen, um rechtmäßiges Alternativverhalten bereits auf Ebene der Haftungsbegründung entlastend zu berücksichtigen. Wann im-

---

1 Der Geltungsbegriff wird, wie unter § 2 A., näher erläutert, im Sinne einer „*Soll-Geltung*“ aufgrund staatlicher Rechtsetzung verwendet, siehe *Rüthers/Fischer/Birk*, Rechtstheorie, 10. Aufl. 2018, § 8 B. I., Rn. 337; „*Geltungsgrund*“ ist insofern der sich in unterschiedlicher Form manifestierende Gesetzgeberwille, insbesondere die Verfassung, *Krawietz*, Recht als Regelsystem, 1984, S. 13: „*Im kontinentaleuropäischen Verfassungsstaat, in dem die Staatsverfassung den letzten normativen Geltungsgrund allen staatlichen Rechts darstellt und auch den Vorgang der Rechtserzeugung* [...] *eingehend regelt* [...]“.

2 Zum Begriff, wenngleich in einem anderen Verwendungskontext: *Bumke*, Relative Rechtswidrigkeit, 2004, S. 262; *Schmidt-Aßmann*, Das allgemeine Verwaltungsrecht als Ordnungsidee, 2. Auflage 2004, S. 18; die von *Schmidt-Aßmann* und – darauf aufbauend – *Bumke* entwickelten Gedanken werden für die Bedeutung der Verhaltenssteuerung im Schadensersatzrecht noch näher aufgegriffen, siehe insbesondere unten § 3 D. III.

3 In der Untersuchung werden die Konzepte *Münzbergs*, *Hanaus*, *Gotzlers* und *Erbs* näher betrachtet: *Münzberg*, Verhalten und Erfolg, 1966; *Hanau*, Kausalität der Pflichtwidrigkeit, 1971; *Gotzler*, Rechtmäßiges Alternativverhalten, 1977; *Erb*, Rechtmäßiges Alternativverhalten, 1991.

mer die Präventionswirkung einer Verhaltenspflicht im Einzelfall versage, weil auch recht- oder pflichtmäßiges Verhalten einen Verletzungserfolg (eine Rechtsgutsverletzung) oder Schaden nicht verhindert hätte, fehle systematisch eine zentrale Haftungsvoraussetzung in Form des RWZ.[4] Der Steuerungsgedanke wird demgegenüber von der aktuellen höchstrichterlichen Rechtsprechung angeführt, um rechtmäßiges Alternativverhalten im Einzelfall unberücksichtigt zu lassen und auf diese Weise zu verhindern, dass wichtige Verhaltenspflichten *„sanktionslos"* gestellt werden.[5]

Dass sich der Steuerungsgedanke, gleichwohl er ein grundsätzlich anzuerkennendes Prinzip[6] der legitimierten Schadensersatzrechtsordnung[7] ist, weder überzeugend in die eine, noch in die andere Richtung deuten lässt, soll nachfolgend kritisch herausgearbeitet werden. Der Steuerungsgedanke kann weder dazu herangezogen werden, einen besonderen Zusammenhang von Pflichtwidrigkeit und Schaden als einschränkendes Zurechnungskonzept zu fordern, noch dazu, die Berücksichtigung rechtmäßigen Alternativverhaltens von der Bedeutung der jeweils verletzten Verhaltenspflicht abhängig zu machen. Der Begriff der dogmatischen Chimäre[8] ist vor diesem Hintergrund bewusst provokant gewählt und aus mehreren Gründen passend: Die Chimäre ist ein mythologisches Mischwesen. Ebenso vereinen sich unter den Begriffen des RWZ und des Schutzzwecks jeweils verschiedene dogmatische Vorstellungen und Konzepte.[9] Der Begriff des RWZ wird zudem uneinheitlich in Rechtsprechung und Literatur verwendet. Des Weiteren ist der RWZ – wie die Chimäre – beinahe „mytho-

---

4 Siehe etwa *Münzberg*, Verhalten und Erfolg, 1966, S. 137: *„Das Verbot hat im Einzelfall ‚versagt', es schränkt die Handlungsfreiheit* [...] *vergebens ein* [...]"; *Gotzler*, Rechtmäßiges Alternativverhalten, 1977, S. 93: *„Elemente der Zurechnung sind* [...] *der Verstoß gegen eine erkennbare VN, sowie die Eignung der Norm, die geschehene Rechtsgutsverletzung zu verhindern."*.

5 BGH, Urteil vom 09.03.2012, V ZR 156/11, NJW 2012, 2022 (2023) zur *„Verletzung von Zahlungspflichten"*; BGH, Urteil vom 19.07.2016, VI ZR 75/15, NJW 2016, 3523 (3524) zur Operation durch einen anderen als den vereinbarten Operateur (*„Chefarztbehandlung"*).

6 Zu Prinzipien als *„Grundlagen für die Auslegung und Anwendung des Rechts"* tiefergehend *Bergmann Ávila*, Theorie der Rechtsprinzipien, 2006, S. 25; siehe ferner unten, § 2 A.

7 Zur Definition der legitimierten (Schadensersatz-)Rechtsordnung als Referenzrahmen für die Untersuchung siehe unten § 2 A.

8 Der Begriff ist frei gewählt, taucht jedoch nach überschlägiger Recherche zumindest wortgleich bei *Becker-Eberhard* – zu einer anderen Thematik – auf, siehe *Becker-Eberhard*, in: FS Leipold, 2009, S. 1 (13).

9 Vgl. auch *Moore*, Transplantation, 1970, S. 25, über *„Chimäre"* als Organismus, *„der in sich zwei oder mehr* [...] *Gewebe verschiedenen genetischen Ursprungs beherbergt."*.

logischen“ Ursprungs. Das Erfordernis einer besonderen Verbindung von Rechtswidrigkeit und Schaden[10] wird häufig nur scheinbar begründet, insbesondere unter Bezugnahme auf den Steuerungsgedanken, tatsächlich aber eher überliefert, in andere Worte gekleidet und letztendlich axiomatisch unterstellt.

Obgleich die nunmehr herrschende Meinung[11] nicht eindeutig auf den RWZ abstellt, sondern allgemein den Schutzzweck der Norm anführt, um das Problem rechtmäßigen Alternativverhaltens zu bewältigen, gelingt ihr damit keine eigenständige dogmatische Begründung. Konzeptionell bewegt sie sich (zumindest scheinbar) in den Fußstapfen des RWZ.[12] Mit dem Schutzzweck erschafft sie – im Kontext rechtmäßigen Alternativverhaltens – jedoch eine weitere Chimäre. Gleichzeitig ist „Chimäre“ der gängige Begriff für ein Trugbild. Auch dies trifft auf die Konzepte des RWZ und des Schutzzwecks im untersuchten Kontext zu. Den Konzepten lassen sich keine überzeugenden Gründe für eine haftungsbeeinflussende Wirkung rechtmäßigen Alternativverhaltens entlehnen. Insofern lassen sich weder der RWZ, noch der Schutzzweck der Norm im Kontext rechtmäßigen Alternativverhaltens als Bestandteile der legitimierten Rechtsordnung[13] begreifen.

---

10 Dabei kann es sich um Rechts- oder Pflichtwidrigkeit im deliktischen wie vertraglichen Sinn handeln, ebenso schon um den Zusammenhang von Rechtswidrigkeit mit einer Rechtsgutsverletzung, die sich im deliktischen Schaden fortsetzt.

11 Exemplarisch BGH, Urteil vom 09.03.2012, V ZR 156/11, NJW 2012, 2022; BGH, Urteil vom 29.01.2016, V ZR 285/14, BGHZ 209, 1; BGH, Urteil vom 19.07.2016, VI ZR 75/15, NJW 2016, 3523; BGH, Urteil vom 02.11.2016, XII ZR 153/15, NJW 2017, 1104; BGH, Urteil vom 20.04.2017, III ZR 470/16, VersR 2018, 31; aus der Literatur siehe insbesondere *Teichmann*, in: Jauernig, 17. Aufl. 2018, Vor. §§ 249-253 BGB, Rn. 47; *Flume*, in: BeckOK-BGB, Stand 01.05.2018, § 249 BGB, Rn. 333; *Schiemann*, in: Staudinger, Neubearbeitung 2017, § 249 BGB, Rn. 105; *Oechsler*, in: MüKo BGB, 7. Aufl. 2017, § 932 BGB, Rn. 45; *Oetker*, in: MüKo BGB, 7. Aufl. 2016, § 249 BGB, Rn. 221; *Magnus*, in: Dauner-Lieb/Langen, 3. Aufl. 2016, Vor. §§ 249-255 BGB, Rn. 107 f.; *Ekkenga/Kuntz*, in: Soergel, 13. Aufl. 2014, Vor. § 249 BGB, Rn. 223; *Altmeppen*, in: MüKo AktG, 4. Aufl. 2015, § 317 AktG, Rn. 42.

12 Vgl. *Münzberg*, Verhalten und Erfolg, 1966, S. 135 f.: „*Die Verwandtschaft* [des rechtmäßigen Alternativverhaltens] *mit dem Gedanken des ‚Schutzbereichs der Norm‘ ist unverkennbar, nur daß es hier nicht um den Schutz verschiedener Rechtsgüter oder Personen geht* [...] *sondern um das diffizilere Problem einer ganz besonderen konkreten Fallgestaltung.*“.

13 Zur Definition der legitimierten (Schadensersatz-)Rechtsordnung als Referenzrahmen für die Untersuchung siehe unten § 2 A.

Für die Haftungsbeschränkung, die mit den Konzepten des RWZ und des Schutzzwecks als Elementen einer wertenden Zurechnung[14] erreicht werden soll, gibt es einen anderen, überzeugenderen Anknüpfungspunkt, der sich ebenfalls mit dem Steuerungsgedanken unterfüttern lässt: Die uneingeschränkte Berücksichtigung rechtmäßigen Alternativverhaltens als schadensmindernde hypothetische (Reserve-)Ursache im Rahmen der zur Schadensberechnung notwendigen Vergleichsbetrachtung nach § 249 Abs. 1 BGB.[15] Die zutreffend in den Konzepten des RWZ angelegten Grundgedanken lassen sich systematisch überzeugend auf die Ebene der Schadensberechnung überführen. Dadurch bekommt die Schadensberechnung eine spezielle „*normative Färbung*".[16] Damit wird eine von der aktuellen Rechtsprechungslinie erheblich abweichende Lösung vorgeschlagen, da nicht mehr nach dem Schutzzweck im Einzelfall differenziert, sondern rechtmäßiges Alternativverhalten stets entlastend berücksichtigt wird – so sich die hypothetischen Entwicklungen hinreichend zweifelsfrei feststellen lassen. Insofern lässt sich zutreffend mit *Lemhöfer*, mehr als 20 Jahre später, noch immer festhalten:

> „*Das Eigenartige der Diskussion liegt darin, daß sie weitgehend geführt wird, als schweige das Gesetz zu dem Problem, während § 249 S. 1 BGB schon auf den ersten Blick die Annahme nahelegt, daß die Frage hier gesetzlich im Sinne* ***ausnahmsloser Berücksichtigung hypothetischer Schaden-***

---

14 Zum allgemeinen Begriff der Zurechnung als „*Verbindung einer Person mit einem Geschehen nach einem bestimmten Grund*" aufgrund bestimmter Wertungen siehe *Gotzler*, Rechtmäßiges Alternativverhalten, 1977, S. 49; siehe ferner *Lange*, in: Lange/Schiemann, Schadensersatz, 3. Aufl. 2003, § 3 IV. 1., S. 81: „*Die Bedingungstheorie kann im Zivilrecht nach allseitiger Ansicht nicht das allein ausschlaggebende Zurechnungsmoment sein* [...]".

15 Grundlegend bereits OGH der Britischen Zone Köln, Urteil vom 20.01.1949, II ZS 20/48, NJW 1949, 302: „*§ 249 BGB fordert vom Schadensersatzpflichtigen nicht Herstellung des Zustandes, wie er ohne das schadenstiftende Ereignis damals* bestanden haben *würde, sondern des Zustandes, wie er ohne jenes Ereignis bestehen würde. Die Schadensfeststellung setzt den Vergleich zweier Güterlagen voraus: Der wirklich vorhandenen (durch das Schadensereignis geschaffenen) und der gedachten (hypothetischen), in der sich der ‚Geschädigte' befinden würde* [...] *Der zu ersetzende Schaden ist daher nicht unveränderlich gleich* [...] *sondern kann im Hinblick auf spätere Veränderungen sowohl des wirklichen als auch des hypothetischen Zustandes wachsen, sinken oder sich inhaltlich ändern.*".

16 Vgl. *Hanau*, Kausalität der Pflichtwidrigkeit, 1971, S. 86: „*Naturalrestitution ist nicht einfach die Herstellung des früheren Zustandes, sondern des dem Recht entsprechenden Zustandes, wie er sich bei pflichtgemäßem Verhalten ergeben hätte.*".

***sereignisse** geregelt sei. Offenbar ist man vielfach gefühlsmäßig nicht bereit, dieses Ergebnis hinzunehmen. Doch das Gefühl trügt.*"[17]

B. Entwicklung der Leitfragen für die Untersuchung

I. Konkretisierung der Ausgangsfrage

Kann ein rechts- oder pflichtwidrig handelnder Schädiger haftungsbefreiend einwenden, dass der Schaden auch bei recht- oder pflichtmäßigem Verhalten eingetreten wäre? Der bereits häufig in der rechtswissenschaftlichen Fachliteratur bemühte so genannte Radfahrer-Fall[18] soll zur näheren Konturierung der Frage dienen: Ein Lastwagenfahrer überholt einen Radfahrer fahrlässig mit zu geringem Seitenabstand, wobei der Radfahrer mit dem LKW kollidiert und verletzt wird. Der Lastwagenfahrer trägt im Prozess um den Ersatz von Heilbehandlungskosten (zutreffend) vor, dass der Radfahrer stark angetrunken gewesen und bei der Fahrt schlingernd weit zu beiden Seiten ausgeschert sei. Zur Kollision wäre es deshalb auch gekommen, wenn der Lastwagenfahrer den vorgeschriebenen Seitenabstand eingehalten hätte. Prüft man für diesen Fall die Voraussetzungen eines Schadensersatzanspruchs nach §§ 823 Abs. 1, 249 Abs. 1 BGB, lässt sich zunächst feststellen, dass eine kausale Rechtsgutsverletzung durch den Lastwagenfahrer vorliegt. Das konkrete Fahren ist eine notwendige Bedingung für den Unfall, eine condicio-sine-qua-non.[19] Auch unter Adäquanzgesichtspunkten ist die Rechtsgutsverletzung zurechenbar, denn die Kollision mit einem Radfahrer bei zu geringem Seitenabstand liegt zumindest nicht außerhalb jeglicher Lebenserfahrung.[20] Der Schutzzweck der verletz-

---

17 *Lemhöfer*, JuS 1966, 337 (337), Hervorhebungen durch Verfasser.

18 In für Zwecke dieser Untersuchung abgewandelter Form, zurückgehend auf BGH, Beschluss vom 25.09.1957, 4 StR 354/57, BGHSt 11, 1; siehe etwa bei *Schulze*, in: Schulze, 9. Aufl. 2017, Vor. §§ 249-253 BGB, Rn. 24; und *Oetker*, in: MüKo BGB, 7. Aufl. 2016, § 249 BGB, Rn. 217.

19 Zu der anerkannten „*Bedingungstheorie*" als „*für die Praxis brauchbare Faustregel*" und ‚*Untergrenze*' der Schadenszurechnung weiterführend *Lange*, in: Lange/Schiemann, Schadensersatz, 3. Aufl. 2003, § 3 III., S. 79 f.

20 BGH, Urteil vom 11.01.2005, X ZR 163/02, NJW 2005, 1420 (1421): „*Adäquat ist eine Bedingung dann, wenn das Ereignis im Allgemeinen und nicht nur unter besonders eigenartigen, unwahrscheinlichen und nach dem gewöhnlichen Verlauf der Dinge außer Betracht zu lassenden Umständen geeignet ist, einen Erfolg der fraglichen Art herbeizuführen.*"; siehe auch *Larenz*, Lehrbuch des Schuldrechts, Erster Band, Allgemeiner Teil, 14. Aufl. 1987, § 27 III. b 1., S. 436.

ten Pflicht, einen Mindestabstand beim Überholen einzuhalten, liegt gerade in der Vermeidung von Kollisionen mit anderen Verkehrsteilnehmern.[21] Das Schlingern des Radfahrers bleibt für die Zurechnung insofern irrelevant. Der Lastwagenfahrer wendet nicht ein, dass es *nur aufgrund* des alkoholbedingten Schlingerns zum Unfall gekommen sei. Wäre dies der Fall, ließe sich zumindest dogmatisch-strukturell darüber nachdenken, die Alkoholisierung und das Schlingern als Faktoren außerhalb der vernünftigen Lebenserfahrung anzusehen und deshalb die Adäquanz zu verneinen oder den – stark betrunkenen – Radfahrer als einen nicht vom Schutzzweck des Abstandsgebots umfassten Verkehrsteilnehmer zu betrachten.[22] Der Fall ist jedoch nicht derart gelagert, sodass sich das Schlingern im Rahmen der Zurechnung weder auf die Adäquanz, noch im Rahmen des Schutzzwecks der verletzten (Abstands-)Pflicht auswirkt.[23] Eine mögliche Minderung des zu leistenden Schadensersatzes nach § 254 BGB scheitert daran, dass das Schlingern des Radfahrers sich nicht nennenswert auf den Unfall, der schon aufgrund des nicht eingehaltenen Abstands eingetreten ist, ausgewirkt hat. Trotzdem verbleibt ein gewisses Störgefühl: Wieso soll der Lastwagenfahrer dem Radfahrer Heilbehandlungskosten ersetzen, die durch ordnungsgemäßes Fahren nicht vermieden werden konnten? Ohne die Pflichtverletzung des Lastwagenfahrers – bei Einhaltung des vorgeschriebenen Abstands – wären dem Radfahrer gleichwohl entsprechende Nachteile entstanden. Das Unterschreiten des Seitenabstands hat das Risiko der Kollision im konkreten Fall nicht relevant gesteigert, denn eine Kollision war schon in dem Schlingern des Radfahrers situativ angelegt.[24] Die Kollision war für den Lastwagenfahrer von vornherein unvermeidbar. Gleichzeitig lässt sich jedoch eine Verursachung der Kollision im natürlichen Sinne durch den Lastwagenfahrer kaum bestreiten. Dem Störgefühl

---

21 Zur Schutzzwecklehre siehe *Lange*, in: Lange/Schiemann, Schadensersatz, 3. Aufl. 2003, § 3 IX., S. 101 ff.; sowie *Larenz*, Lehrbuch des Schuldrechts, Erster Band, Allgemeiner Teil, 14. Aufl. 1987, § 27 III b 2., S. 440 ff.; die Schutzzwecklehre wird im späteren Verlauf der Untersuchung noch näher beleuchtet, siehe unten § 3 J.

22 Ob dies im Einzelnen inhaltlich überzeugt, mag dahingestellt bleiben.

23 Es sei denn, man nähme für die Konturierung des Schutzzwecks grundsätzlich an, dass eine Verhaltensnorm Schäden, die sie nicht verhindern kann, auch nicht verhindern soll, vgl. etwa *Musielak*, JA 2013, 241 (248); siehe kritisch unten § 3 J. II., S. 147.

24 *Schmidt*, in: Esser, Schuldrecht, 8. Aufl. 2000, § 33 III 2. a), S. 243: „*Es wird praktisch geltend gemacht, daß der konkrete Verhaltensverstoß das generell von der Verletzten zu tragende Risiko* [...] *nicht erhöht habe, daß er ‚irrelevant' geblieben sei, mit der fraglichen Beeinträchtigung ‚nichts zu tun' habe.*“.

dabei, den Lastwagenfahrer haften zu lassen, verleiht schon *von Caemmerer* in einem Vortrag aus dem Jahr 1962 zum *„Problem der überholenden Kausalität“* Ausdruck.[25] Bei dem Einwand auf Seiten des Lastwagenfahrers handele es sich um eine *„Berufung auf rechtmäßiges Alternativverhalten“*.[26] Der Terminus ist im Zivilrecht überwiegend anerkannt: Insbesondere im Arzthaftungsrecht[27], bei der Verletzung von Geschäftsführerpflichten[28], im Streikrecht[29], bei Amtshaftungsfällen[30] sowie Aufklärungs- und Informationspflichtverletzungen allgemein[31] wird der Einwand rechtmäßigen Alternativverhaltens erhoben und diskutiert. *Von Caemmerer* führt zum Radfahrer-Fall, dessen *„Entscheidung im Ergebnis unzweifelhaft“* sei, aus:

> *„Die Verursachung im natürlichen Sinn ist nicht zu leugnen. Aber es fehlt am* ***Rechtswidrigkeitszusammenhang*** [...] *Der Unfall und der entstandene Schaden wurzeln nicht in der Verbotenheit des Verhaltens.“*[32]

Dabei nimmt *von Caemmerer* bereits eine Verbindung mit dem *„Zweck der verletzten Norm“* vor.[33] Dieser Zweck der jeweils verletzten Norm sei – neben *„Sinn und Funktion der Schadensersatzregelung“* allgemein – für die Behandlung des Einwands rechtmäßigen Alternativverhaltens maßgeblich.[34]

Der Radfahrer-Fall ist zu einem Klassiker im zivilrechtsdogmatischen Schrifttum avanciert. Neben *von Caemmerer* erwähnen gleich zwei prägende Untersuchungen den Fall als ihr einleitendes Beispiel: Die Dissertationen von *Gotzler* aus dem Jahr 1977[35] sowie von *Erb* aus dem Jahr 1991.[36] Der Fall wird ebenso in der aktuellen Kommentarliteratur verwendet, um den Einwand rechtmäßigen Alternativverhaltens zu verdeutlichen.[37] Nach

---

25 *Von Caemmerer*, Das Problem der überholenden Kausalität, 1962, S. 31.

26 *Von Caemmerer*, Das Problem der überholenden Kausalität, 1962, S. 31.

27 BGH, Urteil vom 19.07.2016, VI ZR 75/15, NJW 2016, 3523 .

28 BGH, Urteil vom 18.04.2005, II ZR 61/03, NJW 2005, 2546..

29 BAG, Urteil vom 26.07.2016, 1 AZR 160/14, BAGE 155, 347. .

30 BGH, Urteil vom 20.04.2017, III ZR 470/16, VersR 2018, 31. .

31 LG Köln, Urteil vom 09.03.2017, 91 O 47/15, BeckRS 2017, 106284 zur Prospektveröffentlichung; BGH, Beschluss vom 23.04.2013, II ZB 7/09, NJW 2013, 2114 zu einer verspäteten Adhoc-Mitteilung.

32 *Von Caemmerer*, Das Problem der überholenden Kausalität, 1962, S. 31, Hervorhebung durch Verfasser.

33 *Von Caemmerer*, Das Problem der überholenden Kausalität, 1962, S. 31.

34 *Von Caemmerer*, Das Problem der überholenden Kausalität, 1962, S. 31.

35 *Gotzler*, Rechtmäßiges Alternativverhalten, 1977.

36 *Erb*, Rechtmäßiges Alternativverhalten, 1991.

37 *Schulze*, in: Schulze, 9. Aufl. 2017, Vor. §§ 249-253 BGB, Rn. 24; *Oetker*, in: MüKo BGB, 7. Aufl. 2016, § 249 BGB, Rn. 217.

wie vor besteht jedoch erhebliche Unklarheit darüber, was den Schädiger zu diesem haftungsentlastenden Einwand berechtigen soll. Der Schutzzweck der Norm als dogmatischer Ausgangspunkt wird als Grundlage für die (Nicht-)Berücksichtigung des Einwands rechtmäßigen Alternativverhaltens *„vielfach genannt, aber soweit ersichtlich nirgends vertieft.“*[38] Dies führt zur konkreteren Ausgangsfrage der Untersuchung: *Weshalb* soll es den Schädiger entlasten, wenn auch rechtmäßiges Verhalten den Schaden nicht verhindert hätte? Worauf lässt sich der Einwand rechtmäßigen Alternativverhaltens im Schadensrecht dogmatisch überzeugend – mit Blick auf die legitimierte Rechtsordnung – stützen, um die Berücksichtigung als verbindlich zu begreifen? Vor diesem Hintergrund sollen drei wesentliche Konzepte umrissen und später eingehender untersucht werden: Die *„Kausalität der Pflichtwidrigkeit“*[39], die in dieser Untersuchung, wie noch näher zu zeigen sein wird, als Unterfall des Konzepts des RWZ eingeordnet wird, der RWZ und der Schutzzweck der Norm.

II. Kausalität der Pflichtwidrigkeit

Der Begriff *„Kausalität der Pflichtwidrigkeit“* ist insbesondere durch *Hanau* in dessen gleichnamiger Habilitationsschrift geprägt worden.[40] Ausgehend von der Rechtsprechung des Reichsgerichts sowie frühen BGH-Entscheidungen untersucht *Hanau* einen *„normativen Ursachenbegriff“*, der danach fragt, *„ob der geltend gemachte Schaden von der Pflichtwidrigkeit verursacht wurde“*, also ob der Schaden *„bei pflichtgemäße*[m] *Verhalten“* verhindert worden wäre.[41] Dazu betrachtet er mehrere Gerichtsentscheidungen, in denen nicht nur im Sinne der condicio-sine-qua-non Formel auf die Kausalität der tatsächlichen Schädigungshandlung abgestellt wird, sondern entscheidend auf die Frage, was bei pflichtgemäßem Verhalten geschehen wäre. Nur wenn das pflichtgemäße Verhalten den Schaden verhindert hätte, wird die Kausalität der Pflichtwidrigkeit und darauf aufbauend eine Haftung des Schädigers bejaht. Der natürliche Verursachungsbegriff wird um eine *„hypothetische Vergleichsbetrachtung“*[42] angereichert. Auf diese Weise wird rechtmäßiges Alternativverhalten – wie das Einhalten des Abstands-

38 *Erb*, Rechtmäßiges Alternativverhalten, 1991, S. 88.
39 *Hanau*, Kausalität der Pflichtwidrigkeit, 1971.
40 *Hanau*, Kausalität der Pflichtwidrigkeit, 1971.
41 *Hanau*, Kausalität der Pflichtwidrigkeit, 1971, S. 14.
42 Denselben Begriff verwendet *Richter*, Schadenszurechnung, 2012, etwa auf S. 110.

gebots im Radfahrer-Fall – entlastend berücksichtigt. Bereits in der frühen rechtswissenschaftlichen Diskussion wird eine solche Anreicherung des Kausalitätsbegriffs mit wertenden Elementen[43] grundsätzlich für möglich gehalten – so sich überzeugende Gründe für die Anreicherung finden lassen. *Luck* bemerkt 1936:

> „*Wir prüfen deshalb, ob rechtspolitische Erwägungen in unserem Fall für eine Leugnung des juristischen Kausalzusammenhangs sprechen* [...] *Wer soll das Risiko tragen, davon allein hängt die Entscheidung über die Kausalfrage ab.*"[44]

Dabei betont *Luck*, dass der „*juristische Kausalbegriff des Zivilrechts*" für vielgestaltige Wertungen offen sei, da er nicht naturwissenschaftlich, sondern allein als „*Korrektiv gegen unbillige und unangebrachte Haftung*" verstanden werden müsse.[45] Freilich würde eine grenzenlose Einbeziehung von Wertungen, die rechtspolitisch für mehr oder minder überzeugend gehalten werden, erhebliche Unsicherheit mit sich bringen. Es ist mit Blick auf die bestehende Rechtsordnung aussagekräftiger, nur solche Wertungen einzubeziehen, die sich an den legitimierten Normgeber anknüpfen lassen. Insofern beschränkt sich *Luck* auf die Einbeziehung von Wertungen aus dem bestehenden System des Schadensersatzrechts, denen somit eine gewisse Verbindlichkeit zugeschrieben werden kann.[46] Damit ist eindeutig der Gedanke von Legitimation verbunden. Es wird nicht frei entschieden, was sinnvoll oder nützlich ist, sondern allein unter Rückgriff auf ein bestehendes Rechtssystem. Demnach ist entscheidend, *weshalb* man den Verursachungsbegriff um die wertende Dimension, die eine hypothetische Vergleichsbetrachtung anstellt, anreichern sollte. Auf den Erklärungsversuch *Hanaus* soll später näher eingegangen werden. Es ist jedoch bereits hervorzuheben, dass *Hanau* wesentlich auf eine verhaltenssteuernde Funktion des Schadensersatzrechts, sowie auf den „*Schutzbereich der Verhaltensnormen*" abstellt.[47] Der Schutzzweck der Norm könne nur so weit reichen,

---

43 Siehe auch *Schiemann*, in: Lange/Schiemann, Schadensersatz, 3. Aufl. 2003, § 3 IV. 2., S. 81: „*Die Notwendigkeit, die Bedingungstheorie im Zivilrecht durch weitere Zurechnungskriterien zu ergänzen, hat zu zahlreichen Versuchen geführt, für das Zivilrecht einen besonderen Ursachenbegriff zu entwickeln.*".

44 *Luck*, Haftungsbefreiung, 1936, S. 9.

45 *Luck*, Haftungsbefreiung, 1936, S. 8.

46 *Luck*, Haftungsbefreiung, 1936, S. 9 f., nimmt insofern Bezug auf den „*Sinn der Schadensersatzleistung*" im Sinne einer gesetzgeberischen Konzeption.

47 *Hanau*, Kausalität der Pflichtwidrigkeit, 1971, S. 86 f.

„wie die Befolgung der Norm geht oder gehen würde“, und erfasse daher im Einzelfall unvermeidbare Schäden nicht.[48]

III. Der Rechtswidrigkeitszusammenhang

Der Begriff des RWZ kennzeichnet im vorliegenden Verwendungskontext eine für die Haftungsbegründung erforderliche Vermeidbarkeit des Schadens im Einzelfall durch (hypothetisch) pflichtgemäßes Schädigerverhalten. Für den RWZ wird dasselbe gefordert wie für die Kausalität der Pflichtwidrigkeit.[49] Bei konzeptionell gleicher Ausgangsfrage lässt sich ein Streit um die zutreffende Terminologie entfalten, der maßgeblich *„von der Definition des Kausalbegriffs“* abhängt.[50] Die Bezeichnung ändert an der Ausgangsfrage nichts, *weshalb* man eine hypothetische Vermeidbarkeit des Schadens durch normgemäßes Schädigerverhalten fordern sollte, um die Haftung zu bejahen.[51] In jedem Fall lässt sich ein gedanklicher Faden spannen, von der frühen Rechtsprechung des Reichsgerichts und des BGH[52] bis hin zum RWZ reicht: Ausgehend von der – ohne nähere Begründung – teilweise praktizierten normativen Kausalitätsbetrachtung der Rechtsprechung, entwickelt *Hanau* ein theoretisches Fundament für die *„Kausalität der Pflichtwidrigkeit“*, das dann als begrifflich von der Kausalität losgelöstes Konzept kritisch weiterentwickelt wird.[53] Im Zentrum steht die Frage, ob und wie rechtmäßiges Alternativverhalten haftungsbefreiend zu berücksichtigen ist. Die Terminologie verschwimmt, denn der Begriff des RWZ ist bereits in der Welt und wird mit dem rechtmäßigen Alternativverhalten in Verbindung gebracht, bevor *Hanau* seine Gedanken zur Kausalität der Pflichtwidrigkeit veröffentlicht. So verweist insbesondere *von Caemmerer* 1962 darauf, es könne am RWZ fehlen, wenn der Schaden bei

---

48 *Hanau*, Kausalität der Pflichtwidrigkeit, 1971, S. 87.

49 Vgl. *Gotzler*, Rechtmäßiges Alternativverhalten, 1977, S. 78, für sein Konzept eines RWZ: *„Der Sache nach ist damit derselbe Gedanke gemeint, der auch dem Eignungsprinzip zugrunde liegt. Beidemale geht es um die Frage, ob bei Einhaltung der Norm der Erfolg ausgeblieben wäre.“*.

50 *Erb*, Rechtmäßiges Alternativverhalten, 1991, S. 32.

51 *Gotzler*, Rechtmäßiges Alternativverhalten, 1977, S. 78: *„Es wäre nicht sehr förderlich, hier in eine groß angelegte Auseinandersetzung mit dem ‚juristischen Kausalitätstheorien‘ einzutreten, zumal es ja im wesentlichen um terminologische Probleme geht.“*.

52 Umfassend dargestellt bei *Hanau*, Kausalität der Pflichtwidrigkeit, 1971, S. 14 ff.

53 *Gotzler*, Rechtmäßiges Alternativverhalten, 1977, S. 24: *„Es war ein wichtiger Fortschritt, als man begann, rmAV in die Lehre vom RwZ einzuordnen.“*.

pflichtgemäßem Verhalten eingetreten wäre.[54] Es ist darüber hinaus anzumerken, dass der Begriff des RWZ uneinheitlich verwendet wird. Häufig findet eine Verwendung des Begriffs synonym für den Schutzzweck der Norm statt, welcher auch abseits vom Einwand rechtmäßigen Alternativverhaltens (ohne dass es auf hypothetische Entwicklungen ankommt) für die allgemeine Konturierung der Haftungszurechnung herangezogen wird.[55] In der vorgelegten Untersuchung wird näher herausgearbeitet, dass es sich bei dem RWZ um ein eigenständiges Zurechnungskonzept handelt, dessen Anwendungsbereich sich von dem Schutzzweck der Norm eindeutig abheben lässt, trotz gewisser konzeptioneller Interdependenzen.[56]

In dem besonderen Verwendungskontext bei *von Caemmerer*, der für die Untersuchung maßgeblich sein soll, kennzeichnet der Begriff des RWZ ausschließlich ein dogmatisches Fundament für die Berücksichtigung rechtmäßigen Alternativverhaltens.[57] Das so verstandene Konzept ist spezifisch auf die *haftungsausschließende Berücksichtigung hypothetischer Entwicklungen* zugeschnitten.[58] Damit ist ein Zusammenhang gemeint, welcher der Rechts- oder Pflichtwidrigkeit *„als tragende*[m] *Moment der Verantwortlichkeit für Unrechtsfolgen ihre Funktion"*[59] verleiht und der ihr im konkreten Fall eine ausschlaggebende Bedeutung gibt. Dieser spezielle Zusammenhang soll fehlen, wenn der Schaden bei rechtmäßigem Verhalten des Schädigers entstanden wäre, da in einem solchen Fall die Rechtswidrigkeit, also die Abweichung vom normativ Gesollten, im Rahmen einer hypothetischen Vergleichsbetrachtung irrelevant für den Schadenserfolg ist: Der

54 *Von Caemmerer*, Das Problem der überholenden Kausalität, 1962, S. 31.

55 *Lange*, in: Lange/Schiemann, Schadensersatz, 3. Aufl. 2003, § 3 VIII., S. 98 f.; *Gotzler*, Rechtmäßiges Alternativverhalten, 1977, S. 141.

56 Eindrücklich so auch *Schmidt*, in: Esser, Schuldrecht, 8. Aufl. 2000, § 33 III. 2., S. 243; angelehnt an *Hanau* lässt sich der Schutzzweck der Norm mit Normzweck, demgegenüber der Rechtswidrigkeitszusammenhang mit der Normmacht konzeptionell beschreiben, dazu näher unten § 3 A. IV.

57 *Schmidt*, in: Esser, Schuldrecht, 8. Aufl. 2000, § 33 III. 2., S. 243; *Lange*, in: Lange/Schiemann, Schadensersatz, 3. Aufl. 2003, § 3 VIII. 2., S. 100.

58 *Lange*, in: Lange/Schiemann, Schadensersatz, 3. Aufl. 2003, § 4 XII. 1., S. 199 f.: *„Verbindendes Moment ist vielmehr die Frage, ob es am Zusammenhang zwischen der Rechtswidrigkeit eines Verhaltens und dem eingetretenen Schaden fehlt, wenn die Möglichkeit rechtmäßiges Schädigung bestand oder wenigstens dann, denn der Schaden gerade auch bei pflichtgemäßem Verhalten eingetreten wäre. Aus letzterem Grund kann man die Frage, ob die Möglichkeit rechtmäßigen Alternativverhaltens entlastet, auch unter den Begriff des Rechtswidrigkeitszusammenhangs bringen."*.

59 *Schmidt*, in: Esser, Schuldrecht, 8. Aufl. 2000, § 33 III. 2., S. 243.

Schaden wäre bei rechtmäßigem Verhalten ebenso eingetreten, wie bei dem konkreten rechtswidrigen Verhalten. Wie genau versucht wird, dieses Konzept des RWZ dogmatisch zu begründen und inwiefern Schutzzweckerwägungen dabei eine Rolle spielen, ist ein wesentlicher Gegenstand der folgenden Ausführungen.

IV. Der Schutzzweck der Norm

Ein weiterer Begriff steht im Blickfeld der Untersuchung: Der *Schutzzweck* der Norm oder Verhaltenspflicht. Sowohl bei *von Caemmerer*[60] als auch bei *Hanau*[61] ist die Bedeutung des Schutzzwecks für die Lösung des Problems rechtmäßigen Alternativverhaltens bereits deutlich angelegt. Auch *Gotzler*[62] und *Erb*[63] argumentieren mit speziellen Schutzzweckerwägungen, um ihre Konzepte zu begründen. Wie noch näher zu zeigen sein wird, werden Schutzzweck- oder Normzweckerwägungen insofern bemüht, um die grundsätzliche Bedeutung der hypothetischen Schadensvermeidung mit Bezug auf einen schadensersatzrechtlichen Steuerungsgedanken zu erklären. Aus dem in der gesetzgeberisch legitimierten Rechtsordnung[64] angelegten Ziel der Schadensprävention durch Verhaltenssteuerung, auf dessen Existenz von unterschiedlichen Manifestationen (etwa dem Verschuldensprinzip) geschlossen werden könne, folge eine zwingende Haftungsbefreiung, wenn der Schaden bei hypothetisch rechtmäßigem Schädigerverhalten im Einzelfall eingetreten wäre. Die mittlerweile herrschende Meinung konstatiert demgegenüber allgemein, dass allein der Schutzzweck der jeweils verletzten Norm darüber entscheide, ob der Einwand rechtmäßigen Alternativverhaltens im Einzelfall entlastend wirke oder nicht – ohne dass dabei auf den RWZ Bezug genommen wird und (zumindest scheinbar) ohne Zugrundelegung eines klaren, grundsätzlichen Prinzips.[65] Demgemäß wird pauschal angeführt:

---

60 *Von Caemmerer*, Das Problem der überholenden Kausalität, 1962, S. 31: *„Hier ist besonders deutlich, daß die Frage* [...] *nur aus dem Zweck der verletzten Norm und aus Sinn und Funktion der Schadensersatzregelung beantwortet werden kann.*“.

61 *Hanau*, Kausalität der Pflichtwidrigkeit, 1971, S. 87.

62 *Gotzler*, Rechtmäßiges Alternativverhalten, 1977, S. 91.

63 *Erb*, Rechtmäßiges Alternativverhalten, 1991, S. 214.

64 Zur Definition der legitimierten (Schadensersatz-)Rechtsordnung als Referenzrahmen für die Untersuchung siehe unten § 2 A.

65 Exemplarisch BGH, Urteil vom 09.03.2012, V ZR 156/11, NJW 2012, 2022; BGH, Urteil vom 29.01.2016, V ZR 285/14, BGHZ 209, 1; BGH, Urteil vom 19.07.2016,

„Die Berufung des Schädigers auf rechtmäßiges Alternativverhalten, dh. der Einwand, der Schaden wäre auch bei einer ebenfalls möglichen, rechtmäßigen Verhaltensweise entstanden, kann für die Zurechnung eines Schadenserfolgs beachtlich sein. Die Erheblichkeit des Einwandes richtet sich nach dem Schutzzweck der jeweils verletzten Norm oder Vertragspflicht.“[66]

Dabei handelt es sich nach weitgehender Literaturansicht systematisch betrachtet um eine *„Ausprägung der Schutzzwecklehre“*.[67] Das Verhältnis dieser Form von Schutzzweckerwägungen zu dem Konzept des RWZ (in seinen verschiedenen Ausprägungen) bleibt jedoch unklar. Es lässt sich insoweit eine Gemeinsamkeit von Schutzzweck und RWZ feststellen, als dass es auch in der höchstrichterlichen Rechtsprechung um die wertende *„Zurechnung eines Schadenserfolgs“*[68] gehen soll. Das Begründungsmuster dieser Form einer speziellen Schutzzwecklehre für die Berücksichtigung rechtmäßigen Alternativverhaltens scheint dem RWZ zumindest ähnlich zu sein. Bereits im Jahr 1986 bemerkt *Hanau* indes kritisch, damals zu dem Urteil Stellung nehmend, in dem der Einwand rechtmäßigen Alternativverhaltens erstmals grundsätzlich aus BGH-Sicht behandelt wird[69], man habe mit der allgemeinen Bezugnahme auf Schutzzweckerwägungen im Einzelfall

---

VI ZR 75/15, NJW 2016, 3523; BGH, Urteil vom 02.11.2016, XII ZR 153/15, NJW 2017, 1104; BGH, Urteil vom 20.04.2017, III ZR 470/16, VersR 2018, 31; aus der Literatur siehe insbesondere *Teichmann*, in: Jauernig, 17. Aufl. 2018, Vor. §§ 249-253 BGB, Rn. 47; *Flume*, in: BeckOK-BGB, Stand 01.05.2018, § 249 BGB, Rn. 333; *Schiemann*, in: Staudinger, Neubearbeitung 2017, § 249 BGB, Rn. 105; *Oechsler*, in: MüKo BGB, 7. Aufl. 2017, § 932 BGB, Rn. 45; *Oetker*, in: MüKo BGB, 7. Aufl. 2016, § 249 BGB, Rn. 221; *Magnus*, in: Dauner-Lieb/Langen, 3. Aufl. 2016, Vor. §§ 249-255 BGB, Rn. 107 f.; *Ekkenga/Kuntz*, in: Soergel, 13. Aufl. 2014, Vor. § 249 BGB, Rn. 223; *Altmeppen*, in: MüKo AktG, 4. Aufl. 2015, § 317 AktG, Rn. 42; kritisch dazu *Schmidt*, in: Esser, Schuldrecht, 8. Aufl. 2000, § 33 III. 2. b), S. 244; *Hanau*, DNotZ 1986, 406 (413).

66 Aktuell BAG, Urteil vom 26.07.2016, 1 AZR 160/14, BAGE 155, 347 (368) m.w.N.

67 *Flume*, in: BeckOK-BGB, Stand 01.05.2018, § 249 BGB, Rn. 333; *Teichmann*, in: Jauernig, 17. Aufl. 2018, Vor. §§ 249-253 BGB, Rn. 48: *„Methodisch ist die Berücksichtigung des rmAV damit eine Frage nach dem Schutzbereich der verletzten Norm.“*; *Magnus*, in: Dauner-Lieb/Langen, 3. Aufl. 2016, Vor. §§ 249-255 BGB, Rn. 107; *Knerr*, in: Geigel, Haftpflichtprozess, 27. Aufl. 2015, 1. Kapitel, Grundlagen der Haftung, Rn. 47; *Altmeppen*, in: MüKo AktG, 4. Aufl. 2015, § 317 AktG, Rn. 42: *„Die Berufung aus rechtmäßiges Alternativverhalten gehört zur Problematik der Zurechnung in Gestalt der Schutzzwecklehre“*; *Mohr*, Jura 2010, 567 (574).

68 BGH, Urteil vom 09.03.2012, V ZR 156/11, NJW 2012, 2022 (2023).

69 BGH, Urteil vom 24.10.1985, IX ZR 91/84, BGHZ 96, 157.

versucht, aus der *„Not eine Tugend"* zu machen und aus dem Fehlen einer klaren dogmatischen Kategorie gefolgert:

> „[...] *es gebe gar keinen allgemeinen Grundsatz, sondern der Schutzzweck der jeweils verletzten Norm müsse darüber entscheiden, ob und inwieweit der Einwand im Einzelfall erheblich sei.*"[70]

Dies ist, hier ist *Hanau* zuzustimmen, *„ein mageres Resultat"*[71], das mittlerweile jedoch seit mehr als 30 Jahren Bestand hat. Die grundlegende BGH-Entscheidung aus dem Jahr 1985, die den Schutzzweck zum entscheidenden Kriterium für die Berücksichtigung rechtmäßigen Alternativverhaltens erkoren hat, beruft sich auf ältere BAG-Rechtsprechung und das rechtswissenschaftliche Schrifttum.[72] Der Rechtsprechung oder den von ihr angeführten Quellen ist jedoch keine tragfähige Begründung dafür zu entnehmen, weshalb der Schutzzweck der Norm *für* die Berücksichtigung hypothetisch rechtmäßigen Schädigerverhaltens im Einzelfall maßgeblich sein soll.[73] Nichtsdestotrotz wird – auch im Schrifttum – hartnäckig an der Schutzzweckverortung festgehalten.[74] Wie zu zeigen sein wird, spielt der Schutzzweck nach dem Konzept der höchstrichterlichen Rechtsprechung tatsächlich keine *tragende* Rolle für eine entlastende Berücksichtigung rechtmäßigen Alternativverhaltens, sondern dient lediglich der *Einschränkung* der Haftungsbefreiung, um einen Sanktions- und dadurch Präventionszweck um jeden Preis zu verwirklichen und so die Bedeutung zentraler Verhaltenspflichten zu stärken. Im Kontext rechtmäßigen Alternativverhaltens ist der so verstandene Schutzzweck eine Chimäre, da er nur der *Einschränkung* eines im Grundsatz *noch nicht hergeleiteten Ergebnisses* dient. Der – einschränkend verstandene – Schutz- als Sanktionszweck scheint demnach im dogmatischen Nichts zu verschwinden. Bei genauer Analyse wird indes deutlich werden, dass die Wurzeln der höchstrichterlichen Rechtsprechung zum rechtmäßigen Alternativverhalten einen durchaus überzeugenden Anknüpfungspunkt für die Bewältigung des Problems

---

70 *Hanau*, DNotZ 1986, 406 (413).

71 *Hanau*, DNotZ 1986, 406 (413).

72 Siehe die Nachweise bei BGH, Urteil vom 24.10.1985, IX ZR 91/84, BGHZ 96, 157 (173).

73 *Erb*, Rechtmäßiges Alternativverhalten, 1991, S. 88; dazu ausführlich unten § 4 A. V.

74 *Oetker*, in: MüKo BGB, 7. Aufl. 2016, § 249 BGB, Rn. 221; *Schiemann*, in: Staudinger, Neubearbeitung 2017, § 249 BGB, Rn. 10; *Flume*, in: BeckOK-BGB, Stand 01.05.2018, § 249 BGB, Rn. 333; *Teichmann*, in: Jauernig, 17. Aufl. 2018, Vor. §§ 249-253 BGB, Rn. 47.

rechtmäßigen Alternativverhaltens (und dessen grundsätzlich entlastender Berücksichtigung) offenbaren: Die hypothetische Vergleichsbetrachtung der Schadensberechnung nach § 249 Abs. 1 BGB. Weshalb diese vom BGH nicht eindeutig als Grundsatz benannt wird, lässt sich nur spekulativ beantworten und könnte damit zusammenhängen, dass der BGH das Konzept im Interesse einer weitgehenden Sanktionierung von verschiedenen Verhaltenspflichten möglichst stark begrenzen und flexibel halten will. Bei der expliziten Bejahung einer grundsätzlich entlastenden Wirkung rechtmäßigen Alternativverhaltens könnte – so die Annahme der vorgelegten Untersuchung[75] – eine Entwertung der Verhaltenspflichten befürchtet werden. Dass dies jedoch eine verkürzte Sichtweise auf die Problematik ist, wird nachfolgend kritisch herausgearbeitet.

V. Hypothetische Kausalität, insbesondere Reserveursachen

Im Wesentlichen ausgehend von § 249 Abs. 1 BGB, der von dem Zustand spricht *„der bestehen würde“* und damit zu einer hypothetischen Betrachtung auffordert, haben sich in Rechtsprechung und Literatur Fallgruppen entwickelt, in denen hypothetische Entwicklungen im Rahmen der Schadensberechnung berücksichtigt werden.[76] Als typisches Beispiel gilt der Brandgassen-Fall, in dem – vereinfacht dargestellt – ein Haus, welches durch den Schädiger zerstört wurde, aufgrund des Plans für eine Brandgasse kurze Zeit später ohnehin abgerissen worden wäre.[77] Blendet man das Schädigerverhalten als zum Ersatz verpflichtenden Umstand aus, wäre gleichwohl das Haus abgerissen worden und der Schaden entstanden. Wie dieser Fall dogmatisch überzeugend zu lösen ist, bleibt im Einzelnen umstritten.[78] Ohne an dieser Stelle zu tief in die Diskussion einzusteigen, wie

---

75 Statt eine Regel anzuerkennen, die durch einzelne Ausnahmen (Schutzzwecke) eingeschränkt wird, wird der Anschein erweckt, es gebe bereits keine Regel, ähnlich kritisch *Hanau*, DNotZ 1986, 406 (413); sowie *Erb*, Rechtmäßiges Alternativverhalten, 1991, S. 83, der kritisiert, der BGH habe *„lapidar und ohne weitere Begründung“* auf den Schutzzweck abgestellt.

76 *Oetker*, in: MüKo BGB, 7. Aufl. 2016, § 249 BGB, Rn. 209 m.w.N.

77 BGH, Urteil vom 19.04.1956, III ZR 26/55, BGHZ 20, 275.

78 Vgl. *Lange*, in: Lange/Schiemann, Schadensersatz, 3. Aufl. 2003, § 4 IV. S. 185: *„Gewiß läßt sich die Differenzhypothese, wie sich vor allem in der Lehre von der Vorteilsausgleichung ergeben hat, nicht ohne wertende Modifizierung anwenden. Aber ein allgemeines Ausklammern von hypothetischen Schadensursachen aus der Differenzrechnung bedürfte doch überzeugender und auf diese Ursachen insgesamt zutreffender recht-*

zwischen den Einzelfällen zu differenzieren ist und wann hypothetische Entwicklungen zu berücksichtigen sind, ist festzuhalten, dass der Bereich der Schadensberechnung, § 249 Abs. 1 BGB, offen ist für vielgestaltige Wertungen[79], die auf Hypothesen aufbauen. Die Bildung von Hypothesen ist insoweit ein fundamentaler Bestandteil unseres Schadensersatzrechts.[80] Inwiefern das rechtmäßige Alternativverhalten dazu gehören könnte, wird später näher zu beurteilen sein. In weiten Teilen des Schrifttums wird der Einwand rechtmäßigen Alternativverhaltens als eine eigenständige Fallgruppe *neben* der hypothetischen Kausalität behandelt.[81] Insbesondere wird darauf abgestellt, dass es bei dem Einwand um ein vollkommen hypothetisches Verhalten des Schädigers selbst gehe, nicht um bereits in ihrer Entwicklung angelegte externe Ursachen.[82] Andere Ansichten ordnen das rechtmäßige Alternativverhalten zwar grundsätzlich als eine Fallgruppe der hypothetischen Kausalität ein, stellen jedoch trotzdem auf den Schutzzweck der jeweils verletzten Norm oder Verhaltenspflicht ab, um im Einzelfall über dessen Berücksichtigung zu entscheiden.[83] Schließlich wird angeführt, dass zwar die *„systematische Verankerung"* umstritten, dies jedoch insoweit unerheblich sei, als dass jedenfalls auf den Schutzzweck der im Einzelfall verletzten Norm abzustellen sei, um zu entscheiden, ob der Einwand berücksichtigungsfähig ist.[84]

Inwiefern sich das rechtmäßige Alternativverhalten als eigenständige Fallgruppe von anderen hypothetischen Entwicklungen abhebt und – durch das Konzept des RWZ, durch Schutzzweckerwägungen oder alternativ zu diesen Herangehensweisen – dogmatisch als Zurechnungskonzept

---

licher Gesichtspunkte."; siehe auch *Gebauer*, Hypothetische Kausalität und Haftungsgrund, 2007, S. 153, dort Fn. 430.

79 So ist bereits die vielfach praktizierte Differenzierung zwischen mittelbaren und unmittelbaren Schäden umstritten, siehe *Lange*, in: Lange/Schiemann, Schadensersatz, 3. Aufl. 2003, § 2 III., S. 59: *„Eine Einteilung in unmittelbaren (direkten) und mittelbaren (indirekten) Schaden* [...] *enthalten die Bestimmungen des BGB nicht."*.

80 Grundlegend dazu *Heck*, Grundriß des Schuldrechts, 1929, § 11, 4., S. 37: *„Wir denken bei Nachteil an den Unterschied zwischen unserem gegenwärtigen Güterbestande und einem hypothetischen Güterbestande* [...] *der Schadensersatz erscheint somit als das Ergebnis einer Hypothese."*.

81 *Flume*, in: BeckOK-BGB, Stand 01.05.2018, § 249 BGB, Rn. 333; *Teichmann*, in: Jauernig, 17. Aufl. 2018, Vor. §§ 249-253 BGB, Rn. 47; *Lange*, in: Lange/Schiemann, Schadensersatz, 3. Aufl. 2003, § 4 XII. 1., S. 199, § 4 XII. 5., S. 205.

82 *Flume*, in: BeckOK-BGB, Stand 01.05.2018, § 249 BGB, Rn. 333.

83 *Ekkenga/Kuntz*, in: Soergel, 13. Aufl. 2014, Vor. § 249 BGB, Rn. 223; *Oetker*, in: MüKo BGB, 7. Aufl. 2016, § 249 BGB, Rn. 218.

84 *Flume*, in: BeckOK-BGB, Stand 01.05.2018, § 249 BGB, Rn. 333.

fundiert werden kann, wird noch näher zu analysieren sein. Es sei jedoch bereits hier auf eine vielfach praktizierte begriffliche Trennung der Termini Schadensberechnung und Schadenszurechnung hingewiesen.[85] Häufig wird diese so verstanden, dass die Schadensberechnung nur den Fall erfasse, dass ein hypothetisches Ereignis den Schaden später ohnehin bewirkt hätte. Ob die hypothetische Verursachung im selben Zeitpunkt (im Zeitpunkt der Schädigung) erfasst wird, sei hingegen eine Frage der Schadenszurechnung.[86] Dies leuchtet insofern ein, als dass, wenn man eine Zurechnung in dem so verstandenen Sinne ablehnt, eine Berechnung der Schadenshöhe nicht mehr notwendig ist.[87] Allerdings besteht die Gefahr, mit dem Begriff der Schadenszurechnung in das vorgelagerte Feld der Haftungsbegründung zu geraten und sich von § 249 Abs. 1 BGB zu entfernen.[88] Weitergehend als diese Unterscheidung von Be- und Zurechnung fordert *Gebauer* sogar eine eigene Ebene der Schadenszurechnung, die nach seinem Konzept jedoch im Nachgang zur Schadensberechnung im Sinne der Differenzhypothese, § 249 Abs. 1 BGB, angesiedelt ist.[89] Bei der Schadenszurechnung soll die nur *„scheinbar bereits vom Schadensbegriff erfasst*[e]" Berücksichtigung hypothetischer Ursachen dann gegebenenfalls eingeschränkt werden.[90] Andererseits verschwimmt die Unterscheidung von Schadensbe- und Schadenszurechnung schnell. So thematisiert etwa *Larenz* grundlegend die Berücksichtigung hypothetischer Entwicklungen unter der Überschrift *„Schadensmindernde Faktoren"* und impliziert damit, dass es um nichts anderes als die Berechnung des Schadensersatzumfangs

85 *Oetker*, in: MüKo BGB, 7. Aufl. 2016, § 249 BGB, Rn. 208; *Flume*, in: BeckOK-BGB, Stand 01.05.2018, § 249 BGB, Rn. 324.

86 *Oetker*, in: MüKo BGB, 7. Aufl. 2016, § 249 BGB, Rn. 208: *„Zu eng ist es auf der anderen Seite, die hypothetische Kausalität allein als Frage der Schadensberechnung einzuordnen. Damit wird nur der Fall erfasst, dass das hypothetische Ereignis den Schaden zu einem späteren Zeitpunkt bewirkt hätte. Es besteht aber kein Grund, solche hypothetischen Schadensursachen auszuklammern, die im selben Augenblick zu dem Schaden geführt hätten."*.

87 So *Ekkenga/Kuntz*, in: Soergel, 13. Aufl. 2014, Vor. § 249 BGB, Rn. 46: „[...] *wenn der Nachteil ‚so oder so' eingetreten wäre, stellt sich nicht mehr das Problem, ob der Nachteil einen Wert hat."*.

88 *Ekkenga/Kuntz*, in: Soergel, 13. Aufl. 2014, Vor. § 249 BGB, Rn. 46: *„Insbesondere der Einwand* [...] *ein Nachteil wäre auch bei pflichtgemäßem Verhalten entstanden* [...] *ist eher* [...] *bei der haftungsbegründenden Kausalität anzusiedeln als auf der Ebene der Schadensbestimmung."*.

89 *Gebauer*, Hypothetische Kausalität und Haftungsgrund, 2007, S. 93 f. und 403.

90 *Gebauer*, Hypothetische Kausalität und Haftungsgrund, 2007, S. 403.

geht.[91] Anschließend verwendet *Larenz* jedoch – im selben Kapitel – den Begriff der Schadenszurechnung. Umgekehrt, aber im Ergebnis ähnlich, verwendet *Lange* die Überschrift *„Hypothetische Schädigungen und Schadenszurechnung nach der Differenzhypothese"*, spricht dann jedoch von der Berücksichtigung hypothetischer Schädigungen bei der Schadensberechnung.[92] Insoweit werden die Begriffe der Schadensbe- und der Schadenszurechnung synonym verwendet. In dieser Untersuchung soll der Begriff der Schadensberechnung daher generell verwendet werden, um die sich an die Frage der Haftungsbegründung anschließende Frage, wie der ersatzfähige Schaden zu ermitteln ist, § 249 Abs. 1 BGB, zu kennzeichnen. Der Begriff der Schadensberechnung soll demnach auch Fälle umfassen, in denen ein ersatzfähiger Schaden insgesamt abgelehnt wird, also eine *„Feststellung der Schadenshöhe null"* erfolgt, solange dies auf Erwägungen im Rahmen von § 249 Abs. 1 BGB basiert.[93]

VI. Eine historische Perspektive

Zwischen den soeben dargestellten Konzepten lässt sich aus historischer Perspektive ein roter Faden ziehen. Es geht stets um die gleiche Ausgangsfrage der Berücksichtigung hypothetischen Schädigerverhaltens. *Gotzler* gibt in seinen *„Grundlinien"* einen guten Überblick über die Behandlung der Frage in Rechtsprechung und Literatur.[94] Ausgehend von frühen Entscheidungen des Reichsgerichts und des BGH, die – freilich *„unreflektiert"*[95] – hypothetisches Schädigerverhalten im Rahmen der Kausalität berücksichtigen, wurde die Frage in anderen Entscheidungen der frühen Rechtsprechung auch auf *„Ebene der Schadensberechnung"* behandelt. Inso-

91 *Larenz*, Lehrbuch des Schuldrechts, Erster Band, Allgemeiner Teil, 14. Aufl. 1987, § 30, S. 522, dementsprechend beginnen die Ausführungen auf S. 523 auch wie folgt: *„Bei der endgültigen Bemessung des erstattungsfähigen Schadens kann es notwendig sein, gewisse Faktoren* [...] *als schadensmindernd zu berücksichtigen."*.

92 *Lange*, in: Lange/Schiemann, Schadensersatz, 3. Aufl. 2003, § 4 IV., S. 184 f.

93 Vgl. *Erb*, Rechtmäßiges Alternativverhalten, 1991, S. 87, der in ähnlichem Kontext von der *„Feststellung der Schadenshöhe null"* spricht, die im Rahmen der Schadensberechnung bei Berücksichtigung rechtmäßigen Alternativverhaltens und allgemein von Reserveursachen möglich sei.

94 *Gotzler*, Rechtmäßiges Alternativverhalten, 1977, S. 22.

95 *Gotzler*, Rechtmäßiges Alternativverhalten, 1977, S. 29.

weit wurde keine Unterscheidung zu anderen „*Reserveursachen*" vorgenommen.[96] *Niederländer* bemerkt:

> „*Das hypothetische, verhinderte Ereignis ist hier ein Verhalten des Schädigers selbst [...] Diese einzige Besonderheit rechtfertigt es nicht, eine solche Einwendung anders zu behandeln als sonst bei hypothetischen Schadensereignissen.*"[97]

Ganz in diesem Sinne hält *Lemhöfer* fest, dass rechtmäßiges Alternativverhalten gegenüber anderen, hypothetischen Ereignissen „*keine Sonderbehandlung*" verdiene: „*Der Ersatzpflichtige hat auch hier nach dem Gesetz nur den Zustand herzustellen, der ohne das haftungsbegründende Ereignis jetzt bestehen würde.*"[98] Die in § 249 BGB angelegte hypothetische Vergleichsbetrachtung spreche, mit anderen Worten, eindeutig dafür, das Problem rechtmäßigen Alternativverhaltens dort zu verorten. *Hanau* entwickelte demgegenüber die „*Kausalität der Pflichtwidrigkeit*" weiter, welcher jedoch langfristig ein Kausalitätsbegriff im Sinne der condicio-qua-non Formel vorgezogen wurde.[99] Mit dem RWZ wurde nun – im Sinne einer Herauslösung der Frage aus dem Kausalitätsbegriff und gleichwohl Verortung bereits in der haftungsbegründenden Zurechnung – „*der Weg gebahnt, von der Ebene der Schadensberechnung zu den vorgelagerten Fragen der Haftungsbegründung aufzusteigen*", oder – genauer ausgedrückt – wiederaufzusteigen.[100] *Gotzler* kritisiert insoweit eine Behandlung des rechtmäßigen Alternativverhaltens „*als eine Problematik der Schadensberechnung, ohne in Erwägung zu ziehen, ob die Frage nicht schon im Bereich der Haftungsbegründung relevant werden könne*".[101] Der Ansatz des Problems changierte bereits früh zwischen der Haftungsausfüllung und -begründung. Es wird an späterer Stelle der Untersuchung zu zeigen sein, dass das Problem in der höchstrichterlichen Rechtsprechung – die gänzlich von der wertenden Kausalitätsbetrachtung abgerückt ist – tatsächlich nie wirklich aus der Haftungsausfüllung in die Haf-

---

96 *Gotzler*, Rechtmäßiges Alternativverhalten, 1977, S. 23.

97 *Niederländer*, AcP 153 (1954), 41 (68).

98 *Lemhöfer*, JuS 1966, 337 (341); siehe auch *Erb*, Rechtmäßiges Alternativverhalten, 1991, S. 59: „*Aber warum sollen für diesen Einwand hier andere Grundsätze gelten als bei der allgemeinen Behandlung hypothetischer Kausalverläufe?*".

99 *Gotzler*, Rechtmäßiges Alternativverhalten, 1977, S. 22: „*Man spricht von Kausalität im naturwissenschaftlichen, philosophischen oder natürlichen Sinn und meint damit, vorab aller Differenzierungen, eine Beziehung im realen Geschehen, kraft der das eine Ereignis als Ursache das andere als Wirkung gemäß einer bestimmten Gesetzlichkeit nach sich zieht.*".

100 *Gotzler*, Rechtmäßiges Alternativverhalten, 1977, S. 24.

101 *Gotzler*, Rechtmäßiges Alternativverhalten, 1977, S. 24.

tungsbegründung verlagert wurde.[102] Wenngleich in andere Worte gekleidet[103], so findet nach dem Konzept der aktuellen höchstrichterlichen Rechtsprechungslinie noch immer eine implizite Anerkennung des rechtmäßigen Alternativverhaltens als Problem der Vergleichsbetrachtung der Schadensberechnung nach § 249 Abs. 1 BGB statt, bei dem ein Sanktions- mit dem „*Ausgleichsprinzip (Restitutionsprinzip) konkurriert*".[104] Je nach Einzelfall, müsse dann „*das Prinzip der zivilrechtlichen Prävention (Schutzfunktion, Sanktionsfunktion) den Vorrang haben*".[105] Bereits die zugrunde gelegte Differenzhypothese im Sinne einer hypothetischen Vergleichsbetrachtung[106] integriert „*eben definitionsgemäß hypothetische Ereignisse in ihre kausalen Analysen*".[107] Insofern wirkt es zumindest missverständlich, das Konzept der aktuellen höchstrichterlichen Rechtsprechung als eine „*Ausprägung der Schutzzwecklehre*" zu definieren, für die sich jedoch „*keine Regel aufstellen*" lasse „*die besagt, dass ein rechtmäßiges Alternativverhalten grundsätzlich beachtlich ist.*"[108] Denn – im Gegenteil – ist mit Blick auf § 249 Abs. 1 BGB die gesetzgeberische Grundentscheidung klar: Rechtmäßiges Alternativverhalten *muss* grundsätzlich berücksichtigt werden, sofern sich nicht überzeugende Gründe dafür anführen lassen, die „*Hürde der Differenzhypothese*" zu überwinden und die konzeptionell angelegte Vergleichs-

---

102 Siehe insbesondere BGH, Beschluss vom 14.12.2006, IX ZR 110/04, BeckRS 2007, 01246: „*Der Einwand rechtmäßigen Alternativverhaltens stellt im Rahmen der haftungsausfüllenden Kausalität nur einen Aspekt des erforderlichen Zurechnungszusammenhangs zwischen der Pflichtverletzung und dem Schaden dar.*".

103 Kritisch *Erb*, Rechtmäßiges Alternativverhalten, 1991, S. 83: „*Nach dem Hinweis, daß das Problem umstritten sei, bemerkte der BGH schließlich lapidar und ohne jede weitere Begründung [...] daß der Schutzzweck der jeweils verletzten Norm darüber entscheiden muß, ob und inwieweit der Einwand im Einzelfall erheblich ist.*"; *Hanau*, DNotZ1986, 406 (413): „*Aus der Not versucht der Senat eine Tugend zu machen: es gebe gar keinen allgemeinen Grundsatz, sondern der Schutzzweck der jeweils verletzten Norm müsse darüber entscheiden, ob und inwieweit der Einwand im Einzelfall erheblich sei.*".

104 BAG, Urteil vom 31.10.1958, 1 AZR 632/57, BAGE 6, 321 (377).

105 BAG, Urteil vom 31.10.1958, 1 AZR 632/57, BAGE 6, 321 (377).

106 Also nicht im Sinne einer rechnerischen Operation beschränkt auf Vermögensschäden.

107 *Gebauer*, Hypothetische Kausalität und Haftungsgrund, 2007, S. 97.

108 *Flume*, in: BeckOK-BGB, Stand 01.05.2018, § 249 BGB, Rn. 333 unter Verweis auf eine umstrittene „*systematische Verankerung*", die jedoch „*keine praktischen Auswirkungen*" habe; siehe auch *Teichmann*, in: Jauernig, 17. Aufl. 2018, Vor. §§ 249-253 BGB, Rn. 47: „*Methodisch ist die Berücksichtigung des rmAV damit eine Frage nach dem Schutzbereich der verletzten Norm.*".

betrachtung einzuschränken.[109] Auf die Einordnungsfrage wird insofern – mit Blick auf die Beweislastverteilung – an späterer Stelle zurückzukommen sein.[110]

Aus historischer Perspektive bleibt festzuhalten, dass die in der vorgelegten Untersuchung als überzeugende Herangehensweise an das Problem rechtmäßigen Alternativverhaltens präsentierte Lösung über § 249 Abs. 1 BGB kein neuer Vorschlag ist. Vielmehr handelt es sich um eine Rückbesinnung auf die bereits in der frühen rechtswissenschaftlichen Auseinandersetzung angelegten Grundsätze des Problems. Der maßgebliche Anknüpfungspunkt im bestehenden System des Schadensersatzrechts wurde bereits zutreffend identifiziert.[111] Die aktuelle Literatur sieht dies zum Teil.[112] Allerdings wird trotzdem geschlussfolgert, das Problem sei einzelfallabhängig zu lösen, das Alternativverhalten sei nicht stets – und auch nicht in den überwiegenden Fällen – zu berücksichtigen.[113] Demnach werden die von der Rechtsprechung angeführten Sanktions- und Präventionszwecke[114] als überzeugend genug erachtet, um die hypothetische Vergleichsbetrachtung des § 249 Abs. 1 BGB im Hinblick auf hypothetisches Schädigerverhalten erheblich einzuschränken.

---

109 *Gebauer*, Hypothetische Kausalität und Haftungsgrund, 2007, S. 95; siehe auch *Lange*, in: Lange/Schiemann, Schadensersatz, 3. Aufl. 2003, § 4 IV., S. 185: *„Gewiß läßt sich die Differenzhypothese, wie sich vor allem in der Lehre von der Vorteilsausgleichung ergeben hat, nicht ohne wertende Modifizierung anwenden. Aber ein allgemeines Ausklammern von hypothetischen Schadensursachen aus der Differenzrechnung bedürfte doch überzeugender und auf diese Ursachen insgesamt zutreffender rechtlicher Gesichtspunkte.“*.

110 Siehe unten § 4 A. V. 1. b); sowie § 7 B. I.

111 Insbesondere Urteil des OGH der Britischen Zone Köln, Urteil vom 20.01.1949, II ZS 20/48, NJW 1949, 302 (303): *„Das Gesetz bringt das nicht nur durch den Wortlaut des § 249 zum Ausdruck, sondern auch, soweit es sich um eine Erhöhung des Schadens handelt, in der richtig verstandenen Vorschrift des § 252.“*.

112 *Oetker*, in: MüKo BGB, 7. Aufl. 2016, § 249 BGB, Rn. 221: *„Ebenso wie andere Reserveursachen ist auch das rechtmäßige Alternativverhalten grundsätzlich beachtlich.“*.

113 *Oetker*, in: MüKo BGB, 7. Aufl- 2016, § 249 BGB, Rn. 221; *Schiemann*, in: Staudinger, Neubearbeitung 2017, § 249 BGB, Rn. 10; *Flume*, in: BeckOK-BGB, Stand 01.05.2018, § 249 BGB, Rn. 333.

114 BGH, Urteil vom 09.03.2012, V ZR 156/11, NJW 2012, 2022.

VII. Leitfragen für die Untersuchung

Ausgehend von der Frage, ob es den Schädiger von seiner Haftung befreien kann, dass der Schaden ebenso bei hypothetischem recht- oder ordnungsmäßigem Verhalten eingetreten wäre, wurden die Begriffe der Kausalität der Pflichtwidrigkeit, des RWZ, des Schutzzwecks der Norm und der hypothetischen Kausalität (im Rahmen der Schadensberechnung nach § 249 Abs. 1 BGB) angerissen. Die Leitfragen, die der Untersuchung zugrunde liegen, lassen sich vor diesem Hintergrund wie folgt präzisieren:

1. Wie genau wird das Konzept des RWZ dogmatisch begründet? Ist es eine überzeugende und – im Sinne der legitimierten Rechtsordnung – verbindliche Grundlage für die haftungsbefreiende Berücksichtigung rechtmäßigen Alternativverhaltens?
2. In welchem Verhältnis steht der Schutzzweck der Norm oder Verhaltenspflicht zum RWZ? Handelt es sich um eine Begründung dafür, dass ein RWZ erforderlich ist, ein auf dem RWZ aufbauendes Konzept oder vielmehr um eine vollkommen alternative Möglichkeit, den Einwand rechtmäßigen Alternativverhaltens (haftungsbefreiend) zu berücksichtigen? Kann das Konzept als verbindliche Grundlage der legitimierten Rechtsordnung verstanden werden?
3. (Wie) kann die Erheblichkeit des Einwands rechtmäßigen Alternativverhaltens gegebenenfalls anderweitig, als über den RWZ oder Schutzzweck, berücksichtigt werden?
4. Welche der Herangehensweisen überzeugt gegebenenfalls in ihrer rechtspraktischen Umsetzung und ermöglicht es im Einzelfall zu transparenten und wertungskonsistenten Entscheidungen zu gelangen?[115]

---

115 Wie bereits angedeutet, hängt die Frage der rechtspraktischen Umsetzung eng mit der Frage zusammen, ob ein Konzept als verbindlicher Grundsatz der legitimierten Rechtsordnung begriffen werden kann, siehe insbesondere *Dreier*, Kompensation und Prävention, 2002, S. 125: *„Die zunächst abstrakt formulierten Rechtsfolgen wirken durch ihre Anwendung in die Wirklichkeit hinein, und es lassen sich umgekehrt Sinn und Inhalt* [...] *nicht losgelöst von ihren tatsächlichen Auswirkungen ermitteln* [...] *vor allem dann, wenn Gesetzeswortlaut, Gesetzeszusammenhang und Gesetzesgeschichte zu Zweifeln Anlaß geben“*; vgl. auch *Eidenmüller*, Effizienz als Rechtsprinzip, 2015, S. 458 ff. zur Berücksichtigung von *„Effizienzkonzepten“* für die Auslegung von Gesetzen und Rechtsfortbildung.

C. *Gang und Ausblick auf das Ergebnis der Untersuchung*

Die legitimierte Rechtsordnung, bestehend aus den geschriebenen Gesetzen als „*Grundlage des inneren Systems*", sowie dem Richterrecht und den Rechtsprinzipien, die zusammen ein verbindliches Ganzes bilden[116], soll der vorgelegten Untersuchung als Referenzrahmen dienen. Es soll geprüft werden, ob sich die Konzepte des RWZ oder des Schutzzwecks der Norm als verbindliche Lösungen zur (gegebenenfalls einzelfallabhängigen) Berücksichtigung rechtmäßigen Alternativverhaltens für die Haftungsfrage begreifen lassen. Nach der Definition des Referenzrahmens erfolgt eine nähere begriffliche Konturierung des RWZ, in Abgrenzung zu verwandten Begriffen und Konzepten. Anschließend wird der Frage nachgegangen, welche Vorstellungen sich hinter dem Konzept des RWZ verbergen und wie das Erfordernis dieses besonderen Zusammenhangs dogmatisch begründet wird. Im Zentrum dieses Abschnitts stehen die Erklärungsmodelle von *Gotzler*[117] und *Erb*[118], die – anknüpfend an die ältere Rechtsprechung des Reichsgerichts und des BGH[119] sowie an eine theoretische Aufarbeitung der „*Kausalität der Pflichtwidrigkeit*" durch *Hanau*[120] – das Erfordernis des RWZ aus dem Prinzip der Verhaltenssteuerung abzuleiten versuchen. Im Anschluss wird der von der herrschenden Meinung gewählte Zugang zum Problem rechtmäßigen Alternativverhaltens über den Schutzzweck der im Einzelfall verletzten Norm oder Verhaltenspflicht näher betrachtet. Dabei wird ein Blick auf die in diesem Kontext prägenden höchstrichterlichen Entscheidungen geworfen. Auch insoweit wird der Aspekt der Verhaltenssteuerung auf seine Bedeutung und Tragfähigkeit für die (Nicht-)Berücksichtigung rechtmäßigen Alternativverhaltens hin untersucht.

Die Unzulänglichkeiten sowohl des dogmatischen Konzepts eines RWZ, als auch des von der höchstrichterlichen Rechtsprechung im Kontext rechtmäßigen Alternativverhaltens angeführten Schutzzwecks werden aufgedeckt. Es ist festzustellen, dass die höchstrichterliche Rechtsprechung mit ihren Schutzzweckerwägungen keine eigenständige Begründung für die Berücksichtigung rechtmäßigen Alternativverhaltens liefert. Vielmehr

---

116 *Höpfner*, Die systemkonforme Auslegung, 2008, S. 87; *Rüthers/Fischer/Birk*, Rechtstheorie, 10. Aufl. 2018, § 4 III. 1., S. 92 f.

117 *Gotzler*, Rechtmäßiges Alternativverhalten, 1977.

118 *Erb*, Rechtmäßiges Alternativverhalten, 1991.

119 Siehe dazu näher unten, § 3 D. I.

120 *Hanau*, Kausalität der Pflichtwidrigkeit, 1971, S. 87.

stützt sie sich auf Sanktions- und Präventionserwägungen, um im Einzelfall den Einwand rechtmäßigen Alternativverhaltens *unberücksichtigt zu lassen*, bleibt aber eine Erklärung für die (grundsätzliche) Berücksichtigung des Einwands auf den ersten Blick schuldig. Erst bei näherer Untersuchung wird deutlich, dass das Konzept der höchstrichterlichen Rechtsprechung allenfalls als eine Einschränkung der Schadensberechnung nach § 249 Abs. 1 BGB begriffen werden kann, in deren Vergleichsbetrachtung eine schadensmindernde Berücksichtigung hypothetischer Entwicklungen konzeptionell angelegt ist. In der älteren arbeitsgerichtlichen Rechtsprechung wird dementsprechend noch eindeutig davon gesprochen, dass in besonderen Konstellationen dem *„Prinzip der zivilrechtlichen Prävention"* Vorrang vor dem *„reinen Ausgleichsprinzip (Restitutionsprinzip)"*[121] eingeräumt werden müsse, um eine *„Sanktionslosigkeit"*[122] bestimmter Verhaltenspflichten zu vermeiden. Die Rechtsprechung des BGH greift diesen Ansatz zwar auf, vermeidet aber eine explizite Nennung von § 249 Abs. 1 BGB und von dessen Einschränkung. Stattdessen wird – allgemein – auf eine *„Zurechnungsfrage"* und den *„Schutzzweck der jeweils verletzten Norm"* verwiesen.[123] Um die Bedeutung wichtiger Verhaltensvorschriften zu schützen, soll eine Berücksichtigung rechtmäßigen Alternativverhaltens in vielen Fällen ausgeschlossen sein. Diese eingeschränkte, unter einem Schutzzweck- oder Sanktionsvorbehalt stehende Berücksichtigung rechtmäßigen Alternativverhaltens führt in der Entscheidungspraxis jedoch zu erheblichen Wertungsinkonsistenzen. Außerdem lässt sich feststellen, dass eine unbeschränkte Berücksichtigung rechtmäßigen Alternativverhaltens die Steuerungsfunktion von Verhaltenspflichten nicht nennenswert beeinträchtigt. Es besteht schon im Grundsatz kein Bedürfnis für eine einzelfallabhängige Beschränkung des Einwands rechtmäßigen Alternativverhaltens. Ferner ließe sich durch die unbeschränkte Berücksichtigung eine stärkere Gleichförmigkeit und damit Rechtssicherheit gewährleisten, als mit dem schutzzweckabhängigen und damit stark wertungsoffenen Konzept der höchstrichterlichen Rechtsprechung. Vor diesem Hintergrund lässt sich das Schutzzweckkonzept nicht als verbindlicher Bestandteil der legitimierten Schadensersatzrechtsordnung begreifen.

Als einziger überzeugender Anknüpfungspunkt für die Berücksichtigung hypothetischen Schädigerverhaltens verbleibt (unbeschränkt) die Schadensberechnung nach § 249 Abs. 1 BGB. Das rechtmäßige Alternativ-

---

121 BAG, Urteil vom 31.10.1958, 1 AZR 632/57, BAGE 6, 321 (377).
122 BAG, Urteil vom 31.10.1958, 1 AZR 632/57, BAGE 6, 321 (378).
123 BGH, Urteil vom 24.10.1985, IX ZR 91/84, BGHZ 96, 157 (173).

verhalten stellt einen besonderen Fall hypothetischer Kausalität dar und ist unabhängig von einzelfallbezogenen Schutzweckerwägungen zu berücksichtigen. Dafür lässt sich der Steuerungsgedanke, wie er in den Konzepten zum RWZ bereits angelegt (aber unzutreffend verortet) ist, fruchtbar machen. Es lässt sich feststellen, dass der Steuerungsgedanke insbesondere von *Gotzler*[124] im Grundsatz zutreffend identifiziert wird, jedoch allein in der Schadensberechnung systematisch stimmig umgesetzt werden kann. Die vorgelegte Untersuchung schließt mit einem Blick auf diese Herangehensweise und auf ihre Vorteile gegenüber den anderen Konzepten.

124 *Gotzler*, Rechtmäßiges Alternativverhalten, 1977, S. 58 f.

§ 2 Referenzrahmen der Untersuchung

A. *Die gesetzgeberisch legitimierte Rechtsordnung*

Um die Konzepte des RWZ und des Schutzzwecks der Norm im Kontext rechtmäßigen Alternativverhaltens nachvollziehbar bewerten zu können, bedarf es zunächst eines Rahmens oder Bezugspunkts. Die hier untersuchten dogmatischen Gedankengänge können mehr oder weniger überzeugend sein, ohne dass eine Kategorisierung in richtige oder falsche Argumente möglich ist. Zwar wird im Laufe der Untersuchung auf die rechtspraktische Umsetzung der verschiedenen Ansätze eingegangen. Darüber hinausgehend soll jedoch beurteilt werden, ob sich ein systematischer Rückhalt der untersuchten Konzepte in der legitimierten Rechtsordnung finden lässt.[125] Auf diese Weise kann identifiziert werden, ob es sich um bloße Lösungsangebote handelt, die gegebenenfalls in der rechtspraktischen Anwendung bestimmte Vor- oder Nachteile mit sich bringen, oder – weitergehend – um Grundsätze mit einem Anspruch auf verbindliche Berücksichtigung in der geltenden Rechtsordnung.[126] Geltung bedeutet in diesem Zusammenhang einen auf gesetzgeberischer (demokratischer) Legitimation beruhenden Verbindlichkeitsanspruch.[127] *„Geltungsgrund"* sind

---

125 System soll insofern das innere System als *„sachlichen Zusammenhang zwischen den hervorgebrachten Gedanken"* umfassen, *Heck*, Begriffsbildung und Interessenjurisprudenz, 1932, S. 143; weitergehend *Höpfner*, Die systemkonforme Auslegung, 2008, S. 86 ff., der die Gesetze, Richterrecht und Rechtsprinzipien als Bestandteile des inneren Systems beschreibt.

126 Exemplarisch dazu *Dreier*, Kompensation und Prävention, 2002, S. 122 ff., der untersucht, inwiefern bestimmten Rechtsfolgen *„die Verfolgung weiterer Zwecke zugeschrieben werden kann"* und dabei untersucht, ob sich eine systematische Rechtfertigung für das Präventionsprinzip finden lässt, sodass es einen Rückhalt in gesetzgeberischen Grundentscheidungen findet. Dabei ist insbesondere auf S. 124 zu verweisen: *„‚Zweck', ‚Funktion', ‚Prinzip', ‚Gedanke' und ‚Grund' sind mithin normative Begriffe, die auf das systematische Zusammenspiel abstellen, das sich aus den normativen Vorgaben in Bezug auf deren Sinngehalt ergibt. Indem sie bezeichnen, was durch das Gesetz – bzw. vorliegend die Rechtsfolgen – zu verwirklichen gesucht wird."*.

127 *Höpfner*, Die systemkonforme Auslegung, 2008, S. 94; *Rüthers/Fischer/Birk*, Rechtstheorie, 10. Aufl. 2018, § 8 B. I., Rn. 334 ff.; *Fikentscher*, Methoden des Rechts in vergleichender Darstellung, Band III, 1976, S. 644; sowie exemplarisch wiederum *Dreier*, Kompensation und Prävention, 2002, S. 124.

die *„Staatsverfassung“* und darauf beruhende, anerkannte Prozesse der Rechtserzeugung und -auslegung.[128] Dies umfasst neben dem geschriebenen Gesetzesmaterial auch grundlegende Prinzipien sowie systematische Verbindungen und Fortbildungen. Die maßgebliche Perspektive ist insofern eine solche des Teilnehmers, der an *„einer Argumentation darüber partizipiert, was dieses Rechtssystem gebietet, verbietet, erlaubt und zu was es ermächtigt“*.[129] Dies soll im Folgenden näher umrissen werden.

Ausgangspunkt sind die *„Wertungen, die in verbindlicher Weise im Gesetz positiviert sind“*.[130] Ausgehend von diesen nicht stets explizit ausgedrückten (als Gesetze niedergeschriebenen) Wertungen lässt sich ein weitergehendes System der gesetzgeberisch legitimierten Rechtsordnung erfassen.[131] Für die Suche nach den maßgeblichen Wertungen wird – zumindest als *„Arbeitshypothese“* – die Annahme zugrunde gelegt, dass die Rechtsordnung als *„Einheit“* zu begreifen ist, also ihre verschiedenen Bestandteile möglichst aufeinander abgestimmt sein sollen.[132] Was einer bestimmten Grundwertung zuwiderläuft, ist demnach kein Bestandteil der Gesamtordnung, es sei denn – dies festzustellen ist eine der großen Auslegungsschwierigkeiten – bestimmte Wertungen sollen sich in bestimmten Konstellationen gegenüber anderen durchsetzen und die Grundwertung verdrängen.[133] Die letztendlich in der konkreten Rechtsanwendung, also im Einzelfall, maßgeblichen Wertungen und ihr Verhältnis zueinander sind freilich nicht leicht zu ermitteln. Die *„Unterwerfung des Rechtsanwenders unter die Regelungskompetenz des Gesetzgebers“*, dessen Regelungszielen zur Verwirklichung ver-

---

128 *Krawietz*, Recht als Regelsystem, 1984, S. 13; vgl. *Zippelius*, Recht und Gerechtigkeit in der offenen Gesellschaft, 2. Aufl. 1996, S. 394 zur *„Auslegung als Legitimationsproblem“*, bei dem sich *„das Auslegungsergebnis* [...] *logisch und teleologisch widerspruchsfrei in den Kontext wenigstens der gleich- und höherrangigen Normen einfügt.“*.

129 *Engländer*, Diskurs als Rechtsquelle?, 2002, S. 11.

130 *Ballerstedt*, in: FS Flume, 1978, S. 257; *Krawietz*, Recht als Regelsystem, 1984, S. 50: *„Daß juristische Argumentationen* [...] *einer systematischen Begründung und Rechtfertigung bedürfen, die ihrerseits stets systemabhängig ist, weil sie das System des hic et nunc geltenden Rechts jeweils schon voraussetzt, wird manchem Vertreter juristischer Dogmatik als ganz selbstverständliche Binsenweisheit erscheinen.“*.

131 *Höpfner*, Die systemkonforme Auslegung, 2008, S. 91: *„Schließlich schließt das innere System der Rechtsordnung auch die Prinzipien und allgemeinen Rechtsgrundsätze ein, die hinter den Einzelregelungen stehen.“*.

132 *Höpfner*, Die systemkonforme Auslegung, 2008, S. 135; *Bumke*, Relative Rechtswidrigkeit, 2004, S. 37; grundlegend *Engisch*, Die Einheit der Rechtsordnung, 1935; *Canaris*, Systemdenken und Systembegriff in der Jurisprudenz entwickelt am Beispiel des deutschen Privatrechts, 1969, S. 13 ff.

133 Siehe, für *„Rechtsprinzipien“*, *Alexy*, Recht, Vernunft, Diskurs, 1995, S. 226.

holfen werden muss, ist streng zu beachten, will man den Rahmen der legitimierten Rechtsordnung nicht verlassen.[134] Der Blick des Rechtsanwenders bleibt dabei nicht allein an den expliziten Entscheidungen des Gesetzgebers im Sinne des geschriebenen Gesetzes haften. Vielmehr lassen sich ungeschriebene grundsätzliche Wertungen aus dem bestehenden Gesetzesmaterial entwickeln.[135] Induktive Schlüsse, also die Ableitung grundsätzlicher Wertungen aus einzelnen Regelungen, sind dabei ein zulässiges Vorgehen.[136] Der Rechtsanwender ist jedoch an das bestehende System gebunden und kann nur aus diesem heraus Material für seine Wertungen gewinnen, denn *„Systeme geben ebensowenig wie Begriffe neue Lösungen her, die nicht schon vorher eingebaut wurden."*[137] Dieser systemisch-beschränkte Blick einer legitimierten Rechtsordnung soll für die vorgelegte Untersuchung maßgeblich sein. Aspekte, die von außen in die legitimierte Rechtsordnung transportiert werden, eine allgemeine *„Rechtsidee"* oder Gerechtigkeitsvorstellungen, sollen außer Acht bleiben.[138] Gleichzeitig soll jedoch nicht der falsche Anschein erweckt werden, dass sich die Rückbindung von Konzepten an gesetzgeberische Wertungen und mithin die legitimier-

134 *Zippelius*, Recht und Gerechtigkeit in der offenen Gesellschaft, 2. Aufl. 1996, S. 395.

135 *Höpfner*, Die systemkonforme Auslegung, 2008, S. 94.

136 *Höpfner*, Die systemkonforme Auslegung, 2008, S. 94: *„Induktiv aus dem positiven Recht gewonnene Prinzipien lassen sich letztlich auf den Willen der Gesetzgebung zurückführen. Sie nehmen an deren Autorität teil und können somit die Verbindlichkeit des Gesetzes für sich beanspruchen."*; gleichwohl besteht bei der Induktion stets die Gefahr, zu nur scheinbaren Erkenntnissen zu gelangen, siehe insbesondere *Popper*, Logik der Forschung, 10. Aufl. 1994, S. 3 zum *„Induktionsproblem"*: *„Bekanntlich berechtigen uns noch so viele Beobachtungen von weißen Schwänen nicht zu dem Satz, dass alle Schwäne weiß sind."* Allerdings lässt sich diese Gefahr zumindest etwas dadurch entschärfen, dass eine Anknüpfung an einen legitimierten Normgeber gesucht und die Einheit der Rechtsordnung als dessen Ziel betrachtet wird. Geht man davon aus, dass die Rechtsordnung möglichst widerspruchsfrei ausgestaltet sein soll, kann man als *„Induktionsprinzip"* (*Popper*, Logik der Forschung, 10. Aufl. 1994, S. 4), also zur Rechtfertigung induktiver Schlüsse, annehmen, dass hinter den besonderen Normen harmonisierend wirkende, systematische Grundsätze stehen (sollen).

137 *Höpfner*, Die systemkonforme Auslegung, 2008, S. 96.

138 *Höpfner*, Die systemkonforme Auslegung, 2008, S. 93; *Rüthers/Fischer/Birk*, Rechtstheorie, 10. Aufl. 2018, § 22 B. X., Rn. 266: *„Unter der Fahne des ‚übergesetzlichen Rechts' wird damit ein unbekümmerter Richterrechtspositivismus vertreten, der mit dem Demokratieprinzip und der Gewaltenteilung nach Art. 20 Abs. 3 GG nicht vereinbar ist."*; sowie § 22 B. III. 1., Rn. 810 f. zur unzulässigen Lockerung der Gesetzesbindung durch einen Rückgriff auf allgemein-abstrakte Wertungen im Sinne *„objektiver Auslegung"*.

te Rechtsordnung stets zweifelsfrei feststellen ließe. Rechtsprinzipien oder *„allgemeine Rechtsgrundsätze"* sind insofern kritisch zu betrachten, als dass sie häufig einer *„Umdeutung der Gesetze im Gewand ihrer prinzipiendeterminierten ‚Auslegung'"* und *„verdeckter Rechtsfortbildung"* dienen.[139] Prinzipien werden dabei in dieser Untersuchung synonym zu ungeschriebenen Grundsätzen verstanden, also *„Grundlagen für die Auslegung und Anwendung des Rechts"*[140] oder *„Grundwertungen der Rechtsordnung"*[141] im Sinne von weitgehend abstrakten, gesetzgeberischen Leitgedanken. Dabei erfolgt eine Anlehnung an *Alexys* Konzept, wonach Prinzipien als *„Optimierungsgebote"* verstanden werden und im Einzelfall, sofern es zu einem Konflikt kommt, gegeneinander abgewogen werden müssen.[142] Dies wird noch eine maßgebende Rolle für die Frage des Verhältnisses von Präventions- und Ausgleichsprinzip im Hinblick auf rechtmäßiges Alternativverhalten spielen.[143] Ohne einen tieferen Einstieg in die zugrundeliegende Diskussion wird vorliegend angenommen, dass sich *„Prinzipien aus dem geschriebenen Recht"* ableiten lassen da – durch eine Betrachtung des eindeutigen Gesetzesmaterials und dessen tatsächlicher Auswirkungen – auch allgemeine *„Regelungsabsichten der Normsetzer"* identifizierbar sind.[144] Dies gilt auch dann, wenn *„gewonnene Prinzipien von hohem Abstraktionsgrad sind"*, solange sie jedenfalls nicht *„metaphysischer Geltungsgründe des Rechts"*, also systemexterner Gründe, bedürfen.[145]

Für die Einordnung bestimmter Konzepte als Bestandteile der legitimierten Rechtsordnung ist entscheidend, ob sich eine Anknüpfung an den legitimierten Normgeber feststellen lässt.[146] Dabei kommt den Gerichten

---

139 *Fischer*, Topoi verdeckter Rechtsfortbildungen im Zivilrecht, 2007, S. 109.

140 *Bergmann Ávila*, Theorie der Rechtsprinzipien, 2006, S. 25.

141 *Canaris*, Systemdenken und Systembegriff in der Jurisprudenz entwickelt am Beispiel des deutschen Privatrechts, 2. Aufl. 1983, S. 46.

142 *Alexy*, Recht, Vernunft, Diskus, 1995, S. 226.

143 Vgl. BAG, Urteil vom 31.10.1958, 1 AZR 632/57, BAGE 6, 321 (377) wonach im Falle rechtmäßigen Alternativverhaltens dem *„Prinzip der zivilrechtlichen Prävention"* Vorrang vor dem *„reinen Ausgleichsprinzip (Restitutionsprinzip)"* eingeräumt werden müsse; *Gebauer*, Hypothetische Kausalität und Haftungsgrund, 2007, S. 269: *„Eine abstrakte Rangordnung unter Optimierungsgeboten kommt jedenfalls nicht in Betracht"*; siehe unten § 6 B. I. 2. b).

144 *Höpfner*, Die systemkonforme Auslegung, 2008, S. 92; *Rüthers/Fischer/Birk*, Rechtstheorie, 10. Aufl. 2018, § 4 III. 1., Rn. 143, S. 93: *„Der Bewertungsmaßstab der Einzelnorm weist aus Sicht des Rechtsanwenders über die Einzelnorm hinaus auf einen übergreifenden Wertungsplan der Gesetzgebung hin."*.

145 *Höpfner*, Die systemkonforme Auslegung, 2008, S. 93.

146 *Rüthers/Fischer/Birk*, Rechtstheorie, 10. Aufl. 2018, § 22 B. I., Rn. 717 ff.

und der richterlichen Rechtsfortbildung eine tragende Rolle zu. Das *„Richterrecht als Bestandteil des inneren Systems“*[147] wird in dieser Untersuchung anerkannt. Ohne tiefer in die Diskussion um eine Legitimation von Richterrecht einzusteigen, wird davon ausgegangen, dass der Gesetzgeber die Ausfüllung und Weiterentwicklung bestimmter Begriffe und Prinzipien bewusst der Rechtsprechung überlässt.[148] Darüber hinaus ist die Rechtsprechung an das Gesetz und dessen Auslegungsgrenzen, nicht zuletzt durch anerkannte Auslegungsmethoden, gebunden und bewegt sich damit – idealtypisch – in den legitimatorischen Fußstapfen des Gesetzgebers.[149] Dass nicht selten Diskrepanzen zwischen der *„programmatischen“* Gesetzesbindung der Gerichte und der tatsächlichen Entscheidungspraxis bestehen, wird nicht bestritten.[150] Idealtypisch ist jedoch davon auszugehen, dass die Gesetzesbindung grundsätzlich gelebt wird und das Richterrecht als Bestandteil der legitimierten und insofern geltenden Rechtsordnung anzuerkennen ist.[151]

Die dogmatischen Fragestellungen und Ansichten zum rechtmäßigen Alternativverhalten werden vor diesem Hintergrund als Teil von Systema-

---

147 *Höpfner*, Die systemkonforme Auslegung, 2008, S. 89.

148 *Höpfner*, Die systemkonforme Auslegung, 2008, S. 89.

149 Vgl. BVerfG, Beschluss vom 23.05.2016, 1 BvR 2230/15, 1 BvR 2231/15, NJW-RR 2016, 1366 (1369): *„Die Aufgabe der Rechtsprechung beschränkt sich vielmehr darauf, den vom Gesetzgeber festgelegten Sinn und Zweck eines Gesetzes unter gewandelten Bedingungen möglichst zuverlässig zur Geltung zu bringen oder eine planwidrige Regelungslücke mit den anerkannten Auslegungsmethoden zu füllen. Eine Interpretation, die als richterliche Rechtsfortbildung den Wortlaut des Gesetzes hintanstellt und sich über den klar erkennbaren Willen des Gesetzgebers hinwegsetzt, greift unzulässig in die Kompetenzen des demokratisch legitimierten Gesetzgebers ein.“*; *Christensen/Kudlich*, Theorie richterlichen Begründens, 2001, S. 60: *„Die Gesetzesbindung bezieht sich hier also auf das vom Gesetzgeber Gesagte bzw. Gewollte und wird mit Hilfe der klassischen Auslegungskanones ermittelt.“*.

150 *Rüthers/Fischer/Birk*, Rechtstheorie, 10. Aufl. 2018, § 22 B. I., Rn. 724: *„Die Vorherrschaft der subjektiven Willensakte der Interpreten wird hinter scheinobjektiven Begriffskategorien versteckt.“*; weitergehend *Christensen*, Was heißt Gesetzesbindung?, 1989, S. 23 ff.

151 Siehe ferner auch *Tschentscher*, Demokratische Legitimation der Dritten Gewalt, 2006, S. 195: *„Zwar stimmt es, daß die Aktualität gesetzlicher Steuerung dort gemindert ist, wo die Gerichte selbst rechtsschöpferisch tätig werden. Aber sogar in Bereichen, in denen der Gesetzgeber noch überhaupt kein Recht geschaffen hat, sind die Gerichte in ihrer Gestaltung weiterhin dem Gesetz verpflichtet. Sie müssen systematisch passende richterrechtliche Regelungen wählen.“*.

tisierungs- und somit Ordnungsversuchen begriffen.[152] Dreh- und Angelpunkt dieser Ordnungsversuche sind die gesetzgeberischen Grundsätze, die es als *„Ordnungsprinzipien“*[153] ermöglichen, eine Ansammlung von Rechtsnormen als miteinander verbundene Gesamtheit zu begreifen.[154] Dogmatische Konzepte und Ansichten werden von den Grundsätzen beeinflusst, aus denen das Fundament des jeweiligen Systemverständnisses besteht. Schlüssigkeit und Kohärenz, richtige oder falsche Ergebnisse, werden nur im Hinblick auf diese Grundsätze erzielt – mag es eine *„logisch-systematische“* oder eine andere *„wertungsmäßige Kohärenz“* sein.[155] Dogmatische Herangehensweisen an bestimmte Probleme müssen sich immer an ihren Grundsätzen messen lassen. Sie sind nie isoliert aus sich heraus überzeugend oder (selbst)verständlich, sondern nur als Systembestandteil. Dies gilt jedenfalls, solange man sich in einem System bewegt, das eine *„wertungsmäßige Kohärenz der einzelnen gesetzlichen und ungeschriebenen Normen“*[156] zu erzielen versucht. Verallgemeinernd kann man festhalten: Ein Problem wird rechtsdogmatisch nur dann richtig gelöst, wenn es *folge*richtig gelöst wird, die Lösung also einen Rückhalt im (legitimierten) System findet, innerhalb dessen sie beurteilt wird. Dabei soll es in dieser Untersuchung, wie beschrieben, um die Legitimationsfrage gehen, indem eine Rückkoppelung an das Gesetz, mit anderen Worten an den legitimierten Normgeber, gesucht wird.[157] Es soll untersucht werden, ob sich die Modelle oder einzelnen Gedankengänge und Argumente überzeugend auf gesetzgeberische – möglicherweise auf legitime Weise richterlich modifizierte[158] – Grundkonzeptionen zurückführen lassen und vor diesem Hintergrund eine systematische Notwendigkeit identifiziert werden kann, rechtmäßiges Alternativverhalten entlastend zu berücksichtigen. Stark vereinfacht ausgedrückt steht dahinter die Frage: Hat der Gesetzgeber eine (unbeschränkte

---

152 Weiterführend *Kästle-Lamparter*, Welt der Kommentare, 2016, S. 321: *„Doch gelten die genannten strukturellen Aufgaben, bei aller Unsicherheit über diesen Begriff, als Kern dessen, was Juristen unter Rechtsdogmatik verstehen.“*.

153 *Metzger*, Extra legem, intra ius, 2009, S. 192.

154 *Metzger*, Extra legem, intra ius, 2009, S. 192; *Funke*, Allgemeine Rechtslehre als juristische Strukturtheorie, 2004, S. 90 f.; *Höpfner*, Die systemkonforme Auslegung, 2008, S. 91.

155 *Kästle-Lamparter*, Welt der Kommentare, 2016, S. 321.

156 *Metzger*, Extra legem, intra ius, 2009, S. 192.

157 *Christensen/Kudlich*, Theorie richterlichen Begründens, 2001, S. 431: *„Diese Beobachtung ist als Rückkoppelungselement für die Demokratie von großer Wichtigkeit.“*.

158 *Höpfner*, Die systemkonforme Auslegung, 2008, S. 89.

oder beschränkte) entlastende Wirkung rechtmäßigen Alternativverhaltens vor Augen und wie kommt dies gegebenenfalls zum Ausdruck?

B. Der Gedanke der Verhaltenssteuerung

I. Grundlage für weitergehende Systematisierung

Über die Frage der Anknüpfung an einen legitimierten Gesetzgeber hinausgehend, soll ein *„Steuerungsgedanke“*[159] herangezogen werden, um den Referenzrahmen der Untersuchung zu konkretisieren. Dieser Steuerungsgedanke umfasst eine rechtstheoretische Dimension, indem an der sozialwissenschaftlichen Steuerungsdiskussion, die sich mit den *„Wirksamkeitsbedingungen“* des Rechts befasst, angeknüpft wird.[160] Insofern handelt es sich zunächst um einen Definitionsversuch aus der *„Beobachterperspektive“*[161] im Sinne eines wissenschaftlichen *„äußeren Systems“* als *„Ordnung der fertiggestellten Gedanken, die der Forscher im Darstellungsinteresse vornimmt.“*[162] Ausgehend davon, dass alles Recht auf Wirksamkeit zielt, also bestimmte *„Ordnungsaufgaben wahrnehmen“* soll, ist das legitimierte System aus dieser Perspektive auf eventuelle Wirkungsdefizite hin zu untersuchen und die effektive Umsetzung von Regelungszielen in der Gemengelage der betroffenen Akteure zu analysieren.[163] Der Steuerungsgedanke lässt sich darüber hinaus auf das innere System als inhaltlich-wertungsmäßigen Zusammenhang der legitimierten Rechtsordnung übertragen und aus einer *„Teilnehmerperspektive“*[164] betrachten. Bereits die Rechtsschöpfung muss, gerade in ihren Grundsätzen, *„im Bewußtsein der Steuerungsgrenzen des Rechts“*[165] be-

---

159 *Bumke*, Relative Rechtswidrigkeit, 2004, S. 262; *Schmidt-Aßmann*, Das allgemeine Verwaltungsrecht als Ordnungsidee, 2. Auflage 2004, S. 18.

160 *Schmidt-Aßmann*, Das allgemeine Verwaltungsrecht als Ordnungsidee, 2. Auflage 2004, S. 18.

161 *Engländer*, Diskurs als Rechtsquelle?, 2002, S. 11 f.

162 *Heck*, Begriffsbildung und Interessenjurisprudenz, 1932, S. 142; weitergehend *Höpfner*, Die systemkonforme Auslegung, 2008, S. 102.

163 *Schmidt-Aßmann*, Das allgemeine Verwaltungsrecht als Ordnungsidee, 2. Auflage 2004, S. 18.

164 *Engländer*, Diskurs als Rechtsquelle?, 2002, S. 11: *„Die Teilnehmerperspektive nimmt nach Alexy und Habermas ein, wer in einem Rechtssystem an einer Argumentation darüber partizipiert, was dieses Rechtssystem gebietet, verbietet, erlaubt und zu was es ermächtigt.“*.

165 *Schmidt-Aßmann*, Das allgemeine Verwaltungsrecht als Ordnungsidee, 2. Auflage 2004, S. 56.

griffen werden. Planvoll-effektive Steuerung ist ansonsten nicht möglich. Diese für das Verwaltungsrecht entwickelte Steuerungsperspektive soll hier nicht umfassend aufgearbeitet oder gar fortentwickelt werden. Vielmehr soll ihr lediglich der geschärfte Blick für (vermeintlich) nicht-rechtliche Effektivitätsaspekte entlehnt werden, die sich so als prägende Bestandteile für genuin rechtliches Systemdenken fruchtbar machen lassen. Der Systemzusammenhang meint dabei eine sich nicht widersprechende Beziehung *„zwischen den allgemeinen Rechtsprinzipien und den besonderen Rechtsnormen“*, die auf der *„Einheitlichkeit des Systems“* gegründet ist.[166] Diese funktionale Einheitlichkeit, das abgestimmte Funktionieren des Systems in seiner Gesamtheit, hängt auf das Engste mit den Fragen der Geltung zusammen. Denn – auf die Spitze getrieben – lässt sich konstatieren: *„Funktioniert das System nicht, besteht es nicht länger, maW gilt es nicht.“*[167] Dies lässt sich mit der zuvor beschriebenen Anknüpfung an den legitimierten Normgeber verbinden: Der Erlass von Rechtsnormen und -grundsätzen ist kein Selbstzweck, sondern erfolgt stets mit einem Steuerungsanspruch. Man kann insofern aus dem notwendigen *„Bewusstsein der Steuerungsgrenzen“*[168] den Gedanken ableiten, dass der legitimierte Normgeber eine möglichst effektive, in sich stimmige Ordnung – im Sinne der Rechtswirklichkeit – vor Augen hat.[169] Dies erlaubt nicht zuletzt eine Einbeziehung sozialwissenschaftlicher Beobachtungen (Wirkungen), indem zu der Frage, was für ein Steuerungsziel avisiert ist (z.B. durch eine bestimmte Norm oder einen Rechtsbereich bestehend aus mehreren aufeinander abgestimmten Normen, wie das Schadensersatzrecht), die Frage ergänzt wird, welche Folgen tatsächlich hervorgerufen werden (können).[170] Damit sollen rechtliche Grenzen nicht etwa der Konturlosigkeit preisgegeben wer-

---

166 *Del Vecchio*, Grundlagen und Grundfragen des Rechts, 1963, S. 174 f.

167 *Rill*, in: Griller/Rill, Rechtstheorie, 2011, S. 13, unter Anknüpfung an *Kelsens* Ansicht zu Geltung und Wirksamkeit des Rechts.

168 *Schmidt-Aßmann*, Das allgemeine Verwaltungsrecht als Ordnungsidee, 2. Auflage 2004, S. 56.

169 *Bumke*, Relative Rechtswidrigkeit, 2004, S. 262, sieht in dem *„Steuerungsgedanken“* ein *„Fundament einer Verhalten und Rechtsakt übergreifenden Systembildung“*. Er hebt kritisch das bloße *„Nebeneinander“* der Perspektiven hervor, da sich beispielsweise *„die aus der verhaltensbezogenen Perspektive gewonnenen Einsichten gar nicht gegen die traditionelle Dogmatik ins Feld führen lassen* [...] *Die Frage ist nicht, welches die bessere oder richtige Perspektive ist, sondern* [...] *ob* [...] *sich die Betrachtungsweisen erkenntnisfördernd verklammern lassen.“* Steuerung soll – normativ umgedeutet – als *„etwas zur Folge haben sollen“* begriffen werden, *Bumke*, Relative Rechtswidrigkeit, 2004, S. 264.

170 *Dreier*, Kompensation und Prävention, 2002, S. 125.

den, indem – von einem rein utilitaristischer Standpunkt – Effektivität mit Legitimität gleichgesetzt wird, selbst wenn dadurch angelegte gesetzgeberische Grundsätze aufgegeben oder zumindest bis zur Unkenntlichkeit verfremdet würden.[171] Vielmehr kann ein Blick auf die Wirkung im Sinne effektiver Steuerung dazu dienen, eventuelle Unsicherheiten innerhalb des Referenzrahmens der legitimierten Rechtsordnung zu bewältigen, also *„das Richtige im Rahmen des rechtlich Zulässigen"*[172] zu finden. Für den Fall mehrerer grundsätzlich denk- und legitimierbarer Entscheidungs- oder Auslegungsvarianten kann mit einem *„Blick nach unten, auf die Auswirkungen"*[173] eine möglichst steuerungseffektive und damit – vor dem Hintergrund des Steuerungsgedankens – systematisch letztverbindliche Variante gewählt werden. Insofern lässt sich nicht nur der Aspekt der Rechtmäßigkeit, sondern auch der Aspekt der Zweckmäßigkeit als weitergehendes Ordnungsprinzip begreifen.[174]

Der Steuerungsgedanke klingt in zahlreichen der nachfolgend noch tiefergehend zu untersuchenden Konzepte an.[175] Den Konzepten fehlt dabei

---

171 Vgl. für Verwaltungshandeln *Bumke*, Relative Rechtswidrigkeit, 2004, S. 266: *„Trotzdem sollte sie* [die verhaltensbezogene Betrachtung] *den Rechtmäßigkeitsmaßstab nicht als letztlich stets allein maßgeblichen Richtpunkt aufgeben. Denn mit der Aufgabe würde sie dann zugleich ihr rechtswissenschaftliches Profil verlieren und zu einer soziologischen Entscheidungstheorie des Verwaltungshandelns mutieren."*.

172 *Bumke*, Relative Rechtswidrigkeit, 2004, S. 266, bezieht sich dabei auf eine *„Entscheidungsrichtigkeit"* als *„Optimalität im Sinne einer möglichst weit gehenden Verwirklichung aller zu berücksichtigenden Zwecke und der Akzeptabilität der Entscheidung"* bei Gestaltungsspielräumen und Entscheidungsunsicherheiten der Verwaltung.

173 *Eidenmüller*, Effizienz als Rechtsprinzip, 2015, S. 398, gleichzeitig auch zur Kontroverse um die Folgenorientierung in der Rechtsanwendung.

174 *Siegel*, Entscheidungsfindung im Verwaltungsverbund, 2009, S. 19, spricht insofern von einer *„Öffnung und Erweiterung der Steuerungsziele"* im Hinblick auf verschiedene *„Aspekte der Zweckmäßigkeit sowie auf Belange und Interessen, die keine Verdichtung zu einem Rechtsmaßstab erfahren haben."*.

175 *Münzberg*, Verhalten und Erfolg, 1966, S. 137, *„Das Verbot hat im Einzelfall ‚versagt', es schränkt die Handlungsfreiheit* [...] *vergebens ein, weil das entsprechende unverbotene Verhalten die gleiche oder sogar größere Gefährlichkeit aufweist: das Verbot hat damit seinen Verhütungszweck im Einzelfall verfehlt."*; *Gotzler*, Rechtmäßiges Alternativverhalten, 1977, S. 67: *„Die Norm erreicht ihr Ziel des Rechtsgüterschutzes über die menschliche Fähigkeit zur Verhaltenssteuerung, der zweckgerichteten Beeinflussung von Kausalabläufen."*, vor diesem Hintergrund gelangt *Gotzler* zu der Einschätzung, die Zurechenbarkeit eines Schadens könne nur bei möglicher Zweckerreichung bejaht werden, vgl. S. 91; auch *Erb*, Rechtmäßiges Alternativverhalten, 1991, S. 169, nimmt die *„tatsächliche Gestaltungskraft"* von Verhaltens-

jedoch weitgehend[176] ein theoretisches Fundament. Denn gleichwohl bestimmte Ziele der Verhaltenssteuerung – insbesondere die Abschreckung potenzieller Schädiger durch die Androhung von Schadensersatzpflichten[177] – die Konzepte maßgeblich prägen, wird der Grund für die Ausrichtung an bestimmten Steuerungszielen nicht transparent und konsequent aufgezeigt und nachvollzogen. Insofern ermöglicht die *„Folgenorientierung“* als Systematisierungsgedanke die Verortung der maßgeblichen Gesichtspunkte in der legitimierten Rechtsordnung und gewährleistet damit nicht zuletzt Rückschlüsse auf die Verbindlichkeit (oder Unverbindlichkeit) der Erklärungsmodelle.[178] Vereinfacht ausgedrückt lässt die Effektivität oder Ineffektivität eines bestimmten Konzepts im Hinblick auf die Verhaltenssteuerung einen Rückschluss darauf zu, ob es sich um ein gesetzgeberisch avisiertes Konzept handelt. Dahinter steht die Annahme, dass die Rechtsordnung möglichst funktionsfähig, mit aufeinander abgestimmten Regelungen, ausgestaltet ist. In einer *„Öffnung der auf dem Subsumtionsmodell gründenden bisherigen Methode“*[179] für tatsächliche Wirkungszusammenhänge, die im Steuerungsgedanken angelegt ist, kann eine sinnvolle Grundlage für die kritische Aufarbeitung der zu untersuchenden Konzepte gefun-

---

pflichten zur Grundlage und fordert davon ausgehend einen funktionalen Zusammenhang zwischen Verhaltenspflichtverstoß und dem Schaden, der fehle, wenn im Einzelfall die *„Rechtsordnung ebensowenig wie bei Naturereignissen in der Lage“* sei *„die Situation des bedrohten Rechtsguts zu verbessern“*; mit diametral anderem Ergebnis stützt sich der BGH, Urteil vom 24.10.1985, IX ZR 91/84, BGHZ 96, 157 (173), auf den Steuerungsgedanken, indem er den wirksamen Schutz *„in die Zuverlässigkeit und Unparteilichkeit des Notars“* in einer Grundsatzentscheidung dafür anführt, eine entlastende Berücksichtigung rechtmäßigen Alternativverhaltens zu verneinen; ebenso für die Verletzung von Zahlungspflichten, die sonst *„sanktionslos bliebe“* BGH, Urteil vom 09.03.2012, V ZR 156/11, NJW 2012, 2022 (2023); siehe auch bereits BAG, Urteil vom 31.10.1958, 1 AZR 632/57, BAGE 6, 321 (377): *„Wenn der Gesetzgeber dem Verschulden im haftungsbegründenden Tatbestand ausschlaggebende Bedeutung beimisst, geht er von der Vorstellung aus, daß dem Appell an den Willen verantwortlich zu handeln, für den Bestand der Ordnung des Zusammenlebens der Menschen entscheidende Bedeutung zukommt.“*.

176 *Erb* stützt sich auf normtheoretische Erwägungen *Bindings*, dazu kritisch unten § 3 H. I. 2., § 3 H. II. 4.

177 *Gotzler*, Rechtmäßiges Alternativverhalten, 1977, S. 58 ff.

178 *Eidenmüller*, Effizienz als Rechtsprinzip, 2015, S. 399 f.: *„Der Sinn der Folgenorientierung wurde und wird demzufolge in erster Linie darin gesehen, Gesichtspunkte, die sonst möglicherweise verdeckt in den Entscheidungsprozeß einfließen, transparent zu machen und während des Rechtsstreits zur Sprache zu bringen.“*.

179 *Schmidt-Aßmann*, Das allgemeine Verwaltungsrecht als Ordnungsidee, 2. Auflage 2004, S. 26.

den werden.[180] Damit wird die genuin rechtliche Betrachtung für rechtsökonomische Erwägungen geöffnet, die sich mit Verhaltensanreizen und dem tatsächlichen Wirkungsmechanismus des Rechts beschäftigen. Ökonomische Verhaltensanreize können so in die Steuerungsperspektive einbezogen werden.

II. Die Stabilisierungsfunktion als wesentlicher Systematisierungsfaktor

Eine gewisse Stabilisierung, im Sinne der Ermöglichung verlässlicher und vorhersehbarer Aussagen, ist für ein wirksames Rechtssystem unabdingbar.[181] Nur auf dieser Grundlage lässt sich ein Gesamtzusammenhang der rechtlichen Einzelbestandteile als planvoll-steuernd erkennen. Eine gewisse Stabilität im Sinne von Widerspruchsfreiheit und Transparenz ist dem Systembegriff im Sinne eines *„Sinnganzen“*[182] immanent. Gleiches gilt für die dogmatische Erschließung des Systems, also auch die zu untersuchenden Konzepte. Mit Blick auf den Steuerungsgedanken lässt sich eine rechtspraktische Konsistenz und Transparenz, die mit bestimmten Konzepten (möglicherweise) erzielt werden kann, als systemrelevanter und in-

---

180 *Krawietz*, Das positive Recht und seine Funktion, 1967, S. 44: *„Da jedes Gesetz [...] zum menschlichen Leben Stellung nimmt und damit in einem bestimmten funktionalen Bezug zur menschlichen Daseinsordnung tritt, darf die Rechtwissenschaft diese Bezogenheit allen Rechts auf die soziale Wirklichkeit nicht als metajuristisch oder gar rechtlich irrelevant ausschließen.“*; siehe auch *Krawietz*, Recht als Regelsystem, 1984, S. 9: *„Auch eine dogmatische, auf Beschreibung von Rechtsnormen bedachte Rechtswissenschaft wird künftig von vornherein ihre rechtswissenschaftlichen Analysen an den Beziehungen zwischen den Rechtsnormen und dem menschlichen Verhalten orientieren müssen.“*.

181 *Rüthers/Fischer/Birk*, Rechtstheorie, 10. Aufl. 2018, § 6 IV; S. 174 f.; *Höpfner*, Die systemkonforme Auslegung, 2008, S. 87; *Bumke*, Relative Rechtswidrigkeit, 2004, S. 37, 52, 77, sowie im Hinblick auf das gemeinsame Ziel der rechtsakt- und verhaltensbezogenen Maßstabslehre: *„die Maßstäbe des Rechts zu einem rationalen und verlässlich handhabbaren Steuerungsmittel auszuformen“*, S. 267; *Larenz*, Methodenlehre der Rechtswissenschaft, 6. Aufl. 1991, S. 437 f.; *Krawietz*, Das positive Recht und seine Funktion, 1967, S. 21, 44; *Krawietz*, Recht als Regelsystem, 1984, S. 11; vgl. auch *Schmidt-Aßmann*, Das allgemeine Verwaltungsrecht als Ordnungsidee, 2. Auflage 2004, S. 26.

182 Siehe *Larenz*, Methodenlehre der Rechtswissenschaft, 6. Aufl. 1991, S. 368, zur Bedeutung der *„Rechtsordnung als einem Sinnganzen“* im Sinne einer Bindungswirkung für die lückenausfüllende Rechtsfortbildung.

sofern genuin rechtlicher Aspekt begreifen.[183] Intransparente oder widersprüchliche Ergebnisse, die mit einem bestimmten Konzept erzeugt werden, sprechen aus dieser Perspektive dagegen, das Konzept als legitimen Systembestandteil anzuerkennen. Man könnte ausführen, dass ein solches Konzept dem Systemgedanken durch seine *unsystematischen* Ergebnisse entgegenläuft und es deshalb aus einer Teilnehmerperspektive widersinnig und nicht folgerichtig erscheint, das Konzept als Bestandteil der legitimierten Rechtsordnung (als inneres System) zu qualifizieren. Mit Blick auf den legitimierten Normgeber ist es zumindest nicht sehr wahrscheinlich, dass ein solches Konzept wirklich „gewollt" ist. Auch vor diesem Hintergrund lassen sich die Konzepte des RWZ und Schutzzwecks der Norm daraufhin untersuchen, ob sie bestimmten anerkannten oder in den Konzepten selbst zugrunde gelegten Zwecken wertungskonsistent zur Verwirklichung verhelfen oder ob insoweit systematische Friktionen bestehen.

III. Der spezielle Steuerungsgedanke im Schadensersatzrecht

Darüber hinaus findet sich der Steuerungsgedanke im Schadensersatzrecht selbst in spezifischer Form wieder, nämlich in Form des Gedankens präventiver Verhaltenssteuerung.[184] Das Schadensersatzrecht wird insoweit als (Teil-)System begriffen, das Schäden nicht nur kompensieren, sondern auch verhindern soll.[185] Es wird noch im Einzelnen zu untersuchen sein, wie weitgehend ein solcher Präventionsgedanke, der sich auf eine gesetzgeberische Grundkonzeption zurückführen lässt und insofern als legitimes Prinzip anzuerkennen ist, im Schadensersatzrecht erkannt und für die Untersuchung fruchtbar gemacht werden kann. Es ist jedoch bereits darauf hinzuweisen, dass alle der nachfolgend kritisch untersuchten Erklärungs-

---

183 Vgl. auch *Del Vecchio*, Grundlagen und Grundfragen des Rechts, 1963, S. 174: *„Diese Forderung gründet sich im Wesentlichen auf die Natur des Rechtssystems, das ein einziges und gleichartiges Gebilde bilden muß, einen wahren logischen Organismus, der geeignet ist, eine bestimmte Richtlinie für jede mögliche Beziehung des Zusammenlebens zu geben, die nicht zweideutig und noch weniger widerspruchsvoll ist."*.

184 Siehe insbesondere *Wagner*, AcP 206 (2006), 352; sowie zum Zivilrecht als System indirekter Regulierung *Neumann*, Die Herrschaft des Gesetzes, 1980, S. 40; unter Hinweis auf die *„extrinsischen Einflüsse"* in jüngster Zeit, die zur stärkeren Öffnung der Dogmatik für *„Steuerungsgedanken"* führt, *Meyer*, Korruption im Vertrag, 2017, S. 47 f.

185 *Möller*, Das Präventionsprinzip des Schadensrechts, 2006, S. 252; *Wagner*, AcP 206 (2006), 352 (470).

modelle des RWZ, ebenso wie die ältere und neuere höchstrichterliche Rechtsprechung, sich letztendlich in der Idee einer präventiven Verhaltenssteuerung durch das Schadensersatzrecht begründen. Dabei kommen sie zu unterschiedlichen Ergebnissen, der Ausgangspunkt bleibt jedoch gleich: die Vorstellung, dass sich eine Schadensersatzpflicht aus dem Zweck der präventiven Verhaltenssteuerung rechtfertigt, die der Gesetzgeber zur Grundlage für die Belastung des Schädigers nimmt. Die gesetzgeberisch legitimierte Rechtsordnung als Referenzrahmen für die Beurteilung der Konzepte ist zutreffend gewählt. Die Konzepte müssen sich an ihrem eigenen Anspruch, einer gesetzgeberischen Grundvorstellung oder einer systemkohärenten Weiterentwicklung derer zu entsprechen, messen lassen. Dadurch lässt sich eine Verbindung zwischen der rechtspraktischen Umsetzung und dem (eventuellen) gesetzgeberischen Zweck ziehen, denn zwischen ihnen besteht – wie bereits angedeutet – eine Wechselwirkung:

> *„Da nämlich der einer Norm innewohnende Zweck auf eine bestimmte Wirkungsweise gerichtet ist, erlangt die Wirkungsweise Bedeutung auch für die Ermittlung des Zwecks. Die zunächst abstrakt formulierten Rechtsfolgen wirken durch ihre Anwendung in die Wirklichkeit hinein, und es lassen sich umgekehrt Sinn und Inhalt der in die Wirklichkeit hineinwirkenden Rechtsfolgen nicht losgelöst von ihren tatsächlichen Auswirkungen ermitteln.“*[186]

Anders ausgedrückt lässt sich annehmen, dass unerreichbare Ziele von einem rationalen Gesetzgeber nicht angestrebt werden. Vielmehr basiert jede Norm auf dem Gestaltungswillen des Normgebers und erhebt damit den Anspruch, zu wirken.[187] Ob ein bestimmtes Ziel erreichbar ist, spielt eine maßgebende Rolle für die Frage, wie der Zweck einer Norm oder von Prinzipien zu bestimmen ist. Dies wird an späterer Stelle der Untersuchung eine ausschlaggebende Bedeutung für die Beantwortung der Frage entfalten, ob die Ausrichtung der (Nicht-)Berücksichtigung rechtmäßigen Alternativverhaltens am Schutzzweck der konkret verletzten Verhaltenspflicht nach dem Konzept der höchstrichterlichen Rechtsprechung überzeugt. So wird eingehend untersucht werden, was genau mit dem Konzept gesteuert werden soll, welche Bedeutung diesem Steuerungsziel zukommt

---

186 *Dreier*, Kompensation und Prävention, 2002, S. 125.

187 *Kaufmann*, Lebendiges und Totes in Bindings Normentheorie, 1954, S. 76; *Rüthers/Fischer/Birk*, Rechtstheorie, 10. Aufl. 2018, § 22 B. I., Rn. 718; vgl. *Eidenmüller*, Effizienz als Rechtsprinzip, 2015, S. 462 f., zum Verständnis von Rechtsprinzipien als Optimierungsgebote.

und ob es sich unter Anwendung des Konzepts verwirklichen lässt.[188] Insbesondere ist zu klären, ob es sich bei dem avisierten Steuerungsziel um einen legitimen Bestandteil der geltenden Schadensersatzrechtsordnung handelt.[189]

188 Siehe unten, § 6 B. I. 3.

189 Siehe dazu die Frage nach der Berücksichtigung punitiver Elemente und der Abgrenzung Straf- und Präventionsaspekten unten, § 6 B. I. 1.

§ 3 Erfordernis eines Rechtswidrigkeitszusammenhangs?

A. *Begrifflich-konzeptionelle Präzisierung und Abgrenzung*

Ist für die zivilrechtliche Schadensersatzhaftung ein besonderer Zusammenhang zwischen der Rechtswidrigkeit des Schädigerverhaltens und dem Schadenserfolg notwendig? Muss sich die Rechtswidrigkeit besonders auswirken in dem Sinne, dass bei *rechtmäßigem* Verhalten der Erfolg ausgeblieben wäre? Diese Frage wird mit dem dogmatischen Konzept des RWZ zu beantworten versucht und bildet den Ausgangspunkt dieser Untersuchung. Wegen begrifflicher wie inhaltlicher Überschneidungen mit anderen Konzepten und zum Teil ungenau oder bewusst synonym verwendeter Begriffe, soll das Konzept des RWZ zunächst begrifflich und konzeptionell präzise erfasst und eingegrenzt werden. Dies erfordert, soviel sei vorangestellt, eine begriffliche Entscheidung, die nicht im engeren Sinne verifiziert oder falsifiziert werden kann, sondern lediglich mehr oder weniger überzeugend ist.

I. Terminologische Entscheidung für den Begriff „Rechtswidrigkeitszusammenhang"

In der Rechtsprechung und Fachliteratur wird der Begriff des RWZ uneinheitlich verwendet.[190] Der Begriff wird zum Teil gänzlich synonym für den Schutzzweck der Norm angeführt.[191] In einem Beschluss aus dem Jahr 2007 benennt der IX. Senat des BGH selbst den *„Rechtswidrigkeitszusammenhang bzw. rechtmäßiges Alternativverhalten"* und verwendet beide Begriffe zur Kennzeichnung des selben Einwands.[192] In neueren Entscheidungen wird hingegen zwischen dem Einwand rechtmäßigen Alternativverhaltens einerseits und dem Rechtswidrigkeitszusammenhang andererseits eindeutig differenziert:

---

190 *Lange*, in: Lange/Schiemann, Schadensersatz, 3. Aufl. 2003, § 3 VIII. 2, S. 100.

191 *Schmidt*, in: Esser, Schuldrecht, 8. Aufl. 2000, § 33 III. 2., S. 243; *Lange*, in: Lange/Schiemann, Schadensersatz, 3. Aufl. 2003, § 3 VIII., S. 98; *Gotzler*, Rechtmäßiges Alternativverhalten, 1977, S. 141.

192 BGH, Beschluss vom 22.03.2007, IX ZR 136/06, BeckRS 2007, 01246.

„Soweit die Revision meint, dass die Kläger die Anlagen vielleicht auch dann gezeichnet hätten, wenn die Aussagen zur Eigenkapitalqualität nicht gemacht worden wären, betrifft dies einen ***Einwand rechtmäßigen Alternativverhaltens*** [...] *Die Revision zeigt hierzu jedoch keinen* [...] *Sachvortrag der Beklagten auf* [...] *Ohne Erfolg zieht die Revision schließlich einen Schaden der Kläger und den* ***Rechtswidrigkeitszusammenhang*** [...] *in Zweifel.*“[193]

In diesem Zusammenhang bezieht sich der RWZ jedoch auf eine reine Betrachtung des Normzwecks, ohne dass dabei hypothetische Einzelfallentwicklungen eine Rolle spielen. In dieser Untersuchung wird unter dem Begriff des RWZ demgegenüber ausschließlich ein Konzept verstanden, das es dogmatisch legitimieren soll, im Einzelfall hypothetische Entwicklungen bei hypothetisch pflicht- oder rechtmäßigem Verhalten an Stelle des tatsächlichen pflicht- oder rechtswidrigen Verhaltens für die Frage der Schadensersatzhaftung zu berücksichtigen.[194] Der Begriff des RWZ beschreibt dabei besonders passend, was die unterschiedlichen, im Folgenden näher analysierten Ansätze vereint: Die Suche nach der dogmatischen Notwendigkeit einer Verbindung, also eines besonderen *Zusammenhangs* zwischen Rechtswidrigkeit (oder Pflichtwidrigkeit) und Erfolg, um eine Schadensersatzhaftung zu begründen.[195] Vom *„mysteriösen Zusammenhang zwischen Pflichtwidrigkeit und Erfolg, über dessen Natur man nirgendwo etwas Genaueres erfahren kann*“ spricht schon *Arthur Kaufmann*[196] und sprechen – ihn aufgreifend – sowohl *Gotzler*[197], als auch *Erb*[198]. Vor diesem Hinter-

---

193 BGH, Urteil vom 19.11.2013, VI ZR 411/12, NJW 2014, 383 (386), Hervorhebungen durch Verfasser.

194 Ebenso *Richter*, Schadenszurechnung, 2012, S. 325: *„Gekennzeichnet werden soll damit der dritte Schritt im Rahmen der Prüfung nach Maßgabe der Lehre vom Schutzzweck der Norm* [...] *bei dessen Prüfung das haftungsbegründende Verhalten des Schädigers hinweggedacht und zugleich durch ein anderes, aber pflichtgemäßes Verhalten ersetzt wird.*“.

195 *Gotzler*, Rechtmäßiges Alternativverhalten, 1977, S. 91, spricht von der *„Notwendigkeit einer besonderen Beziehung zwischen VN* [Verhaltensnorm] *und Erfolg*“; *Hanau*, Kausalität der Pflichtwidrigkeit, 1971, S. 83: *„Zwischen einer pflichtwidrigen Handlung und einem Schaden können zwei Bedingungszusammenhänge bestehen, Kausalität des realen Verhaltens und der in ihm steckenden Pflichtwidrigkeit.*“; *Erb*, Rechtmäßiges Alternativverhalten, 1991, S. 71, spricht vom *„Erfordernis einer besonderen Beziehung zwischen der Rechtswidrigkeit des Verhaltens* [...] *und dem Erfolg* [...]“.

196 *Kaufmann*, in: FS Eberhard Schmidt, 1971, S. 200 (223).

197 *Gotzler*, Rechtmäßiges Alternativverhalten, 1977, S. 91.

198 *Erb*, Rechtmäßiges Alternativverhalten, 1991, S. 71.

grund wird der Begriff des RWZ nachfolgend– sehenden Auges mit einer gewissen Verallgemeinerung – übergreifend verwendet. Man könnte synonym von *„Pflichtwidrigkeitszusammenhang“* sprechen.[199] Der Begriff RWZ ist jedoch weitergehend in der dogmatischen Auseinandersetzung der Literatur etabliert und hat eine lange Tradition.[200] Bei der Untersuchung der dogmatischen Wurzeln des Konzepts wird der Begriff daher bewusst für den weiteren Gang der Untersuchung aufgegriffen und fortgeführt.

II. Hypothetische Vergleichsbetrachtung als konzeptioneller Kern

Der besondere Zusammenhang im Sinne des RWZ bezieht sich nicht auf die kausale oder adäquate Verbindung des konkreten *Verhaltens* mit dem Erfolg, sondern auf eine Verbindung der *Rechts- oder Pflichtwidrigkeit* eines bestimmten Verhaltens mit dem Erfolg.[201] Der RWZ kann fehlen, gleichwohl ein konkretes Verhalten kausal für den Erfolg ist. Zurückkommend auf den Radfahrer-Fall: Hätte der LKW den Radfahrer nicht mit zu geringem Seitenabstand überholt, wären der Unfall, die Verletzung und der Schaden ausgeblieben. Das Verhalten ist kausal, es ist eine notwendige Bedingung für den Schadenserfolg, eine condicio-sine-qua-non.[202] Denklogisch wird eine Vergleichsbetrachtung zwischen einer Situation A, in der das rechtswidrige Verhalten geschehen ist und einer Situation B, in der das rechtswidrige Verhalten ausbleibt, vorgenommen. Es tritt – bei dieser Form der Kausalitätsbetrachtung – indes kein Verhalten *an die Stelle* des rechtswidrigen Verhaltens. Das rechtswidrige Verhalten wird nicht durch einen weiteren Gedanken ersetzt, indem man sich an seiner Stelle ein anderes Verhalten vorstellt. Damit ist noch nichts über den Zusammenhang der Rechtswidrigkeit mit dem Erfolg, also den RWZ, gesagt. Denn dieser Zusammenhang lässt sich nicht aussagekräftig beurteilen, indem man die condicio-sine-qua-non Formel strukturell wiederholt und sich eine Situati-

---

199 *Erb*, Rechtmäßiges Alternativverhalten, 1991, S. 70.

200 Grundlegend *von Caemmerer*, Das Problem der überholenden Kausalität, 1962, S. 32; aufgegriffen bei *Hanau*, Kausalität der Pflichtwidrigkeit, 1971, S. 74.

201 *Studhalter*, Hypothetische Kausalverläufe, 1995, S. 267, führt aus, dass *„ein natürlicher Kausalzusammenhang nur zwischen realen Gegebenheiten bestehen kann und sich nicht auf die Pflichtwidrigkeit des Verhaltens bezieht*.“ Er macht damit deutlich, dass für die Frage des RWZ eine höhere Abstraktionsebene vonnöten ist, die nur auf das Verhältnis der Rechtswidrigkeit zum Erfolg blickt.

202 Weiterführend *Lange*, in: Lange/Schiemann, Schadensersatz, 3. Aufl. 2003, § 3 III., S. 79 ff.

on *ohne* rechtswidriges Verhalten vorstellt. Der RWZ fußt vielmehr auf einer Vergleichsbetrachtung, die das Ergebnis rechtswidrigen mit dem Ergebnis *hypothetisch rechtmäßigen Verhaltens* vergleicht.[203] Anders als bei der Anwendung der condicio-sine-qua-non Formel wird das rechtswidrige Verhalten nicht bloß hinweggedacht, sondern durch rechtmäßiges Verhalten *ersetzt*, um dessen hypothetische Erfolgsauswirkung zu beurteilen.[204] Damit ist gemeint, dass die konkrete Abweichung des Schädigers von dem normativ oder vertraglich Gesollten für die Entwicklung der Umstände, für die der Schädiger Ersatz leisten soll, relevant ist. Diese Relevanz wird durch die Frage ermittelt: Was wäre, wenn sich der Schädiger rechtmäßig verhalten hätte, hätte sein rechtmäßiges Verhalten den Erfolg vermieden? Lässt sich die Frage bejahen, so ist die Rechtswidrigkeit relevant für den Erfolg, der Erfolg steht dann in einem besonderen Zusammenhang mit der Rechtswidrigkeit des Verhaltens. Denn in diesem Fall bedingt das Abweichen von dem Gesollten, also das rechts- oder pflichtwidrige Verhalten, im (Erfolgs-)Ergebnis einen Unterschied. Muss die Frage verneint werden, hätte auch das vorgeschriebene Verhalten den Erfolg nicht verhindert, so ist die Rechtswidrigkeit im Sinne der Abweichung von dem normativ Gesollten irrelevant. Anders ausgedrückt macht es dann – im Hinblick auf den Erfolg – keinen Unterschied, ob sich der Schädiger rechtmäßig oder rechtswidrig verhält. Das Ergebnis des rechtmäßigen und des rechtswidrigen Verhaltens ist im Hinblick auf den Erfolg gleich.

Indem man das tatsächliche rechtswidrige Verhalten mit einem hypothetisch rechtmäßigen Verhalten vergleicht, ermittelt man die besondere Relevanz der Rechtswidrigkeit. Relevanz bedeutet in diesem Kontext folglich nichts anderes, als dass im Rahmen der soeben aufgezeigten Vergleichsbetrachtung die Rechtswidrigkeit des Verhaltens zu einem Unterschied führt. Womit genau das Erfordernis dieser Relevanz, also dieses Zusammenhangs begründet wird, ist im Detail Gegenstand der weiteren Untersuchung. Es lässt sich bereits antizipierend betonen, dass der Vergleich

---

203 *Gotzler*, Rechtmäßiges Alternativverhalten, 1977, S. 74: „*Es ist das in diesem Zusammenhang notwendige Denken in Alternativen, welches auf die in dem Einwand liegende Zurechnungsproblematik führt. Sie kommt überhaupt nicht in den Blick, wenn einseitig auf das tatsächliche Geschehen geachtet wird.*".

204 *Richter*, Schadenszurechnung, 2012, S. 321 ff., nimmt in Anlehnung an *Heck* eine eigene Kategorisierung hypothetischer Erwägungen in verschiedene Denkoperationen vor. Dabei beschreibt er den RWZ als Bildung eines hypothetischen Verlaufs, indem „*das pflichtwidrige Verhalten* [...] *durch ein anderes, aber pflichtgemäßes Verhalten ersetzt wird*" also als „*Kombination aus Abstraktionshypothese und Additionshypothese*", S. 323.

des tatsächlichen mit hypothetisch rechtmäßigem Verhalten nicht selbsterklärend ist. Man darf die Operationen als solche nicht mit einer aussagekräftigen dogmatischen Begründung für ihre Berechtigung verwechseln. Dass die Rechtswidrigkeit eines bestimmten Verhaltens nicht „relevant" ist, wird nur deutlich, indem man es einer besonderen Vergleichsbetrachtung unterzieht. Die Befugnis *für* diese Vergleichsbetrachtung kann sich nicht aus sich heraus ergeben, sondern bedarf einer anderweitigen dogmatischen Fundierung.[205]

Allen im Folgenden näher untersuchten Begründungsansätzen ist – unabhängig davon wie sie ihre Konzepte genau benennen – gemein, dass sie hypothetischen Entwicklungen eine wesentliche Bedeutung für die Schadensersatzhaftung beimessen.[206] Im Zentrum steht, wie bereits aufgezeigt, stets die Frage, was bei einem gedachten rechtmäßigen an Stelle des rechtswidrigen Schädigerverhaltens geschehen wäre. Woraus sich diese Berücksichtigung hypothetischer Entwicklungen dogmatisch rechtfertigt, wird unterschiedlich zu beantworten versucht. Dieser Punkt ist die *dogmatische Kernfrage* des RWZ. Denn die bloße Feststellung, *dass* bei einem rechtmäßigen Verhalten ein bestimmter (Schadens-)Erfolg nicht eingetreten wäre, ist noch keine Begründung dafür, *warum* eine Haftung in dem Fall zu verneinen ist. Vielmehr könnte man dem entgegenhalten, dass der Schädiger, *„der einen rechtswidrigen anstelle eines rechtmäßigen Weges gewählt hat, sich an dieser Wahl festhalten lassen und die Folgen auf sich nehmen muss."*[207] Denn die Entscheidung für den rechtswidrigen Weg ist ein Faktum, das nicht mehr aus der Welt geschafft werden kann.[208] Auch die bloße Aussage, es bestehe kein wirklicher Unterschied zwischen dem rechtswidrigen und dem rechtmäßigen Verhalten, wenn beides zu einem Schaden führt, trägt nicht ohne weiteres als Begründung für die entlastende Berücksichtigung des hypothetischen Geschehens. Denn das rechtswidrige Verhalten eines Schädigers unterscheidet sich schon allein deshalb signifikant von einem hypothetischen rechtmäßigen Verhalten, *weil* es rechtswidrig ist, also gegen Gesetze oder anderweitige Verhaltenspflichten verstößt.[209] Wenn beispielsweise *von Caemmerer* in seinem grundlegenden und vielzitierten Vortrag, den *Hanau* als *„entscheidenden Durchbruch"*[210] für die Frage des RWZ

---

205 Vgl. *Münzberg*, Verhalten und Erfolg, 1966, S. 132.

206 *Lange*, in: Lange/Schiemann, Schadensersatz, 3. Aufl. 2003, § 3 VIII. 2., S. 100.

207 *Lange*, in: Lange/Schiemann, Schadensersatz, 3. Aufl. 2003, § 4 XII. 5. b), S. 206.

208 Vgl. *Gotzler*, Rechtmäßiges Alternativverhalten, 1977, S. 91.

209 Vgl. *Gotzler*, Rechtmäßiges Alternativverhalten, 1977, S. 91; vgl. *Erb*, Rechtmäßiges Alternativverhalten, 1991, S. 86.

210 *Hanau*, Kausalität der Pflichtwidrigkeit, 1971, S. 74.

anerkennt, am Beispiel des Radfahrer-Falls ausführt, der „*Unfall und der entstandene Schaden wurzeln nicht in der Verbotenheit des Verhaltens*“[211], so ist dem noch keine wirkliche Begründung dafür zu entnehmen, *weshalb* eine Haftung in dem Fall verneint werden soll. Der bereits angeführte Begriff der Relevanz ist nicht instruktiv, sondern rein deskriptiv.[212] Denn *dass* die Rechtswidrigkeit eines Verhaltens für den Erfolg relevant ist, bedeutet nur, dass im Vergleich zu hypothetisch rechtmäßigem Verhalten ein Ergebnisunterschied besteht. Schon frühzeitig bemerkte *Münzberg* in diesem Sinne zutreffend:

> „*Es bleibt zu klären,* ***worauf*** *man die Befugnis stützen soll, die Rechtswidrigkeit eines Verhaltens für den Anwendungsbereich eines bestimmten Straf- oder Haftungstatbestands als ‚unerheblich‘ anzusehen.*“[213]

An dieser Stelle soll es zur begrifflich-konzeptionellen Konturierung ausreichen, auf die grundlegende Gemeinsamkeit hinzuweisen: Hinter dem Konzept des RWZ steht, in seinen verschiedenen Ausformungen und Begründungsansätzen, stets eine Betrachtung, die das rechtswidrige Verhalten und dessen Folgen mit hypothetischen Entwicklungen bei hypothetisch rechtmäßigem Verhalten vergleicht. Jedoch soll bereits hier noch auf einen besonderen Aspekt hingewiesen werden: Dass häufig mit einer gewissen Selbstverständlichkeit eine hypothetische Betrachtung vorgenommen wird, dass sich die Frage, was bei rechtmäßigem Verhalten geschehen wäre, aus einem – wie auch immer genau gearteten – Gerechtigkeitsempfinden heraus natürlich zu stellen scheint und deshalb häufig nicht hinterfragt wird, lässt sich auf die Grundkonzeption der deutschen Schadensersatzhaftung zurückführen. Der ausfüllungsbedürftige Begriff der Gerechtigkeit wird konzeptionell vorgefärbt als eine distributiv-kompensierende Gerechtigkeit verstanden und bedeutet nicht mehr als einen Ausgleich erlittener Nachteile. *Brüggemeier* etwa beschreibt für die „*Funktion des Haftungsrechts*“ ein traditionelles Verständnis „*ausgleichender Gerechtigkeit*“, die zunehmend durch allgemeine soziale Aspekte eingefärbt werde und sich von einem Individualmaßstab entferne.[214] Trotzdem bleibt das Zentrum dieser Konzeption die Verteilungsgerechtigkeit. Dies erhellt sich vor dem Umstand, dass das deutsche Schadensersatzrecht nach seiner Grundkonzeption auf einen Ausgleich gerichtet ist, also auf die Kompensation von

---

211 *Von Caemmerer*, Das Problem der überholenden Kausalität, S. 31.

212 Vgl. *Erb*, Rechtmäßiges Alternativverhalten, 1991, S. 90.

213 *Münzberg*, Verhalten und Erfolg, 1966, S. 136, Hervorhebung durch Verfasser.

214 *Brüggemeier*, Haftungsrecht, 2006, S. 12.

Nachteilen, die nur über eine Vergleichsbetrachtung tatsächlicher und hypothetischer Umstände näher ermittelt werden können.[215] Die zentrale Norm des § 249 Abs. 1 BGB spricht von dem Zustand, *„der bestehen würde"* und fordert somit selbst zu einer hypothetischen Betrachtung auf. In der Systematik von § 249 Abs. 1 BGB liegt dementsprechend die überzeugende Lösung der Problematik, die das Konzept des RWZ, wie noch gezeigt werden wird, nicht befriedigend zu liefern vermag.

III. Rechtswidrigkeitszusammenhang und rechtmäßiges Alternativverhalten

Wer den Einwand rechtmäßigen Alternativverhaltens erhebt, macht geltend, dass ein Schaden auch bei rechtmäßigem oder pflichtgemäßem Verhalten eingetreten wäre.[216] Das rechtmäßige Alternativverhalten wird in der höchstrichterlichen Rechtsprechung als eigenständiges Problem der Schadenszurechnung begriffen und auf den Schutzzweck der jeweils verletzten Norm oder Verhaltenspflicht gestützt.[217] Dabei ist der Begriff des rechtmäßigen Alternativverhaltens zunächst rein deskriptiv für die Art des geltend gemachten Einwands, stellt jedoch selbst kein Zurechnungs- oder anderes Konzept dar. Nicht eindeutig erkennbar ist, ob es sich um einen bloßen Unterfall des Schutzzwecks der Norm handeln soll, oder um ein grundsätzlich anderweitig begründetes Prinzip, das in Einzelfällen durch den Schutzzweck der Norm in seiner Anwendung eingeschränkt wird.[218] Es finden sich noch immer Stimmen in der aktuellen Fachliteratur, die das rechtmäßige Alternativverhalten demgegenüber dem Bereich hypothetischer Kausalität zurechnen, im Wesentlichen aber auch den Schutzzweck der Norm für die Entscheidung darüber heranziehen, ob man den Ein-

---

215 Grundlegend dazu *Heck*, Grundriß des Schuldrechts, 1929, S. 37: *„Wir denken bei Nachteil an den Unterschied zwischen unserem gegenwärtigen Güterbestande und einem hypothetischen Güterbestande* [...] *der Schadensersatz erscheint somit als das Ergebnis einer Hypothese."*.

216 Siehe exemplarisch die Einwände in BGH, Urteil vom 19.07.2016, VI ZR 75/15, NJW 2016, 3523; BGH, Urteil vom 18.04.2005, II ZR 61/03, NJW 2005, 2546; BAG, Urteil vom 26.07.2016, 1 AZR 160/14, BAGE 155, 347; BGH, Urteil vom 20.04.2017, III ZR 470/16, VersR 2018, 31. .

217 Aktuell BAG, Urteil vom 26.07.2016, 1 AZR 160/14, BAGE 155, 347 m.w.N.

218 *Flume*, in: BeckOK-BGB, Stand 01.05.2018, § 249 BGB, Rn. 333 m.w.N.

wand im Einzelfall berücksichtigen soll oder nicht.[219] Strukturell kann nicht in Abrede gestellt werden, dass das rechtmäßige Alternativverhalten sich mit eben jener hypothetischen Betrachtung beschäftigt, die im Zentrum des Konzepts des RWZ steht. Vor diesem Hintergrund hält *Lange* fest:

> *„Aus letzterem Grunde kann man die Frage, ob die Möglichkeit rechtmäßigen Alternativverhaltens entlastet, auch unter den Begriff des Rechtswidrigkeitszusammenhangs bringen.“*[220]

Wie gezeigt, stellt der RWZ als Zurechnungsprinzip auf die hypothetische Entwicklung bei rechtmäßigem Verhalten ab, um den besonderen Zusammenhang zwischen Rechts- oder Pflichtwidrigkeit eines Verhaltens und dem Erfolg (Rechtsgutsverletzung oder Schaden) festzustellen. Hält man einen RWZ für erforderlich, lässt sich so die Relevanz des Einwands rechtmäßigen Alternativverhaltens begründen. Wenn man den Einwand rechtmäßigen Alternativverhaltens erhebt, macht man strukturell nichts anderes geltend, als das Fehlen eben jenes RWZ.

Für die begriffliche Konturierung ist mithin Folgendes festzuhalten: Mit dem RWZ lässt sich begründen, *dass* der Einwand rechtmäßigen Alternativverhaltens für die Erfolgs- oder Schadenszurechnung relevant ist. Dann schließt sich jedoch das schon aufgezeigte Problem an, dass das Erfordernis eines RWZ als Zurechnungsprinzip selbst einer aussagekräftigen dogmatischen Begründung bedarf. Diese Begründung kann sich, wie ausgeführt, nicht darin erschöpfen, dass der Erfolg bei rechtmäßigem Verhalten vermieden worden wäre und deshalb die Rechtswidrigkeit als solche – im Rahmen der Vergleichsbetrachtung – „relevant“ ist.

Die herrschende Meinung rekurriert demgegenüber, wie bereits angedeutet, für die Berücksichtigung rechtmäßigen Alternativverhaltens nicht (mehr) auf den RWZ, sondern ausschließlich auf Schutzzweckgesichtspunkte.[221] Dabei bleibt im Dunkeln und ist im Folgenden näher zu untersuchen, wie die Berücksichtigung hypothetischer Entwicklungen dogmatisch gerechtfertigt wird, wenn *nicht* über den RWZ. Dies gilt unabhängig davon, ob das rechtmäßige Alternativverhalten als eigenständiges Prinzip,

219 *Oetker*, in: MüKo BGB, 7. Aufl. 2016, § 249 BGB, Rn. 221, der sich gegen eine *„schematische Behandlung der Fallgruppen“* verwehrt und auf den jeweiligen Schutzzweck der Norm abstellen will; *Ekkenga/Kuntz*, in: Soergel, 13. Aufl. 2014, Vor. § 249 BGB, Rn. 223.

220 *Lange*, in: Lange/Schiemann, Schadensersatz, 3. Aufl. 2003, § 4 XII. 1., S. 199 f.

221 Siehe oben § 1 B. IV.

Unterfall des Schutzzwecks der Norm oder Unterfall der hypothetischen Kausalität begriffen wird. Denn die hypothetische Kausalität ist zunächst nur ein deskriptiver Begriff, aus dem nicht ohne Weiteres folgt, *weshalb* die hypothetischen Entwicklungen eine Haftung ausschließen sollen. Wiederum bleibt dafür – zumindest auf den ersten Blick – nichts anderes, als die in § 249 Abs. 1 BGB zugrunde gelegte Vergleichsbetrachtung des tatsächlichen und hypothetischen Zustands. Nimmt man diese jedoch ernst, bleibt zu klären, weshalb die Berücksichtigung hypothetischer Umstände (gegebenenfalls abhängig vom Schutzzweck der jeweils verletzten Norm) einzelfallabhängig unterschiedlich sein soll. In § 249 Abs. 1 BGB selbst ist jedenfalls – für die Frage der Haftungsausfüllung – keine derartige Differenzierung angelegt.

IV. Rechtswidrigkeitszusammenhang und Schutzzweck der Norm

Problematisch ist schließlich, wie bereits einleitend angedeutet, das Verhältnis des RWZ zum Konzept des Schutzzwecks der Norm. An dieser Stelle soll in einer begrifflich-konzeptionellen Abgrenzung das Verhältnis der Konzepte vorerst nur angeschnitten werden.

Der Schutzzweck der Norm wird neben der Adäquanztheorie als eigenständiges Zurechnungsprinzip herangezogen.[222] Der Ausgangspunkt für diese Einschränkung nach dem Schutzzweck der Norm ist die Erkenntnis, dass die bloße Kausalität im Sinne der Bedingungstheorie eine zu weitreichende Haftung eröffnet, die sich nicht in allen Fällen – insbesondere bei Folgeschäden – rechtfertigen lässt.[223] Gegenüber der Adäquanztheorie, die auf ein verobjektiviertes Wahrscheinlichkeitsurteil abstellt, kann die Schutzzwecklehre zu einer Haftungserweiterung führen. Wenn besonders unwahrscheinliche Risiken von einer bestimmten Verhaltenspflicht umfasst sein sollen, wird so über die Schutzzwecklehre eine Haftung begründet. Die Schutzzwecklehre stellt nicht auf eine – mehr oder weniger abstrakte – Wahrscheinlichkeit ab, sondern auf die „*Teleologie des Gesetzes*", es geht „*um die teleologische Auslegung der Haftungsnorm.*"[224] Die Konturierung der Zurechnung nach dem Schutzzweck geht dabei von bestimmten Interessen aus, denen die im Einzelfall verletzte Norm oder Verhaltenspflicht

222 *Oetker*, in: MüKo BGB, 7. Aufl. 2016, § 249 BGB Rn. 120 ff.; *Magnus*, in: Dauner-Lieb/Langen, 3. Aufl. 2016, Vor. §§ 249-255 BGB, Rn. 68 f.
223 *Lange*, in: Lange/Schiemann, Schadensersatz, 3. Aufl. 2003, § 3 IX. 1., S. 101.
224 *Sourlas*, Adäquanztheorie und Normzwecklehre, 1974, S. 40.

dient.[225] Nur im Hinblick auf diese geschützten, also vom Schutzzweck umfassten, Interessen wird eine Schadensersatzpflicht bejaht. Die Haftung wird ausgehend von der jeweiligen verletzten Verhaltenspflicht – die auf einem Vertrag, gesetzlichen Normen oder anderen anerkannten (Verkehrs-)Pflichten basiert – vorkonturiert. Obwohl im Einzelfall gegen eine Verhaltenspflicht verstoßen wird und dieser Verstoß (adäquat-)kausal zu einem Schaden führt, wird eine Zurechnung verneint, wenn – vereinfacht gesagt – die verletzte Pflicht den konkreten Schaden nach dem gesetzgeberischen Willen überhaupt nicht verhindern *sollte*, wenn andere, als die von der verletzten Verhaltenspflicht antizipierten und geschützten, Interessen durch den Schaden betroffen sind. Insofern stellt sich der Schaden als ein beliebiges, jedenfalls nicht antizipiertes Ereignis dar, für das eine Haftung verneint wird. *Hanau* beschreibt dies anschaulich damit, dass *„der Zweck einer Norm hinter ihrer Macht zurückbleibt."*[226] Damit wird zugleich der maßgebende Unterschied des so verstandenen Zurechnungsprinzips zum RWZ deutlich. Während der RWZ auf den hypothetischen Ausgang bei einem rechtmäßigen Schädigerverhalten blickt, also darauf, wie weit die *„Macht der Norm"* reicht, kann der Zweck der Norm unabhängig davon bestimmt werden.[227] Somit *„tauschen Zweck und Macht der Norm ihre Rollen."*[228] Zwar wird zum Teil geschlussfolgert, dass eine Verhaltensnorm Folgen, die sie (offensichtlich) nicht verhindern *kann*, üblicherweise nicht verhindern *soll* – in dem Fall würden Normzweck und Normmacht, Schutzzweck der Norm und RWZ gleichlaufen.[229] Konzeptionell sind die beiden Aspekte jedoch getrennt zu behandeln und basieren auf unterschiedlichen Perspektiven. Generell zu konstatieren, der Schutzzweck von Verhaltensnormen sei auf Folgen (Verletzungen oder Schäden) beschränkt, die im Einzelfall bei ihrer Einhaltung verhindert worden wären, überzeugt nicht. Denn damit wird von vornherein ein sehr enger Schutzzweck festgelegt. Man müsste davon ausgehen, der Zweck einer Norm oder Verhaltenspflicht sei so begrenzt, dass in allen Fällen, in denen die Norm oder Verhaltenspflicht – aus welchen einzelfallbezogenen Gründen auch immer – versagt, weil bei ordnungsgemäßem Verhalten ein Schaden eingetreten wäre, der Schutz entfallen soll. Dies von der Perspektive des

225 *Lange*, in: Lange/Schiemann, Schadensersatz, 3. Aufl. 2003, § 3 IX. 1., S. 101.
226 *Hanau*, Kausalität der Pflichtwidrigkeit, 1971, S. 68.
227 *Hanau*, Kausalität der Pflichtwidrigkeit, 1971, S. 68.
228 *Hanau*, Kausalität der Pflichtwidrigkeit, 1971, S. 69.
229 *Hanau*, Kausalität der Pflichtwidrigkeit, 1971, S. 70, beschreibt dies als *„gemeinsamen Nenner"*; kritisch *Erb*, Rechtmäßiges Alternativverhalten, 1991, S. 88 f.

Schutzzwecks *antizipierend* vorausgesetzt käme einer Kapitulation des Normgebers (oder des verobjektivierten Normgeberwillens) gleich. Realistischer ist es, davon auszugehen, dass der Normgeber Verhaltenspflichten mit einer gewissen Typisierung schafft und diese Normen grundsätzlich alle normwidrigen Verhaltensweisen untersagen – unabhängig davon, was konkret bei normgemäßem Verhalten geschehen wäre. Dieser Gedanke soll an späterer Stelle der Untersuchung vertieft werden.[230] Schließlich würde diese Betrachtungsart, also die Annahme, eine Norm wolle nicht verhindern, was sie nicht verhindern kann, zumindest keinen Raum für Differenzierungen zulassen. Man könnte das hypothetische Verhalten und sein Ergebnis nicht in manchen Fällen entlastend berücksichtigen und in anderen Fällen die haftungsausschließende Wirkung verneinen.

Dass der Schutzzweck der Norm und das Konzept des RWZ unterschiedliche Bezugspunkte haben, verdeutlicht der so genannte *„Kegeljungen-Fall“*, den *Hanau* anführt[231]: Ein Gastwirt beschäftigte ein Kind als Kegeljungen zur Nachtzeit – entgegen dem Nachtarbeitsverbot. Der Kegeljunge wurde des Nachts von einem Kegler mit einer vorzeitig geworfenen Kugel verletzt und verlangte vom Wirt Schadensersatz aus unerlaubter Handlung. Betrachtet man den Fall aus der Perspektive des RWZ, ist festzuhalten, dass die Verletzung des Kegeljungen ausgeblieben wäre, wenn der Wirt sich an das Nachtarbeitsverbot gehalten hätte. Mit der Betrachtung des hypothetisch rechtmäßigen Verhaltens kann man die Zurechnung im Rahmen der Haftungsbegründung somit nicht ausschließen. Insofern steht dem Wirt der Einwand rechtmäßigen Alternativverhaltens nicht zu. Allerdings lässt sich mit der Schutzzwecklehre konstatieren, dass das Nachtarbeitsverbot eine solche Unfallgefahr – die sich ebenso zur Tageszeit hätte realisieren können – nicht verhindern soll, sondern andere (Schutz-)Zwecke verfolgt. Nach der Lehre vom Schutzzweck der Norm ließe sich die Haftungsbegründung verneinen. Im Unterschied zum RWZ, geht es beim Schutzzweck um die teleologische Grenzziehung im Hinblick darauf, was für Interessen die Norm oder der Normgeber im Blick hat, welche Gefahren von einer Verhaltensnorm verhindert werden sollen. Das Konzept des RWZ knüpft an der Frage an, welche Gefahren eine Verhaltensnorm im konkreten Fall verhindern kann. Häufig wird für das Konzept des Schutzzwecks der Norm, wie es etwa im Kegeljungen-Fall erläu-

---

230 Siehe unten § 3 J. II.

231 *Hanau*, Kausalität der Pflichtwidrigkeit, 1971, S. 68, allerdings verwendet *Hanau* den Begriff des RWZ synonym für den Schutzzweck der Norm und stellt diesem das *„pflichtgemäße Alternativverhalten“* gegenüber.

tert wurde, synonym der Begriff „Rechtswidrigkeitszusammenhang" verwendet. In der Rechtsprechung wird der Begriff des RWZ auch für reine Schutzzweckerwägungen, die keinen Bezug zu hypothetischen Erwägungen haben, verwendet.[232]

V. Zwischenergebnis

Für Zwecke der Untersuchung bleibt festzuhalten: Der Schutzzweck der Norm ist ein eigenständiges Zurechnungsprinzip, das auf den *Normzweck* blickt. Das Zurechnungsprinzip des RWZ knüpft an der *Normmacht* im konkreten Fall an. Die verschiedenen Begründungsansätze für das Erfordernis eines RWZ stellen darauf ab, was bei rechtmäßigem oder normgemäßem Verhalten des Schädigers geschehen wäre. Der Einwand rechtmäßigen Alternativverhaltens bezieht sich, wie schon dargelegt, auf die *Normmacht* im konkreten Fall. Der Schädiger macht geltend, dass auch normgemäßes Verhalten eine Verletzung oder einen Schaden nicht verhindern konnte. Der RWZ nach vorliegendem Verständnis ist demnach eine Begründung dafür, dass der Einwand rechtmäßigen Alternativverhaltens, also der Einwand der *fehlenden Normmacht* im Einzelfall, für die Schadensersatzhaftung zu berücksichtigen ist. Die herrschende Meinung sucht jedoch eine Anknüpfung im *Normzweck*, um den Einwand rechtmäßigen Alterna-

232 Grundlegend bereits BGH, Urteil vom 07.06.1968, VI ZR 1/67, NJW 1968, 2287 (2288): „[Im Rahmen von § 823 Abs. 1 BGB] *ist zu prüfen, ob der geltend gemachte Schaden innerhalb des Schutzzwecks der Vorschrift liegt, m.a.W., ob es sich dabei um Folgen handelt, die in den Bereich der Gefahren fallen, um derentwillen die Rechtsnorm erlassen wurde. Die Forderung Essers, neben der Kausalität den ‚Rechtswidrigkeitszusammenhang' zu prüfen, läuft im Ergebnis auf das Gleiche hinaus.*"; BGH, Urteil vom 19.07.2004, II ZR 217/03, NJW 2004, 2668 (2669): *„Selbst unter dem Blickwinkel des Rechtswidrigkeitszusammenhangs/Schutzzwecks der Haftungsnorm* [...]"; OLG München, Urteil vom 11.09.2015, 10 U 4282/14, BeckRS 2015, 15807: *„Solange nicht* [...] *der Rechtswidrigkeitszusammenhang unterbrochen worden ist, wie in den Fällen, wo anlässlich des Unfalls eine andere, zur Frühpensionierung in dem betreffenden Zeitraum führende Erkrankung zu Tage getreten ist* [...]"; OLG München, Urteil vom 28.04.2011, 1 U 1002/11, BeckRS 2011, 10912: „[...] *es fehlt in diesem Fall am erforderlichen Rechtswidrigkeitszusammenhang zwischen Pflichtwidrigkeit und Schaden, da es sich nicht um einen Nachteil handelt, der aus dem Bereich der Gefahren stammt, zu deren Abwendung die verletzte Norm erlassen wurde.*"; OLG Koblenz, Urteil vom 27.08.2009, 5 U 332/09, VersR 2009, 1553; andere Ansicht jedoch, wie bereits angeführt, anscheinend BGH, Beschluss vom 22.03.2007, IX ZR 137/06, BeckRS 2007, 01246: „[...] *Rechtswidrigkeitszusammenhang bzw. rechtmäßiges Alternativverhalten* [...]".

tivverhaltens dogmatisch zu bewältigen.[233] Ob und wie genau ein dogmatisch nachvollziehbarer Zusammenhang zwischen dem rechtmäßigen Alternativverhalten und dem Schutzzweck der Norm besteht, soll noch näher untersucht werden. Zunächst aber wird ein Blick auf vorhandene Begründungsansätze geworfen, die das Erfordernis eines RWZ dogmatisch zu fundieren versuchen. Dabei wird darauf eingegangen, inwiefern sich das Erfordernis eines RWZ mit der Schutzzwecklehre verbinden lässt. Zunächst aber sollen, da sie als Grundlagen für die untersuchten Konzepte eine fundamentale Rolle spielen, die Ausgleichsfunktion des Schadensersatzrechts sowie die Verhaltensunrechtslehre beleuchtet werden.

B. Die Ausgleichsfunktion des Schadensersatzrechts

Die Ausgleichsfunktion des Schadensersatzrechts wird bei der Untersuchung eines alternativen Modells für die Berücksichtigung des Einwands rechtmäßigen Alternativverhaltens im Rahmen der Schadensberechnung noch näher untersucht werden.[234] Schon für die Auseinandersetzung mit dem RWZ und den Schutzzweckerwägungen ist jedoch ein kurzer Anriss der Ausgleichsfunktion erforderlich.

Der Gedanke, dass der Geschädigte nur so gestellt werden soll, wie er ohne das zum Schadensersatz begründende Geschehen stünde, nicht besser, und der Schadensersatz insofern nur einen Ausgleich für erlittene Nachteile darstellen soll, ist in § 249 Abs. 1 BGB verankert.[235] Will man

---

233 Exemplarisch BGH, Urteil vom 09.03.2012, V ZR 156/11, NJW 2012, 2022; BGH, Urteil vom 29.01.2016, V ZR 285/14, BGHZ 209, 1; BGH, Urteil vom 19.07.2016, VI ZR 75/15, NJW 2016, 3523; BGH, Urteil vom 02.11.2016, XII ZR 153/15, NJW 2017, 1104; BGH, Urteil vom 20.04.2017, III ZR 470/16, VersR 2018, 31; aus der Literatur siehe insbesondere *Teichmann*, in: Jauernig, 17. Aufl. 2018, Vor. §§ 249-253 BGB, Rn. 47; *Schiemann*, in: Staudinger, Neubearbeitung 2017, § 249 BGB, Rn. 105; *Oechsler*, in: MüKo BGB, 7. Aufl. 2017, § 932 BGB, Rn. 45; *Oetker*, in: MüKo BGB, 7. Aufl. 2016, § 249 BGB, Rn. 221; *Magnus*, in: Dauner-Lieb/Langen, 3. Aufl. 2016, Vor. §§ 249-255 BGB, Rn. 107 f.; *Ekkenga/Kuntz*, in: Soergel, 13. Aufl. 2014, Vor. § 249 BGB, Rn. 223; *Altmeppen*, in: MüKo AktG, 4. Aufl. 2015, § 317 AktG, Rn. 42; kritisch dazu *Schmidt*, in: Esser, Schuldrecht, 8. Aufl. 2000, § 33 III. 2. b), S. 244; *Hanau*, DNotZ 1986, 406 (413).

234 Dazu unten § 7 A.

235 *Larenz/Canaris*, Lehrbuch des Schuldrechts, Zweiter Band, Besonderer Teil, 2. Halbband, 13. Aufl. 1994, § 27 I., S. 424; *Lange*, in: Lange/Schiemann, Schadensersatz, 3. Aufl. 2001, Einleitung III. 2. a), S. 9; *Oetker*, in: MüKo BGB, 7. Aufl. 2016, § 249 BGB, Rn. 8; *Magnus*, in: Dauner-Lieb/Langen, 3. Aufl. 2016, Vor.

sich der Funktion von § 249 Abs. 1 BGB aus der Perspektive des historischen Gesetzgebers nähern, trifft man auf die „*Lehre von dem Interesse*“ von *Mommsen*, die dem gesetzgeberischen Verständnis eines Vermögensschadens zumindest implizit zugrunde lag.[236] Demnach ist das Interesse:

> „*die Differenz zwischen dem gegenwärtigen Vermögen einer Person, wie dasselbe nach einem beschädigenden Ereignis sich darstellt, und dem Betrag, zu welchem dieses Vermögen ohne die Dazwischenkunft dieses Ereignisses sich belaufen würde.*“[237]

Die so genannte Ausgleichsfunktion lässt sich demnach als logische Konsequenz unmittelbar der Differenzhypothese entlehnen, die grundsätzlich für die Schadensberechnung maßgeblich ist:

> „*Der gegebenenfalls zu ersetzende Schaden ist durch einen Vergleich der infolge des haftungsbegründenden Ereignisses eingetretenen Vermögenslage mit derjenigen Vermögenslage zu ermitteln, die ohne jenes Ereignis eingetreten wäre.* [...] *Es geht bei dem Gesamtvermögensvergleich* [...] *um eine Gegenüberstellung der hypothetischen und der tatsächlichen Vermögenslage.*“[238]

Gleichwohl ist anerkannt, dass diese Grundsätze nicht schematisch anzuwenden sind, sondern einer „*normativen Kontrolle*“ unterliegen müssen.[239] Jedenfalls im Ausgangspunkt ist jedoch nach § 249 Abs. 1 BGB nur ein vergleichsweise ermittelter Nachteil zu ersetzen, der Geschädigte soll so gestellt werden, wie er ohne die durch das Schädigerverhalten bedingten Nachteile stünde, was effektiv einem „*Ausgleich für erlittene Nachteile*“ entspricht.[240] Die Differenzhypothese erlangt demnach über dieses „*Prinzip der Totalreparation*“ hinaus allgemeine Bedeutung für die Kennzeichnung

---

§§ 249-255 BGB, Rn. 8; *Rüßmann*, in: jurisPK-BGB, Stand 19.01.2018, § 249 BGB, Rn. 13.

236 Tiefergehend dazu *Tolk*, Der Frustrierungsgedanke und die Kommerzialisierung immaterieller Schäden, 1977, S. 18 m.w.N. und Bezugnahme auf die Gesetzgebungsmaterialien.

237 *Mommsen*, Zur Lehre von dem Interesse, 1855, S. 40; so zitiert bei *Tolk*, Der Frustrierungsgedanke und die Kommerzialisierung immaterieller Schäden, 1977, S. 18 f.

238 BGH, Urteil vom 05.02.2015, IX ZR 167/13, NJW 2015, 1373 (1374) m.w.N.; siehe insbesondere auch *Oetker*, in: MüKo BGB, 7. Aufl. 2016, § 249 BGB, Rn. 212: „*Unerheblich ist für die Berücksichtigung von nach dem Schadensereignis eintretenden Umständen, ob der Schadensersatzanspruch auf Naturalrestitution oder auf Geldersatz gerichtet ist.*“.

239 BGH, Urteil vom 26.09.1997, V ZR 29/96, NJW 1998, 302 (304).

240 *Oetker*, in: MüKo BGB, 7. Aufl. 2016, § 249 BGB, Rn. 8.

der Vergleichsbetrachtung als *„Differenz zwischen zwei Zuständen, nämlich dem hypothetischen schadensfreien und dem wirklichen schadensbelasteten Zustand.“*[241] Für den weiteren Gang der Untersuchung bleibt somit die zentrale Bedeutung der Schadensberechnung nach § 249 Abs. 1 BGB für die so genannte Ausgleichsfunktion festzuhalten. Von dieser Konzeption des Schadensersatzrechts nach § 249 Abs. 1 BGB und nicht etwa von dieses System transzendierenden allgemeinen Gerechtigkeitserwägungen ausgehend denkt der typische deutsche Rechtsanwender *„an den Unterschied zwischen“* dem, *„gegenwärtigen* [...] *und einem hypothetischen Güterbestande* [...] *als das Ergebnis einer Hypothese.“*[242] Bei diesen Ausführungen wird deutlich, dass sich die Berücksichtigung hypothetischer Entwicklungen, wie auch des rechtmäßigen Alternativverhaltens, im Kontext der Vergleichsbetrachtung aufdrängt.[243] Es ist Vorsicht dabei geboten, den Ausgleichsgedanken, entwurzelt von § 249 Abs. 1 BGB, als allgemeines Prinzip anzuführen und in andere dogmatische Kontexte zu transportieren.[244]

C. Die Verhaltensunrechtslehre

I. Rechtswidrigkeit als Werturteil

Die im Folgenden untersuchten Begründungsmodelle des RWZ sind stark von Vorstellungen beeinflusst, die sich der so genannten zivilrechtlichen Verhaltensunrechtslehre zuordnen lassen. Es soll daher zunächst diese Ge-

---

241 *Schiemann*, in: Staudinger, Neubearbeitung 2017, § 249 BGB, Rn. 5; vgl. auch *Tolk*, Der Frustrierungsgedanke und die Kommerzialisierung immaterieller Schäden, 1977, S. 19.

242 *Heck*, Grundriß des Schuldrechts, 1929, S. 37.

243 Vgl. *Oetker*, in: MüKo BGB, 7. Aufl. 2016, § 249 BGB, Rn. 8: *„Die Beschränkung der Funktion der §§ 249 ff. auf den reinen Ausgleich erlittener Nachteile wirkt sich vor allem bei der sog. hypothetischen oder überholenden Kausalität sowie der Bedeutung eines rechtmäßigen Alternativverhaltens aus.“*; *Gebauer*, Hypothetische Kausalität und Haftungsgrund, 2007, S. 88, wonach im *„Verfahren der Schadensermittlung mit dem in § 249 Abs. 1 BGB angelegten Zustandsvergleich die Bedingungstheorie bereits angelegt ist“*, die gleichwohl *„beim Auftauchen von Reserveursachen dem Vorbehalt einer besonderen Wertung unterstellt werden“* müsse.

244 Insbesondere handelt es sich bei dem Ausgleichsgedanken auch weitgehend um ein *„inhaltsleeres Konzept“* das der Ausfüllung mit Entscheidungen darüber bedarf, wofür ein Ausgleich zu leisten ist, siehe *Schiemann*, Argumente und Prinzipien, 1981, S. 186; siehe auch eingehender unten zur Frage der (Verteilungs-)Gerechtigkeit, § 3 C. IV. 4.,siehe auch § 3 D. III. 1.

dankenströmung kritisch beleuchtet werden. Darauf aufbauend lassen sich die Begründungsmodelle dogmatisch eingehender kontextualisieren, erklären und kritisch bewerten.

Der Verhaltens- oder Handlungsunrechtslehre, sowie der ihr gegenübergestellten Erfolgsunrechtslehre liegt eine Diskussion um die Bedeutung der zivilrechtlichen Rechtswidrigkeit zugrunde. Im Rahmen von § 823 Abs. 1 BGB entzündet sich die Frage am tatbestandlichen Merkmal der Widerrechtlichkeit. *Von Caemmerer* prägte die Ansicht mit, dass nicht jede Beeinträchtigung eines der in § 823 Abs. 1 BGB aufgeführten Rechtsgüter – mangels eines besonderen Rechtfertigungsgrundes – widerrechtlich sei.[245] Vielmehr müsse stets ein Verstoß gegen eine geschriebene oder ungeschriebene Verkehrspflicht vorliegen, um überhaupt von Unrecht in diesem Sinne sprechen zu können. Demgegenüber bedarf es für die Erfolgsunrechtslehre keines Verstoßes gegen besondere Pflichten.[246] Jede Rechtsgutsverletzung ist nach der Erfolgsunrechtslehre, wenn sie nicht besonders gerechtfertigt ist, widerrechtlich. Allein der Verletzungserfolg, vorausgesetzt, dass er adäquat-kausal und ansonsten zurechenbar ist, nicht ein besonderes Verhalten, bedingt insofern das Unrecht. Im Bereich des Vertragsrechts wird die Diskussion um Verhaltens- und Erfolgsunrecht zwar weniger vehement geführt, lässt sich aber strukturell grundsätzlich anbringen.[247] Allerdings werden besondere Probleme durch eine dann notwendige Abgrenzung der Pflichtverletzung und der Rechtswidrigkeit im Rahmen von § 280 BGB aufgeworfen, die hier nicht weiter untersucht werden. Die Verhaltensunrechtslehre ist im Kern auf den Tatbestand des § 823 Abs. 1 BGB zugeschnitten, zumal den deliktsrechtlichen Verkehrspflichten dort zentrale Bedeutung zukommt.

Durch die Verhaltensunrechtslehre wird die zivilrechtliche Rechtswidrigkeit semantisch stark aufgeladen. Das Rechtswidrigkeitsurteil wird gleichgesetzt mit einem – sozial bedeutenden – Werturteil. *Von Caemmerer* nimmt etwa Bezug auf das schweizerische Bundesgericht, wenn er ausführt, dass nicht jede Rechtsgutsgefährdung *„rechtlich verpönt"* sein könne.[248] Seine Ausführungen sind eng verwoben mit sozialen Erwägungen

245 *Von Caemmerer*, in: FS DJT Band II 1960, S. 49 (49, 79).
246 *Förster*, in: BeckOK BGB, Stand 01.05.2018, § 823 BGB, Rn. 17 m.w.N.
247 *Löwisch*, AcP 165 (1965), 421 (421).
248 *Von Caemmerer*, in: FS DJT Band II 1960, S. 49 (49, 79).

dazu, inwiefern bestimmte Handlungen nützlich oder gefährlich sind.[249] Sehr plastisch bezieht sich *von Caemmerer* auf den Fall einer 73 Jahre alten Frau, die – wohl in der Absicht, Freitod zu begehen – auf eine Autobahn lief und von einem Auto erfasst wurde. Im Hinblick auf eine Verantwortlichkeit des Autofahrers konstatiert er: *„Das ist ein Unglücksfall, aber kein Unrecht.“*[250] Der Gedanke der Nützlichkeit oder Sozialadäquanz bestimmter Verhaltensweisen findet sich heute noch regelmäßig in der dogmatischen Auseinandersetzung mit der Bestimmung von konkreten Verkehrspflichten wieder.[251]

II. Die prägende Entscheidung des Großen Zivilsenats

Für die Diskussion um Verhaltens- und Erfolgsunrecht wird eine Entscheidung des Großen Zivilsenats des BGH aus dem Jahr 1957 als wesentlicher Stein des Anstoßes gesehen.[252] In der Entscheidung definierte der Große Senat den Rechtfertigungseinwand *„verkehrsrichtigen Verhaltens“*.[253] Der Große Senat hatte sich mit den Folgen eines Unfalls auf einer Straßenbahnlinie auseinanderzusetzen. Der Geschädigte behauptete, die Straßenbahn sei zu früh abgefahren. Dem wurde entgegengehalten, die Bahn sei erst nach der Aufforderung „Bitte einsteigen“ abgefahren, als erkenntlich niemand mehr habe einsteigen wollen. Der Kläger sei der Bahn aber nachgeeilt und habe versucht, aufzuspringen. Für den Senat stand neben dem konkreten Unfall auch zur Entscheidung, wie man mit den *„technischen Entwicklungen des Verkehrs“* und mit den Gefahren im *„modernen Massenverkehr“* in der Zivilrechtsordnung umzugehen habe.[254] Dies führt den Senat zu der Feststellung, dass der Gesetzgeber verschiedene Verhaltenspflichten aufgestellt habe, um die der modernen Gesellschaft inhärenten

---

249 *Von Caemmerer*, in: FS DJT Band II 1960, S. 49 (78): „[...] *daß der Gesamtinhalt unserer rechtlichen und sozialen Anschauungen darüber entscheidet, welche Gefährdungen als mit dem modernen Leben gegeben akzeptiert werden und damit erlaubt sind.*“.

250 *Von Caemmerer*, in: FS DJT Band II 1960, S. 49 (135).

251 *Katzenmeier*, in: Dauner-Lieb/Langen, 3. Aufl. 2016, § 823 Rn. 135; *Wilhelmi*, Risikoschutz durch Privatrecht, 2009, S. 266; *Voss*, Die Verkehrspflichten, 2007, S. 102 f.; *Frommeyer*, MDR 2007, 816 (817).

252 BGH, Beschluss vom 04.03.1957, GSZ 1/56, BGHZ 24, 21; aufgegriffen etwa von *Larenz*, in: FS Dölle, Band I, 1963, S. 169.

253 *Larenz*, in: FS Dölle, Band I, 1963, S. 169; *Stoll*, AcP 162 (1963), 204.

254 BGH, Beschluss vom 04.03.1957, GSZ 1/56, BGHZ 24, 21 (25-26).

Gefahren auf ein angemessenes Minimum einzudämmen und dadurch die *„Gefahren und Risiken in ihrer wirtschaftlichen Auswirkung sozial angemessen zu verteilen"*, wobei der Große Senat maßgeblich zur damals noch neuen Entwicklung der Gefährdungshaftung referiert.[255] Diese Entwicklung nimmt der Große Senat zum allgemeinen Anlass, es als nicht mehr mit der Rechtsentwicklung vereinbar anzusehen, dass man eine im allgemeinen Verkehr zugelassene Handlung, die zu einem Schaden führt, als rechtswidrig bezeichnet.[256] Für den Senat steht außer Frage, dass mit der Rechtswidrigkeit eine moralisch-gesellschaftliche Verurteilung einhergehe. Daher sei es nicht angemessen, *„nur unter dem Gesichtspunkt fehlender Schuld"* eine Haftung abzulehnen, wenn für den Schädiger im Einzelfall etwa ein Unfall gar nicht vorhersehbar war, weil er sich ordnungsgemäß verhalten hat und es sei festzuhalten *„daß bei verkehrsrichtigem (ordnungsgemäßem) Verhalten eines Teilnehmers* [...] *eine rechtswidrige Schädigung nicht vorliegt."*[257]

Sehr treffend kann man diese Ausführungen des Großen Senats als *„semantische Pirouetten über das ‚Wesen' des Rechtswidrigkeitsurteils"* kritisieren.[258] Selbiges gilt für die Ausführungen *von Caemmerers*, die in der Bejahung der Rechtswidrigkeit allein aufgrund eines Verletzungserfolgs eine Art von Makel sehen, mit dem der Schädiger belegt wird. Denn in der Tat stehen hier semantische Aspekte im Vordergrund, es geht um die Bedeutung des Begriffs „Rechtswidrigkeit". Eine Haftung ließe sich über fehlendes Verschulden verneinen, dafür bedürfte es nicht schon einer Ablehnung der Rechtswidrigkeit. Für den Großen Senat ist allerdings ausschlaggebend, dass der Rechtswidrigkeit eine negative Beurteilung im Sinne eines Makels anhafte. Diese Vorstellung von Rechtswidrigkeit als Makel stößt auf Bestätigung in der zivilrechtsdogmatischen Wissenschaft – jedoch ohne, dass sie mit dogmatisch klaren Argumenten unterfüttert wird. Die Ausführungen *Nipperdeys* im Anschluss an das Urteil des Großen Senats verdeutlichen dieses Dilemma:

> *„Zwar ist für das Zivilrecht nicht die moralisch normative Bewertung der Verletzungshandlung, sondern die Herstellung eines billigen und gerechten Schadensausgleichs zwischen den Beteiligten das wichtigste Anliegen. Diese*

255 BGH, Beschluss vom 04.03.1957, GSZ 1/56, BGHZ 24, 21 (26).

256 BGH, Beschluss vom 04.03.1957, GSZ 1/56, BGHZ 24, 21 (26): *„Es geht nicht an, ein Verkehrsverhalten, das den Ge- und Verboten der Verkehrsordnung voll Rechnung trägt, trotzdem mit dem negativen Werturteil der Rechtswidrigkeit zu versehen."*.

257 BGH, Beschluss vom 04.03.1957, GSZ 1/56, BGHZ 24, 21 (26).

258 *Wagner*, in: Zimmermann, Grundstrukturen, 2003, S. 189 (220), allerdings nicht konkret zu dem BGH Urteil.

> *Erkenntnis kann aber keinesfalls dazu führen, daß für die Zwecke des Zivilrechts aus einem Unglück ein Unrecht gemacht wird; ganz abgesehen davon, daß man im Interesse der Persönlichkeit des Betroffenen vermeiden muß, ihn ohne Grund zu diffamieren und ein Unwerturteil über eine Handlung auszusprechen, wenn dies keineswegs berechtigt ist.*"[259]

Nipperdey selbst gibt einen wesentlichen Grund dafür an, Rechtswidrigkeit im zivilrechtlichen Sinne nicht als „*Unwerturteil*" zu betrachten: Ziel des Schadensersatzrechts ist Schadensausgleich, gegebenenfalls auch Schadensprävention, jedoch keine bloße Sanktionierung und keine Auferlegung von Buße.[260] Dem Anliegen, den Schädiger nicht mit einem Makel zu belegen, wäre dadurch gedient, den zivilrechtlichen Rechtswidrigkeitsbegriff konsequent moralisch-wertungsfrei zu behandeln.[261] Diesem Weg folgt *Nipperdey* jedoch nicht, sondern scheint sich dem Druck einer bestimmten semantischen Kategorie von Rechtswidrigkeit schlicht zu beugen, gleichwohl er dafür keine weitergehenden dogmatischen Argumente anführt. Auch die Aussage, man solle aus einem bloßen Unglück kein Unrecht machen, ist semantischer Natur. Gleichzeitig weist *Nipperdey* darauf hin, dass die gerechte Verteilung von sozialadäquaten Risiken – ohne Werturteil – allein ein Feld der Gefährdungshaftung sei. Diese gelte es gegebenenfalls auszubauen.[262] Denn allein die Gefährdungshaftung diene der Zuweisung von Gefahren, die einer modernen Gesellschaft inhärent, unvermeidbar und damit allgemein akzeptiert seien. Die Gefährdungshaftung sei demnach ein gesellschaftlich wertungsfreier Bereich, die Haftung knüpfe hier nicht an persönlichen Vorwürfen an, sondern an Gefahren. Während die Gefährdungshaftung sozialadäquates Verhalten umfasse, knüpfe die Verschuldenshaftung nur an sozial-inadäquatem Verhalten an. Interessanterweise wird jedoch darüber diskutiert, ob sich die Verkehrspflichtendoktrin der Gefährdungshaftung strukturell annähert oder sogar beide Grundkonzeptionen ideell gleichlaufen, also gleichermaßen wertneutral zu verstehen sind:

> *„Ein qualitativer Sprung von der gesetzlichen ‚Zuteilung' eines Anspruchs wegen erlittenen Unrechts zu der gleichfalls gesetzlichen ‚Zuteilung' eines*

259 *Nipperdey*, NJW 1957, 1777 (1778).

260 Siehe unten § 6 B. I. 1., zur Abgrenzung von Strafe und Prävention.

261 *Jansen*, AcP 202 (2002), 517 (536): *„Dementsprechend ist es durchaus legitim, wenn Richter auf Verkehrspflichten rekurrieren, um auszudrücken, wer ihrer Ansicht nach fairerweise einen eingetretenen Schaden zu tragen habe."*.

262 *Nipperdey*, NJW 1957, 1777 (1778).

Anspruchs wegen eines Nachteils aufgrund einer im Übrigen zulässigen Gefährdung ist nicht zu erkennen."[263]

Träfe dies zu, dann wäre der Betrachtung von zivilrechtlicher Rechtswidrigkeit als „*Unwerturteil*" im Wesentlichen der Boden entzogen – ein gleich noch näher zu beleuchtender Aspekt.[264]

III. Verhaltensnormen und Verhaltenssteuerung

Die Frage, wie die Rechtswidrigkeit im Hinblick auf § 823 Abs. 1 BGB zu verstehen ist, ist eng mit dem Konzept einer deliktsrechtlichen Verhaltenssteuerung durch Verbote und Gebote verwoben. Nach dieser Vorstellung knüpft die deliktische Schadensersatzpflicht an einen Verstoß des Schädigers gegen bestimmte Verhaltenspflichten an, die grundsätzlich erkennbar sein müssen.[265] Dem liegt eine Betrachtung der Deliktsrechtsordnung als eine klare „*Richtschnur*"[266] für das menschliche Verhalten zugrunde. Der Präventionsaspekt des Deliktsrecht wird dadurch stark betont. Vereinfacht kann man von einer „*Abschreckungswirkung des Deliktsrechts*"[267] sprechen. Dementsprechend werden alle deliktsrechtlichen Verhaltenspflichten an ihrer verhaltenssteuernden Wirkung gemessen. Diese Perspektive lässt sich mit der Vorstellung der zivilrechtlichen Rechtswidrigkeit als negativem Werturteil verknüpfen:

> „*Gebote sind Normen, die fordern, daß etwas geschehen oder nicht geschehen soll* [...] *Als solche sind sie zugleich objektive Bewertungsnormen; denn was geboten wird, wird damit gutgeheißen und dem Verbotenen wird ein Unwert beigelegt.*"[268]

---

263 *Schiemann*, in: FS Medicus, 2009, S. 447 (462).

264 In diese Richtung auch *Schiemann*, in: FS Medicus, 2009, S. 447 (462): „*Unrecht eines Verhaltens* [...] *ist im Privatrecht kein eigenständiger und erst recht kein absoluter Wert. Dies zeigt schon – im Gegensatz zum Strafrecht – die ‚Sanktionslosigkeit' des Versuchs und das Fehlen der Proportionalität des Unrechts zum Schadensersatz.*".

265 *Deutsch*, in: FS Welzel, 1974, S. 227 (233); *Zippelius*, AcP 157 (1958/1959), 390 (397); *Voss*, Die Verkehrspflichten, 2007, S. 71.

266 *Zippelius*, AcP 157 (1958/1959), 390 (397).

267 *Mayr*, Der verwerflich handelnde Geschädigte, 2015, S. 269 m.w.N. und kritisch in Bezug auf die Abschreckungswirkung; vgl. auch die empirische Betrachtung der Abschreckungswirkung im Strafrecht bei *Curti*, in: Ott/Schäfer, Präventivwirkung, 1999, S. 71 ff.

268 *Zippelius*, AcP 157 (1958/1959), 390 (394).

Die vorwiegend semantische Frage, inwiefern menschliches Verhalten als rechtswidrig und damit „schlecht“ beurteilt wird, ist somit seit jeher eng mit Vorstellungen darüber verknüpft, was Verkehrspflichten, verstanden als Verhaltensnormen, überhaupt zu leisten vermögen. So konstatiert etwa *von Caemmerer*: „*Gebieten und verbieten kann die Rechtsordnung nur ein bestimmtes Verhalten, nicht bestimmte Erfolge.*“[269] Erwägungen zur effektiven Verhaltenssteuerung nahmen schnell einen festen Platz in der zivilrechtsdogmatischen Diskussion über die Widerrechtlichkeit ein. Bei dieser starken Verknüpfung zwischen einem simplen Modell der Verhaltenssteuerung (durch Verbote und Abschreckung) und einem wertungsmäßig klar belegten Rechtswidrigkeitsbegriff läuft man indes Gefahr, sich in einem Bereich ständiger Selbstbestätigung zu bewegen:

> „*Die Rechtsordnung, so sagen sie, könne dem Menschen sinnvollerweise nur gebieten, sein Verhalten in bestimmter Weise einzurichten; sie könne nicht schlechthin die Verursachung eines bestimmten Erfolges verbieten.*“[270]

Die Aussage, dass Verhaltensgebote nur sinnvoll auf ein Verhalten gerichtet sein können, nicht auf einen Erfolg als solchen, ist logisch schlüssig und – isoliert betrachtet – nicht angreifbar. Allenfalls ließe sich noch ergänzen, dass jedenfalls mittelbar Erfolge verhindert und damit im weiteren Sinne – über Verhaltensgebote – gesteuert werden können. Diese Aussage über die Funktion von Ge- oder Verbotsnormen vermag jedoch die Grundprämisse, dass Verkehrspflichten im Deliktsrecht immer als klare Verhaltensgebote auftreten und dass „Verstöße“ gegen Verkehrspflichten im Sinne einer Rechtswidrigkeit negativ zu bewerten sind, nicht klar zu stützen. Insofern ist *Mertens* beizupflichten:

> „*Der Streit zwischen Verhaltens- und Erfolgsunrechtslehre war – nachträglich besehen – müßig. Beide Seiten redeten jeweils über ein anderes Delikt – und bezogen darauf, hatten sie beide recht.*“[271]

In der Tat knüpft die Verhaltensunrechtslehre, wie zuvor beschrieben, an der Vorstellung von einem Deliktsrecht an, das im Rahmen der Rechtswidrigkeit starke Wertungen enthält. Gleichzeitig funktioniert diese Lehre auf Grundlage eines Systems von Ge- und Verboten, die eine Abschreckungswirkung entfalten. Vor diesem gedanklichen Hintergrund sind die

---

269 *Von Caemmerer*, in: FS DJT, Band II 1960, S. 49 (129); kritisch *Jansen*, AcP 202 (2002), 517 (535).

270 *Larenz*, in: FS Dölle, Band I, 1963, S. 169 (170).

271 *Mertens*, VersR 1980, 397 (399).

Aussagen der Verhaltensunrechtslehre zutreffend. Löst man sich jedoch von der Vorstellung, das Deliktsrecht entfalte notwendigerweise eine Abschreckungswirkung und laufe mit einer sozialen Bewertung eines Verhaltens gleich, erscheinen dieselben Aussagen weniger schlüssig. Die Verknüpfung der Widerrechtlichkeit im Sinne von § 823 Abs. 1 BGB mit Werturteilen einerseits und Verhaltenssteuerung durch klare Gebots- und Verbotsnormen andererseits ist nicht zwingend. *Jansen* versucht, auf eine begriffliche Neubelegung und konzeptionelle Neuausrichtung im Bereich der Schadensersatzhaftung hinzuwirken. Er bemängelt, dass die *„Präventionswirkung des Rechts* [...] *immer noch mit Ver- und Geboten verbunden"* werde, obwohl sie durchaus *„unabhängig von Ge- und Verboten sein kann"*, insbesondere durch eine indirekte Verhaltenssteuerung, wenn drohende Schadensersatzansprüche eher ökonomisch betrachtet *„als Preise für gefährliches Verhalten wahrgenommen werden"*.[272] Gleichzeitig könne man *„Rechtswidrigkeit"* als *„Haftungsverantwortlichkeit"* verstehen, ohne dass damit eine weitergehende negative Bewertung verbunden ist.[273] Damit befreit *Jansen* den Begriff der Rechtswidrigkeit von einer schweren Wertungslast. Betrachtet man das Deliktsrecht als Instrument zur gerechten Lastenverteilung, das nicht notwendigerweise eine Negativbewertung von Schädigerverhalten enthält, kann man sich von der Wahrnehmung der Verkehrspflichten als Ge- und Verbotsnormen lösen. Denn wo dem Schädiger kein konkreter Verhaltens*vorwurf* gemacht wird, ist es nicht zwingend erforderlich, dass ein konkretes Verhaltensprogramm erkennbar ist. Wohlgemerkt geht es (noch) nicht um die Frage, ob ein Schädiger letztendlich haftet, da im Rahmen von § 823 Abs. 1 BGB dafür das Verschulden bejaht werden müsste. Vielmehr bewegt man sich allein auf Ebene der Verkehrspflichten. Auf dieser Ebene lässt sich durchaus in Frage stellen, ob allein die Bejahung einer rechtswidrigen Rechtsgutsverletzung im Rahmen von § 823 Abs. 1 BGB – unabhängig vom Verschulden – mit einem persönlichen Vorwurf einhergehen muss. Aus semantischer Perspektive ließe sich sagen, dass ein Unglück so verteilt werden soll, wie es dem allgemeinen Gerechtigkeitsempfinden am nächsten kommt. Neutraler formuliert könnte man von der Verteilung eines Nachteils sprechen. Um nicht bei einer semantischen Frage stehen zu bleiben, soll die Wahrnehmung der so genannten Verkehrspflichten als Ge- und Verbotsnormen, von *Jansen* kritisch betrachtet, näher untersucht werden.

---

272 *Jansen*, AcP 202 (2002), 517 (535).
273 *Jansen*, AcP 202 (2002), 517 (535).

IV. Kritik: unterkomplexe Wahrnehmung von Verkehrspflichten

1. Zurechnungs- statt Verhaltensprogramm

Das Verständnis von Verkehrspflichten als Ge- und Verbotsnormen ist eindimensional und wird den komplexen Wertungsentscheidungen, die bei der Begründung einer Schadensersatzhaftung häufig eine Rolle spielen, nicht gerecht. Später, bei der kritischen Untersuchung der Begründungskonzepte für den RWZ, wird dieser Gedanke aufzugreifen sein, sodass ihm zunächst etwas mehr Aufmerksamkeit zu schenken ist.

Jansen betont die Begründung von „*Haftungsverantwortlichkeit*" als maßgebliches Ziel der Verkehrspflichten, weitgehend losgelöst von einem konkreten Verhaltensvorwurf.[274] Der Schädiger hafte nicht unbedingt, weil er sich falsch verhalten hat. Auch die Rechtsprechung, wisse, „*daß viele Verkehrspflichten nicht erfüllt werden könnten, jedoch sei dies irrelevant*" da es „*nicht um Anklage*" gehe, sondern schlicht um eine „*Zuweisung von Schadenslasten*", sprich eine angemessene Lastenverteilung.[275] Der zentrale Gedanke der Verhaltensunrechtslehre, dass in einer Rechtsordnung nur menschliches Verhalten gesteuert werden könne, nicht jedoch Erfolge als solche, bleibt zwar grundsätzlich nachvollziehbar. Die Vorstellung, die jeweiligen Verkehrspflichten ließen sich stets als ex ante grundsätzlich erkennbares, klares Verhaltensprogramm – als Ge- oder Verbote – verstehen, ist jedoch unterkomplex.[276] Vielmehr handelt es sich bei den Verkehrspflichten um ein weitreichendes und vielschichtiges Zurechnungskonzept, das nicht immer als eindeutige Verhaltensvorgabe begriffen werden kann. Wenn im Rahmen einer zivilrechtlichen Schadensersatzhaftung von Verhaltensnormen, Verhaltenspflichten oder Verkehrspflichten gesprochen wird, dann üblicherweise retrospektiv. Es geht darum, „*daß der Richter* [...] *sich an die Stelle des Adressaten versetzen muß, um aus dessen Sicht ex ante die im Einzelfall einschlägige*" Verhaltenspflicht zu konkretisieren.[277] Zum einen ist anerkannt, dass im Bereich der Verhaltenspflichten ein objektivierter Maßstab gilt und der Richter nicht die Perspektive des konkreten

---

274 *Jansen*, AcP 202 (2002), 517 (533); siehe auch *ders.*, AcP 216 (2016), 112 (130 f.): „*Für das Haftungsrecht in seiner heute geltenen Form erweist sich ein – wie rudimentär auch immer – verhaltensbezogener Rechtswidrigkeitsbegriff als dysfunktional.*".

275 *Jansen*, AcP 202 (2002), 517 (534).

276 *Jansen*, AcP 216 (2016), 112 (129) beschreibt, wie das Haftungsrecht insbesondere dazu diene „*Risikosphären abzugrenzen und gegebenenfalls individuell Schäden auf die nächsten Risikoträger überzuwälzen.*".

277 *Gotzler*, Rechtmäßiges Alternativverhalten, 1977, S. 70.

Schädigers, sondern eines *„fiktiven Normaltypus“* annimmt.[278] Darüber hinaus wird der Richter nicht nur investigativ tätig, sondern durchaus – wenn auch in gewissen Grenzen – schöpferisch. Denn der Richter formuliert gegebenenfalls erst bestimmte Verhaltensnormen für den konkreten Fall, unter Rückgriff auf verschiedene allgemein anerkannte Wertungen.[279] Dabei greift er ebenso auf *„bereits positivierte Wertungen“* zurück wie auf volkswirtschaftliche Gesichtspunkte, das Verhältnismäßigkeitsprinzip und zahlreiche andere Wertungskriterien, die im weiteren Sinne Ausfluss von Gerechtigkeitserwägungen sind.[280] Das Ziel, dem die Formulierung von Verkehrspflichten dient, ist damit letztendlich die Entscheidung, wie ein Schaden gerecht zu verteilen ist. Es findet eine umfassende *„Güter- und Interessenabwägung“* statt, in die verschiedene Wertungsaspekte einfließen.[281] Der Verstoß gegen eine Verkehrspflicht ist insofern vor allem ein Hilfskonstrukt für die Zurechnung oder den Haftungsausschluss (auch entfernterer) Schäden.[282] Dementsprechend dürfte für die entscheidenden Gerichte eindeutig sein, *„daß sie mit der Konstituierung einer Verkehrspflicht nicht primär ein echtes Verhaltensgebot aufstellen, sondern eine Haftungsverantwortlichkeit begründen wollen.“*[283] Die maßgeblichen Parameter dafür, eine Schadensersatzpflicht in bestimmten Situationen zu bejahen, erschöpfen sich daher nicht notwendigerweise in eindeutigen Regeln, die dem Schädiger als Ge- oder Verbote erscheinen. Für den Schädiger ist nicht immer eine klare Anweisung im Sinne von: „Du musst Dich auf diese Art und Weise verhalten“ erkennbar. Vielmehr kann ein Schädiger häufig ex ante ausschließlich (ansatzweise) antizipieren, dass ein bestimmtes Verhalten bestimmte Gefahren für andere Verkehrsteilnehmer mit sich bringt und eventuell in Schäden resultieren könnte.[284] Darüber hinausgehende Kriterien, die bei der Begründung einer Verkehrspflicht in komplexen Zusammenhängen entscheidend sind, werden dem Schädiger nicht ohne Weiteres ex ante bewusst.

---

278 *Gotzler*, Rechtmäßiges Alternativverhalten, 1977, S. 70.

279 *Lang*, Normzweck & Duty of Care, 1983, S. 75.

280 *Mertens*, VersR 1980, 397 (399); *Gotzler*, Rechtmäßiges Alternativverhalten, 1977, S. 67; *Larenz/Canaris*, Lehrbuch des Schuldrechts, Zweiter Band, Besonderer Teil, 2. Halbband, 13. Aufl. 1994, § 76 III. 4. b), S. 414.

281 *Gotzler*, Rechtmäßiges Alternativverhalten, 1977, S. 67; siehe auch *Wilhelmi*, Risikoschutz durch Privatrecht, 2009, S. 20, S. 231 ff.; *Spindler*, in: BeckOGK, Stand 01.05.2017, § 823 BGB, Rn. 386; *Mertens*, VersR 1980, 397 (399).

282 *Schwab*, Das Prozeßrecht gesellschaftsinterner Streitigkeiten, 2005, S. 53.

283 *Jansen*, AcP 202 (2002), 517 (534).

284 *Wilhelmi*, Risikoschutz durch Privatrecht, S. 146.

Jansen greift zur Verdeutlichung auf den so genannten Waschmaschinen-Fall zurück: Eine unbeaufsichtigte Waschmaschine erlitt wegen eines Maschinendefekts Wasserverlust und richtete in der Nachbarwohnung erheblichen Schaden an.[285] Das Verlassen des Hauses nach dem Anstellen der Maschine wurde als Verkehrspflichtverletzung der Schädigerin beurteilt. Für das Gericht war dabei entscheidend, dass *„allgemein durchaus das Bewußtsein“* bestehe, dass derjenige, der eine Waschmaschine unbeaufsichtigt lasse, in einem solchen Falle für den Schaden haften müsse *„und den Geschädigten nicht die Folgen tragen lassen dürfe“*.[286] Entscheidend ist somit eine angemessene Lastenverteilung.[287] Ein eindeutiges Verhaltensgebot ist jedoch nicht identifizierbar. Vielmehr wird auf ein allgemeines Gerechtigkeitsempfinden zurückgegriffen, wonach derjenige, der einen gewissen Gefahrenbereich eröffnet und nutzt, eventuelle negative Folgen daraus zu tragen hat.[288]

2. Persönliche Vorwerfbarkeit, Werturteil und Erkennbarkeit

Die Verhaltensunrechtslehre operiert, wie gezeigt, mit der Interdependenz eines (negativen) Werturteils mit der verhaltenssteuernden Abschreckungsfunktion des Deliktsrechts. Das eine bedingt das andere: Ein Verhalten wird negativ bewertet, weil es falsch ist, da der Schädiger – im Sinne der verhaltenssteuernden Abschreckungsfunktion – einem bestimmten Gebot gemäß hätte handeln sollen. Umgekehrt lässt sich nur ein Verhalten durch Abschreckung sinnvoll verhindern, nur ein Verhalten ist in diesem Sinne – direkt – steuerbar. Rechtswidrigkeit bedeutet diesbezüglich stets Abweichung von einem eindeutigen Gebot. Dabei ist der Dreh- und Angelpunkt die *Erkennbarkeit* des Fehlverhaltens. Wo die Erkennbarkeit eines Gebots fehlt, fehlt die Grundlage für das negative Werturteil. Der persönliche Vorwurf, etwas falsch gemacht zu haben, ergibt nur dort Sinn, wo richtiges Verhalten kein Zufallsprodukt ist, sondern das Produkt einer – möglicherweise fahrlässig getroffenen – Entscheidung. In Fällen, in denen richtiges Verhalten nicht erkennbar ist, ist es nicht steuerbar. In komple-

285 *Jansen*, AcP 202 (2002), 517 (527).

286 *Jansen*, AcP 202 (2002), 517 (527).

287 Vgl. *Alexander*, Die strafrechtliche Verantwortlichkeit für die Wahrung der Verkehrssicherungspflichten im Unternehmen, 2005, S. 61.

288 Anderer Ansicht ist *Voss*, Die Verkehrspflichten, 2007, S. 113, der hier nicht nur Kriterien zur gerechten Schadenszuweisung, sondern echte Verhaltensgebote identifizieren will.

xen und, für die entscheidenden Gerichte, neuartigen Sachverhalten werden Verkehrspflichten aufgestellt, die bei lebensnaher Betrachtung nicht, auch nicht idealtypisch, eindeutig erkennbar sind. Die Erkennbarkeit tritt strukturell vielmehr hinter anderen Merkmalen angemessener Lastenverteilung zurück. Wo aber die Erkennbarkeit derart eingeschränkt ist oder sogar fehlt, fehlt der Anknüpfungspunkt für das negative Werturteil und die verhaltenssteuernde Abschreckungsfunktion oder wird zumindest selbst erheblich in der Bedeutung eingeschränkt.

3. Unterschiede von Verkehrspflichten und Verschuldensmaßstab

Es ist auf die mit der Frage, wie Verkehrspflichten konturiert werden, eng verbundene Diskussion darüber hinzuweisen, ob überhaupt Unterschiede zwischen verkehrspflichtwidrigem Verhalten und dem Verschulden, § 276 Abs. 2 BGB, festgestellt werden können.[289] Zum Teil wird argumentiert, die verkehrserforderliche Sorgfalt und die Verkehrspflichten liefen gleich, sodass eine Trennung zwischen beiden nicht mehr sinnvoll möglich wäre.[290] Dies scheint vor dem Hintergrund einzuleuchten, dass auch § 276 Abs. 2 BGB einen zumindest teilweise verobjektivierten und nicht rein subjektiven Verschuldensmaßstab vorgibt. Allerdings ist weitgehend anerkannt, dass gegen eine Verkehrspflicht verstoßen werden kann, ohne dass ein Verschulden anzunehmen ist, Verkehrspflichtverletzung und Verschulden also nicht stets kongruent sind.[291] Zum Teil wird zur Differenzierung das Begriffspaar *„äußere und innere Sorgfalt“* verwendet, das jedoch wiederum Anlass zu Diskussionen gibt und nicht vertieft werden soll.[292] Jedenfalls wird überwiegend angenommen, dass für die Verkehrspflichten ein besonders strenger Maßstab gilt, der auf Verschuldensebene durch die stärkere Berücksichtigung konkreter Elemente eingegrenzt werden kann, sodass eine ausufernde Haftung vermieden wird.[293] Für die Verkehrspflichten wird dementsprechend auf ein *„Höchstmaß an äußerer Sorgfalt“* abge-

289 *Wagner*, in: MüKo BGB, 7. Aufl. 2017, § 823 BGB, Rn. 392.

290 *Wagner*, in: MüKo BGB, 7. Aufl. 2017, § 823 BGB, Rn. 392.

291 *Wagner*, in: MüKo BGB, 7. Aufl. 2017, § 823 BGB, Rn. 392 m.w.N.

292 Ausführlicher *Fabarius*, Äußere und innere Sorgfalt, 1991, S. 125 ff.

293 Spindler, in: BeckOGK, Stand 01.05.2017, § 823 BGB, Rn. 449: *„Eine Verschärfung der Verkehrspflichten durch die Rspr. kann im Einzelfall dazu führen, dass das Verschulden entfällt.“*; *Wagner*, in: MüKo BGB, 7. Aufl. 2017, § 823 Rn. 392 m.w.N.

stellt, während auf der Verschuldensebene (verkehrskreistypische) Besonderheiten berücksichtigt werden.[294]

Die vorgelegte Untersuchung kommt zu dem Ergebnis, dass sich Verkehrspflichten und der Verschuldensmaßstab unterscheiden, ohne dass jedoch eine tiefgehende Analyse des Verschuldensmaßstabs von § 276 Abs. 2 BGB vorgenommen werden soll. Entscheidend und für die Zwecke der Untersuchung ausreichend ist die Feststellung, dass Verkehrspflichten abstrakter und damit im Einzelfall strenger festgesetzt werden, als der Verschuldensmaßstab.[295] Was dies bedeutet, soll, da man diese Differenzierung durchaus kritisch hinterfragen kann[296], kurz näher beleuchtet werden: Richtig ist zunächst, dass *„konkrete als auch abstrakte Elemente"* sowohl für die Verkehrspflichten, als auch für das Verschulden relevant sind.[297] Auf der Verschuldensebene wird, wie schon angedeutet, nicht ausschließlich auf den Schädiger, sondern einen gewissenhaften Idealtypus eines bestimmten Verkehrskreises abgestellt und damit vom tatsächlichen Schädiger *„abstrahiert"*, was § 276 Abs. 2 BGB mit der im Verkehr erforderlichen Sorgfalt eindeutig vorgibt, wenngleich über die genauen Maßstäbe dieser Abstraktion wiederum diskutiert werden kann.[298] Allerdings fließen in die bereits vorkonturierte *„Güter- und Interessenabwägung"* bei der Festlegung von Verkehrspflichten stärker und bewusster überindividuelle Aspekte ein – insbesondere im Rahmen der Prüfung der Zumutbarkeit einer bestimmten Verkehrspflicht. Dementsprechend können Verkehrspflichtverletzung und Verschulden nicht gleichgesetzt werden, weil es im Rahmen der Verkehrspflicht *„um wesentlich abstraktere und zugleich strengere Maximen"* geht:

> *„Diese lauten z.B.: Fehlerhafte Produkte dürfen nicht in den Verkehr gebracht werden; morsche Bäume sind zu fällen oder zu sichern; wer eine gefährliche ansteckende Krankheit hat, soll die körperliche Nähe zu anderen Menschen meiden* [...] *Derartige Normen unabhängig von ihrer Erfüllbarkeit durch den Durchschnittsverkehrsteilnehmer aufzustellen, ist schadensersatzrechtlich durchaus sinnvoll, weil sich darin die Verantwortlichkeit* [...]

---

294 *Hager*, in: Staudinger, 2017, § 823 BGB, A 6; *Wagner*, in: MüKo BGB, 7. Aufl. 2017, § 823 BGB, Rn. 392.

295 *Larenz/Canaris*, Lehrbuch des Schuldrechts, Zweiter Band, Besonderer Teil, 2. Halbband, 13. Aufl. 1994, § 75 II. 3. d), S. 369; kritisch, *Voss*, Die Verkehrspflichten, 2007, S. 87 f., 99 ff.

296 *Wilhelmi*, Risikoschutz durch Privatrecht, 2009, S. 320.

297 *Wilhelmi*, Risikoschutz durch Privatrecht, 2009, S. 320.

298 *Wilhelmi*, Risikoschutz durch Privatrecht, 2009, S. 320.

manifestiert; nur ‚Menschenunmögliches' sollte die Rechtsordnung nicht verlangen.“[299]

Während es im Rahmen des Verschuldens nach § 276 Abs. 2 BGB strukturell vor allen Dingen um die Frage geht, was der Schädiger hätte erkennen müssen, tritt die Erkennbarkeit hinter die Wertungsaspekte bei der Festlegung von Verkehrspflichten stärker zurück.[300] Die einzelnen Wertungsaspekte werden im folgenden Abschnitt näher beleuchtet. Je geringer strukturell die Rolle der Erkennbarkeit für den Schädiger – oder einen idealtypischen Schädiger – ist, desto stärker entfernt sich die Wertungsentscheidung von der konkreten Situation des Schädigers. Festzuhalten bleibt somit, dass im Rahmen der Verkehrspflichten ein höheres Gesamtlevel an Abstraktion gängig ist als im Rahmen des Verschuldens. Vor diesem Hintergrund lässt sich festhalten, dass Verkehrspflichten insgesamt abstrakter festgesetzt werden. Zur Verdeutlichung dieses Unterschieds zwischen Verkehrspflichten und dem Verschuldensmaßstab wird auf eine – beinahe modellhaft anmutende – Entscheidung des VI. Zivilsenats des BGH Bezug genommen.[301] Im zugrundeliegenden Fall verletzte sich ein Skifahrer an einer Metallstrebe. In der Entscheidung definiert der VI. Senat eine Verkehrspflicht im Sinne einer Pistensicherungspflicht für einen Schleppliftunternehmer, wobei das Gericht Kriterien wie den besonderen „*Grad der Gefährlichkeit derartiger scharfkantiger Eisenträger*“ berücksichtigte, die es abzupolstern gelte.[302] Dies sei dem Schleppliftunternehmer zumutbar, die Kosten stünden nicht außer Verhältnis zu seinen Einnahmen, schließlich sei er in der Lage, die zusätzlichen Kosten durch Preisgestaltung abzugeben. Nach Bejahung einer Verletzung der Verkehrssicherungspflicht verneint der VI. Senat allerdings das Verschulden des Schleppliftunternehmers. Eine Besonderheit des Falles ist, dass „*Entscheidungen deutscher Gerichte zur Sicherung von Liftstützen* [...] *im Unfallzeitpunkt* [...] *nicht ergangen waren.*“[303] Vor diesem Hintergrund verneint der IV. Senat eine individuelle Erkennbarkeit der Sicherungspflicht und damit das Verschulden des Schleppliftunternehmers. Die Entscheidung verdeutlicht, dass in neuartigen, komplexen Fallgestaltungen Verkehrspflichten unter Rückgriff auf

---

299 *Larenz/Canaris*, Lehrbuch des Schuldrechts, Zweiter Band, Besonderer Teil, 2. Halbband, 13. Aufl. 1994, § 75 II 3 d), S. 269; *Jansen*, AcP 202 (2002), 517 (534).

300 Vgl. *Kolb*, Auf der Suche nach dem Verschuldensgrundsatz, 2008, S. 82; *Holznagel*, Notice and Take-Down-Verfahren als Teil der Providerhaftung, 2013, S. 117.

301 BGH, Urteil vom 23.10.1984, VI ZR 85/83, NJW 1985, 620.

302 BGH, Urteil vom 23.10.1984, VI ZR 85/83, NJW 1985, 620 (621).

303 BGH, Urteil vom 23.10.1984, VI ZR 85/83, NJW 1985, 620 (621).

verschiedene Wertungsaspekte wie etwa das Ausmaß einer drohenden Schädigung und eine wirtschaftlich angemessene Lastentragung neu durch Gerichte entwickelt werden. Eine fehlende Erkennbarkeit der Verkehrspflicht auf Verschuldensebene nimmt der VI. Senat des BGH im Fall einer Warnpflicht vor für Kinder zugänglichen Oberleitungen an:

> „*Vielmehr sind die Anforderungen an die Verkehrssicherungspflicht der Bekl. erst durch das angefochtene Urteil verschärft worden. Bei dieser Sachlage war für die Bekl. im Schadenszeitpunkt nicht erkennbar, daß sie ihrer Verkehrssicherungspflicht nicht in ausreichendem Maß nachgekommen ist.*“[304]

Die Frage der Erkennbarkeit spielt mithin weniger auf Ebene der Verkehrspflicht als auf Verschuldensebene eine zentrale Rolle. Dies korrespondiert mit der Wahrnehmung von Verkehrspflichten als Zurechnungskonzept, das nicht primär auf einen persönlichen Vorwurf gegen den Schädiger abzielt, sondern zahlreiche überindividuelle Wertungskriterien umfasst. Diese Wertungskriterien werden im Folgenden näher beleuchtet.

4. Die abstrakten Kriterien einer gerechten Lastenverteilung

Gerechtigkeit ist selbst im Kontext gerechter Lastenverteilung ein ausfüllungsbedürftiger Begriff mit verschiedenen Ausprägungen, die man allenfalls auf einen verallgemeinerungsfähigen „*Wertkonsens*“ zurückführen kann.[305] Im Falle der haftungsrechtlichen Verkehrspflichten versucht man dem Ziel einer gerechten Lastenverteilung typischerweise durch die Abwägung verschiedener Vor- und Nachteile nahezukommen, also durch eine umfassende Verhältnismäßigkeitsprüfung. Den Interessen des Schädigers werden die Interessen des Geschädigten gegenübergestellt und jeweils in ihrer Bedeutung gewichtet. In dem Abwägungsvorgang werden jedoch auch Gemeinwohlinteressen berücksichtigt, wie etwa die Bedeutung einer (gefährlichen) Tätigkeit für die Gesellschaft:

> „*Vorhersehbarkeit der Gefahr, Zumutbarkeit von Vorkehrungen* [...] *sowie die Bedeutung der Handlung für die Allgemeinheit, gehören zu den Ingredenzien der zu ermittelnden Verhaltenspflicht* [...] *So wird für die Güter-*

---

304 BGH, Urteil vom 14.03.1995, VI ZR 34/94, NJW 1995, 2631 (2632).

305 *Gessner*, Recht und Konflikt, 1976, S. 184.

und Interessenabwägung u.a. zu berücksichtigen sein, welchem Zweck die Gefahr ihre Entstehung verdankt“.[306]

Dem Aufwand bestimmter Sicherheitsvorkehrungen wird das Ausmaß drohender Nachteile, nicht nur für den individuellen Schädiger, sondern für die Allgemeinheit, gegenübergestellt. Zur Frage einer Streupflicht bei Glatteis konstatiert der BGH dementsprechend:

> *„Es würde eine Überspannung der Anforderungen an den Verkehrssicherungspflichtigen bedeuten, wenn man von ihm* [dem Beklagten] *verlangen wollte, für die verhältnismäßig geringe Zahl von Kraftfahrern mit erheblichem* [...] *Aufwand einen jederzeit einsatzbereiten nächtlichen Streudienst einzurichten. Anderenfalls würde der Allgemeinheit für eine* [...] *kleine Gruppe* [...] *eine erhebliche Belastung entstehen.“*[307]

Überindividuelle Kriterien tauchen regelmäßig im Rahmen der abwägenden Betrachtung bei der Konturierung von Verkehrspflichten auf.[308] Als weiteres Beispiel lässt sich die Haftung für Schäden im Rahmen einer automatisierten Autowäsche anführen:

> *„Die Fahrzeugwäsche in einer Waschanlage ist aber gerade auf einen automatisierten, rationalisierten, insbesondere schnellen und kostengünstigen Betrieb ausgerichtet* [...] *Dieser Effekt ginge verloren und würde nahezu in sein Gegenteil verkehrt, wenn der Betreiber zuvor zu einer individuellen und aufwendigen Fahrzeug- und Anlagenuntersuchung verpflichtet wäre.“*[309]

In anderen Fällen verweist die Rechtsprechung etwa auf die soziale Akzeptanz bestimmter Risiken, wenn es um die Grenzen von Verkehrspflichten geht.[310] Auch damit entfernt man sich von der individuellen Situation des Schädigers und des Geschädigten. Ein weiteres plastisches Beispiel für die Einbeziehung überindividueller Kriterien ist die Frage der *„Verkehrssiche-*

---

306 *Gotzler*, Rechtmäßiges Alternativverhalten, 1977, S. 66 f.

307 BGH, Urteil vom 21.02.1972, III ZR 134/68, VersR 1972, 563.

308 Siehe auch *Wilhelmi*, Risikoschutz durch Privatrecht, 2009, S. 266 f. m.w.N., der dem *„sozialen Wert“* einer Handlung und dem *„Interesse am Umweltschutz“* eine eindeutige Daseinsberechtigung in der Abwägung einräumt.

309 LG Erfurt, Urteil vom 29.03.2007, 1 S 386/06, BeckRS 2008, 13062.

310 So etwa OLG Celle, Urteil vom 24.09.2003, 9 U 80/03, NJW-RR 2004, 20 zur sozialen Akzeptanz von *„Vergnügungseinrichtungen“* mit gewissen Gefahren; das LG Dessau-Roßlau, Beschluss vom 20.03.2013, 1 T 70/13, BeckRS 2013, 22273, setzt sich mit unterschiedlichen Sicherheitserwartungen bei Vergnügungsbesuchen in Diskotheken und Publikumsverkehr auf öffentlichen Gehwegen auseinander.

rungspflicht für im Luftraum über die Straße hineinragende Bäume“, bei der der 1. Senat des OLG München konstatiert, der Umfang der Verkehrssicherungspflicht bestimme:

> „[...] *sich insbesondere nach der Verkehrsbedeutung der Straße unter besonderer Berücksichtigung ihrer Bedeutung für den Verkehr von Fahrzeugen mit hohen Aufbauten, der Fahrbahnbreite, der Erkennbarkeit der Gefahrenstelle und der Höhe des hineinragenden Astwerkes. Hinzu kommt eine Abwägung zwischen den Belangen der Verkehrssicherheit einerseits und dem ökologischen Interesse an der Erhaltung des Baumbestandes andererseits.*“[311]

Von Bar führt die Verkehrspflichten auf vier Grundsätze des Haftungssystems zurück: Gefahrerhöhung, Vertrauensschutz, Beherrschbarkeit und Nützlichkeit der Gefahrenquelle.[312] Ohne in eine tiefere Analyse einzusteigen, verdeutlicht sein Ansatz nochmals die Vielseitigkeit der Entwicklung von Verkehrspflichten und die Offenheit dieses Vorgangs für verschiedene Wertungen. Die Bemühung gerechter Lastenverteilung klingt bereits deutlich in der älteren, höchstrichterlichen Rechtsprechung zu Verkehrssicherungspflichten an, die mittlerweile als allgemeiner Grundsatz fortgeführt wird:

> *„Es gilt vielmehr der allgemeine, seit Jahren von der Rechtsprechung entwickelte Grundsatz, daß derjenige, der Gefahrenquellen schafft* [...] *alle nach Lage der Verhältnisse erforderlichen Sicherungsmaßnahmen zum Schutze anderer zu treffen hat.*“[313]

Dahinter steht nicht allein die Überlegung einer effektiven Gefahrbeherrschung durch den Urheber, sondern auch die Idee einer Korrespondenz von Nutzen und Nachteilen.[314] Spätestens über das Kriterium der Zumutbarkeit konkreter Sicherungsmaßnahmen wird in der Rechtsprechung regelmäßig eine wirtschaftliche Betrachtungsebene gewählt, auf welcher auch die aus der Gefahrenquelle gezogenen Nutzen berücksichtigt wer-

---

311 OLG München, Urteil vom 16.09.2010, 1 U 3263/10, BeckRS 2010, 22958.

312 *Von Bar*, Verkehrspflichten, 1980, S. 122 ff.

313 BGH, Urteil vom 22.10.1974, VI ZR 149/73, NJW 1975, 108.

314 Vgl. auch *Mertens*, VersR 1980, 397 (398); *Edenfeld*, VersR 2002, 272 (272); *Gerecke*, VersR 2008, 1595 (1600): *„Flankiert werden diese Komponenten vom nicht zu unterschätzenden Gedanken der Vorteilsziehung, wonach derjenige, der den wirtschaftlichen Nutzen aus einer Sache zieht, auch für die aus ihr resultierenden Schäden einzustehen hat.*“; ebenso *Kolb*, Auf der Suche nach dem Verschuldensgrundsatz, 2008, S. 59.

den.[315] Nichts anderes als eine Ausprägung des Nutzen-Nachteils Prinzips steht hinter Aussagen wie:

> „*Wer eine erhöhte Gefahrenquelle im Rahmen seiner gewerblichen Tätigkeit schafft, muß erst recht dafür sorgen, daß das von ihm angelockte Publikum in seinen Räumlichkeiten* [...] *nicht zu Schaden kommt.*“[316]

Die Gewerblichkeit als solche begründet noch keine erhöhte Gefahr oder verbesserte Beherrschungsmöglichkeit. Derjenige, der eine Attraktionswirkung jenseits der Gewerblichkeit ausübt – beispielsweise durch Kunstperformance – „lockt“ ebenfalls Publikum an. Die Gewerblichkeit kann somit allenfalls über das Nutzen-Nachteil-Prinzip Bedeutung in diesem Kontext erlangen: Derjenige, der eine bestimmte Gefahrenquelle (wirtschaftlich) nutzt, soll nach diesem Gedanken mit den (potenziellen) Nachteilen belastet werden.[317] Das Nutzen-Nachteil Prinzip als ein Faktor für die Begründung von Verkehrspflichten wird, soweit ersichtlich, in der Rechtsprechung niemals explizit erwähnt, schwingt jedoch häufig mit. So werden die besonders scharfen Kontrollpflichten, etwa im Bereich der Produzentenhaftung, häufig mit den vom Schädiger gezogenen Vorteilen gerechtfertigt.[318]

5. Die Wertungsoffenheit der Zumutbarkeit

Die Frage, welche Verkehrspflicht im Einzelfall dem Schädiger zumutbar ist, eröffnet einen besonders großen Wertungsspielraum. Allgemein gilt:

> „*Nach ständiger Rechtsprechung des BGH* [...] *ist derjenige, der eine Gefahrenlage – gleich welcher Art – schafft, grundsätzlich verpflichtet, die notwen-*

---

315 BGH, Urteil vom 19.06.2009, VI ZR 107/08, BGHZ 181, 253 (260): „*Maßgeblich für die Zumutbarkeit sind darüber hinaus die wirtschaftlichen Auswirkungen der Sicherungsmaßnahme, im Rahmen derer insbesondere die Verbrauchergewohnheiten, die Produktionskosten, die Absatzchancen für ein entsprechend verändertes Produkt sowie die Kosten-Nutzen-Relation.*“.

316 So etwa OLG Köln, Urteil vom 13.07.1998, 16 U 15/98, VersR 1999, 501.

317 *Kleindiek*, Deliktshaftung und juristische Personen, 1997, S. 20; *Wilhelmi*, Risikoschutz durch Privatrecht, 2009, S. 231.

318 *Spindler*, in: BeckOGK, Stand 01.05.2017, § 823 BGB, Rn. 401; *Katzenmeier*, in: Dauner-Lieb/Langen, 3. Aufl. 2016, § 823 BGB, Rn. 281, 305; *Kümper*, Risikoverteilung im Staatshaftungsrecht am Beispiel amtshaftungsrechtlicher Gefahrvermeidungspflichten bei fehlerhafter Planung, Genehmigung und Aufsicht, 2011, S. 259, dort Fn. 36; *Diederichsen*, NJW 1978, 1281 (1281).

digen und zumutbaren Vorkehrungen zu treffen, um eine Schädigung anderer möglichst zu verhindern. Die rechtlich gebotene Verkehrssicherung umfasst diejenigen Maßnahmen, die ein umsichtiger und verständiger, in vernünftigen Grenzen vorsichtiger Mensch für notwendig und ausreichend hält, um andere vor Schäden zu bewahren [...] Dabei ist jedoch zu berücksichtigen, dass nicht jeder abstrakten Gefahr vorbeugend begegnet werden kann. Ein allgemeines Verbot, andere nicht zu gefährden, wäre utopisch. Eine Verkehrssicherung, die jede Schädigung ausschließt, ist im praktischen Leben nicht erreichbar. Deshalb muss nicht für alle denkbaren Möglichkeiten eines Schadenseintritts Vorsorge getroffen werden. Es sind vielmehr nur diejenigen Vorkehrungen zu treffen, die geeignet sind, die Schädigung anderer tunlichst abzuwenden. Der im Verkehr erforderlichen Sorgfalt ist genügt, wenn im Ergebnis derjenige Sicherheitsgrad erreicht ist, den die in dem entsprechenden Bereich herrschende Verkehrsauffassung für erforderlich hält. Daher reicht es anerkanntermaßen aus, diejenigen Sicherheitsvorkehrungen zu treffen, die ein verständiger, umsichtiger, vorsichtiger und gewissenhafter Angehöriger der betroffenen Verkehrskreise für ausreichend halten darf, um andere Personen vor Schäden zu bewahren, und die den Umständen nach zuzumuten sind."[319]

Diese Formel ist für die entscheidenden Gerichte die Grundlage für eine Auseinandersetzung damit, welche Risiken Teil des so genannten *„allgemeinen Lebensrisikos"* sind und welche Risiken vielmehr der Verantwortungssphäre des Schädigers zugerechnet werden.[320] Dabei spielen die verkehrstypischen Risiko- oder Sicherheitserwartungen eine zentrale Rolle.[321] Diese bestimmten sich jedoch nicht allein, wie in ständiger Rechtsprechung betont wird, nach anerkannten Sicherheitsstandards wie etwa DIN-Normen.[322] Vielmehr müsse jeder Schädiger *„eigenverantwortlich"* bestimmen, welche Maßnahmen ihm zumutbar seien.[323] Damit besteht im Ein-

---

319 BGH, Urteil vom 03.06.2008, VI ZR 223/07, NJW 2008, 3775 (3776).

320 Saarländisches OLG Saarbrücken, Urteil vom 16.10.2014, 4 U 168/13, BeckRS 2015, 06192: *„Die Verkehrssicherungspflicht dient nicht dazu, das allgemeine Lebensrisiko auf den Sicherungspflichtigen abzuwälzen."*; BGH, Urteil vom 06.03.2014, III ZR 352/13, NJW 2014, 1588; BGH, Urteil vom 02.10.2012, VI ZR 311/11, BGHZ 195, 30; vgl. *Larenz/Canaris*, Lehrbuch des Schuldrechts, Zweiter Band, Besonderer Teil, 2. Halbband, 13. Aufl. 1994, § 76 III 3 c), S. 410 zur Schwelle *„deren Überschreitung mit der Teilnahme am zwischenmenschlichen Verkehr normalerweise verbunden ist"*; vgl. auch *Deutsch*, in: FS Jahr, 1993, S. 251 (255).

321 *Spindler*, in: BeckOGK, Stand 01.05.2017, § 823 BGB, Rn. 395.

322 BGH, Urteil vom 13.03.2001, VI ZR 142/00, NJW 2001, 2019.

323 BGH, Urteil vom 13.03.2001, VI ZR 142/00, NJW 2001, 2019 (2020).

zelfall ein weitgehender Beurteilungsspielraum der Gerichte für die Beantwortung der Frage, wie sich verkehrstypische Sicherheitserwartungen bestimmen. Zwar sind die Gerichte dazu angehalten, das Maß der Risikovorsorge als allgemeine Sicherheitserwartungen zu formulieren. Allerdings werden diese Erwartungen in der Praxis nicht empirisch überprüft. Dementsprechend müsse das Gericht im *„Einzelfall den richtigen Kompromiss finden* [...] *zwischen dem Gefährdungsgrad* [...] *und dem Präventionsaufwand.*“[324]

Für die Anforderungen an Schwimmbadbetreiber wurde beispielsweise entschieden: *„Der Besucher eines Schwimmbades kann eine Badeaufsicht, aber keine lückenlose ‚Rundum‘-Kontrolle erwarten.*“[325] Dies gelte auch für die *„besonderen Einrichtungen des Bades, wie* [...] *Wasserrutschen.*“[326] Dabei wird deutlich, dass die Formel der berechtigten Sicherheitserwartungen zwar einen Leitfaden geben mag, jedoch auch einen erheblichen Raum für rechtspolitische Entscheidungen lässt.

Wie angedeutet, erlangt das Nutzen-Nachteil Prinzip spätestens über die Konturierung der Verkehrspflicht durch die Frage der Zumutbarkeit eine Relevanz.[327] Der bereits angeführte Schleppliftunternehmer-Fall verdeutlicht dies:

> *„Eine derartige Maßnahme war der Beklagten auch zumutbar. Die mit einer solchen Abpolsterung verbundenen Kosten stehen nicht außer Verhältnis zu ihren aus den Schleppliften zu erzielenden Einnahmen. Zudem ist der Unternehmer in der Lage, die Aufwendungen über den Fahrpreis weiterzugeben.*“[328]

Der Gedanke findet sich besonders bei der Haftung von Unternehmen oder Geschäftsführern für so genannte Organisationspflichtverletzungen[329] und im Bereich der Produzentenhaftung wieder.[330] Diesen Bereichen ist gemein, dass sie komplexe Sachverhalte betreffen, die von arbeitsteiligen und dezentralisierten Vorgängen, in denen eine konkrete Verantwortungszuweisung schwierig wird, geprägt sind. Die Zumutbarkeit und ihre Wertungsoffenheit im Einzelfall sind ein Beispiel dafür, wie sich die Konturierung von Verkehrspflichten von einer konkreten – auch idealtypischen –

---

324 *Brüggemeier*, Haftungsrecht, 2006, S. 522.
325 BGH, Urteil vom 03.02.2004, VI ZR 95/03, NJW 2004, 1449 (1451).
326 BGH, Urteil vom 03.02.2004, VI ZR 95/03, NJW 2004, 1449 (1451).
327 *Spindler*, in: BeckOGK, Stand 01.05.2017, § 823 BGB, Rn. 401.
328 BGH, Urteil vom 23.10.1984, VI ZR 85/83, NJW 1985, 620 (621).
329 Dazu etwa *Spindler*, Unternehmensorganisationspflichten, 2001, S. 930.
330 *Hager*, in: Staudinger, 2017, § 823 F 45; für den Pharmaziebereich siehe *Hornung/Fuchs*, PharmR 2012, 501 (509).

Erkennbarkeit entfernt. Zwar kann man, wie die gängige Formel der Rechtsprechung, versuchen, die Perspektive eines Schädigers einzunehmen und aus dieser zu prüfen, welche Maßnahmen zumutbar sind, also den – erkennbaren – Sicherheitserwartungen des Verkehrs entsprechen. Spätesten die Frage, welche Sicherheitserwartungen konkret noch berechtigt sind und wo hingegen die Grenze zu hinnehmbaren allgemeinen Lebensrisiken verläuft, ist jedoch kaum mehr ernsthaft erkennbar. Wiederum wird dies dadurch verdeutlicht, dass – wie im Schleppliftunternehmer-Fall – die Gerichte selbst teilweise die Erkennbarkeit von – neu entwickelten – Verkehrspflichten verneinen.

6. Zunehmender Abstraktionsgrad bei komplexen und gefährlichen Sachverhalten

Je komplexer oder gefährlicher Sachverhalte werden, in denen eine Schadensersatzhaftung in Frage steht, desto höher wird der Abstraktionsgrad bei der Bestimmung von Verkehrspflichten. Der Waschmaschinen-Fall ist noch ein eher simples Beispiel, das jedoch bereits verdeutlicht, wie allgemeine Grundsätze an Stelle von konkreten Vorgaben herangezogen werden:

> *„Ein Teil auch sorgfältiger Hausfrauen geht davon aus, man könne von ihnen nicht verlangen, während des Waschvorgangs* […] *die Wohnung nicht zu verlassen und die Maschine* […] *zu überwachen* […] *Auch diese Frauen haben im Schadensfall aber allgemein durchaus das* ***Bewußtsein, daß sie dann für den Schaden eintreten müssen und den Geschädigten nicht die Folgen tragen lassen dürfen.***“[331]

Das Gericht widerspricht der Ansicht, man könne eine laufende Kontrolle des automatisierten Prozesses nicht verlangen, in keiner Weise. Stattdessen zieht es sich in seiner Entscheidung auf den Standpunkt zurück, *„im Schadensfall“* sei es jedenfalls nach allgemeiner Meinung angemessen, dass der Nutzer einer Waschmaschine hafte, wenn er sie nicht laufend kontrolliert hat, es bestehe *„durchaus das Bewußtsein“*, dass der Geschädigte im Schadensfall entlastet werden müsse. An dieser Stelle wird die allgemeine Natur der angestellten Gerechtigkeitserwägungen besonders deutlich, die

331 OLG Düsseldorf, Urteil vom 23.07.1974, 4 U 20/74, NJW 1975, 171, Hervorhebung durch Verfasser.

konkrete Rücksichtnahme- oder Kontrollpflichten in den Hintergrund drängen.

Ein anderes Beispiel für eine zunehmende Abstraktion ist der häufig bemühte Grundsatz, Gefahren sei, auch wenn sie selten auftreten, je eher zu begegnen, desto gewichtiger der drohende Schaden ist.[332] Dieser Grundsatz wird insbesondere beim Inverkehrbringen oder Nutzen gefährlicher Gegenstände angeführt, etwa im Hinblick auf (Schuss-)Waffen.[333] Damit entfernt man sich von einer konkreten Betrachtung und bewegt sich hin zu einem abstrakten Grundsatz: Man setzt sich weniger intensiv mit der genauen Wahrscheinlichkeit bestimmter Kausalketten, die zu einem Schaden führen können, und mit deren allgemeiner Vorhersehbarkeit auseinander und hält stattdessen fest, dass auch eine sehr geringe Wahrscheinlichkeit des Schadens aufgrund des drohenden Schadensausmaßes, zum Beispiel bei schweren Gesundheitsverletzungen, jedenfalls für eine Verkehrspflicht zur Gefahrvorbeugung ausreiche.[334] Hier mag man kritisch einwenden, dass diese Grundsätze sich auf eine konkrete Ebene transportieren lassen. So könnte man etwa argumentieren, dass es allgemein (gesellschaftlich) anerkannt und daher für einen Schädiger erkennbar sei, dass man angesichts drohender, besonders schwerer Schäden besondere Vorsicht walten lassen müsse. Dem kann nicht grundsätzlich widersprochen werden. Ob eine solche Zurückführung auf die individuelle Ebene in allen Fällen lebensnah ist, ist jedoch höchst fraglich. Ein besonders einprägsames Beispiel für das Abstellen auf abstrakte Kriterien bei Verkehrspflichten ist in der aktuellen Rechtsprechung des BGH zur Produkthaftung zu finden. So entschied der VI. Senat, dass aufgrund eines *„außergewöhnlichen Schadenspotentials“* und der *„besonderen Verletzlichkeit der diese Geräte nutzenden Patienten“* alle Ausführungen einer Produktserie von implantierbaren Defibrillatoren als fehlerhaft gelten, ohne dass der Fehler bei einer konkreten Produktausführung überhaupt festgestellt werden muss.[335] Da-

---

332 BGH, Urteil vom 06.02.2007, VI ZR 274/05, NJW 2007, 1683; BGH, Urteil vom 17.10.1989, VI ZR 258/88, NJW 1990, 906; BGH, Urteil vom 07.06.1988, VI ZR 91/87, BGHZ 104, 323 (327): *„Das gilt auch für die Gefahr des Explodierens der* […] *Glasflasche* […] *das* […] *zu schwersten Verletzungen führen kann.“*.

333 Dazu umfangreich *Hedderich*, Pflichtversicherung, 2001, S. 259 f.

334 Vgl. auch *Sieghörtner*, Internationales Strassenverkehrsunfallrecht, 2002, S. 177.

335 BGH, Urteil vom 09.06.2015, VI ZR 327/12, NJW 2015, 2507 (2508); dazu *Mitterer/Wiedemann/Zwissler*, BB 2017, 3 (11); die Grundsätze gelten nicht nur für den Fehler im Sinne von § 3 Abs. 1 ProdHaftG, sondern auch für den so genannten Konstruktionsfehle im Rahmen von § 823 Abs. 1 BGB.

bei beruft sich der VI. Senat zwar auf die *„berechtigten Erwartungen der Allgemeinheit“*, zieht sich aber letztendlich auf abstrakte Merkmale zurück.[336]

7. Nähe der Verkehrspflichten zur Gefährdungshaftung?

Für die Begründung von Verkehrspflichten wird zum Teil – abseits von konkreten Verhaltensgeboten – das Schädigerverhalten in einem breiten Kontext gewürdigt und auf dieser Grundlage abwägend entschieden, ob ein Schädiger für die Folgen seines Verhaltens kompensatorisch einstehen muss. Dass dem Haftungsrecht dabei noch eine präventive Wirkung zukommt, soll nicht bestritten werden. Bei gefährlichem Verhalten wird sich ein (potenzieller) Schädiger durchaus überlegen, ob nicht gegebenenfalls eine Schadensersatzpflicht droht. Die Prävention durch Beeinflussung eines bestimmten Verhaltens im Einzelfall rückt jedoch in komplexer werdenden Risikobereichen zunehmend in den Hintergrund und verliert insoweit auch an Relevanz als Kriterium einer dogmatischen Lehre. In Fällen, in denen Verkehrspflichten nicht mehr als klare Verhaltensgebote erkennbar sind, fehlt es auch an einer starken Leit- und Abschreckungsfunktion. Insoweit rücken Verkehrspflichten konzeptionell zumindest teilweise in die Nähe der Gefährdungshaftung.[337] Es geht um eine Abgrenzung von Risikobereichen, bei der subjektive Verfehlungen eine untergeordnete Rolle spielen.[338] Bei der (klassischen) Gefährdungshaftung geht es:

> „[...] *um die gerechte Verteilung unvermeidbarer, zugelassener Wagnisse, nicht um Schuld, sondern um Gefährdung. Die Schadenslast folgt nicht einer Pflichtverletzung. Die Haftpflicht des Verursachers steht jenseits von Gut und Böse: ihr fehlt jeder Bezug zu einem ethischen Vorwurf* [...] *Zur Depotenzierung von Schicksal trägt auch eine ausgreifende richterliche Spruchpraxis bei, die durch immer angespanntere Verkehrspflichten* [...] *das Deliktsrecht verformt.*“.[339]

---

336 BGH, Urteil vom 09.06.2015, VI ZR 327/12, NJW 2015, 2507.

337 *Von Bar*, JZ 1979, 332 (333), sieht die Verkehrspflichten sogar als Instrument zur *„Transportierung des Gedankengutes der Gefährdungshaftung in die Fahrlässigkeitshaftung.“*.

338 *Florstedt*, Recht als Symmetrie, 2015, S. 221; ebenso *Hedderich*, Pflichtversicherung, 2011, S. 259; *Wantzen*, Unternehmenshaftung und Enterprise Liability, 2007, S. 15; grundlegend *Esser*, JZ 1953, 129.

339 *Laufs*, in: FS Fischer, 2010, S. 223 (230).

Ohne weiter in eine kritische Untersuchung der Entwicklung von Verkehrspflichten[340] einzutauchen, lässt sich hervorheben, dass tatsächliche Verhaltenspflichten und damit auch der Aspekt der Prävention durch Verhaltenssteuerung bei Haftungsfragen in komplexer werdenden Sachverhalten häufig zurückgedrängt wird. Stattdessen wird eine Lasten- und damit Schadensverteilung anhand verschiedener Wertungsaspekte vorgenommen, die dem individuellen (Fehl-)Verhalten zum Teil übergeordnet sind, insbesondere Kosten-Nutzen Aspekte, die Höhe drohender Schäden und die Korrespondenz von Nutzen und Nachteilen. Je schwerer die tatsächlichen Zusammenhänge durchschaut werden können, desto mehr muss sich das Haftungsrecht auf allgemeine Wertungskriterien einer gerechten Lastenverteilung zurückziehen. Der Waschmaschinen-Fall ist dafür ein noch eher simples, frühes Beispiel, das aber eindrucksvoll zeigt, wie schnell man sich bei der Konturierung von Verkehrspflichten von eindeutigen Verhaltensvorgaben entfernen kann. Gleichzeitig verliert ein Rechtswidrigkeitsurteil in diesen Fällen an Relevanz. Denn mangels klar identifizierbarer Verhaltensvorgaben besteht keine verlässliche Grundlage mehr dafür, ein Verhalten als negativ zu bewerten. Mit zunehmender Risiko- und Lastenzuweisung auf Basis abstrakter Kriterien verbietet sich zunehmend die soziale Verurteilung eines Schädigerverhaltens – selbst wenn man im Grundsatz der Verhaltensunrechtslehre folgen wollte.

8. Der Blickwinkel des Richters

Darüber hinaus müssen die Verkehrspflichten im Kontext der Rechtsanwendung gesehen werden. Wie schon angedeutet, entscheidet ein Gericht restrospektiv über die Frage, ob ein Schädiger im konkreten Fall Verkehrspflichten verletzt hat, wenngleich es dabei um eine ex ante Sicht bemüht ist. Aus Sicht des Richters gibt es damit:

> „[...] *Verletzungserfolge, die zwar der Täter aus seiner Sicht nicht vorhersehen konnte, die aber der Richter auf Grund seines überschauenden Standorts noch in den Schutzbereich hineinnimmt. In dem Zusammenhang spielen häufig rechtspolitische Gesichtspunkte eine entscheidende Rolle.*“[341]

340 Als *„heimliche Gefährdungshaftung“* bezeichnete *Esser* die Verkehrspflichten, *Esser*, Grundlagen und Entwicklung der Gefährdungshaftung, 2. Aufl. 1969, S. 30; andere Ansicht *Blaschzcok*, Gefährdungshaftung und Risikozuweisung, 1993, S. 93 ff., 97 ff.; *Voss*, Die Verkehrspflichten, 2007, S. 108 ff.

341 *Lang*, Normzweck und Duty of Care, 1983, S. 77.

Dieser Blickwinkel des Richters bei der Konturierung von Verkehrspflichten führt zu einer zusätzlichen Abstraktion von der konkreten Verhaltenssituation. Während dem Schädiger oft nur Bruchteile von Sekunden verbleiben, um sein Verhalten entsprechend bestimmter (Verkehrs-)Erwartungen auszurichten, kann der Richter sich tiefgehend und abwägend, sowie mit einem Überblick über die Gesamtsituation, mit dem erforderlichen Verhalten beschäftigen. Dadurch wird die Frage der Erkennbarkeit bestimmter Risiken durch den Richter anders beantwortet, als es einem – selbst dem idealen Verkehrskreis entsprechenden – Schädiger möglich war.[342]

9. Zwischenergebnis

Zurückkommend auf die kritische Untersuchung der Verhaltensunrechtslehre ist damit Folgendes festzuhalten: Die Verhaltensunrechtslehre sieht zunächst den Begriff der zivilrechtlichen Rechtswidrigkeit als semantisch negativ belegt an, sie begreift die Rechtswidrigkeit in diesem Sinne zwingend als ein Werturteil. Des Weiteren knüpft die Verhaltensunrechtslehre an der Vorstellung von einer deliktsrechtlichen Verhaltenssteuerung durch Ge- und Verbotsnormen an. Dieser Steuerungsanspruch und der Wertungscharakter des Rechtswidrigkeitsurteils bedingen sich. Denn nur, wo klare Ge- und Verbote – jedenfalls idealtypisch und unter optimalen Bedingungen – erkennbar sind, lässt sich ein ihnen zuwiderlaufendes Verhalten als vorwerfbarer Verhaltensverstoß negativ bewerten. Ein Zuwiderhandeln gegen nicht immer klar erkennbare, abstraktere Verhaltenspflichten hingegen kann man zwar als in seinen Auswirkungen (gesellschaftlich) schädlich betrachten, einen persönlichen Vorwurf kann man daran allerdings nicht knüpfen. Man muss die Verkehrspflichten wiederum nur dann als erkennbare Verhaltenspflichten mit einer starken Präventions-, also Abschreckungsfunktion, verstehen, wenn man Verkehrspflichtverstöße als vorwerfbares Verhalten und die zivilrechtliche Rechtswidrigkeit als Werturteil qualifiziert.

Diese Wahrnehmung von zivilrechtlicher Rechtswidrigkeit und den Verhaltensnormen ist als unterkomplex zu kritisieren. In vielschichtigen

342 Siehe dazu die Ausführungen von *Wilhelmi*, Risikoschutz durch Privatrecht, 2009, S. 264 f.: „*Aber darüber hinaus kann sie sich auch auf das Risiko eines Risikos beziehen* [...] *In diesem Fall bestehen Untersuchungs-, Kontroll- und Beobachtungspflichten.*“.

Sachverhalten werden Verhaltens- oder Verkehrspflichten durch einen Rückgriff auf zahlreiche Wertungen gebildet, ohne dass sie sich in eindeutigen Verhaltensvorgaben ausdrücken lassen. Stattdessen findet eine Gesamtabwägung unter Verwendung allgemeiner Grundsätze statt, um eine gerechte Lastenverteilung zu ermöglichen. Diese gestaltet sich zum Teil als sehr offen, sodass man eine – idealtypische – Erkennbarkeit nicht immer annehmen kann. *Jansen* hält zutreffend fest, dass man insofern auch die Rechtswidrigkeit eher als eine Haftungsverantwortlichkeit begreifen müsse, die keine negative Wertung enthält.[343] Diese Wahrnehmung korrespondiert auch mit der überwiegenden Ansicht, dass Verkehrspflichten abstrakter und somit strenger, orientiert an einem Höchstmaß von Sorgfalt, bestimmt werden, als das Verschulden.

Auch wenn man der Beobachtung, dass sich Verkehrspflichten den Grundsätzen der Gefährdungshaftung annähern, nicht zustimmen will, muss man jedenfalls anerkennen, dass abstrakte Kriterien eine maßgebende Rolle bei der Konturierung von Verkehrspflichten spielen. Hier sind das Nutzen-Nachteil Prinzip, das Ausmaß eines drohenden Schadens oder die Nützlichkeit der Gefahrenquelle zu nennen – man denke hier etwa an die Rechtsprechung zur Gefahrvorbeugung durch Baumbeschneidung und die darin enthaltene Berücksichtigung ökologischer Auswirkungen. Für die weitere Untersuchung lässt sich festhalten, dass die Verhaltensunrechtslehre stark wertungsgeladen ist, ohne dass diese Wertungen auf einem festen dogmatischen Fundament stehen. Jedenfalls ist die Vorstellung von deliktischen Verkehrspflichten als klaren Verhaltensgeboten und der damit verbundenen direkten Steuerungs- und Abschreckungsfunktion des Deliktsrechts in großen Teilen unterkomplex und bietet daher allenfalls ein sehr brüchiges Fundament für ein Konzept wie den RWZ.

10. Bedeutung der Verhaltensunrechtslehre für den Rechtswidrigkeitszusammenhang

Wie bereits angedeutet, spielen die wertungsgeladene Betrachtung der Rechtswidrigkeit und die damit zusammenhängende Vorstellung von einem unmittelbar verhaltenssteuernden Deliktsrecht auch eine erhebliche Rolle für die nachfolgend zu untersuchenden Begründungsmodelle des

---

343 *Jansen*, AcP 202 (2002), 517 (533); siehe auch *ders.*, AcP 216 (2016), 112 (130 f.): *„Für das Haftungsrecht in seiner heute geltenen Form erweist sich ein – wie rudimentär auch immer – verhaltensbezogener Rechtswidrigkeitsbegriff als dysfunktional.“*.

RWZ. Das Verhältnis der Verhaltensunrechtslehre zum RWZ soll daher kurz, vor einer eingehenden Untersuchung der Begründungsmodelle, vorkonturiert werden.

Die hypothetische Vergleichsbetrachtung ist, wie herausgearbeitet, der konzeptionelle Kern des RWZ. Ein Zustand bei hypothetischem norm- oder pflichtgemäßen Verhalten wird mit dem Zustand bei tatsächlichem norm- oder pflichtwidrigen Verhalten verglichen. Wird dabei hinsichtlich der Konsequenz des Verhaltens kein Unterschied identifiziert, so soll es an der notwendigen, schadensersatzrechtlichen Relevanz des Verstoßes fehlen. Die „*Verbotenheit des Verhaltens*"[344] ist dann irrelevant. Die unterschiedlichen Begründungsmodelle des RWZ operieren vor diesem Hintergrund auch mit der Annahme, ein Haftung sei nicht gerechtfertigt, wenn eine Norm ihr Ziel der Verhaltenssteuerung *im Einzelfall* nicht erreichen konnte.[345] Die Anknüpfung der Haftung an einem Ge- oder Verbot und damit die Perpetuierung selbiger sei nur dann legitim, wenn das Ge- oder Verbot im Einzelfall den Schadenserfolg hätte verhindern können. Wenn hingegen die verhaltenssteuernde Wirkung einer Norm im Einzelfall leer laufe, da der Erfolg unvermeidbar ist (wie im Radfahrer-Fall), sei auch die Schadensersatzpflicht als Belastung des Schädigers nicht zu rechtfertigen. Dafür stützt sich *Münzberg* auf eine verfassungskonforme Interpretation der Haftungsnormen.[346] *Gotzler* entwickelt weiterführend das „*Prinzip der Eignung*", das sich aus dem Verschuldensprinzip erhelle und erfordere, dass „*die zur Verhaltenssteuerung eingesetzte Norm im Einzelfall ihren Zweck* [...] *erreichen kann.*"[347] *Erb* wählt eine abstraktere Betrachtung der Normfunktionen und fordert einen funktionalen „*Zusammenhang zwischen der Mißachtung der Norm, der Verletzung des Schutzanspruches und damit letztlich der Rechtsgutsverletzung.*"[348] Dabei wird nicht berücksichtigt, dass eine Steuerungsfunktion auch *über den Einzelfall hinaus* Bedeutung erlangen kann:

---

344 *Von Caemmerer*, Das Problem der überholenden Kausalität, 1962, S. 31.

345 Siehe insbesondere *Münzberg*, Verhalten und Erfolg, 1966, S. 137; *Gotzler*, Rechtmäßiges Alternativverhalten, 1977, S. 56 und 92; *Erb*, Rechtmäßiges Alternativverhalten, 1991, S. 170.

346 *Münzberg*, Verhalten und Erfolg, 1966, S. 137.

347 *Gotzler*, Rechtmäßiges Alternativverhalten, 1977, S. 92.

348 *Erb*, Rechtmäßiges Alternativverhalten, 1991, S. 169.

„[...] *wenn schon nicht im konkreten ersatzbegründenden Lebensvorgang, für den die Prävention zu spät kommt, so doch institutionell durch die Wirkung auf zukünftige Wiederholungsfälle.*"[349]

sprich im Sinne einer negativen Vorbildfunktion für zukünftige potenzielle Schädiger. Vielmehr findet eine Verengung der Steuerungsperspektive auf den Einzelfall statt. Die mögliche Wirkung in die Zukunft durch eine negative Vorbildfunktion für ähnlich gelagerte Fälle wird ausgeblendet. Darüber hinaus – dies scheint eine Erklärung für die verengte Sicht zu sein – wird mit der grundsätzlichen Haftung auch eine *sozialethische Verurteilung* des Schädigers verbunden.[350] Allen Konzepten liegt eine Vorstellung von Verhaltenspflichten als eindeutigen Ge- und Verbotsnormen zugrunde, sowie ein damit zusammenhängendes, wertungsgeladenes Rechtswidrigkeitsverständnis. Stellt man die direkte Steuerungsfunktion, wie für die Verkehrspflichten soeben gezeigt, in Frage, wird damit auch das dogmatische Fundament für die Begründungsmodelle des RWZ brüchig. Denn wo eine Norm – überspitzt formuliert – überwiegend einer nach abstrakten Kriterien bestimmten Lastenverteilung dient, darf die Verhaltenssteuerung im konkreten Einzelfall nicht überbetont werden. Zwar lässt sich auch in diesen Fällen eine indirekte Verhaltenssteuerung durchaus bejahen. Perspektivisch betrachtet geht es dabei jedoch eher um eine langfristige Bildung von Verhaltensstandards in bestimmten Gefahrbereichen, unabhängig von sozialethischer Missbilligung. Mit der Feststellung, dass ein Schädiger – dem Grunde nach – für die Folgen eines bestimmten Verhaltens haftet, geht somit nicht zwingend ein negatives Werturteil einher. Dementsprechend erscheint auch das Bedürfnis geringer, die grundsätzliche Haftung des Schädigers (bei konkreter Unvermeidbarkeit des Schadens) zu verneinen. Exemplarisch soll nochmals auf den Waschmaschinen-Fall verwiesen werden: Ausgangspunkt dabei ist, wie bereits ausgeführt, die Beja-

349 *Schiemann*, Argumente und Prinzipien, 1981, S. 190, gleichwohl kritisch dazu, die Präventionsfunktion überzubetonen: *„Andererseits kann ein Präventionsprinzip* [...] *nicht bedeuten, daß die Ersatzpflicht ausschließlich am Ziel der Verhaltenssteuerung ausgerichtet wird.*".

350 Vgl. etwa *Gotzler*, Rechtmäßiges Alternativverhalten, 1977, S. 54: *„Schon immer hielt man es für* [...] *aus der Idee der Gerechtigkeit folgend, daß der für einen Schaden haftbar gemacht werden kann, der ihn meiden sollte und konnte.*" und S. 93: *„Dem Täter wird der Erfolg zugerechnet, weil* [...] *er die Norm erkennen und sich nach ihr richten konnte.*"; *Erb*, Rechtmäßiges Alternativverhalten, 1991, S. 170, spricht zunächst im strafrechtlichen Kontext von der *„Mißbilligung des gefährlich erscheinenden Verhaltens*" und dem *„Handlungsunrecht*", sieht diese Konzeption jedoch auch für das Zivilrecht als maßgeblich an, S. 233.

hung einer Haftung, gleichwohl die Existenz eines Gebots im Sinne von „verlasse während des Betriebs der Waschmaschine nicht das Haus" verneint werden muss. Vereinfacht ausgedrückt, soll der Schädiger im Waschmaschinen-Fall nach einer abwägenden Betrachtung bestimmte Risiken eher tragen, als sein geschädigter Nachbar, ohne dass ihm gleichzeitig ein Vorwurf gemacht wird. Fehlt aber, wie im Waschmaschinen-Fall, eine Komponente sozialethischer Missbilligung, erscheint es auch weniger einschneidend, die Haftung – trotz Unvermeidbarkeit des Schadens im Einzelfall – grundsätzlich zu bejahen. Der Schädiger trägt in diesem Fall zwar (je nach Schadensberechnung) eine bestimmte Last, wird jedoch nicht gleichzeitig gesellschaftlich für ein – vermeintlich – individuell vorwerfbares Verhalten „verurteilt". Davon ist freilich die Frage abzugrenzen, ob eine Haftung den Geschädigten nicht übermäßig kompensiert, wenn der Schaden auch auf „rechtmäßigem" Wege eingetreten wäre. Diese ist jedoch nicht notwendigerweise auf Ebene der *„Zurechnung der Rechtsgutsverletzung"* zu beantworten, sondern lässt sich problemlos im Rahmen der Schadensberechnung verorten.[351]

Die Vorkonturierung lässt sich wie folgt zusammenfassen: Ausgehend von einem Verständnis der zivilrechtlichen Rechtswidrigkeit als negativem Werturteil, findet in den Begründungsmodellen des RWZ eine perspektivische *Verengung auf den Einzelfall* statt. Nicht etwa die Präventionswirkung für nachfolgende Fälle soll maßgeblich sein, sondern allein das Versagen der *Präventionswirkung im konkreten Einzelfall.* Dies erklärt sich daraus, dass mit der Haftungszurechnung – nach überkommenem Verständnis[352] – die sozialethische Missbilligung des Schädigerverhaltens einhergeht. Begreift man die Haftungszurechnung als einen solchen wertungsgeladenen Vorwurf, ist es kaum vertretbar, den Schädiger im Interesse zukünftiger Schadensvermeidung zu instrumentalisieren. Ein individuell-konkreter Vorwurf dem jeweiligen Schädiger gegenüber lässt sich nicht ohne Weiteres mit dem (möglichen) Verhalten zukünftiger Schädiger in ähnlichen Situationen begründen. Löst man sich jedoch von einem solchen Werturteil, erscheint es weit weniger problematisch, die Haftung des Schädigers im Grunde zu bejahen, gleichwohl der Schaden konkret unvermeidbar war.

---

351 *Erb*, Rechtmäßiges Alternativverhalten, 1991, S. 87.
352 Grundlegend BGH, Beschluss vom 04.03.1957, GSZ 1/56, BGHZ 24, 21 (25-26).

D. Frühe Entscheidungen des RG und des BGH – Kausalität der Pflichtwidrigkeit

I. Normative Kausalitätsbetrachtung in der Rechtsprechung

Hanau[353] gibt einen umfassenden Überblick über die Rechtsprechung des Reichsgerichts und frühen Entscheidungen des BGH, in der die Kausalitätsprüfung nicht nur an das tatsächliche Schädigerverhalten anknüpft, sondern auch – als weitergehende Voraussetzung – an die Pflichtwidrigkeit als solche. Dadurch wird die Kausalitätsprüfung für eine hypothetische Vergleichsbetrachtung geöffnet.[354]

Exemplarisch lässt sich das Urteil des V. Senats des BGH aus dem Jahr 1958 aufgreifen.[355] Im zugrundeliegenden Sachverhalt begehrt der Kläger Schadensersatz dafür, dass der Beklagte ihn durch die pflichtwidrige Geheimhaltung von Sicherungsverträgen zur weiteren Kreditgewährung an ein nun insolventes Unternehmen veranlasst habe. Der V. Senat hält es indes *„für nicht erwiesen, daß der Beklagte der Firma bei Kenntnis* [...] *keine weiteren Kredite mehr gegeben hätte"*.[356] Vielmehr sei der vom Beklagten verursachte *„Bonitätsirrtum"* nicht ursächlich für die Kreditgewährung. Dies prüft der V. Senat explizit als eine Frage des Haftungsgrundes.[357] Mit ähnlicher Begründung bezieht sich der VI. Senat in Urteilen aus dem Jahr 1959 und 1967 auf den fehlenden Kausalzusammenhang im Falle einer Schädigung auch bei hypothetisch rechtmäßigem Schädigerverhalten. Im Sachverhalt aus dem Jahr 1959 wird ein Arzt für Schäden infolge einer Operation in Anspruch genommen, in die der Kläger so, wie sie stattfand – mangels umfassender Aufklärung – nicht eingewilligt hatte.[358] Der VI. Senat hält fest, dass die Vorinstanz zutreffend *„den ursächlichen Zusammenhang zwischen dem Schaden* [...] *und dem Verhalten der behandelnden Ärzte be-*

353 *Hanau*, Kausalität der Pflichtwidrigkeit, 1971, S. 14 ff.

354 *Hanau*, Kausalität der Pflichtwidrigkeit, 1971, S. 14.

355 BGH, Urteil vom 12.11.1958, V ZR 100/57, BeckRS 1958, 31204828.

356 BGH, Urteil vom 12.11.1958, V ZR 100/57, BeckRS 1958, 31204828.

357 BGH, Urteil vom 12.11.1958, V ZR 100/57, BeckRS 1958, 31204828: „[...] *so gehört die Frage, ob der Beklagte ohne den etwaigen Bonitätsirrtum, nämlich bei Kenntnis von der schlechten wirtschaftlichen Lage der Firma und von den Sicherungsverträgen der Klägerin, die Hingabe weiterer Kredite an die Firma unterlassen hätte, noch zum konkreten Haftungsgrund; zur Schadensfolge gehört erst die weitere Frage, ob und in welchem Umfang er durch die fernere Kredithingabe eine Beeinträchtigung seiner Vermögenslage erlitten hat.*".

358 BGH, Urteil vom 16.01.1959, VI ZR 179/57, BGHZ 29, 176.

jaht" habe.[359] Als Unterpunkt dieses Zusammenhangs beschäftigt sich der VI. Senat auch mit der Frage, ob der Kläger bei ordnungsgemäßer Aufklärung in die Operation eingewilligt hätte. Da dies *„ungewiß"* sei, sei jedoch der Zusammenhang zu bejahen, die Unsicherheit könne nicht zu Lasten des Klägers gehen.[360] Wiederum mit Bezugnahme auf den Kausalzusammenhang, weist der VI. Senat des BGH im Urteil aus dem Jahr 1967 den Schadensersatzanspruch einer Klägerin ab, der beide Eierstöcke, statt wie vor der Operation besprochen, nur ein Eierstock, vom beklagten Arzt entfernt wurden.[361] Ein *„ursächlich bedingter Vermögensschaden"* aufgrund der *„Operationserweiterung"* liege nicht vor, denn gegenüber der Entfernung nur eines Eierstocks wäre die *„Erwerbs- und Arbeitsfähigkeit der Klägerin"* nicht weniger stark beeinträchtigt gewesen.[362] Der VI. Senat prüft, was bei rechtmäßigen Alternativverhalten, im Falle der Entfernung nur eines Eierstocks, geschehen wäre und kennzeichnet dies als eine Frage des ursächlichen Zusammenhangs. Auf den ersten Blick fällt es schwer, einen Unterschied dieser Kausalität der Pflichtwidrigkeit im Vergleich zu der Kausalität des tatsächlichen Schädigerverhaltens zu erkennen, denn denkt man sich das tatsächliche Verhalten – als notwendige Bedingung – weg, entfällt damit automatisch auch die in diesem verkörperte Pflichtwidrigkeit. Die Pflichtwidrigkeit wird, soweit auf die Kausalität der Pflichtwidrigkeit als solche abgestellt wird, jedoch von Reichsgericht und BGH nicht nur ausgeblendet, sondern auch *durch pflichtgemäßes Verhalten ersetzt*. Es findet gedanklich nicht nur eine Subtraktion, sondern auch eine Addition statt.[363] Es lässt sich bereits an dieser Stelle kritisch bemerken, dass die zugrundeliegende *„Denkoperation"*[364] damit erheblich von derjenigen des eher natürlichen Kausalitätsbegriffs, bei der es – zumindest im Sinne der notwendigen Bedingung – ausreicht, das Schädigerverhalten auszublenden, ab-

---

359 BGH, Urteil vom 16.01.1959, VI ZR 179/57, BGHZ 29, 176 (186).

360 BGH, Urteil vom 16.01.1959, VI ZR 179/57, BGHZ 29, 176 (186).

361 BGH, Urteil vom 03.02.1967, VI ZR 111/65, VersR 1967, 495.

362 BGH, Urteil vom 03.02.1967, VI ZR 111/65, VersR 1967, 495.

363 Vgl. *Richter*, Schadenszurechnung, 2012, S. 321 zum rechtmäßigen Alternativverhalten allgemein: *„Eine Differenzierung muss bei der Frage ansetzen, weshalb der Schaden auch rechtmäßig hätte herbeigeführt werden können, wie also der hypothetische Verlauf zu ermitteln ist. Dieser kann durch sich klar unterschiedene Denkoperationen gebildet werden"*, woraufhin *Richter* eine *„reine Additionshypothese"*, S. 322, und eine *„Kombination aus Abstraktionshypothese und Additionshypothese"*, S. 323, vorstellt. Damit verdeutlicht *Richter* die Einzelschritte von *„Denkoperationen"* bei der Einbeziehung hypothetischen an Stelle des tatsächlichen Verhaltens.

364 *Richter*, Schadenszurechnung, 2012, S. 189.

weicht.[365] Tiefergehend setzen sich das Reichsgericht und der BGH nicht mit diesem strukturellen Unterschied der *„Denkoperationen"*[366] auseinander. Den Entscheidungen der Gerichte lässt sich auch darüber hinaus nicht eindeutig entnehmen, aus welchen Gründen ein besonderer Zusammenhang zwischen Rechtswidrigkeit und Schadenserfolg zu fordern sein könnte. Neben den angeführten BGH-Entscheidungen bezieht sich *Hanau* auch auf Entscheidungen des Reichsgerichts, die für die Prüfung der Kausalität an der Pflichtwidrigkeit des Schädigerverhaltens anknüpfen und eine hypothetische Vergleichsbetrachtung vornehmen.[367] Eine Begründung dafür, *weshalb* die Kausalität für die hypothetische Vergleichsbetrachtung geöffnet werden soll, ist den Entscheidungen des Reichsgerichts und des BGH indes nicht zu entnehmen.[368]

II. Aufgriff und Weiterentwicklung durch Hanau

An dieses wertende Kausalitätsverständnis anknüpfend versucht *Hanau*, dem Ansatz ein dogmatisches Fundament zu verleihen.[369] Das Werk *Hanaus* wird noch immer häufig in der Literatur zum rechtmäßigen Alternativverhalten angeführt, wenngleich – wie noch näher untersucht wird – mittlerweile herrschend von der wertenden Kausalitätsbetrachtung abgerückt wurde.[370] In seiner pflichtbezogenen Kausallehre führt *Hanau* zur Begründung der Relevanz hypothetisch-pflichtgemäßen Verhaltens für die Kausalität die Funktionsweise von Verhaltensnormen, kombiniert mit Schutzzweckerwägungen, ins Feld.[371] Er führt aus, dass der schadensersatzrechtliche Schutz von Interessen nur so weit gehen könne, wie die Befol-

---

365 *Gotzler*, Rechtmäßiges Alternativverhalten, 1977, S. 78; *„Das Operieren mit mehreren Begriffen der Kausalität verwirrt nur die Lage."*.

366 *Richter*, Schadenszurechnung, 2012, S. 189.

367 *Hanau*, Kausalität der Pflichtwidrigkeit, 1971, S. 18: *„Nach Auffassung des RG kam es für die Kausalität nur darauf an, ob der Schaden auch bei stationärer – nicht: ohne die – Behandlung eingetreten wäre* [...]", mit Bezugnahme auf Urteil des RG vom 17.05.1943, III 81/41, RGZ 171, 168.

368 *Gotzler*, Rechtmäßiges Alternativverhalten, 1977, S. 29.

369 *Gotzler*, Rechtmäßiges Alternativverhalten, 1977, S. 29: *„Hanau knüpft an die von der Rechtsprechung unreflektiert verwandte ‚Kausalität der Pflichtwidrigkeit' an."*.

370 Siehe etwa *Oetker*, in: MüKo BGB, 7. Aufl. 2016, § 249 BGB, Rn. 217 ff.; *Fleischer*, DStR 2009, 1204, dort Fn. 55, 63; *Kern*, in: Ratzel/Lissel, Handbuch des Medizinschadensrechts, 1. Aufl. 2013, § 5 Kausalität C. dort Fn. 39; *Dopheide/Schütz*, VersR 2009, 475 (477).

371 *Hanau*, Kausalität der Pflichtwidrigkeit, 1971, S. 87.

gung der jeweiligen Verhaltensnormen geeignet sei, den Schaden konkret zu vermeiden.[372] Sofern im konkreten Fall ein Schaden auch bei Befolgung der Verhaltenspflicht eingetreten wäre, handele es sich nicht um ein rechtlich anerkanntes und geschütztes Interesse. Der Zweck der Norm wird demnach durch die Normmacht im Einzelfall begrenzt. Dabei ist für *Hanau* nicht irgendein Normzweck bedeutend, sondern der Zweck der Verhaltenssteuerung. So nimmt er zunächst Bezug auf die *„zentrale Rolle der Pflichtverletzung jedenfalls in den Verhaltensnormbeständen"* und die *„Übereinstimmung von Unrechtstatbestand und Verschuldensbezug"*, die im BGB zum Ausdruck kämen.[373] Wie bereits mit Blick auf die Verhaltensunrechtslehre angedeutet, verbindet sich der Aspekt der Verhaltenssteuerung mit der Legitimation einer Schadensersatzpflicht.[374] Die Verhaltensnormen, so *Hanau* weiter, *„gewähren keinen absoluten Schutz für bestimmte Rechtsgüter"* sondern vermitteln ein bestimmtes Schutzniveau nur insoweit, wie *„Dritte zu einem bestimmten Verhalten angehalten werden."*[375] Damit versucht *Hanau*, die Öffnung der Kausalitätsprüfung für die hypothetische Vergleichsbetrachtung und die dadurch mögliche, entlastende Berücksichtigung rechtmäßigen Alternativverhaltens als zwingende Folge der geltenden Rechtsordnung zu begründen. *Hanaus* Konzept ist damit eine – aus seiner Sicht – verbindliche Lösung des Problems rechtmäßigen Alternativverhaltens. Zur Verdeutlichung soll Bezug genommen werden auf die Dissertation von *Luck* aus dem Jahr 1936.[376] Auch *Luck* betont den wertungsoffenen Charakter der Kausalität nicht als *„streng logische"* naturwissenschaftliche Kategorie, sondern als Haftungskorrektiv.[377] Hier wird das Konzept der Zurechnungs*entscheidung* erkennbar, das auch bei *Gotzler*, wie noch näher zu zeigen sein wird, deutlich zu finden ist[378] und das auch für *Hanaus* Kausalitätsverständnis prägend ist. Statt streng an den begrifflichen Implikationen von (natürlichen) Bedingungszusammenhägen und logi-

---

372 *Hanau*, Kausalität der Pflichtwidrigkeit, 1971, S. 87.

373 *Hanau*, Kausalität der Pflichtwidrigkeit, 1971, S. 86.

374 Demnach sei, wenn die verhaltenssteuernde Wirkung einer Norm im Einzelfall leer laufe, da der Erfolg unvermeidbar ist (wie im Radfahrer-Fall), die Schadensersatzpflicht als Belastung des Schädigers nicht zu rechtfertigen.

375 *Hanau*, Kausalität der Pflichtwidrigkeit, 1971, S. 87.

376 *Luck*, Haftungsbefreiung, 1936.

377 *Luck*, Haftungsbefreiung, 1936, S. 8.

378 *Gotzler*, Rechtmäßiges Alternativverhalten, 1977, S. 49: *„Zurechnung allgemein heißt also: Verbindung einer Person mit einem Geschehen nach einem bestimmten Grund. Dabei ist der Grund Maßstab des Urteils, daß die Person für das Geschehen die Verantwortung trägt."*.

schen Schlussfolgerungen zu hängen, soll es um eine wertungsmäßig konsistente und angemessene Haftungsentscheidung gehen. Die Zurechnung ist insoweit ein Wertungsfilter, der vorgibt, in welchen Fällen eine Schadensersatzpflicht gerechtfertigt werden kann. Sowohl Rechtssetzer, als auch Rechtsanwender sind darin frei, aus Wertungsgründen von naturwissenschaftlichen Erkenntnissen abzuweichen. *Luck* kommt dementsprechend zu der für ihn entscheidenden Frage, *„ob rechtspolitische Erwägungen in unserem Fall* [wenn der Schaden durch rechtmäßiges Verhalten nicht verhindert worden wäre] *für eine Leugnung des juristischen Kausalzusammenhanges sprechen.*“[379] Der Begriff der Rechtspolitik ist in diesem Kontext unglücklich gewählt, denn *Luck* bezieht sich nicht auf mögliche Argumente de lege ferenda, sondern sucht eine Anknüpfung in den Grundsätzen der (de lege lata) legitimierten Rechtsordnung. Auch für *Hanau* bietet die normativ verstandene Kausalität als Haftungskorrektiv die Möglichkeit, den seiner Meinung nach zwingenden Grundsätzen des Schadensersatzrechts zur Anwendung zu verhelfen. So soll im *„Verletzungstatbestand, der das haftungsbegründende, vom Tatbestand perhorreszierte und vom Verschulden umfaßte Verhalten beschreibt*“ der maßgebliche haftungsbegründende Umstand allein *„die Verletzung der Verhaltenspflicht*“ sein, an welcher somit auch die Kausalitätsprüfung anknüpfen müsse.[380] Anders ausgedrückt zwinge das auf Verhaltenssteuerung ausgelegte System des Schadensersatzrechts zur entlastenden Berücksichtigung rechtmäßigen Alternativverhaltens im Rahmen einer wertenden Kausalitätsprüfung.

III. Der Gedanke der Verhaltenssteuerung

1. Verhaltenssteuerung als Prinzip der legitimierten (Schadensersatz-) Rechtsordnung

Wie bereits angedeutet, liegt der Gedanke der Verhaltenssteuerung allen untersuchten Konzepten zugrunde. Dabei erfährt er, je nach Konzept, eine unterschiedliche Ausprägung. Beim Erklärungsansatz *Hanaus* soll die verhaltenssteuernde Funktion der Verhaltenspflichten dafür sprechen, die Kausalität um eine hypothetische Vergleichsbetrachtung anzureichern und rechtmäßigem Alternativverhalten so eine entlastende Wirkung beizumessen. Dass dem Schadensersatzrecht nach der gesetzgeberischen Grundkon-

379 *Luck*, Haftungsbefreiung, 1936, S. 9.
380 *Hanau*, Kausalität der Pflichtwidrigkeit, 1971, S. 87.

zeption ein Steuerungsgedanke zugrunde liegt, erhellt sich dabei durch unterschiedliche Aspekte. Eine Präventionsfunktion der Schadensersatzhaftung – zumindest als *„erwünschtes Nebenprodukt“* – ist ganz überwiegend anerkannt.[381] Wie weitgehend die Präventionsfunktion als eigenständiges Prinzip, insbesondere gegenüber dem in § 249 Abs. 1 BGB zum Ausdruck kommenden Ausgleichsprinzip, begriffen werden kann, ist hingegen umstritten und soll an späterer Stelle noch näher beleuchtet werden. An dieser Stelle stellt sich jedenfalls die Frage nicht, ob eine Präventionsfunktion derogative Wirkung gegenüber der Ausgleichsfunktion des Schadensersatzrechts entfalten kann, da die (unbeschränkte) entlastende Berücksichtigung hypothetisch rechtmäßigen Schädigerverhaltens der Ausgleichsfunktion nicht zuwiderläuft. Begreift man den Ausgleich im Sinne einer hypothetischen Vergleichsbetrachtung als Herstellung des Zustands, der ohne das Schädigerverhalten bestehen würde, entspricht die Berücksichtigung rechtmäßigen Alternativverhaltens sogar einer konsequenten Umsetzung des Ausgleichsprinzips. Aus der Perspektive des legitimierten Normgebers lässt sich eine grundlegende Präventionsfunktion des Schadensersatzrechts auch systematisch überzeugend begründen. Damit ist zwar nicht gesagt, dass diese Funktion das vorrangige Prinzip ist, das die Ausgleichsfunktion (in Einzelfällen) zu verdrängen vermag. Allerdings lässt sich die Präventionsfunktion so, als Ausprägung eines zivilrechtlichen Steuerungsgedankens, grundlegend als Anknüpfungspunkt für ein verbindliches Konzept zur Berücksichtigung rechtmäßigen Alternativverhaltens betrachten. *Möller* etwa stellt zutreffend fest, dass jedenfalls für die Verschuldenshaftung *„evident“* sei, *„daß sie wesentliche präventive Anreize setzt.“*[382] Dass es sich dabei um eine reine Begleiterscheinung handelt, die der Gesetzgeber nicht antizipiert hat, ist unwahrscheinlich. Denn die Ausgleichsfunktion, als weitgehend *„inhaltsleeres“* Konzept[383] allein erklärt noch nicht, weshalb eine Haftung (soweit es sich nicht um Gefährdungshaftung handelt) durch das Verschuldensprinzip ausgestaltet sein soll. Das Verschuldensprinzip erhellt sich erst vollständig vor dem Hintergrund auch eines Steuerungsgedankens im Sinne einer planvollen, im Schadensersatzrecht gesetzgeberisch angelegten Präventionswirkung. Denn das Ausgleichsprinzip als:

---

381 *Flume*, in: BeckOK-BGB, Stand 01.05.2018, § 249 BGB, Rn. 53; *Wagner*, in: MüKo BGB, 7. Aufl. 2017, Vor. § 823 BGB, Rn. 45.

382 *Möller*, Das Präventionsprinzip des Schadensrechts, 2006, S. 252.

383 *Schiemann*, Argumente und Prinzipien, 1981, S. 186.

> „[...] *Überwälzungsprinzip des Haftungsrechts besagt nur, daß ein entstandener Schaden von einem anderen zu ersetze ist. Aus ihm ist nichts für die Frage zu gewinnen, wer für den Schaden aufkommen soll* [...] *Das Überwälzungsprinzip verlangt vielmehr, daß jeder Schaden, gleich welcher Ursache, dem Geschädigten abgenommen wird.*“[384]

Erst der Steuerungsgedanke gibt dem Verschuldensprinzip im Schadensersatzrecht einen tieferen Sinn, indem er es ermöglicht, Haftung sinnvoll mit Verantwortung zu verbinden.[385] Haftung bedeutet insofern nicht mehr als die Bestimmung der schadensersatzrechtlichen Schuldverhältnisse, also die Regelung, wer gegen wen einen bestimmten Anspruch geltend machen kann.[386] Die Verantwortung als nicht *„spezifisch rechtlicher“* Begriff beschreibt demgegenüber *„die Obliegenheit des Einzelnen dafür zu sorgen, dass in seinem Handlungsbereich alles in geordneten Bahnen verläuft“*.[387] Dabei ist der Schädiger jedoch nur verantwortlich für *„Verstöße gegen Regeln“* welche er *„hätte beachten können und müssen.“*[388] Hier verbinden sich der Gedanke der Verantwortung und das Verschuldensprinzip. Wäre dem Schadensersatzrecht ein Steuerungsgedanke im Sinne von Prävention nicht immanent, bedürfte es des Verschuldensprinzips nicht. Denn dann könnten Schäden anhand anderer Kriterien verteilt und kompensiert werden, etwa im Sinne eines öffentlichen Sozialrechts.[389] Dass (nur) der konkret verantwortliche Schädiger zu einem Ersatz verpflichtet wird, muss – will man nicht entweder auf unbestimmte Gerechtigkeitserwägungen abstellen, die kaum näher einzugrenzen sind oder auf Strafgedanken im Sinne von Buße oder Sühne[390] – darin begründet werden, dass mit der Haftung grundsätzlich auch eine Präventionswirkung erzielt werden soll. Zur Verdeutlichung lässt sich eine Unterteilung in verschiedene Perspektiven vornehmen[391]: Aus Sicht des Geschädigten ist, stellt man allein auf den Ausgleich seiner Nachteile ab, unerheblich, *wer* ihm den Schaden ersetzt. Ebenfalls

---

384 *Möller*, Das Präventionsprinzip des Schadensrechts, 2006, S. 248.

385 *Winiger*, Verantwortung, Reversibilität und Verschulden, 2013, S. 103.

386 *Winiger*, Verantwortung, Reversibilität und Verschulden, 2013, S. 78.

387 *Winiger*, Verantwortung, Reversibilität und Verschulden, 2013, S. 79.

388 *Winiger*, Verantwortung, Reversibilität und Verschulden, 2013, S. 103.

389 *Möller*, Das Präventionsprinzip des Schadensrechts, 2006, S. 252.

390 Siehe dazu kritisch *Köndgen*, Haftpflichtfunktionen und Immaterialschaden am Beispiel von Schmerzensgeld bei Gefährdungshaftung, 1969, S. 96: „[...] *dürfte im modernen, weltanschaulich neutralen Staatswesen für Sühnevorstelungen metaphysisch-religiöser Provenienz kein Raum mehr sein.*“.

391 Zur Abgrenzung zwischen Sühne und Kompensation siehe auch weitergehend *Jansen*, AcP 216 (2016), 112 (121), der das *„altrömische Deliktsrecht“*, das auf die

könnte aus Sicht des Geschädigten eine Genugtuung relevant sein, die jedoch – wenn sie sich speziell gegen den Schädiger richtet – wiederum nur im Sinne von Buße oder Sühne verstanden werden kann.[392] Anderenfalls bleibt es unerheblich, wer dem Schädiger eine Genugtuung für erlittene (immaterielle) Nachteile, etwa in Form von Schmerzensgeld, zukommen lässt. Will man – ohne *„pönale Elemente"* einzubeziehen – eine Genugtuungsfunktion begründen, muss man diese allein als einen Ersatz für den *„immateriellen Schaden des Verletzten"* sehen.[393] Dabei kann etwa auch ein vorsätzlicher Eingriff in Persönlichkeitsrechte als besonders schwerwiegend empfunden werden und deshalb einen Bemessungsfaktor für die zu berücksichtigenden Nachteile des Betroffenen darstellen.[394] Allerdings bleibt es – blendet man Buße und Sühne aus – trotzdem unerheblich, *von wem* der Geschädigte eine Zuwendung in Anerkennung seiner Verletzung erhält.[395] Schließlich könnte für den Geschädigten auch eine Wiederholungsgefahr relevant sein, die es aus seiner Sicht möglichst zu vermeiden gilt. Insofern taugt allein der Steuerungsgedanke als grundlegendes Prinzip, denn eine Wiederholung kann allenfalls durch eine planvolle Verhaltenssteuerung des Schädigers oder anderer (potenzieller) Schädiger vermieden werden, die – um einer Haftung zu entgehen – ihr Verhalten in Zukunft anpassen.[396] Aus Sicht des Schädigers stellt sich die Frage, weshalb er mit einer Schadensersatzpflicht belastet wird. Ein Verweis auf das Verschuldensprinzip allein (für die Verschuldenshaftung), erklärt aus seiner Sicht noch nicht endgültig, warum seine Haftung angeordnet wird. Denn man kann die Folgefrage stellen, weshalb die Tatsache, dass der Schädiger den Schadenserfolg hätte vermeiden können, seine Haftung begründet. Das Verschuldensprinzip ist nicht selbsterklärend. Will man wiederum nicht auf Buße oder Sühne abstellen oder den Schädiger darauf verweisen, dass es „gerecht" erscheine, wenn er unter diesen Umständen hafte, bleibt

---

„Vergeltung eines erlittenen Unrechts" abzielte, mit dem BGB kontrastiert. Demnach diente die nach altrömischem Recht zu zahlende Schädigung *„der wirtschaftlichen Talion: der Vergeltung der erlittenen Schädigung."*.

392 *Neuner*, JuS 2013, 577 (584).

393 *Oetker*, in: MüKo BGB, 7. Aufl. 2016, § 253 BGB, Rn. 12.

394 *Oetker*, in: MüKo BGB, 7. Aufl. 2016, § 253 BGB, Rn. 13.

395 Dabei ist bereits der *„Begriff der Genugtuung* [...] *inhaltlich unscharf und changiert – jedenfalls in Deutschland – zwischen Schadensausgleich und überkompensatorischer Sanktion, die zugleich abschreckende Wirkung hat."*, so *Schubert*, Schmerzensgeld, in: Karlsruher Forum 2016: Schmerzensgeld, 2017, S. 5 (12).

396 Vgl. *Schiemann*, Argumente und Prinzipien, 1981, S. 190, allerdings mit dem (zutreffenden) Hinweis, dass die Ersatzpflicht gleichwohl nicht *„ausschließlich am Ziel der Verhaltenssteuerung"* ausgerichtet sei.

wiederum nur der Steuerungsgedanke als Erklärung. Indem ein Schädiger für die Folgen haften muss, die aus einem schuldhaften Verstoß gegen Verhaltenspflichten resultieren, wird er oder werden andere potenzielle Schädiger zur Einhaltung bestimmter Verhaltensstandards veranlasst.[397] Es ist vor diesem Hintergrund zweckmäßig, dass die Haftung am Verschulden anknüpft. Dies lässt sich sogar – jenseits des Verschuldensprinzips – auf die Gefährdungshaftung übertragen, die potenzielle Schädiger in bestimmten Bereichen zumindest zu erhöhten Schutzvorkehrungen veranlassen kann.[398] Das Fernziel der Verhaltenssteuerung rechtfertigt es, dass die Haftung am gefährlichen Verhalten des Schädigers anknüpft. Lehnte man diese Betrachtungsweise ab, wäre man wiederum auf allgemeine Gerechtigkeitserwägungen beschränkt. Der Steuerungsgedanke spielt eine tragende Rolle im Schadensersatzsystem der legitimierten Rechtsordnung, da er in einem Zusammenhang mit den eindeutig im Gesetz angelegten Grundsätzen (Verschuldensprinzip, ebenso wie Gefährdungshaftung) steht. Der Steuerungsgedanke im Sinne einer Präventionswirkung des Schadensersatzrechts erklärt, weshalb für die Haftung an dem Verschulden eines Schädigers oder der Gefährdung durch ein bestimmten Verhalten angeknüpft wird.

Der Steuerungsgedanke findet ferner Rückhalt in der verfassungsrechtlichen Dimension, nämlich sofern man auf die Rechtsgüter aller (potenziellen) Schädiger und Geschädigten abstellt und für diese die Herstellung praktischer Konkordanz fordert. Eine Anknüpfung an Verhaltenspflichten oder bestimmte, gefährliche Verhaltensweisen trägt zur *„Lösung des Interessenkonflikts zwischen Rechtsgüterschutz und Handlungsfreiheit“* bei.[399] Das Fernziel der Schadensprävention durch die verhaltenssteuernde Wirkung des Schadensersatzrechts trägt zur Angemessenheit der Haftung des Schädigers bei, da positive Auswirkungen für zukünftige (potenzielle) Geschädigte mit in den Blick genommen werden.

Ebenso wird aus den Gesetzesmaterialien zum BGB deutlich, dass – jedenfalls im Bereich des Deliktsrechts – ein bestimmter Verhaltenskorridor eröffnet werden soll, innerhalb dessen die Bürger *„ihre individuelle Freiheit*

---

397 *Möller*, Das Präventionsprinzip des Schadensrechts, 2006, S. 258; vgl. auch *Gotzler*, Rechtmäßiges Alternativverhalten, 1977, S. 55: *„Der Verschuldensgedanke wirkt über die normative Steuerung menschlichen Verhaltens* [...] *Gesetzlich konkretisierte Verhaltenspflichten ergänzen und vertiefen das* [...] *generelle Verhaltensprogramm (Philipp Heck).“*.

398 *Möller*, Das Präventionsprinzip des Schadensrechts, 2006, S. 252.

399 *Möller*, Das Präventionsprinzip des Schadensrechts, 2006, S. 253.

entfalten und ihre Interessen verfolgen dürfen".[400] Auch *Hanau* nimmt Bezug auf die Gesetzesmaterialien der zweiten Kommission, aus denen eine *„Übereinstimmung von Unrechtstatbestand und Verschuldensbezug"* zum Ausdruck komme.[401] *Hanaus* Kausalitätsbegriff soll demnach die gesetzgeberische Grundkonzeption widerspiegeln, welcher zufolge ein schuldhafter Verhaltenspflichtpflichtverstoß der zentrale Anlass für die Haftung des Schädigers ist. Dahinter steht der Gedanke, es sei nicht im Sinne dieses Grundverständnisses, wenn Schadensersatz für ein Schädigerverhalten gewährt würde, das im Einzelfall nicht schadensverhindernd gesteuert werden konnte (weil auch pflichtgemäßes Verhalten einen Schaden verursacht hätte).

Gotzler baut den Gedanken des Verschuldensprinzips mit seinem *„Prinzip der Eignung"* weiter aus, seine Ausführungen sollen später kritisch untersucht werden.[402] Zur Verdeutlichung von *Hanaus* Gedanken sei an dieser Stelle jedoch bereits ein Hinweis auf *Gotzlers* Ausführungen gegeben: Für *Gotzler* wirkt das Verschulden *„über die Steuerung menschlichen Verhaltens"*.[403] *Gotzler* führt aus, dass die Verhaltenspflichten im Zusammenspiel mit dem Verschuldenserfordernis einen gewissen *„Freiraum"* im Sinne eines Verhaltenskorridors eröffnen, in dem *„nicht jede Aktion unter dem Damokles-Schwert der Haftung"* steht.[404]

2. Der Steuerungsgedanke und die Abstraktheit der Verkehrspflichten

Möglicherweise lässt sich anführen, dass ein derart verstandener Steuerungsgedanke als Bestandteil des legitimierten Systems des Schadensersatzrechts der zuvor erörterten Entwicklung von Verkehrspflichten hin zu teilweise weitgehend abstrakten Zurechnungsprogrammen entgegenstehen müsse. Denn mit dem Mangel an klaren Verhaltensvorgaben müsse eine geringere Möglichkeit zur Verhaltensbeeinflussung einhergehen. Wenn man den Steuerungsgedanken als wesentliche Begründung der Verschuldens- wie Gefährdungshaftung begreift, wäre die zunehmende Abstraktion von Verkehrspflichten daher – möglicherweise – bedenklich. Dem lässt sich entgegenhalten, dass die Verhaltenssteuerung *nicht primär an den Ver-*

---

400 Protokolle, Band 2, 1998, S. 567.

401 *Hanau*, Kausalität der Pflichtwidrigkeit, 1971, S. 86.

402 *Gotzler*, Rechtmäßiges Alternativverhalten, 1977, S. 55.

403 *Gotzler*, Rechtmäßiges Alternativverhalten, 1977, S. 55.

404 *Gotzler*, Rechtmäßiges Alternativverhalten, 1977, S. 55.

kehrs- oder Verhaltenspflichten anknüpft, sondern – im Gesamtkonzept des Schadensersatzrechts – insbesondere über das Verschuldenserfordernis wirkt, das sich, wie bereits angedeutet, stärker mit der Frage der Erkennbarkeit bestimmter Verhaltensvorgaben oder Gefahren auseinandersetzt. Dabei bietet die typisierende Betrachtung, die bereits in § 276 Abs. 2 BGB angelegt ist, eine Möglichkeit, auf bestimmte Verhaltensstandards hinzuwirken. Ohne tiefer in die Diskussion um Verschuldensmaßstäbe einzusteigen, ist es ferner gut vorstellbar, dass sich im Hinblick auf die Erkennbarkeit bestimmter Gefahren oder Gefahrbereiche allgemeine Verhaltensanforderungen herausbilden, die eine verhaltensstabilisierende, präventive Wirkung auf potenzielle Schädiger bewirken. Dafür spricht nicht zuletzt die typisierende Ausdifferenzierung des Fahrlässigkeitsmaßstabs für Verkehrskreise und einschlägige Berufsgruppen.[405]

Darüber hinaus werden präventive Anreize, wie bereits mit Bezug auf *Möller* ausgeführt, ebenso über eine Gefährdungshaftung erreicht.[406] Insofern darf der Steuerungsgedanke nicht missverstanden werden: Es ist nicht entscheidend, dass für jeden individuellen Schädiger in jeder Situation eindeutige Verhaltensvorgaben erkennbar sind.[407] An Stelle einer Konfrontation mit klaren Verhaltensvorgaben kann eine langfristige Stabilisierung von Verhalten dadurch erreicht werden, dass sich nach und nach haftungssensible Bereiche herauskristallisieren, in denen die Schädiger eine drohende Haftung einkalkulieren, besonders vorsichtig agieren oder die sie in Zukunft, soweit ihnen möglich, meiden.[408] Sofern sich die Verkehrspflichten strukturell der Gefährdungshaftung annähern (sollten), wäre gleichwohl

405 BGH, Urteil vom 15.04.1975, VI ZR 19/14, VersR 1975, 812: „*Daher reicht es anerkanntermaßen aus, dann, wenn Gefahren bei der Ausübung eines Berufes oder eines Gewerbes auftreten, diejenigen Sicherungsvorkehrungen zu treffen, die ein verständiger, umsichtiger, vorsichtiger und gewissenhafter Angehöriger dieser Berufsgruppe für ausreichend halten darf, um andere Personen vor Schaden zu bewahren.*“.

406 *Möller*, Das Präventionsprinzip des Schadensrechts, Berlin 2006, S. 252: „*Sie sorgt dafür, daß die Kosten für gefährliche Aktivitäten* [...] *dem entstehen, der am besten in der Lage ist, diese Schäden zu minimieren* [...] *Zudem sorgt die Gefährdungshaftung dafür, daß Aktivitäten, die einen geringeren Nutzen bringen als sie an Schaden verursachen, unterbleiben, da sie es ermöglicht, Schäden in die Rentabilitätsberechnungen von Aktivitäten einzustellen.*“.

407 *Löwe*, Der Gedanke der Prävention, 2000, S. 77, unter Hinweis auf die „*Schadensvorsorge*“ in gefahrgeneigten Bereichen: „*Das Schadensersatzrecht hat steuernden Einfluß auf das Maß des zur Unfallverhütung betriebenen Aufwands.*“.

408 Instruktiv *Gregor*, Das Bereicherungsverbot, 2012, S. 88: „*Die Gefährdungshaftung dient nun der Internalisierung dieser externen Kosten* [...] *Die Wirkung ist die, dass die Nutznießer – nun belastet mit den vollen Kosten der Aktivität – sie weniger häufig ausüben* [...] *Sie wissen, dass sie durchschnittlich alle x Kilometer einen Unfall verur-*

noch eine Verwirklichung des Steuerungsgedankens auf einer Art Makroebene möglich.[409] In schwer überschaubaren, tendenziell gefahrgeneigten Bereichen könnten (potenzielle) Schädiger zumindest zu besonderer Sorgfalt und besonderen Schutzvorkehrungen angehalten werden. Insofern könnten sich langfristig allgemeine Gefahr- und Vorsichtskriterien für bestimmte Bereiche herausbilden, die mit klaren Verhaltensvorgaben nicht vergleichbar sind.[410] Insbesondere entspricht ein solches, eher weiches Verständnis von Prävention dem besonderen Charakter des Zivilrechts. Denn es hängt nicht zuletzt von den *„Entscheidungen privater Akteure“*[411] ab, ob und wie ein Anspruch verfolgt wird und insofern ein Fehlverhalten eines Schädigers überhaupt – prozessual oder anderweitig – thematisiert wird.

Das Fernziel der Schadensprävention wird ebenso erreicht, wenn – im Anschluss an *Jansen* – der drohende Schadensersatz als *Kostenfaktor* begriffen wird, nicht als negatives Werturteil über eine Fehlverhalten.[412] Um es auf ein Beispiel zurückzuführen, lässt sich einmal mehr der Waschmaschinen-Fall nennen: Eine eindeutige Verhaltensvorgabe im Sinne von „verlasse nicht das Haus, wenn die Waschmaschine in Betrieb ist“ kann nicht angenommen werden. Gleichwohl besteht, so das entscheidende OLG *„das Bewußtsein“*, dass eventuelle Schadensfolgen einem geschädigten Nachbarn abzunehmen sind.[413] Damit können drohende Ersatzpflichten *„das Verhalten von Menschen indirekt steuern, wenn sie als Preise für gefährliches Handeln*

sachen werden [...] *Ihre Haftung können sie dennoch auf zweierlei Weise verringern, indem sie mehr Vorsicht walten lassen* [...] *oder indem sie dafür sorgen, dass sie weniger Kilometer fahren.“*; sowie *Löwe*, Der Gedanke der Prävention, 2000, S. 76: *„Je weniger Gefahrenquellen existieren, desto weniger Unfälle passieren und desto weniger Schäden realisieren sich.“*.

409 *Möslein*, in: FS Hopt, 2010, S. 2861 (2875) beschreibt zutreffend, dass sich *„Steuerungseffekte“* im Zivilrecht *„oft erst in der Vogelperspektive“* zeigen; siehe weitergehend *Ders.*, Dispositives Recht: Zwecke, Strukturen und Methoden, 2011, S. 134.

410 So weist *Löwe*, Der Gedanke der Prävention, 2000, S. 77 f. auf die mediale Verarbeitung der *„Caroline-Rechtsprechung“* hin: *„Es scheint, als wäre die ‚Regenbogenpresse‘ in der Berichterstattung* [...] *zurückhaltender und vorsichtiger geworden.“*.

411 *Möslein*, in: FS Hopt, 2010, S. 2861 (2875) beschreibt, dass Steuerung im Zivilrecht als *„heiße Kartoffel“* diskutiert werde und Steuerung in diesem Bereich jedenfalls *„subtiler, indirekter und weniger zielgerichtet“* wirke *„als typisch öffentlich-rechtliche Mechanismen, weil ihre Wirkung stärker von den Entscheidungen privater Akteure abhängt.“* Dementsprechend handele es sich eher um eine *„Feinsteuerung“*; *Ders.*, Dispositives Recht: Zwecke, Strukturen und Methoden, 2011, S. 134 f.

412 *Jansen*, AcP 202 (2002), 517 (535).

413 OLG Düsseldorf, Urteil vom 23.07.1974, 4 U 20/74, NJW 1975, 171.

wahrgenommen werden."[414] Demnach steht die Erkenntnis, dass Verkehrspflichten teilweise nicht (mehr) als konkrete Verhaltensvorgaben begriffen werden können, einer grundsätzlichen Akzeptanz des Steuerungsgedankens als legitimiertem und damit verbindlichem Prinzip im Schadensersatzrecht nicht entgegen.

3. Steuerung im Einzelfall vs. allgemeine Steuerung

Trotz einer grundsätzlichen Anerkennung des Steuerungsgedankens im Schadensersatzrecht ist es nicht zwingend, diesen Gedanken *für* die entlastende Berücksichtigung hypothetisch rechtmäßigen Schädigerverhaltens – wie im Sinne einer Kausalität der Pflichtwidrigkeit – anzuführen. Der Steuerungsgedanke darf nicht verengt auf den Einzelfall bezogen werden, denn er steht im allgemeinen Präventionskontext und geht über den jeweiligen Einzelfall hinaus.[415] Die Steuerung erschöpft sich nicht darin, einen einzelnen Schädiger von seinem schadensstiftenden Verhalten abzubringen, sondern hat alle zukünftigen, ähnlichen Fälle im Blick, für die der konkrete Fall und die Belastung des Schädigers mit einer Schadensersatzpflicht (negative) Vorbildfunktion entfalten kann. Demnach lässt sich mit dem Gedanken der Verhaltenssteuerung eine besonders weitgehende Haftung im Einzelfall rechtfertigen, die eine gewisse Abschreckungs- und somit Steuerungswirkung von Verhaltensnormen in Kombination mit den drohenden Konsequenzen unterstreicht und deshalb hypothetische Entwicklungen weitgehend ausblendet.[416] Die Präventionswirkung würde durch eine unbedingte, nicht durch die Kausalität der Pflichtwidrigkeit in Frage gestellte Haftung verstärkt.

Hanau führt zutreffend aus, dass „*die Interessen* [...] *(nur) dadurch geschützt* [werden], *daß Dritte zu einem bestimmten Verhalten angehalten werden.*"[417] Er schließt daraus, der Schutz könne im Einzelfall „*nur soweit ge-*

---

414 *Jansen*, AcP, 202 (2002), 517 (535).

415 *Schiemann*, Argumente und Prinzipien, 1981, S. 190 führt aus, die Prävention diene „*dem Ziel, Schadensersatzpflichten möglichst wirksam auszugestalten, damit das zum Schadensersatz verpflichtende Verhalten selbst unterbunden wird – wenn schon nicht im konkreten ersatzbegründenden Lebensvorgang, für den die Prävention zu spät kommt, so doch institutionell durch die Wirkung auf zukünftige Wiederholungsfälle.*"; siehe auch *Möslein*, in: FS Hopt, 2010, S. 2861 (2875).

416 *Luck*, Haftungsbefreiung, 1936, S. 9; *Löwe*, Der Gedanke der Prävention, 2000, S. 239.

417 *Hanau*, Kausalität der Pflichtwidrigkeit, 1971, S. 87.

hen, wie die Befolgung der Norm geht oder gehen würde."[418] Damit wird der Einzelfall überbetont. Durch den Steuerungsgedanken erhellt sich das einschränkende Verschuldenserfordernis für die Schadensersatzhaftung. Die Haftung des konkreten Schädigers legitimiert sich demnach nicht zuletzt über dessen allgemeine (negative) *Vorbildfunktion* für *zukünftige Schadensfälle.*[419] Dies ergibt nur Sinn, sofern an ein grundsätzlich beeinflussbares Verhalten angeknüpft wird, also ein Verhalten, das erkenn- und vermeidbar ist. Erfüllt das Schädigerverhalten jedoch diese Anforderungen, spielt es keine Rolle, ob der Schaden *im Einzelfall* für den Schädiger vermeidbar war. Die für den Steuerungsgedanken maßgeblichen Interessen sind, da der Schaden bereits eingetreten ist, nicht mehr diejenigen im Einzelfall, sondern diejenigen potenzieller künftiger Geschädigter. Solange ein erkennbares und vermeidbares pflichtwidriges Verhalten identifiziert werden kann, das sich in Zukunft zumindest auf grundsätzlich ähnliche Weise wiederholen könnte, kann die Steuerungsfunktion grundsätzlich erfüllt werden. Damit haftet der Schädiger ohne Frage im Interesse zukünftiger Schadensvermeidung. Eine konsequente Einbeziehung des Steuerungsgedankens ist jedoch nur auf diese Weise möglich. Im konkreten Einzelfall lässt sich eine schadensvermeidende Präventionswirkung nicht mehr erzielen, da der Schaden bereits eingetreten ist.[420] Damit spricht eine im Schadensersatzrecht gesetzgeberisch-konzeptionell angelegte Steuerungs- im Sinne einer Präventionswirkung nicht für die Entlastung des Schädigers bei Unvermeidbarkeit eines Schadens im Einzelfall.

---

418 *Hanau*, Kausalität der Pflichtwidrigkeit, 1971, S. 87.

419 *Schiemann*, Argumente und Prinzipien, 1981, S. 190.

420 Vgl. *Schiemann*, Argumente und Prinzipien, 1981, S. 190; siehe auch *von Hein*, Das Günstigkeitsprinzip im internationalen Deliktsrecht, 1999, der unter anderem die „*Verhaltenssteuerungsfunktion des Deliktsrechts durch eine Berücksichtigung des Handlungsortes*" (S. 98) untersucht, auf S. 101: „*Es geht – verkürzt ausgedrückt – im Zivilrecht nicht um Rechtsgüterschutz und Verhaltenssteuerung, sondern – nach Schadenseintritt – um Verhaltenssteuerung durch Rechtsgüterschutz.*". Dabei betont *von Hein* die Bedeutung des Erfolgs (der Rechtsgutsverletzung), da nur an diesen anknüpfend die zivilrechtlichen Mechanismen überhaupt zur Wirkung kämen und für zukünftige Fälle „*durch ihre Androhung präventiv wirken*" können, S. 101.

4. Verfassungsrechtliche Erwägungen

Darüber hinaus lässt sich Bezug auf eine verfassungsrechtliche Dimension der Haftungsfrage nehmen. So könnte es im Einzelfall – im Sinne praktischer Konkordanz der betroffenen Grundrechte von Schädiger und Geschädigtem – unangemessen sein, den Schädiger bei Unvermeidbarkeit des Schadens haften zu lassen. Diese Frage wurde, soweit ersichtlich, erstmals durch *Münzberg* aufgeworfen, auf den *Hanau* Bezug nimmt.[421] Ob sich durch die Eröffnung dieser verfassungsrechtlichen Dimension überzeugend begründen lässt, dass rechtmäßiges Alternativverhalten entlastend zu berücksichtigen ist, soll im Folgenden vertieft werden.

5. Zwischenergebnis

Die Ausführungen *Hanaus* überzeugen, für sich genommen, jedenfalls nicht, um die wertende Kausalitätsbetrachtung in Teilen der Rechtsprechung des Reichsgerichts und des BGH als verbindliche Ausprägung der legitimierten Rechtsordnung zu begründen. In der reichsgerichtlichen Rechtsprechung ist ein geteiltes Bild zu sehen.[422] Im so genannten Mietgelder-Fall machte ein Schädiger, der Geld veruntreut hatte, geltend, dass bei vereinbarungsgemäßer Einzahlung des Geldes bei einer bestimmten Bank dieses – aufgrund des späteren Zusammenbruchs der Bank – verloren gegangen wäre.[423] Dazu führt der VIII. Zivilsenat des RG, der Vorinstanz zustimmend, aus:

> „[...] *wenn, wie hier, der Beklagte durch seine Handlungen* [...] *eine Bedingung für den Eintritt des Schadens gesetzt habe, dann sei der Schaden durch seine Handlung entstanden, eine Ersatzpflicht also dem Grunde nach gegeben, auch wenn noch eine weitere, ebenfalls zureichende Bedingung des schädigenden Erfolges* [...] *eingetreten sei, die diesen* [...] *selbstständig herbeigeführt haben würde.*“[424]

---

421 *Hanau*, Kausalität der Pflichtwidrigkeit, 1971, S. 76: „*Das Verbot habe im Einzelfall versagt, es schränke die Handlungsfreiheit* [...] *vergebens ein, weil das entsprechende unverbotene Verhalten die gleiche oder sogar größere Gefährlichkeit aufweise* [...] *Münzbergs Analyse zeigt in vertiefter Weise, warum das pflichtmäßige Alternativverhalten zu beachten ist.*“.

422 *Gotzler*, Rechtmäßiges Alternativverhalten, 1977, S. 14 f.

423 RG, Urteil vom 13.07.1933, VIII 106/33, RGZ 141, 365.

424 RG, Urteil vom 13.07.1933, VIII 106/33, RGZ 141, 365 (367).

Mit dieser Begründung lehnt der VIII. Senat eine Bedeutung hypothetischer Ereignisse im Rahmen der Haftungsbegründung, also der *„Ersatzpflicht dem Grunde nach“* ab. Ob eine wertungsmäßige Korrektur dieser kausalen Zurechnung geboten sein könnte, wird nicht erörtert. Mehrfach wird vom Reichsgericht in unterschiedlichen Entscheidungen ähnlich betont, dass *„hypothetische Schadensumstände den Kausalzusammenhang nicht berühren“* könnten.[425]

Zusammenfassend ist zu bemerken, dass die Kausalität der Pflichtwidrigkeit keine eindeutigen Anhaltspunkte für die Begründung des Erfordernisses eines RWZ bietet. Vielmehr scheint es so, dass die Gerichte in Einzelfällen *„scheinbar evidente Ergebnisse“* der Haftungsbeschränkung erzielen wollten, ohne dabei dogmatische Grundlagen für die Berücksichtigung hypothetischer Entwicklungen näher erörtern zu müssen.[426] Hier lässt sich in der Tat *„das Bedenken der Verschleierung von Wertungsfragen durch Einordnung in ‚juristische Kausaltheorien‘“* äußern.[427] Bereits in der frühen Rechtsprechung können die allgemeinen Wertungs- und die konkreten dogmatischen Aspekte rechtmäßigen Alternativverhaltens nicht ohne weiteres miteinander versöhnt werden. Das zum Teil in den Entscheidungen erkennbare Störgefühl dabei, eine Schadensersatzhaftung in den Fällen rechtmäßigen Alternativverhaltens zu bejahen, wird nicht überzeugend adressiert. Die Weiterentwicklung *Hanaus* liefert keine eigenständige, überzeugende Begründung dafür, weshalb die Kausalität um eine hypothetische Vergleichsbetrachtung angereichert werden sollte. Ein Verweis auf die Funktion der Verhaltenssteuerung als ein Prinzip des Schadensersatzrechts allein vermag nicht eindeutig zu begründen, weshalb die Unvermeidbarkeit eines Schadens durch pflichtgemäßes Verhalten *im Einzelfall* den Schädiger zu entlasten vermag. Inwiefern der Steuerungsgedanke weiter ausdifferenziert werden kann und zu überzeugenden Lösungen des Problems rechtmäßigen Alternativverhaltens führt, soll im Folgenden näher untersucht werden.

---

425 *Gotzler*, Rechtmäßiges Alternativverhalten, 1977, S. 17.

426 *Erb*, Rechtmäßiges Alternativverhalten, 1991, S. 33.

427 *Erb*, Rechtmäßiges Alternativverhalten, 1991, S. 33, dort Fn. 10, m.w.N.

E. Begründung des Rechtswidrigkeitszusammenhangs bei Münzberg

I. Verfassungskonforme Auslegung des Haftungstatbestands

Hanau verweist an einer früheren Stelle seiner Untersuchung, bevor er die Kausalität der Pflichtwidrigkeit auf den Steuerungsgedanken stützt, auf die Ausführungen *Münzbergs*.[428] *Münzberg* gehört neben *Esser* und *von Caemmerer* zu den deutschen Rechtswissenschaftlern, die sich frühzeitig mit dem Problem des RWZ beschäftigten. In seiner Untersuchung über „*Verhalten und Erfolg als Grundlage der Rechtswidrigkeit und Haftung*" streift *Münzberg* den RWZ zwar nur, stellt aber – im Unterschied zu *von Caemmerer* und *Esser* – sehr deutlich die entscheidende Frage:

> „*Es bleibt zu klären, worauf man die Befugnis stützen soll, die Rechtswidrigkeit eines Verhaltens für den Anwendungsbereich eines bestimmten Straf- oder Haftungstatbestands als ‚unerheblich' anzusehen.*"[429]

Münzberg begnügt sich nicht damit, die hypothetische Vergleichsbetrachtung als solche und die mit ihr festzustellende Irrelevanz der Rechtswidrigkeit des Verhaltens für den Schadenserfolg (weil das rechtmäßige Verhalten diesen Erfolg nicht verhindert hätte) zu beschreiben. Er sucht vielmehr konkret nach einer Begründung dafür, dass das Ergebnis der hypothetischen Vergleichsbetrachtung Auswirkungen auf die Schadensersatzhaftung entfalten soll. Diese Begründung findet *Münzberg* in einer verfassungskonformen Interpretation des jeweiligen Haftungstatbestandes, etwa von § 823 Abs. 1 BGB. Dazu nimmt er Bezug auf den Steuerungsgedanken, der in den Verhaltenspflichten – flankiert von der Androhung einer Schadensersatzpflicht – verkörpert sei. Werden diese Verhaltenspflichten ex ante bestimmt, „*im Interesse allgemeiner Gefahrenverhütung*" so:

> „[...] *entstehen oft Situationen, in denen ein Verbot zwar unter dem Gesichtspunkt abstrakter Gefahrenverhütung gerade noch sinnvoll, in bezug auf ein einzelnes Rechtsgutsobjekt jedoch sinnlos erscheint. Das Verbot hat im Einzelfall ‚versagt', es schränkt die Handlungsfreiheit* [...] *vergebens ein, weil das entsprechende unverbotene Verhalten die gleiche oder sogar größere Gefährlichkeit aufweist: das Verbot hat damit seinen Verhütungszweck im Einzelfall verfehlt.*"[430]

---

428 *Hanau*, Kausalität der Pflichtwidrigkeit, 1971, S. 76.
429 *Münzberg*, Verhalten und Erfolg, 1966, S. 136.
430 *Münzberg*, Verhalten und Erfolg, 1966, S. 137.

Bei verfassungskonformer Auslegung muss man mit *Münzberg* dazu kommen, dass der Haftungstatbestand in diesem Fall keine Haftung anordnen will, da er ansonsten an einer unverhältnismäßigen Beschränkung der Handlungsfreiheit anknüpfen und dies eine ungerechtfertigte Ungleichbehandlung darstellen würde, was, so *Münzberg*, nicht sein Zweck sein kann:

> „*War es aber gerade dieser Verhütungszweck, der den Gesetzgeber bewogen hat, in einem bestimmten Tatbestand eine Haftung für Schäden von der Voraussetzung rechtswidrigen Verhaltens abhängig zu machen, so widerspricht es dem Grundgedanken dieses Haftungstatbestandes, die Haftung auf ein Verbot zu stützen, das diesen Verhütungszweck im Einzelfall gar nicht haben konnte.*“[431]

Der Haftungstatbestand etwa des § 823 Abs. 1 BGB legitimiert sich nach dieser Vorstellung ganz maßgeblich durch den Verhütungszweck des Schadensersatzrechts als einer Ausprägung des Steuerungsgedankens. § 823 Abs. 1 BGB knüpft demnach an konkreten Verhaltensgeboten an, die – aus einer ex ante Sicht – zur Schadensverhütung aufgestellt wurden, jedoch teilweise eine überschießende Wirkung entfalten, weil sie in besonderen Situationen (man denke hier etwa an den Radfahrer-Fall) den Schaden nicht verhindern können. Teleologisch betrachtet solle eine Haftung nur in Fällen angeordnet werden, in denen die Einhaltung von Verhaltenspflichten einen Schaden verhindert hätte. Wenn ein Schaden jedoch nicht hätte verhindert werden können, weil die entsprechende Verhaltenspflicht zwar abstrakt sinnvoll bleibt – wie ein generelles Abstandsgebot beim Überholvorgang von Kfz – aber im konkreten Fall die Schädigung nicht ausschließen kann – weil ein gerade überholter Radfahrer ohnehin zu weit zu den Seiten ausschert – sei die Beeinträchtigung des Schädigers nicht mehr legitim. Das Verhaltensgebot als solches bleibt freilich bestehen, dessen Geltung wird von *Münzberg* nicht angezweifelt, es ist vielmehr „*unter dem Gesichtspunkt abstrakter Gefahrenverhütung gerade noch sinnvoll*“.[432] Indes soll gemäß *Münzberg*, teleologisch und verfassungskonform betrachtet, eine Haftung in diesen Fällen nicht angeordnet werden. Ansonsten würde – folgt man *Münzbergs* Gedanken konsequent – die Anordnung der Haftung durch eine Haftungsnorm wie § 823 BGB das die Handlungsfreiheit im Einzelfall sinnlos einschränkende Verhaltensgebot noch perpetuieren. Der Haftungstatbestand legitimiere sich aber gerade aus der Verhütungs-

431 *Münzberg*, Verhalten und Erfolg, 1966, S. 137.
432 *Münzberg*, Verhalten und Erfolg, 1966, S. 137.

funktion der Verhaltensgebote, da er an *„der Voraussetzung rechtswidrigen Verhaltens“* anknüpfe.[433]

> *„Erst auf Grund dieser Feststellung läßt sich dann mit Roxin sagen, daß das betreffende verbotene Verhalten dem erlaubten Verhalten haftungsmäßig gleichzustellen ist. Die Gleichstellung versteht sich jedoch immer nur im Hinblick auf den Zweck des ins Auge gefaßten Haftungstatbestandes.“*[434]

Münzberg nimmt verstärkend Bezug auf den Grundsatz der Gleichbehandlung. Die Haftungsnorm würde, so *Münzberg*, ein gleichermaßen gefährliches Verhalten (das rechtmäßige Alternativverhalten, das ebenfalls zum Schaden geführt hätte) ungleich behandeln, indem sie die Haftung nur an das konkret rechtswidrige Verhalten knüpft. *Münzberg* betrachtet die Haftungsnorm teleologisch unter Rückgriff auf die allgemeine Handlungsfreiheit, ihre Beschränkung durch Verhaltensgebote und eine Haftung, sowie den Gleichbehandlungsgrundsatz. Er sieht den *„Rechtswidrigkeitszusammenhang i.e.S.“* damit als *„eine Frage der sinngemäßen Auslegung bestimmter Haftungsvorschriften* [...] *und nicht ein allgemein-rechtstheoretisches Problem.“*[435]

II. Kritik des Konzepts

1. Unterkomplexe Wahrnehmung von Verhaltenspflichten

Münzberg greift maßgeblich auf die Verhütungsfunktion des Rechts durch *„zwingende Verhaltensregeln“* zurück, um die Anordnung einer Haftung in bestimmten Fällen, wie bei § 823 Abs. 1 BGB, zu legitimieren.[436] Er kommt zu dem Schluss, dass – wenn dieser Verhütungszweck im Einzelfall unerreichbar ist – eine Haftung teleologisch betrachtet nicht gewollt sein kann. *Münzberg* leitet dies allein daraus ab, dass *„in einem bestimmten Tatbestand eine Haftung für Schäden von der Voraussetzung rechtswidrigen Verhaltens abhängig“* gemacht wird.[437] Man kann allerdings daran zweifeln, ob der Verhütungszweck sich durchweg in eindeutigen Verhaltensvorgaben im Sinne von Ge- und Verboten ausdrückt. Wie bereits ausgeführt, sind

433 *Münzberg*, Verhalten und Erfolg, 1966, S. 137.
434 *Münzberg*, Verhalten und Erfolg, 1966, S. 137.
435 *Münzberg*, Verhalten und Erfolg, 1966, S. 137.
436 *Münzberg*, Verhalten und Erfolg, 1966, S. 137.
437 *Münzberg*, Verhalten und Erfolg, 1966, S. 137.

die Verkehrspflichten des § 823 Abs. 1 BGB, insbesondere soweit sie durch die Rechtsprechung entwickelt werden, eher abstrakt-abwägende Zurechnungsprogramme als konkrete Verhaltensvorgaben. Eine Anwendung etwa auf den Waschmaschinen-Fall zeigt, dass *Münzbergs* Konzept in komplexen Situationen schnell an seine Grenzen stößt: Im Waschmaschinen-Fall ist ein klares Verbot nicht identifizierbar. Die Anweisung „verlasse nicht das Haus, wenn die Waschmaschine in Betrieb ist" wird vom entscheidenden Senat nicht als eine konkrete Verkehrspflicht formuliert. Vielmehr greift der Senat auf eine allgemeine Vorstellung zur Lastenverteilung zurück, um retrospektiv zur Haftung zu gelangen. Ein Verbot, das Haus während des Waschens zu verlassen, ist dem potenziellen Schädiger somit nicht ohne weiteres bewusst und schränkt ihn dementsprechend nicht (erheblich) in seiner Handlungsfreiheit ein. Zwar begreift der (potenzielle) Schädiger eine in bestimmten Gefahrbereichen drohende Schadensersatzersatzpflicht möglicherweise als Preis für sein Handeln und nimmt dieses im Rahmen einer Abwägungsentscheidung auf. Diese verhaltenssteuernde Wirkung ist jedoch in ihrer Intensität nicht vergleichbar mit einem eindeutigen Verhaltensver- oder -gebot. Man kann noch weiter gehend feststellen, dass die Perspektive der Prävention im Waschmaschinen-Fall keine tragende Rolle spielt. Zwar kann man diesen Fall von einer Perspektive der Verhaltenssteuerung aus untersuchen und annehmen, dass ein Anreiz zur Kontrolle der Maschine in kurzen Abständen grundsätzlich besteht, weil man mit einem unvorhergesehenen Schaden durchaus rechnen könnte, dieser Anreiz aber jedenfalls aufgrund der geringen Schadenswahrscheinlichkeit nicht intensiv genug ist, um das Verhalten tatsächlich maßgebend einzuschränken.[438] Je unwahrscheinlicher aber der Schadenseintritt und je komplexer die Kausalkette der Verursachung wird, desto mehr wird die Vorstellung von einem starken Verhaltensanreiz zu einer bloßen Fiktion. In kaum überschaubaren Prozessen und vielschichtigen Gefahrenlagen wird man daher nicht mehr ernsthaft davon sprechen können, dass ein Schädiger von einem konkreten Normappell in einer Weise erreicht wird, die geeignet ist, ihn in seiner Handlungsfreiheit ähnlich wie ein konkretes Ge- oder Verbot zu beeinträchtigen.[439] *Münzberg* betont den Verhütungszweck der Verkehrspflichten somit zu stark. Die Verhütung im Sinne

---

438 *Wilhelmi*, Risikoschutz, 2009, S. 146.

439 Vgl. *Gruber*, Freiheitsschutz als ein Zweck des Deliktsrechts, 1998, S. 225 f.: *„Es muß weiter bei denjenigen, deren Freiheit beschränkt sein soll, das Wissen um die Möglichkeit bestehen, für bestimmtes Verhalten Schuldner eines solchen Anspruchs zu werden."*.

einer Abschreckungswirkung ist bei den Verkehrspflichten – insbesondere in komplexen Sachverhalten – nicht das überwiegend ausschlaggebende Kriterium und kann weitgehend in den Hintergrund treten, da die Erkennbarkeit von anderen Erwägungen überlagert wird und erst auf Ebene des Verschuldens eine zentralere Rolle spielt. Insofern nimmt *Münzberg* die Verkehrspflichten unterkomplex wahr.

2. Verengung des Steuerungsgedankens

Selbst wenn man der vereinfachten Wahrnehmung von Verhaltenspflichten, die *Münzbergs* Ausführungen zugrunde liegt, grundsätzlich folgen würde, überzeugt sein Konzept nicht. Für *Münzberg* steht fest, dass eine Haftungsnorm, die *„in einem bestimmten Tatbestand eine Haftung für Schäden von der Voraussetzung rechtswidrigen Verhaltens abhängig"* macht, wie insbesondere § 823 Abs. 1 BGB, sich teleologisch stark an einem Verhütungszweck orientiert und sich aus diesem heraus legitimiert.[440] Es ist jedoch – wie bereits im Hinblick auf *Hanaus* Modell ausgeführt – nicht zwingend, aus dem Verhütungszweck im Sinne des Steuerungsgedankens eine entlastende Berücksichtigung rechtmäßigen Alternativverhaltens zu folgern. Dies gilt verfassungsrechtlich betrachtet ebenso im Hinblick auf die allgemeine Handlungsfreiheit und den Gleichbehandlungsgrundsatz. Der Verhütungszweck muss nicht zwingend im Einzelfall erfüllbar sein, um eine Schadensersatzhaftung durch den Gedanken der Verhaltenssteuerung zu legitimieren. Wählt man eine verfassungsrechtliche Perspektive, so stehen sich die über ihre Ausstrahlungswirkung zu berücksichtigenden verfassungsrechtlichen Interessen des Schädigers und des Geschädigten gegenüber, die es abzuwägen gilt:

> *„Das Grundproblem jeder Deliktsordnung besteht in dem Spannungsverhältnis zwischen Güterschutz und Handlungsfreiheit* [...] *Verfassungsrechtlich gesehen kollidieren hier somit stets Grundrechte – vor allem Art. 2 II GG oder Art. 14 GG auf seiten des Geschädigten mit Art. 2 I GG und Art. 14 GG auf seiten des Schädigers; das Ziel besteht demgemäß in einer Auflösung* [...] *nach den Kriterien des ‚schonendsten Ausgleichs' oder der ‚praktischen Konkordanz'."*[441]

---

440 *Münzberg*, Verhalten und Erfolg, 1966, S. 137.

441 *Larenz/Canaris*, Lehrbuch des Schuldrechts, Zweiter Band, Besonderer Teil, 2. Halbband, 13. Aufl. 1994, § 75 I 1., S. 350.

Ferner sind jedoch die Interessen des Schädigers und Geschädigten und möglicher weiterer Schädiger und Geschädigter in Zukunft zu berücksichtigen.[442] Denkbar wäre es dementsprechend, in verfassungskonformer Weise, dass allein ein rechtswidriges Verhalten in Kombination mit einem adäquat kausal verursachten Schaden, sofern das Verschulden bejaht werden kann, für eine Haftung im Einzelfall genügt.[443] Der Schädiger würde vor allen Dingen deshalb in seiner Handlungsfreiheit eingeschränkt, weil er gegen – generell, wenngleich nicht im Einzelfall – präventiv-wirksame Verhaltenspflichten verstoßen hat. Darin liegt der maßgebende Unterschied zum (hypothetischen) rechtmäßigen Verhalten.[444] Insbesondere spielt die Steuerung im Einzelfall, ist der Schaden bereits eingetreten, keine Rolle mehr. Es muss sich denknotwendig um Steuerung in der Zukunft handeln. Eine unbedingte Haftung, unabhängig von einem eventuellen RWZ, würde diese zukünftige Wirkung stärken. (Potenzielle) Schädiger wüssten: Mir droht eine Haftung, wenn ich der Verhaltenspflicht nicht Folge leiste – ich muss die Verhaltenspflicht befolgen, selbst wenn sie mir konkret sinnlos erscheint. Damit würde vermieden, dass (potenzielle) Schädiger situationsbezogen eigene Wertungen an die Stelle der Entscheidung des legitimierten Normgebers stellen und dabei sowohl Gefahr laufen, Fehlentscheidungen zu treffen, als auch die Geltung von Verhaltensstandards langfristig zu untergraben.

Es ließe sich allenfalls noch argumentieren, dass eine Haftung in solchen Fällen einer überkompensatorischen Sanktion für rechtswidriges Verhalten gleichkäme, die dem Schadensersatzrecht fremd sei. Man bewegt sich dann im Bereich der Ausgleichsfunktion des Schadensersatzrechts.[445] Fraglich ist jedoch, ob diese Ausgleichsfunktion für das Konzept des RWZ fruchtbar gemacht werden kann. Die Ausgleichsfunktion wird von *Münzberg* indes nicht für den RWZ bemüht, seine Ausführungen bleiben bei

---

442 Vgl. *Wagner*, AcP 206 (2006), 352 (470): *„Im Interesse wirksamer Prävention ist es in Kauf zu nehmen, wenn ein einzelner Geschädigter mehr zugesprochen erhält, als ihm persönlich Nachteile entstanden sind.*“. Dieser Gedanke lässt sich strukturell auf den Präventionsgedanken übertragen: Zur generell wirksamen Prävention ist die Mehrbelastung eines Schädigers im Einzelfall in Kauf zu nehmen.

443 Vgl. *Larenz/Canaris*, Lehrbuch des Schuldrechts, Zweiter Band, Besonderer Teil, 2. Halbband, 13. Aufl. 1994, § 75 I. 2. b), S. 351.

444 *Gotzler*, Rechtmäßiges Alternativverhalten, 1977, S. 91: „[...] *sie unterscheiden sich aber durch das Merkmal der Normwidrigkeit.*“.

445 Vgl. *Jansen*, JZ 2005, 160 (170): *„Eine kategorische Ablehnung von Privatstrafen bedeutet das freilich nicht; vielmehr ist das eine rechtspolitische Frage* [...] *Auch die frühen Naturrechtlicher haben die Privatstrafen ihrer Zeit als positives, nicht notwendig naturrechtswidriges Recht akzeptiert.*“.

einer verfassungskonformen Betrachtung der Verhaltenspflichten unter Rückgriff auf den Steuerungsgedanken. Hier geht das Begründungskonzept *Gotzlers* in seiner Untersuchung *„Rechtmäßiges Alternativverhalten im haftungsbegründenden Zurechnungszusammenhang“* tiefer[446], sodass im Folgenden *Gotzlers* Konzept analysiert werden soll.

Im Hinblick auf die Begründung *Münzbergs* für das Erfordernis eines RWZ ist abschließend festzuhalten: *Münzberg* begründet das Erfordernis eines RWZ für die Schadensersatzhaftung mit einer teleologischen, verfassungskonformen Auslegung der jeweiligen Haftungsnorm. Für *Münzberg* steht die Präventionsfunktion von Verhaltensgeboten, welche die Handlungsfreiheit der Adressaten einschränken, im Vordergrund. Die Funktion, einen Schaden zu verhüten, sieht er als legitimierende Grundlage der Haftung. Kann im Einzelfall ein Schaden nicht vermieden werden, sei die Einschränkung der Handlungsfreiheit überschießend und eine Perpetuierung dieser Einschränkung nicht von der Haftungsnorm gewollt. Eine Haftung sei dann vielmehr gleichheitsrechtswidrig, was verstärkend dafür spreche, dass der Haftungstatbestand diese Fälle nicht erfassen wolle. Verfassungsrechtlich erscheint dieser Schluss indes nicht zwingend. Nimmt man auf den Steuerungsgedanken Bezug, lässt sich im Gegenteil eine Haftung im Einzelfall selbst dann als angemessene Rechtsfolge begreifen, wenn eine Vermeidung des Schadens nicht möglich war. Solange durch die im Einzelfall bewährte Abschreckungs- und Präventionswirkung zukünftige Schäden verhindert werden können (weil die Verhaltenspflicht generell und typischerweise zur Schadensvermeidung geeignet ist), ist die verfassungsmäßige Legitimation der Haftung denkbar. Darüber hinaus basiert *Münzbergs* Konzept auf einer als unterkomplex zu kritisierenden Wahrnehmung von Verkehrspflichten und überzeugt so jedenfalls im Bereich des § 823 Abs. 1 BGB nicht. In komplexen Bereichen des Alltagslebens werden nicht stets eindeutige Verhaltensvorgaben identifizierbar sein. Die verhal-

446 *Gotzler*, Rechtmäßiges Alternativverhalten, 1977, S. 89 f.: *„Der Unwert des Handelns liegt schon im Verstoß gegen die VN, nicht erst in der Herbeiführung des Erfolges. Steuerbar ist nur das Verhalten und nur über geeignete Steuerung werden Erfolge herbeigeführt oder vermieden. Es ist daher verständlich, wenn sich im Strafrecht Stimmen äußern, die den Handlungsunwert entscheidend in den Vordergrund rücken* [...] *Die Funktionen des Strafrechts und des zivilen Schadensrechts sind verschieden* [...] *Der im normwidrigen Handeln liegende Verhaltensunwert hat als ein die Zurechnung rechtfertigendes Element nur im Zusammenhang mit einem realiter entstandenen Schaden Bedeutung. Und dieser Zusammenhang liegt darin, daß die VN auf die Verhütung des Schadens ausgerichtet ist und es daher gerecht erscheint, den haften zu lassen, der das zur Schadensvermeidung bereitgestellte Mittel nicht ergreift.“*.

renssteuernde Wirkung drohender Schadensersatzpflichten äußert sich in diesen Fällen allenfalls in Form eines Bewertungselements in der Abwägungsentscheidung oder Kosten-Nutzen Rechnung des (potenziellen) Schädigers. Das Bewusstsein für eine möglicherweise drohende Schadensersatzpflicht als einzukalkulierendes Kostenelement ist jedoch mit einem klaren Ver- oder Gebot nicht vergleichbar.[447]

F. Das weiterführende Begründungsmodell Gotzlers

Gotzler liefert in seiner Dissertation mit dem so genannten *„Prinzip der Eignung"* eine tiefergehende Begründung für das Erfordernis eines RWZ auf Basis des Steuerungsgedankens. Er sucht er nach einer Begründung für den *„mysteriösen Zusammenhang zwischen Pflichtwidrigkeit und Erfolg"*, ausgehend von der frühen Rechtsprechung und dem Erklärungsmodell *Hanaus*.[448] *Gotzler* knüpft an die Kausalität der Pflichtwidrigkeit an, wie sie in der frühen Rechtsprechung angewandt und von *Hanau* als Konzept ausgebaut wurde. Er kommt jedoch zu dem Schluss, dass die Frage des rechtmäßigen Alternativverhaltens in der Kausalitätsprüfung nicht richtig aufgehoben sei, sondern ein davon unabhängiges Zurechnungsproblem darstellen müsse.[449]

In der Einführung zu seiner Untersuchung widmet sich auch *Gotzler* zunächst dem Radfahrer-Fall und entwickelt an diesem Beispiel die zentrale Fragestellung, weshalb man den Einwand, bei hypothetisch rechtmäßigem Verhalten (Einhalten des Abstandsgebots) sei es zu einem Unfallschaden gekommen, berücksichtigen soll.[450] Die dogmatische Grundlage für das Erfordernis des RWZ sieht *Gotzler* in der *„teleologischen Mittel-Zweckbeziehung von VN und Erfolgsvermeidung"* begründet.[451] Indem er darauf abstellt, was bei von einer bestimmten (Verhaltens-)Norm gefordertem Verhalten an Stelle des rechtswidrigen Schädigerverhaltens geschehen wäre, prüft er,

---

447 *Jansen*, AcP 202 (2002), 517 (528): *„Wer vorsichtig ist, wird seine Waschmaschine möglicherweise lieber nicht unbeaufsichtigt laufen lassen. Rechtlich verpflichtet wird er sich dazu aber doch nicht fühlen."*.

448 *Gotzler*, Rechtmäßiges Alternativverhalten, 1977, S. 78: *„Die hier mit dem Gedanken der Eignung erfaßte Beziehung zwischen VN und Erfolg wird häufig mit dem Terminus ‚Kausalität der Pflichtwidrigkeit' bezeichnet."*.

449 *Gotzler*, Rechtmäßiges Alternativverhalten, 1977, S. 78: *„Das Operieren mit mehreren Begriffen der Kausalität verwirrt nur die Lage."*.

450 *Gotzler*, Rechtmäßiges Alternativverhalten, 1977, S. 3.

451 *Gotzler*, Rechtmäßiges Alternativverhalten, 1977, S. 91.

ob der *„Mittel-Zweck-Zweckerreichungs-Mechanismus“* einer Norm funktioniert.[452] Funktioniert dieser Mechanismus im Einzelfall nicht, fehle es an der:

> „[...] *Verwirklichung des unmittelbar aus der Rechtsidee abgeleiteten Zurechnungsprinzips* [...] *daß für einen Erfolg haftet, wer ihn meiden konnte und sollte. Der Ableitungszusammenhang wird unterbrochen, wenn die zur Verhaltenssteuerung eingesetzte Norm im Einzelfall ihren Zweck nicht erreichen kann.*“[453]

I. Herleitung des „Prinzips der Eignung“

1. Das Verschuldensprinzip als Ausgangspunkt

Das Verschuldensprinzip in der zivilrechtlichen Schadensersatzhaftung ist das Fundament, auf dem *Gotzler* sein Konzept entwickelt. Dies ist insofern konsequent, als dass – wie bereits ausgeführt – der Steuerungsgedanke im Schadensersatzrecht eng mit dem Verschuldensprinzip verwoben ist. Dementsprechend wählt *Gotzler* einen funktionalen Ansatz und beschreibt das Verschuldensprinzip als tragendes Prinzip für ein *„Modell der Verhaltenssteuerung.“*[454] Damit bezieht sich *Gotzler*, ohne es explizit so zu benennen, auf eine Präventionsfunktion:

> *„Wird ein schädlicher Erfolg nur bei Verschulden zugerechnet, so darf der, der sich sorgfältig verhält, darauf vertrauen, daß er von Ersatzpflichten frei bleibt, selbst wenn sein Verhalten zu Schäden führt.“*[455]

Anstatt von Prävention zu sprechen, bezieht sich *Gotzler* auf die Erkennbarkeit bestimmter Verhaltensvorgaben und das Vertrauen in die Rechtsordnung. Als Adressat der Rechtsordnung könne man darauf vertrauen, dass bei *„sorgfältigem Verhalten“* eine Haftung generell ausbleibt, wobei die Haftung von *Gotzler* gleichermaßen als Sanktion begriffen wird:

452 *Gotzler*, Rechtmäßiges Alternativverhalten, 1977, S. 92.
453 *Gotzler*, Rechtmäßiges Alternativverhalten, 1977, S. 92.
454 *Gotzler*, Rechtmäßiges Alternativverhalten, 1977, S. 58.
455 *Gotzler*, Rechtmäßiges Alternativverhalten, 1977, S. 55.

> „*Die Rechtsordnung* [...] *sanktioniert dementsprechend einen Sorgfaltsverstoß, sofern er sich unter einen rechtlich anerkannten Haftungstatbestand subsumieren läßt.*"[456]

2. Die Eignung der Verhaltensnormen

Davon ausgehend kommt *Gotzler* zum Kernpunkt seiner Untersuchung: Der Bedeutung der Eignung für die Frage der Zurechnung. Dafür bezieht sich *Gotzler* neben der Präventivfunktion maßgeblich auf den „*Schadensausgleichzweck*".[457] Zutreffend hält er fest, dass das Ziel des Schadensersatzrechts keine bloße Sanktionierung sei, sondern der „*Schadensausgleich*".[458] Den notwendigen Zurechnungszusammenhang zwischen der Pflichtverletzung, also Verletzung einer Verhaltensnorm und dem Schaden sieht *Gotzler* darin:

> „[...] *daß die VN auf die Verhütung des Schadens ausgerichtet ist und des daher* ***gerecht erscheint****, den haften zu lassen, der das zur Schadensvermeidung bereitgestellte Mittel nicht ergreift.*"[459]

Dabei erkennt *Gotzler* selbst, dass der Präventivzweck der jeweils verletzten Verhaltensnorm ex ante bestimmt wird und auch dann bestehen bleibt, wenn ex post betrachtet eine Verhütung des Schadens im Einzelfall nicht möglich war.[460] Die Zurechenbarkeit sei aber „*nicht schon vom* ***Bestehen*** *des Zwecks her zu bejahen, sondern erst über die* ***Erreichung*** *desselben.*"[461] Die Zurechnung, also die Verbindung der Rechts- oder Pflichtwidrigkeit mit dem Schaden, muss nach *Gotzler* bei fehlender ex post Eignung verneint werden. *Gotzler* sieht den RWZ somit nur dann als gegeben an, wenn eine Norm im Einzelfall ex post zur Schadensverhütung geeignet und der Schaden durch das rechtmäßige Verhalten vermeidbar war.

---

456 *Gotzler*, Rechtmäßiges Alternativverhalten, 1977, S. 55.
457 *Gotzler*, Rechtmäßiges Alternativverhalten, 1977, S. 90.
458 *Gotzler*, Rechtmäßiges Alternativverhalten, 1977, S. 90.
459 *Gotzler*, Rechtmäßiges Alternativverhalten, 1977, S. 90, Hervorhebung durch Verfasser.
460 *Gotzler*, Rechtmäßiges Alternativverhalten, 1977, S. 91.
461 *Gotzler*, Rechtmäßiges Alternativverhalten, 1977, S. 91, Hervorhebung durch Verfasser.

II. Kritik des Konzepts

1. Die Schwäche des Steuerungsgedankens

Gotzlers Konzept überzeugt bereits deshalb nicht, weil auch er die Präventivfunktion, wie *Münzberg*, überbetont. Es soll gerade nicht in Abrede gestellt werden, dass die Präventivfunktion ein wesentliches Element der Schadensersatzhaftung darstellt. Dass jedoch eine konkrete Verhaltenspflicht *im Einzelfall* nicht dazu in der Lage ist, einen Schaden zu verhüten, ist keine durchschlagende Begründung für eine Haftungsbefreiung. Wie bereits ausgeführt, lässt sich eine angemessene Haftung allein auf Grundlage des rechtswidrigen Verhaltens und unter Bezugnahme auf eine generelle Präventionswirkung begründen, ohne dass rechtmäßiges Verhalten den Schaden – im Einzelfall – verhindert haben müsste. Darüber hinaus ist daran zu zweifeln, ob die maßgeblichen Verhaltensnormen, jedenfalls soweit es sich um Verkehrspflichten handelt, überhaupt als eindeutige Verhaltensgebote begriffen werden können.[462] Eine Steuerungsfunktion können Verkehrspflichten im Sinne indirekter und langfristiger Verhaltensstabilisierung erreichen, etwa indem – wie von *Jansen* ausgeführt – Schadensersatzpflichten als *„Preise für gefährliches Verhalten"*[463] in bestimmten Sachverhaltskonstellationen (z.B. beim Betrieb einer Waschmaschine) wahrgenommen werden. Die Präventivfunktion im konkreten Einzelfall ist insofern für die Frage der späteren Haftung nicht aussagekräftig. Zurückkommend auf den Radfahrer-Fall, soll beispielsweise das Abstandsgebot bestimmte Unfälle verhindern. Der Adressat der Norm, im konkreten Fall der LKW-Fahrer, wird zu dem Verhalten angehalten, indem die Verhaltenspflicht mit drohenden Haftungsansprüchen zusammenwirkt. In dem Moment, in dem der LKW-Fahrer sich gegen das Einhalten des Abstands entscheidet oder dies zumindest fahrlässig unterlässt, kann die Norm ihr konkretes Ziel der Verhaltenssteuerung im Einzelfall nicht mehr erreichen. Die Frage der Haftung, *nachdem* es zum Unfall gekommen ist, berührt dieses Ziel der Verhaltenssteuerung im Einzelfall nicht. Allenfalls für spätere Fälle kann eine Präventionswirkung entfaltet werden, die dann jedoch durch eine entlastende Berücksichtigung rechtmäßigen Alternativverhaltens im Einzelfall eher geschwächt würde. Das ex post festgestellte Versagen der Norm im Einzelfall hat *„nichts mit dem Wirkungsmechanismus*

462 Dazu bereits die Analyse der Verkehrspflichten oben, § 3 C. IV.
463 *Jansen*, AcP 202 (2002), 517 (535).

der Verhaltensnormen zu tun".[464] Denn die Verhaltensnormen erschöpfen sich funktionell eben darin, Adressaten zu einem bestimmten Verhalten zu motivieren. Nur wenn der Adressat der Verhaltensnorm gemäß handelt, kann über die Verhaltenssteuerung das „*Fernziel der Schadensverhinderung*" erreicht werden.[465] Die Motivation oder Steuerung des Normadressaten ist dafür jedoch ein notwendiges Zwischenstadium. Allenfalls ließe sich annehmen, dass eine Verhaltensnorm schon ex ante betrachtet unverhältnismäßig wäre, wenn sie zur Gefahrverhütung weitgehend ungeeignet ist. Dann wäre es unverhältnismäßig, einen Verstoß gegen diese Verhaltensnorm weitergehend zu sanktionieren:

> „[...] *die Handlungsfreiheit ist eines der Elemente, die ex ante bei Konstituierung der VN im Rahmen der Interessenabwägung eine wichtige Rolle spielen. Erkenntnisse ex post berühren die Frage* [...] *nicht mehr.*"[466]

Daher bleibt offen, woraus genau sich ergeben soll, dass die ex post fehlende Eignung einer Verhaltensnorm im Einzelfall die Schadenszurechnung ausschließt. *Erb* führt zutreffend aus:

> „*Wenn die ex post Eignung damit aber im Gegensatz zur ex ante Eignung nichts mit dem Wirkungsmechanismus der Verhaltensnormen zu tun hat, so entfällt bei ihr auch der zwingende Anlaß, ihr im Rahmen der Zurechnungsproblematik Rechnung zu tragen.*"[467]

Der Präventivzweck allein kann jedenfalls nicht dafür fruchtbar gemacht werden, rechtmäßiges Alternativverhalten im Einzelfall entlastend zu berücksichtigen. Mit dem von *Gotzler* entwickelten Prinzip der Eignung lässt sich dem Steuerungsgedanken keine ausschlaggebende Begründung dafür entnehmen, rechtmäßiges Alternativverhalten im Einzelfall entlastend zu berücksichtigen. Vielmehr scheint die ex post Eignung für *Gotzler* eng mit einer Vorstellung von grundsätzlicher Haftung als negativem Werturteil verwoben zu sein. Hier werden die Parallelen zur zuvor konturierten Verhaltensunrechtslehre deutlich. Dies äußert *Gotzler* zwar nicht explizit, allerdings ist es die einzige schlüssige Erklärung dafür, dass er den Steuerungsgedanken auf den Einzelfall beschränkt und eine Präventionsfunktion gegenüber zukünftigen anderen potenziellen Schädigern nicht mit in seine Betrachtung einbezieht. „*Zurechenbarkeit*" soll, so *Gotzler*, „*materiell*"

---

464 *Erb*, Rechtmäßiges Alternativverhalten, 1991, S. 85.
465 *Erb*, Rechtmäßiges Alternativverhalten, 1991, S. 84.
466 *Gotzler*, Rechtmäßiges Alternativverhalten, 1977, S. 91.
467 *Erb*, Rechtmäßiges Alternativverhalten, 1991, S. 85.

den Gedanken verwirklichen *„daß für einen Erfolg haftet, wer ihn meiden konnte und* ***sollte****"*.[468] Es geht *Gotzler* dabei nicht allgemein um Verhaltenssteuerung, sondern um ein – aufgrund von weiteren Wertungen – auf den konkreten Einzelfall verengtes Bild der Verhaltenssteuerung. Er bezeichnet die *„zur Verhaltenssteuerung eingesetzte Norm"* dementsprechend als *„rechtstechnische Einkleidung des dem Zurechnungsprinzip zugrunde liegenden Gedankens"*.[469] Dieser Gedanke drückt sich im Sinne individueller Vorwerfbarkeit aus, geht es doch – wie *Gotzler* deutlich zu verstehen gibt – um die Abweichung des Schädigers von eindeutig erkennbaren Verhaltensvorgaben. Dies wird an verschiedenen Stellen in *Gotzlers* Untersuchung deutlich, da er beispielsweise zur Idee der Zurechnung allgemein festhält: *„Dabei ist der Grund Maßtstab des Urteils, daß die Person für das Geschehen die Verantwortung trägt."*[470] Konkret für das Schadensersatzrecht führt er aus, bei der Zurechnung handele es sich um einen Kategorie *„mit der der Gesetzgeber die Verantwortung einer Person für einen Schadensfall rechtfertigt"*[471] und konstatiert es sei *„gerecht, haften zu lassen,* ***wo ein erkennbares****, taugliches* ***Mittel*** *zur Vermeidung der Rechtsgutsverletzung* ***gegeben war****"* das nicht genutzt wurde und bezeichnet dies schlicht als *„unbestreitbar"*.[472] Darin äußert sich ein Verständnis von Haftung als die Verantwortung für ein individuell zu missbilligendes, vorwerfbares Verhalten:

> *„Dem Täter wird der Erfolg zugerechnet, weil eine VN bereitstand, die das richtige, erfolgsvermeidende Verhalten anzeigte und weil er die Norm erkennen und sich nach ihr richten konnte."*[473]

Rückt man jedoch von diesem Verständnis ab und sieht in der Zurechnung einen von individueller Vorwerfbarkeit gelösten Vorgang, wie mit guten Gründen *Jansen*[474], überzeugt *Gotzlers* Konzept nicht.

---

468 *Gotzler*, Rechtmäßiges Alternativverhalten, 1977, S. 92, Hervorhebung durch Verfasser.

469 *Gotzler*, Rechtmäßiges Alternativverhalten, 1977, S. 92.

470 *Gotzler*, Rechtmäßiges Alternativverhalten, 1977, S. 49.

471 *Gotzler*, Rechtmäßiges Alternativverhalten, 1977, S. 50.

472 *Gotzler*, Rechtmäßiges Alternativverhalten, 1977, S. 89, Hervorhebung durch Verfasser.

473 *Gotzler*, Rechtmäßiges Alternativverhalten, 1977, S. 93.

474 Siehe oben, § 3 C. IV. 1., S. 78 f.

2. Schadensausgleichszweck ebenso unergiebig

Es wäre eine unangemessene Verkürzung, wenn man *Gotzlers* Begründungsmodell auf den Präventivzweck beschränken würde. *Gotzler* selbst stellt maßgeblich auf den Schadensausgleichszweck ab. Dabei führt er zunächst aus, in der Tat könne ein *„Unwert des Handelns“* schon im *„Verstoß gegen die VN, nicht erst in der Herbeiführung des Erfolges“* gesehen werden, wenn man eine Steuerungsperspektive einnehme.[475] Der *„Verhaltensunwert“* allein sei jedoch keine ausreichende Basis für eine Haftung, entsprechend gäbe es *„kein ‚Versuchsproblem‘ im Zivilrecht“*.[476] Dem lässt sich vorbehaltlos zustimmen. Allerdings schließt *Gotzler* daraus weiter, dass es eines besonderen Zusammenhangs im Sinne der konkreten Vermeidbarkeit des Schadenserfolgs bedürfe. Hier liegt der wesentliche Unterschied zu dem bereits untersuchten Modell *Münzbergs* (und *Hanaus*): *Gotzler* bemüht die Ausgleichsfunktion des Schadensersatzrechts, um eine tiefergehende dogmatische Fundierung für das Erfordernis eines RWZ zu geben. Jedoch vermag es *Gotzler* nicht, eine überzeugende Verbindung zwischen seinem auf dem Präventivzweck fußenden Prinzip der Eignung und dem Schadensausgleichszweck herzustellen. Damit soll an dieser Stelle nichts über die grundsätzliche Anerkennung oder Ablehnung des Schadensausgleichszwecks gesagt werden. Allerdings führt der Schadensausgleichszweck weder allein, noch in Kombination mit einem Präventivzweck zur Erforderlichkeit eines RWZ. Grundsätzlich steht beides, der Schadensausgleich und die Präventivfunktion, beziehungslos nebeneinander: Der Präventivzweck der Verhaltensnormen in ihrem Zusammenspiel mit Haftungsnormen ist keine Bedingung für den Ausgleichszweck und umgekehrt.[477] Sowohl die Prävention von Rechtsgutsverletzungen, als auch eine gerechte Lastenverteilung durch die Kompensation von erlittenen Nachteilen sind für sich genommen valide gesetzliche Zwecke. Nicht in Abrede gestellt werden soll, dass Prävention und Ausgleich einem gemeinsamen höheren Ziel dienen, welches man etwa in der Gewährleistung größtmöglicher Freiheit in einer Rechtsgemeinschaft sehen mag.[478] Häufig angeführt wird der Zweck des Deliktsrechts:

---

475 *Gotzler*, Rechtmäßiges Alternativverhalten, 1977, S. 89 f.

476 *Gotzler*, Rechtmäßiges Alternativverhalten, 1977, S. 90.

477 Womit nicht gesagt ist, dass ein Zweck den anderen möglicherweise einzuschränken vermag.

478 Umfassend *Gruber*, Freiheitsschutz als ein Zweck des Deliktsrechts, 1998, S. 239 ff.

> „[...] *die Rechtskreise der Einzelnen, innerhalb deren sie ihre individuelle Freiheit entfalten und ihre Interessen verfolgen dürfen, voneinander abzugrenzen.*“[479]

So lässt sich ausführen, dass Normadressaten durch Verhaltenspflichten von bestimmten Verhaltensweisen abgehalten werden, ein Effekt, der dadurch unterstützt wird, dass sie im Schadensfall eine Kompensationspflicht zu erwarten haben und insofern *„durch die Belastung mit dem Risiko der Schadenstragung bei unsorgfältigem Handeln“*.[480] Zutreffend führt *Gotzler* aus, dass *„der, der sich sorgfältig verhält, darauf vertrauen* [darf], *daß er von Ersatzpflichten frei bleibt“*.[481] Insofern entfaltet die zu erwartende Schadensersatzpflicht eine gewisse Abschreckungswirkung. Dadurch wird die (Handlungs-)Freiheit anderer Personen insofern geschützt, als dass diese vor Beeinträchtigungen bewahrt werden. Gleichzeitig muss ein Geschädigter die Einschränkung seiner (Handlungs-)Freiheit, die ihm etwa durch die Beschädigung seines Kfz entsteht, nicht entschädigungslos hinnehmen.[482] Es findet eine Kompensation derjenigen Nachteile statt, die sich für den Geschädigten letztendlich als Einschränkung seiner (Handlungs-)Freiheit darstellen. So erhält er beispielsweise Entschädigungszahlungen dafür, dass er einen Leihwagen bezahlen musste und damit zugleich wieder die Opportunität, diese Finanzmittel anderweitig zu verwenden: *„Die Mühe der Wiederbeschaffung, der dafür erforderliche Zeitaufwand, wird ihm erspart.“*[483] Im Sinne einer Abgrenzung der Rechtskreise aller Beteiligten wird *„ein Freiraum eröffnet, innerhalb dessen nicht jede Aktion unter dem Damokles-Schwert der Haftung* [...] *leidet.“*[484] Es ist aber verfehlt, anzunehmen, dass die Präventivfunktion erst den Schadensausgleichszweck *begründet*. Genau dies scheint *Gotzler* nahezulegen, indem er im Rahmen des Ausgleichszwecks auf Gerechtigkeitserwägungen zu sprechen kommt und in diese den Grundsatz einbezieht, dass *„für einen Erfolg* [nur] *haftet, wer ihn meiden konnte und sollte“*.[485] Umgekehrt wäre es ungerecht, wenn ein Schädiger, der den Schaden nicht vermeiden konnte, haftet. Zunächst lässt sich dog-

---

479 Protokolle, Band 2, 1998, S. 567; *Picker*, ZfPW 2015, 385 (386).

480 *Dreier*, Kompensation und Prävention, 2002, S. 18.

481 *Gotzler*, Rechtmäßiges Alternativverhalten, 1977, S. 55.

482 *Larenz/Canaris*, Lehrbuch des Schuldrechts, Zweiter Band, Besonderer Teil, 2. Halbband, 13. Aufl. 1994, § 75 I 1., S. 350.

483 *Larenz*, Lehrbuch des Schuldrechts, Erster Band, Allgemeiner Teil, 14. Aufl. 1987, § 28 I., S. 467.

484 *Gotzler*, Rechtmäßiges Alternativverhalten, 1977, S. 55.

485 *Gotzler*, Rechtmäßiges Alternativverhalten, 1977, S. 54, Verweis auf S. 89, 90.

matisch kritisieren, dass *Gotzler* Gerechtigkeitserwägungen ins Spiel bringt, denen er einen metaphysischen Ausgangspunkt verleiht:

> *„Schon immer hielt man es für evident und ohne weitere Ableitbarkeit* ***aus der Idee der Gerechtigkeit*** *folgend, daß der für einen Schaden haftbar gemacht werden kann, der ihn meiden sollte und konnte.*“[486]

Gerechtigkeit ist ein ausfüllungsbedürftiger Begriff. *Gotzler* selbst zitiert *Henkel*, der ausführt: *„Die Thematik der Gerechtigkeit eröffnet ein unermeßlich weites Feld der Betrachtung.*“[487] So bleibt schon im Dunkeln, wieso genau es gerecht sein soll, dass der Schädiger nur dann für einen Schaden haftet, wenn er ihn hätte verhindern können. Zwar verweist *Gotzler* konkretisierend darauf, maßgeblich sei die *„ausgleichende Gerechtigkeit*“, die bei *Henkel* näher untergliedert wird in unter anderem das Merkmal der *„Wiederherstellung (restitutio)*“.[488] In der Tat könnte man diesem Merkmal entnehmen, dass Wiederherstellung gerade nicht *Besser*stellung bedeutet und es daher dem Gerechtigkeitsprinzip widerspräche, dem Geschädigten Ersatz für Nachteile zuzubilligen, die er ebenso im Falle rechtmäßigen Verhaltens des Schädigers – dann nämlich ersatzlos – erlitten hätte. Die Idee der Wiederherstellung findet sich allerdings in § 249 Abs. 1 BGB wieder, ohne dass es hierfür einer tiefergehenden Analyse der Funktion von Verhaltensnormen oder eines einschränkenden Prinzips auf Ebene der Zurechnung zwischen der Handlung und ihres (Schadens-)Erfolges bedarf. Dementsprechend stellt *Erb* zutreffend fest, dass die Idee eines Ausgleichs im Sinne einer Wiederherstellung *„zwanglos zur Feststellung der Schadenshöhe null*“ führen könne, allerdings nicht überzeugend etwas zur *„haftungsrechtlich relevanten Beziehung zwischen Schädiger und Betroffenem*“ im Sinne eines Haftungsgrundes aussagt.[489] *Erb* beschreibt darüber hinaus sehr zutreffend, wie beliebig Gerechtigkeitserwägungen umgekehrt werden können: Häufig werde geltend gemacht, eine Haftung des Schädigers, obwohl der Schaden bei rechtmäßigen Verhalten eingetreten wäre, sei eine unangemessene Entlastung des Geschädigten.[490] Jedoch lasse sich dies dahingehend umkehren, dass es eine unangemessene Entlastung des Schädigers sei, ihn von

---

486 *Gotzler*, Rechtmäßiges Alternativverhalten, 1977, S. 54, Hervorhebung durch Verfasser.

487 *Gotzler*, Rechtmäßiges Alternativverhalten, 1977, S. 54, dort Fn. 49; *Henkel*, Einführung in die Rechtsphilosophie, 1977, S. 301.

488 *Gotzler*, Rechtmäßiges Alternativverhalten, 1977, S. 54, fort Fn. 49; *Henkel*, Einführung in die Rechtsphilosophie, 1977, S. 316.

489 *Erb*, Rechtmäßiges Alternativverhalten, 1991, S. 87.

490 *Erb*, Rechtmäßiges Alternativverhalten, 1991, S. 86.

der Haftung zu befreien, bloß weil er den Schaden rechtmäßig herbeiführen hätte können.[491] Insofern wird deutlich, dass Gerechtigkeitserwägungen in der Tat *„niemals mit dem Anspruch auftreten"* sollten, *„die Möglichkeit eines gegenteiligen Werturteils auszuschließen"*, da immer die Möglichkeit gegeben ist *„auch das gegenteilige Verhalten für gerecht zu halten."*[492]

Festzuhalten bleibt zweierlei: Die Gerechtigkeitserwägungen, die *Gotzler* anführt, lassen sich unterschiedlich konkretisieren und ausfüllen, sie bilden ein äußerst brüchiges Fundament für sein Konzept. Darüber hinaus wird nicht klar, wie Gerechtigkeitserwägungen, seien es konkret Prinzipien der Wiederherstellung im Sinne einer Ausgleichsfunktion, Aussagen über die *Zurechnung* eines Schadenserfolgs im Zusammenspiel mit der Präventivfunktion von Verhaltenspflichten entnommen werden können. *Gotzler* selbst versteht die Zurechnung als *„Verbindung einer Person mit einem Geschehen nach einem bestimmten Grund."*[493] Wird bei einem Verstoß gegen eine ex ante geeignete, gültige Verhaltenspflicht eine Folge ausgelöst, die diese Norm verhindern wollte, ist diese Verbindung gegeben. Dass die Norm im Einzelfall versagt hat, stellt – wie dargelegt – ihre ex ante Eignung und Gültigkeit gerade nicht in Frage. Die Verhaltensnorm selbst trifft keine Aussage über eine Restitution, sondern beschränkt sich grundsätzlich auf die Verhaltenssteuerung (oder ist sogar eher als Zurechnungskonzept zu sehen, wie bereits ausgeführt). Sie wird in ihrem Zweck der Verhaltenssteuerung flankiert von Haftungsnormen, die im Zusammenspiel mit der zentralen Vorschrift des § 249 Abs. 1 BGB eine Ausgleichsfunktion erfüllen. Die beiden Funktionen sind in ihrer jeweiligen Legitimation voneinander unabhängig: Dem potenziellen Schädiger „droht" eine Haftung, derart lässt sich die Präventivfunktion, zu welcher Verhaltens- und Haftungsnorm im Zusammenspiel beitragen, beschreiben. Ob ein Schädiger jedoch Schadensersatz zu leisten hat, bestimmt sich unabhängig von der Prävention. Sofern es um Gerechtigkeitskriterien wie eine Erkennbarkeit und Vermeidbarkeit geht, kann man diese im Rahmen des Verschuldens berücksichtigen. Wiederum bliebe jedoch unklar, weshalb man schon eine Zurechnung verneinen sollte. Somit vermögen es die angeführten Gerechtigkeitserwägungen nicht, den Schadensausgleichszweck mit dem Präventivzweck zu verbinden, wie es *Gotzler* andeutet.

491 *Erb*, Rechtmäßiges Alternativverhalten, 1991, S. 86.

492 *Kelsen*, Was ist Gerechtigkeit?, S. 40; dazu kritisch *Henkel*, Einführung in die Rechtsphilosophie, 1977, S. 306.

493 *Gotzler*, Rechtmäßiges Alternativverhalten, 1977, S. 49.

Grunsky führt demgegenüber zu dem von *Gotzler* entwickelten Prinzip der Eignung in seiner Besprechung aus:

> *„Hier kommt der Zweck des Schadensersatzanspruchs zum Tragen; es geht nicht darum, aus erzieherischen Gründen Verhaltensregeln aufzustellen und mit Sanktionen zu bewehren, sondern allein darum, den Geschädigten von Nachteilen freizustellen, die bei normgemäßem Verhalten vermieden worden wären.“*[494]

Dies ist jedoch nicht zutreffend. Dass Verhaltensnormen dazu geeignet sein müssen, ein bestimmtes Verhalten und dadurch bestimmte Verletzungen zu verhindern, lässt sich nicht *mit dem Ausgleichszweck* begründen. Dies ist vielmehr *allein* eine Frage der effektiven Prävention und der Angemessenheit von Verhaltensnormen, ex ante betrachtet. Der *„Zweck des Schadensersatzanspruchs“*[495] im Sinne einer Ausgleichsfunktion kommt über § 249 Abs. 1 BGB zum Ausdruck und sollte nicht mit normtheoretischen Analysen zur Verhaltenssteuerung verwoben werden. Es lässt sich durchaus vertreten, dass der Schadensausgleichszweck bestimmten Gerechtigkeitserwägungen entspricht, da es um eine Wiederherstellung geht, nicht um eine Besserstellung. Damit hat die Funktionsweise von Verhaltensnormen, die bei *Gotzler* im Zentrum des Konzepts steht, jedoch nichts zu tun.[496] Umgekehrt ergibt sich nicht aus der präventiven Funktionsweise von Verhaltensnormen, dass nur ein vermeidbarer Schaden zu ersetzen ist. Dies folgt vielmehr – wenn man dieser Sichtweise überhaupt zustimmt – *allein* aus dem Ausgleichsprinzip.

Zusammenfassend lässt sich bemängeln, dass *Gotzler* zwei grundsätzlich anzuerkennende Funktionen bemüht, nämlich die Präventivfunktion und die Ausgleichsfunktion des Schadensersatzrechts, dann jedoch für die Begründung des RWZ eine Kombination der beiden Funktionen – unter Rückgriff auf übergeordnete Gerechtigkeitserwägungen – herbeizuführen versucht, die nicht überzeugt. Hier wird im Hinblick auf den Titel der Untersuchung der Chimärencharakter des Konzepts deutlich. Dass es einer besonderen *„teleologischen Mittel-Zweckbeziehung von VN und Erfolgsvermei-*

494 *Grunsky*, AcP 178 (1978) 330 (331).

495 *Grunsky*, AcP 178 (1978) 330 (331).

496 *Erb*, Rechtmäßiges Alternativverhalten, 1991, S. 87: *„Dagegen leuchtet es nicht ein, aufgrund der Erwägung, dem Geschädigten dürften keine ungerechtfertigten Vermögensvorteile erwachsen, bereits den RWZ zwischen Handlung und Rechtsgutsverletzung und damit den Haftungsgrund zu verneinen, wo dessen Vorliegen doch für sich genommen lediglich das Bestehen einer haftungsrechtlich relevanten Beziehung* [...] *bedeutet.“*.

dung“[497] bedarf, stellt *Gotzler* letztendlich axiomatisch fest. Er vermag es nicht, dies näher zu begründen. Damit vermögen sowohl *Münzberg* als auch *Gotzler* lediglich, die Frage „*in andere Worte zu kleiden*“ oder bleiben „*auf das bloße Postulat eines bestimmten Zusammenhangs angewiesen.*“[498]

G. Andere Modelle der „Vermeidbarkeit“

Erb, der sich intensiv mit der Dissertation *Gotzlers* auseinandersetzt und auf dessen zutreffende Kritikpunkte insofern bereits eingehend verwiesen wurde, vereint weitere Begründungsmodelle, die darauf abstellen wollen, ob die Befolgung einer Verhaltensnorm dazu geeignet wäre den Schadenserfolg zu verhindern, unter dem Begriff der „*Vermeidbarkeitstheorie*“.[499] Damit stellt er zutreffend den konzeptionellen gemeinsamen Kern der Begründungsversuche heraus, der in der schon thematisierten, hypothetischen Vergleichsbetrachtung liegt. Dabei bemängelt *Erb* zutreffend, dass das Erfordernis einer Vermeidbarkeit des Schadenserfolgs durch rechtmäßiges Verhalten, soweit ersichtlich, nirgendwo überzeugend begründet, sondern entweder ohne nähere Begründung festgestellt oder auf unterschiedliche Weise deskriptiv behandelt werde.[500] Eine weitere umfassende Untersuchung von *Studhalter* aus dem Jahr 1995 ist für die grundlegende Frage ebenso unergiebig. Nachdem *Studhalter* nach einer Bestandsaufnahme der Rechtsprechung festhält, dass der Einwand rechtmäßigen Alternativverhaltens nicht „*unter dem Titel ‚hypothetische Kausalität‘, sondern [...] als eigenständiges Problem erkannt*“[501] werde, widmet er sich der Behandlung der Frage in der deutschen Zivilrechtslehre. Dabei fördert er, unter anderem auf *Hanau* und *Gotzler* verweisend, jedoch keine weitergehenden Begründungen zutage. Bei seiner eigenen Stellungnahme angekommen, führt *Studhalter* zum Einwand rechtmäßigen Alternativverhaltens aus:

> „*Es handelt sich vielmehr um ein Zurechnungsproblem* [...] *bezieht man in den Schutzzweck auch die Eignung der Norm zur Erfolgsverhinderung mit ein, so überzeugt m.E. die Zuordnung zum Rechtswidrigkeitszusammen-*

---

497 *Gotzler*, Rechtmäßiges Alternativverhalten, 1977, S. 92.
498 *Erb*, Rechtmäßiges Alternativverhalten, 1991, S. 90.
499 *Erb*, Rechtmäßiges Alternativverhalten, 1991, S. 72.
500 *Erb*, Rechtmäßiges Alternativverhalten, 1991, S. 90.
501 *Studhalter*, Hypothetische Kausalverläufe, 1995, S. 225.

> *hang. Fraglich ist jeweils die Relevanz der Pflichtwidrigkeit für den Erfolg.*“[502]

Die Begründung sieht er, wie *Hanau*, *Münzberg* und *Gotzler* in der Bedeutung der Verhaltensnormen:

> *„Die Verhaltensnormen können ihren vom Gesetzgeber angestrebten Zweck der Schadensverhütung dann nicht erreichen, wenn sich erweist, dass auch rechtmässiges Verhalten denselben Erfolg herbeigeführt hätte. Nun ist es aber in den einschlägigen Fällen oftmals gerade dieser Zweck der Schadensverhütung, der den Gesetzgeber veranlasst hat, ein bestimmtes Verhalten zu verbieten und die Haftung von einem Verstoss gegen dieses Verbot abhängig zu machen.*“[503]

Insoweit handelt es sich um eine Wiedergabe der Ausführungen *Münzbergs*, auf die *Studhalter* Bezug nimmt, unter anderem unter Hinweis auf die angebliche Gleichwertigkeit des rechtmäßigen und rechtswidrigen Verhaltens. Ansonsten würde in manchen Fällen *„eine Erfolgshaftung für pflichtwidriges Verhalten statuiert werden“*.[504] Wie bereits ausgeführt, mag dies dem Ausgleichszweck des Schadensersatzrechts zwar widersprechen, begründet jedoch nicht das Erfordernis eines RWZ – auch nicht unter zusätzlichem Verweis auf die Schadensverhütungsfunktion von Verhaltensnormen als Ausprägung des Steuerungsgedankens. *Erb* ist darin zuzustimmen, dass der wiederkehrend zu findende Verweis auf die Steuerungs- und Präventionsfunktion von Verhaltensnormen und die Vermeidbarkeit eines Schadenserfolgs, in verschiedenen Ausprägungen, zum Teil unter Einbeziehung der Ausgleichsfunktion des Schadensersatzrechts, das Erfordernis eines RWZ nicht überzeugend zu begründen vermag.[505]

---

502 *Studhalter*, Hypothetische Kausalverläufe, 1995, S. 214 f.
503 *Studhalter*, Hypothetische Kausalverläufe, 1995, S. 266.
504 *Studhalter*, Hypothetische Kausalverläufe, 1995, S. 267.
505 *Erb*, Rechtmäßiges Alternativverhalten, 1991, S. 90.

H. Das Begründungsmodell Erbs

I. Die normative Korrespondenz

1. Eine „zweispurige Unrechtskonzeption“

Pointiert festgehalten, fordert *Erb* – in Anbindung an die Strafrechtslehre *Krümpelmanns* – auch für die zivilrechtliche Schadensersatzhaftung die Korrespondenz einer Verhaltensnorm, also einer Verhaltenspflicht des Schädigers, mit einer entsprechenden Anspruchsnorm, dem Schutzanspruch des Opfers.[506] Dies basiert auf der Vorstellung des erforderlichen – zivilrechtlichen – Unrechts, jedenfalls für Haftungsnormen wie §§ 823 Abs. 1, 280 Abs. 1 BGB, als *„zweispurige“* Konzeption, nach der nicht nur ein Verhaltenspflichtverstoß, sondern auch *„die Entwicklung des Geschehens aus der Perspektive des Opfers einer wertenden Betrachtung“* zu unterziehen ist.[507]

> *„Die Verwirklichung vollen (also Handlungs- und Erfolgskomponente umfassenden) Unrechts liegt dann vor, wenn der Pflichtverletzung des Täters auf der Opferseite gerade die Verletzung des auf Einhaltung dieser Pflicht gerichteten Anspruchs gegenübersteht. Wenn dagegen Anspruch und Pflicht nicht korrespondieren, so scheidet eine Zurechnung als volles Unrecht aus.“*[508]

Diese Korrespondenz sei nur gegeben:

> „[...] *wenn aus dem Blickwinkel der nachträglich unter Verwertung aller bekanntgewordenen Tatsachen rekonstruierten Situation zur Tatzeit der ‚Anspruch‘ dadurch Gestaltungskraft und damit Normqualität entfaltete, daß seine gerade in der Befolgung der korrespondierenden Pflicht liegende Erfüllung die Situation des Rechtsgutes verbessern konnte.“*[509]

Erb will – soweit möglich – eine ex ante Perspektive einnehmen und aus dieser heraus beurteilen, ob die Normbefolgung die Chancen eines Rechtsguts auf Verletzungsfreiheit konkret erhöht hätte. In *Erbs* Konzept geht es um eine Wahrscheinlichkeitsbetrachtung. Übertragen auf den Radfahrer-Fall wäre zu formulieren: Würde die Befolgung der Abstandspflicht

---

506 *Erb*, Rechtmäßiges Alternativverhalten, 1991, S. 146.
507 *Erb*, Rechtmäßiges Alternativverhalten, 1991, S. 146.
508 *Erb*, Rechtmäßiges Alternativverhalten, 1991, S. 147.
509 *Erb*, Rechtmäßiges Alternativverhalten, 1991, S. 190.

(= Verhaltensgebot) die Chancen des Radfahrers auf Unversehrtheit beim Überholen aus ex ante Perspektive erhöhen (= Schutzanspruch)? Strukturell bejaht *Erb* eine Ähnlichkeit mit der *„Vermeidbarkeitstheorie"*.[510] Er führt das Erfordernis der Vermeidbarkeit – bei ihm verkörpert durch die ex ante Perspektive und das Wahrscheinlichkeitsurteil über eine Chancenverbesserung bei Einhaltung der Verhaltenspflicht – über den Schutzanspruch ein. Während die Verhaltenspflichten im Grundsatz weitgehend anerkannt sind, ist der Schutzanspruch ein weniger bekanntes Konstrukt. Diesen folgert *Erb*, ausgehend von einer strafrechtlichen Konzeption *Krümpelmanns*, daraus, dass es *„Unrechtsformen"* gebe, *„die nur aus der Erfolgs- und nicht aus der Handlungsperspektive dargestellt werden können."*[511] Dafür bezieht sich *Erb* auf Situationen, in denen die Rechtsordnung dem Handelnden zwar kein besonderes Verhalten vorschreibe, aber dem Gefährdeten Gegenrechte gewähre, weil es ihn als schutzbedürftig wahrnehme. Hierzu führt er – im Bereich des Zivilrechts – etwa § 1004 Abs. 1 S. 2 BGB an, bei dem eine Handlung *„nicht notwendigerweise sorgfaltswidrig zu sein braucht"*, sowie das Selbsthilferecht nach § 858 BGB.[512] Davon ausgehend konstruiert *Erb* einen grundsätzlich als Unrechtsbestandteil anzuerkennenden Schutzanspruch aus der Opferperspektive.

2. Normtheoretische Fundierung

Erb knüpft weitergehend an grundlegende Ausführungen *Kaufmanns* an, der wiederum an *Bindings* Normentheorie anknüpft.[513] Damit versucht *Erb*, sein Konzept auf ein stärkeres, normtheoretisches Fundament zu stützen. Demnach ist der einzige *„Zweck der Norm* [...] *bestimmte Handlungen wegen ihrer rechtsschädlichen Natur oder Wirkung zu verbieten, andere wegen ihrer Unentbehrlichkeit anzubefehlen."*[514] Es liege im Wesen jeder Norm, dass sie wirken *„will"* und nicht:

---

510 *Erb*, Rechtmäßiges Alternativverhalten, 1991, S. 200.

511 *Erb*, Rechtmäßiges Alternativverhalten, 1991, S. 166.

512 *Erb*, Rechtmäßiges Alternativverhalten, 1991, S. 167.

513 *Erb*, Rechtmäßiges Alternativverhalten, 1991, S. 162: *„Als Ausgangspunkt der Überlegungen dient die Ableitung der Normen aus der Stufenfolge der Wertungen nach Armin Kaufmann."*; *Kaufmann*, Lebendiges und Totes in Bindings Normentheorie, 1954, S. 74.

514 *Kaufmann*, Lebendiges und Totes in Bindings Normentheorie, 1954, S. 76.

> „[...] *nur abstraktes Gedankenbilde zu bleiben, sondern befolgt zu werden. Nur dieser Beziehung auf die Verwirklichung wegen werden überhaupt Normen gedacht und aufgestellt; wo dieses teleologische Moment fehlt, mag es beim Werturteil bewenden.*“ [515]

Daran anknüpfend, führt *Kaufmann* aus:

> *„Es ist also kein verfehlter Psychologismus Bindings, wenn er die Norm in dieser äußeren Realität in seine Theorie einbezieht* [...] *Es ist der Mangel jeder am Satze haftenden ‚juristischen Formallogik‘, vor diesem Gedanken zurückzuschrecken.*“[516]

Anders ausgedrückt darf man, mit *Kaufmann* betrachtet, den gesellschaftlich-gestaltenden Zweck von Normen nicht außer Acht lassen, will man sich nicht in ausschließlich formellen Aspekten verstricken. Auf dieser Grundlage betrachtet *Erb* die Zivilrechtsordnung, die in bestimmten Fällen *„ebensowenig wie bei Naturereignissen in der Lage“* sei *„die Situation des bedrohten Rechtsguts zu verbessern.“*[517] In Fällen des fehlenden RWZ sei *„durch die Wahl des erlaubten Verhaltens durch den Täter* [...] *für den Betroffenen nichts gewonnen.“*[518] Dies ändere zwar nichts an der Geltung der Verhaltensnormen, bedeute aber, dass nicht das volle Unrecht, im Sinne von Verhaltens- und Erfolgsunrecht, verwirklicht werde, weil es an einer hinreichenden Beziehung des Verhaltens mit dem Schadenserfolg fehle. Vielmehr müssten jeweils eine Verhaltensnorm und ein Schutzanspruch korrespondieren:

> *„Es geht darum, daß eine Norm nur insoweit wirken kann, als sie eine Gestaltungsmöglichkeit hinsichtlich eines bevorstehenden Geschehens besitzt. Nichts anderes besagt einerseits die Plausibilitätserwägung, daß es vernünftigerweise nicht Zweck einer Vorschrift sein kann, Geschehensabläufe zu steuern, die sie jedenfalls so gar nicht steuern kann, daß dadurch dem zu schützenden Rechtsgut gedient wäre.“*[519]

Erb wählt – strukturell ähnlich wie *Münzberg* und *Gotzler* – eine teleologische Normzweckbetrachtung, in welche er die Steuerungsfunktion von Verhaltenspflichten einbezieht:

---

515 *Kaufmann*, Lebendiges und Totes in Bindings Normentheorie, 1954, S. 76.
516 *Kaufmann*, Lebendiges und Totes in Bindings Normentheorie, 1954, S. 76.
517 *Erb*, Rechtmäßiges Alternativverhalten, 1991, S. 169.
518 *Erb*, Rechtmäßiges Alternativverhalten, 1991, S. 170.
519 *Erb*, Rechtmäßiges Alternativverhalten, 1991, S. 214.

> *„Da die Verhaltensnorm Rechtsgüter nur durch das Zusammenwirken mit dem korrespondierenden Anspruch schützen kann, kann sie nicht die Steuerung von Situationen bezwecken, in denen dieses Zusammenwirken nicht gegeben ist."*[520]

Wenngleich *Erb* nicht die Geltungskraft von Verhaltensnormen als solche anzweifelt, geht er doch davon aus, dass sich aus dem Geltungs- oder Steuerungsanspruch heraus ein besonderer *„funktionaler Zusammenhang zwischen der Mißachtung der Norm, der Verletzung des Schutzanspruches und damit letztlich der Rechtsgutsverletzung"* ergebe und so *„eine Brücke vom Handlungs- zum Erfolgsunrecht"* vorliege.[521]

Diese *„Brücke"*[522] zwischen Verhalten und Erfolg muss für *Erb* bestehen, um volles Unrecht zu bejahen. Ansonsten:

> „[...] *haben wir es im Grunde genommen mit einer Kombination von reinem Handlungsunrecht und Unglück zu tun* [oder] *mit beziehungslos nebeneinanderstehendem reinem Handlungs- und reinem Erfolgsunrecht, das dem Täter mangels innerer Verbindung mit seiner Sorgfaltswidrigkeit nicht zugerechnet werden kann.*"[523]

II. Kritik des Konzepts

Erbs normtheoretisch fundiertes Konzept erscheint zunächst in sich schlüssig. Seine Folgerungen sind jedoch bei genauerer Betrachtung weniger zwingend, als der erste Anschein es nahelegt.

1. Überbetonung des zivilrechtlichen „Unrechts"

Deutlich ist zunächst, wie stark das Konzept in der Verhaltensunrechtslehre wurzelt. So ist für *Erb* die (zweispurige) zivilrechtliche Unrechtskonzeption entscheidend, die seiner Ansicht nach nicht nur Handlungs- und Erfolgsunrecht verlangt, sondern auch eine Korrespondenz von Verhaltens-

520 *Erb*, Rechtmäßiges Alternativverhalten, 1991, S. 215, dort Fn. 498.

521 *Erb*, Rechtmäßiges Alternativverhalten, 1991, S. 169.

522 *Erb*, Rechtmäßiges Alternativverhalten, 1991, S. 169.

523 *Erb*, Rechtmäßiges Alternativverhalten, 1991, S. 170, Verweis für das Zivilrecht auf S. 233.

pflicht und Schutzanspruch.[524] Wenngleich die Perspektive mit der ex ante Sicht eine andere ist, fordert er eine Form von *Vermeidbarkeit* des Verletzungs- oder Schadenserfolgs. Wiederum lässt sich hier die kritische Frage stellen, weshalb der zivilrechtlichen Rechtswidrigkeit eine derart entscheidende Rolle zukommen soll. Man kommt zwangsläufig wieder zu der semantischen Frage des Werturteils, die eng mit der Vorstellung von Verhaltenspflichten als klarem Steuerungsprogramm verwoben ist. Es ist bereits angeführt worden, dass man die zivilrechtliche Rechtswidrigkeit wertneutral verstehen kann. Dies gilt selbst dann, wenn man einen Steuerungsanspruch der Verhaltenspflichten bejaht.[525] Insbesondere die zunehmende Einbeziehung abstrakter Wertungskriterien in die Herleitung und Konkretisierung von Verkehrspflichten verdeutlicht, dass die individuelle Vorwerfbarkeit bei der Frage der Haftung in den Hintergrund rückt. Für das Strafrecht mag die Frage anders zu entscheiden sein, im Zivilrecht ist ein wertneutrales Verständnis der Rechtswidrigkeit mit guten Gründen vertretbar.

2. Die Schwäche des Steuerungsgedankens

Ebenso bleibt unklar, weshalb die Steuerungsfunktion von Verhaltenspflichten, die sich bei *Erb* zusätzlich in einem mit der Verhaltenspflicht korrespondierenden Schutzanspruch aus Opferperspektive ausdrückt, im Sinne eines Gestaltungsanspruchs Auswirkungen auf die Zurechnung und letztendlich die Haftung entfalten soll. Ähnlich wie bei *Münzberg* und *Gotzler*, legitimiert sich die Haftung für *Erb* im Wesentlichen aus der Steuerungsfunktion. Dort, wo eine schadensverhütende Steuerung – im Einzelfall – nicht möglich ist, sei demnach eine Haftung nicht angebracht. Dieser Gedanke liegt *Erbs* Ausführungen eindeutig zu Grunde, wenn er im zentralen Teil seiner Ausführungen für den „*Zusammenhang zwischen beiden Komponenten*“, also von „*Verhaltensnorm und Schutzanspruch*“ festhält:

---

524 *Erb*, Rechtmäßiges Alternativverhalten, 1991, S. 221: „*Die Übertragung unseres auf dem Gebiet des Strafrechts entwickelten Zurechnungsmodells auf das Zivilrecht setzt voraus, daß die dort einschlägigen Begründungen auch hier Gültigkeit beanspruchen können.*“.

525 *Jansen*, AcP 202 (2002), 517 (535): „*Denn Schadensersatzansprüche können das Verhalten von Menschen indirekt steuern, wenn sie als Preise für gefährliches Verhalten wahrgenommen werden.*“.

> „*Das besondere Zusammenspiel von Pflicht und Anspruch bei Unrecht* [...] *beruht* [auch] *darauf, daß in den einschlägigen Fällen die tatsächliche Gestaltungskraft des Anspruchs* [...] *durch den Spielraum, den die Verhaltensnorm als Sollenssatz eröffnet* [vermittelt wird.]“[526]

Damit meint *Erb* den Spielraum im Sinne einer Chance für das Opfer, dass die Verletzung oder der Schaden vermieden wird. Für die Zurechnung und Haftung sei es demnach entscheidend, dass eine erfolgreiche Verhaltenssteuerung – im Einzelfall – möglich ist. Abgesehen von der ex ante Perspektive und der Einbeziehung von Wahrscheinlichkeitsbetrachtungen, ähnelt dieses Konzept somit stark demjenigen *Gotzlers*. Es wurde bereits ausgeführt, dass diese Sichtweise nicht zwingend ist. *Erb* selbst beschreibt bei seiner Kritik der Vermeidbarkeitstheorien zutreffend, dass sich das Argument:

> „[...] *der Geschädigte dürfe keinen Vorteil aus der Tatsache ziehen, daß der Schaden* [...] *zufällig auf rechtswidrige Weise bewirkt wurde, auch dahingehend umkehren* [lässt], *daß es keinen Grund gibt, den Verletzten auf dem Schaden, den er durch rechtswidriges Verhalten erlitten hat, deshalb sitzenzulassen, weil für den Schädiger zufällig die Möglichkeit bestand, diesen rechtmäßig zu verursachen.*“.[527]

Wiederum sollte man sich vor Augen führen, dass der konkrete Schaden bereits entstanden ist. Die Steuerungsfunktion der Verhaltenspflicht hat sich in diesem Stadium *für den Einzelfall erledigt*, es geht nunmehr um die Zuordnung eines entstandenen, nicht mehr präventiv vermeidbaren Nachteils. Dabei spielen Präventionserwägungen (im Hinblick auf zukünftige, potenzielle Schadensfälle) eine berechtigte Rolle, sprechen jedoch insofern nicht *für*, sondern eher *gegen* einen Haftungsausschluss. Denn die Steuerungsfunktion im Sinne zukünftiger Abschreckung würde allenfalls dann gefördert werden, wenn der Schädiger haftet (obschon er hypothetisch rechtmäßig die gleichen Folgen hätte verursachen können). Es bleibt unklar, wieso die Steuerungsfunktion zur entlastenden Berücksichtigung des rechtmäßigen Alternativverhaltens zwingen sollte. Ebenso *„gleichen sich zwar normgemäßes und normwidriges Verhalten in Hinblick auf ihre Schadensaffinität, sie unterscheiden sich aber durch das Merkmal der Normwidrigkeit.“*[528] Darüber hilft die normtheoretische Fundierung nicht hinweg. Die Verhal-

526 *Erb*, Rechtmäßiges Alternativverhalten, 1991, S. 169.
527 *Erb*, Rechtmäßiges Alternativverhalten, 1991, S. 86.
528 *Gotzler*, Rechtmäßiges Alternativverhalten, 1977, S. 91.

tensnorm als solche, kann man übereinstimmend mit Kaufmann festhalten, entfaltet einen unbedingten Geltungsanspruch, *„die Norm wird ausgesprochen, um das Normsubjekt damit anzusprechen.“*[529] Diesem Geltungsanspruch kann nicht dadurch Rechnung getragen werden, dass eine Haftung in bestimmten Fällen *verneint* wird. Es ist wiederum nur möglich, kritisch darauf hinzuweisen, dass man so aber einen überkompensatorischen Sanktionscharakter zumindest in manchen Fällen anerkennen müsste und dieser der Ausgleichsfunktion des Schadensersatzrechts widerspräche. Diese Ausgleichsfunktion ist jedoch in § 249 Abs. 1 BGB angelegt, kann als Element der Schadensberechnung berücksichtigt werden und ist als solche kein zwingendes Argument für die Begrenzung bereits der Haftungszurechnung. Dies erkennt *Erb*, sodass er es vermeidet, auf die Ausgleichsfunktion zur Begründung seines Konzepts abzustellen.[530] Er führt lediglich aus, dass sein Konzept der Ausgleichsfunktion zumindest diene und nicht widerspreche.[531] Allerdings bleibt unklar, wie genau *Erb* den für seine Unrechtskonzeption notwendigen Zusammenhang zwischen der Wirkung der verhaltenssteuernden Normen und der Haftungszurechnung konstruieren will.

3. Gefahr zunehmender Rechtsunsicherheit

Darüber hinaus ist aus der zivilrechtlichen Prozesssituation heraus das Abstellen auf ex ante zu beurteilende Schadenswahrscheinlichkeiten und deren Verringerung durch normgemäßes Verhalten dazu geeignet, erhebliche Rechtsunsicherheit in die Auseinandersetzungen zu tragen. Das Modell der normativen Korrespondenz würde einem überkomplexen Parteivortrag Vorschub leisten. Denn *Erb* sieht vor, dass der Schädiger:

> „[...] *zwar nicht das Fehlen einer Chancenverringerung* [beweisen muss] *aber immerhin das Vorliegen atypischer Umstände* [...] *Eine Entlastung* [...] *kommt also nur dann in Betracht, wenn der Schädiger die ernsthafte Möglichkeit nachweist, daß aufgrund atypischer Umstände die Normbefolgung für das betroffene Rechtsgut objektiv nutzlos gewesen wäre. Erst dann trifft den Geschädigten die volle Beweislast dafür, daß bei rmAV die Chancen des Rechtsgutes ex ante größer gewesen wären.*“[532]

529 *Kaufmann*, Lebendiges und Totes in Bindings Normentheorie, 1954, S. 76.
530 *Erb*, Rechtmäßiges Alternativverhalten, 1991, S. 87.
531 *Erb*, Rechtmäßiges Alternativverhalten, 1991, S. 234 ff.
532 *Erb*, Rechtmäßiges Alternativverhalten, 1991, S. 241 f.

So wird der Schädiger zahlreiche Indizien für atypische Umstände vortragen und einen möglichst komplexen Fall schildern – auch dann, wenn die Sachlage tatsächlich vergleichsweise simpel ist. Mit der sekundären Darlegungs- und Beweislast für eine Erhöhung von Rettungschancen wird schließlich ein Feld eröffnet, das für das entscheidende Gericht einen erheblichen Bewertungsspielraum enthält. Zur richterlichen Überzeugung muss dann nicht feststehen, dass ein Erfolg mit Sicherheit bei rechtmäßigen Verhalten eingetreten wäre. Es genügt vielmehr, dass Chancen verbessert worden wären. Insgesamt wird die Gefahr undurchschaubarer Gerichtsentscheidungen mit dem Modell der normativen Korrespondenz gefördert. Eine gewisse Gleichförmigkeit und Nachvollziehbarkeit einer richterlichen Spruchpraxis ist jedoch ein nicht zu unterschätzender Wert, der für sich genommen der Verwirklichung von Gerechtigkeit im Sinne größtmöglicher Rechtssicherheit und Gleichheit Rechnung trägt.[533]

4. Zwischenergebnis

Zusammenfassend betrachtet ist *Erbs* Konzept nicht überzeugend. *Erb* betont die Steuerungsfunktion von Verhaltenspflichten allgemein, also von deliktischen Verkehrspflichten, sowie wie die zivilrechtliche Rechtswidrigkeit als negatives Werturteil zu stark. Darüber hinaus bleibt unklar, weshalb die Bejahung einer Schadensersatzhaftung nur dann legitim sein soll, wenn die im Einzelfall betroffenen Verhaltensnormen einen Schaden hypothetisch hätten verhindern können. Die Steuerungsfunktion als solche im Sinne eines normtheoretisch fundierten Gestaltungsanspruchs für den Einzelfall bleibt davon unberührt, ob man eine Haftung – ist ein Schaden erst einmal entstanden – bejaht oder verneint. Die Bejahung einer Haftung würde – im Sinne einer in die Zukunft gerichteten Abschreckung – die Präventionswirkung von Verhaltenspflichten sogar eher stärken.

I. Die Einordnung des Rechtswidrigkeitszusammenhang im Referenzrahmen der legitimierten Rechtsordnung

Nach der kritischen Bestandsaufnahme lässt sich festhalten, dass sich die Begründungsmodelle des RWZ wesentlich auf die Verhaltenssteuerungsfunktion des Schadensersatzrechts stützen. Dem liegt jedoch in dieser Aus-

---

533 Siehe unten § 4 B. I. und § 7 A. III.

prägung eine Vorstellung von Verhaltenspflichten als eindeutigen Vorgaben zugrunde, an denen sich die jeweiligen Adressaten zu orientieren haben. Insoweit sind die Begründungsmodelle allesamt stark in dem Gedankengut der Verhaltensunrechtslehre verwurzelt. Sofern in Einzelfällen die Verhaltenspflichten nicht dazu geeignet seien, durch Verhaltenssteuerung einen Schaden von bestimmten Rechtsgütern abzuwenden, weil die Erfüllung der Verhaltenspflicht zum selben Schaden geführt hätte, soll eine Haftung im Einzelfall ausscheiden. Dieser Gedanke wird bei *Münzberg* unter Rückgriff auf die Handlungsfreiheit und den Gleichheitssatz bemüht, bei *Gotzler* auf die Ausgleichsfunktion des Schadensersatzrechts gestützt und bei *Erb* schließlich auf einen normtheoretischen Geltungsanspruch von Normen. Dabei wird jedoch ein Zusammenhang der Verhaltenssteuerungsfunktion mit der Schadensersatzhaftung hergestellt, der nicht zu einer Anknüpfung an die legitimierte Rechtsordnung führt.

Wie beschrieben, lässt sich eine planvolle Präventionswirkung des Schadensersatzrechts systematisch überzeugend begründen und als ein Teil der legitimierten Rechtsordnung begreifen. Allerdings ist die Wahrnehmung jedenfalls von deliktischen Verkehrspflichten im Rahmen von § 823 Abs. 1 BGB als stets eindeutige Verhaltenspflichten für den Einzelfall unterkomplex. Aber auch darüber hinaus – etwa im Hinblick auf Vertragspflichten als Verhaltenspflichten – überzeugt die starke Betonung der Verhaltenssteuerung im Einzelfall konzeptionell nicht. Die allgemeine Präventionswirkung von Verhaltenspflichten würde durch die Anordnung einer Haftung in Fällen, in denen der Schaden unvermeidbar war, nicht gehemmt. Die Steuerungswirkung hat im Einzelfall bereits versagt und kann nicht mehr zum Tragen kommen. Es *stärkt*, umgekehrt, eine Abschreckungs- und damit Präventionswirkung für die Zukunft, wenn in jedem Falle eines Verstoßes die Haftung angeordnet wird – unabhängig von hypothetischen Einzelfallentwicklungen. Demnach kann es nicht überzeugen, allein aus der Präventionswirkung heraus die entlastende Berücksichtigung rechtmäßigen Alternativverhaltens zu folgern. Wie unter § 2 ausgeführt, soll die Rechtsordnung als eine Gesamtheit von aufeinander abgestimmten Regelungen und Grundsätzen verstanden werden. Ohne dass es überhaupt zu einem Konflikt verschiedener Grundsätze kommt, ist die entlastende Berücksichtigung rechtmäßigen Alternativverhaltens bereits aus einer singulären Präventions- und damit Steuerungsperspektive nicht konsequent. Über den Steuerungsgedanken hinausgehende, verbindliche Wertungen sind in diesem Kontext – abseits vom Ausgleichsgedanken – nicht ersichtlich. Die semantische Einfärbung des zivilrechtlichen Rechtswidrigkeitsurteils ist systematisch nicht zwingend. Allgemeine Gerechtigkeitserwägungen „evidenter" Natur stellen keinen Systembestandteil dar und sind insofern außer Acht zu lassen.

Sofern man weiter argumentiert, dass die Schadensersatzhaftung zu einem überkompensatorischen Sanktionsinstrument transformiert zu werden droht, spricht dies nicht für eine Verfassungswidrigkeit oder systematische Unangemessenheit mit Blick auf die *Steuerungsfunktion*. Allenfalls könnte man insofern die *Ausgleichsfunktion* des Schadensersatzrechts bemühen. Es bleibt dann jedoch unklar, in welchem Zusammenhang diese mit der Steuerungsfunktion von Verhaltenspflichten stehen soll.[534] Ein überzeugender Bedingungszusammenhang zwischen Ausgleichs- und Steuerungsfunktion lässt sich insoweit nicht herstellen. Hinter dem Bemühen, das Erfordernis eines RWZ zu begründen, stehen vielmehr Wertungen der Verhaltensunrechtslehre, nach denen schon das „Urteil" über die zivilrechtliche Rechtswidrigkeit eines Schädigerverhaltens einen Makel darstellt. War im Einzelfall eine Verhaltenspflicht, gegen die verstoßen wurde, nicht geeignet, den Schaden zu verhindern – so die Weiterführung des Gedankens – verbiete sich die vollständige Beurteilung des Verhaltens als rechtswidrig. Man versucht sich dadurch zu behelfen, dass man einen RWZ konstruiert und in eben jenen Fällen verneint. Dadurch wird das Rechtswidrigkeitsurteil gewissermaßen verlängert und zum Ausdruck gebracht, dass das rechtswidrige Schädigerverhalten im Einzelfall nicht für den Schaden „relevant" war. Wie bereits ausgeführt, gibt es jedoch keine durchschlagenden Gründe dafür, die Rechtswidrigkeit derart mit Wertungen aufzuladen. Somit vermögen es die untersuchten Modelle allesamt nicht, das Erfordernis eines RWZ aus der Steuerungsfunktion heraus überzeugend zu begründen.

J. Der Schutzzweck der Norm

Der Schutzzweck der Norm steht dem Steuerungsgedanken konzeptionell nahe. Bereits *Münzberg* stellt feinsinnig fest:

> „*Die Verwandtschaft* [des rechtmäßigen Alternativverhaltens] *mit dem Gedanken des ‚Schutzbereichs der Norm' ist unverkennbar, nur daß es hier nicht um den Schutz verschiedener Rechtsgüter und Personen geht und auch*

---

534 *Erb*, Rechtmäßiges Alternativverhalten, 1991, S. 85 f.: „*Auch bei Anerkennung der zugrundeliegenden Prämisse der ausschließlichen Schadensausgleichsfunktion des Zivilrechts muß diese Überlegung aber nicht zwingend zur Berücksichtigung der Berufung auf rmAV im Rahmen des RWZ führen.*".

nicht nur um verschiedene Schädigungsarten, sondern um das diffizilere Problem einer ganz besonderen konkreten Fallgestaltung."[535]

Wie im Folgenden ausgeführt, bietet die Schutzzwecklehre eine Möglichkeit der wertenden Zurechnung, die an gesetzgeberischen Zielsetzungen anknüpft. Der Gedanke eines besonderen Schutzzwecks – bezogen auf die Verhaltenssteuerung mit dem Fernziel der Schadensprävention – schwingt in den zuvor untersuchten Begründungsmodellen eindeutig mit. Der Schutzzweck als Zurechnungskonzept soll daher auf seine möglicherweise eigenständige Bedeutung für den RWZ hin näher untersucht werden.

I. Der Schutzzweck der Norm als Zurechnungskonzept

Zunächst soll der Schutzzweck der Norm als Konzept der Haftungszurechnung konkretisiert werden.

Wie bereits bei der begrifflich-konzeptionellen Konturierung betont, geht es bei der Schutzzwecklehre um eine *„teleologische Auslegung der Haftungsnorm.*"[536] Hinter der Lehre vom Schutzzweck der Norm steht der Gedanke, dass vertragliche wie auch deliktisch relevante Pflichten abschließend bestimmten Interessen dienen.[537] In der deutschen Zivilrechtsdogmatik prägte *Rabel* maßgeblich die Entstehung der Schutzzwecklehre, die er im Bereich vertraglicher Haftung entwickelte aber bereits auf § 823 Abs. 2 BGB übertrug.[538] *Rabel* bezieht sich in seinem grundlegenden Werk *„Das Recht des Warenkaufs*" auf die folgende Passage einer angelsächsischen Gerichtsentscheidung:

> *„The damage must be such as would flow from the breach of duty in the ordinary and usual course of things. That is the general rule, both in contract and in tort, except that in contract* ***the law does not consider as too remote such damages as were in the contemplation of the parties*** *at the time when the contract was made.*"[539]

Die *„remoteness of damage*" knüpft damit an einem Vorhersehbarkeitselement an, das mit bestimmten Wertungen aufgeladen ist. Insofern handelt es sich um eine Wertungsentscheidung. Diese Zurechnungsentscheidung

---

535 *Münzberg*, Verhalten und Erfolg, 1966, S. 135 f.

536 *Sourlas*, Adäquanztheorie und Normzwecklehre, 1974, S. 40.

537 *Lange*, in: Lange/Schiemann, Schadensersatz, 3. Aufl. 2001, § 3 IX. 1, S. 101.

538 *Rabel*, Das Recht des Warenkaufs, 1936, S. 502 f.

539 *Rabel*, Das Recht des Warenkaufs, 1936, S. 495, Hervorhebung durch Verfasser.

hängt nun wesentlich von den konkreten Parteierwägungen ab, also dem Vertrags*zweck*:

> *„Der generelle Schaden ist die natürliche Folge des typischen Vertrages. Der spezielle ist die natürliche Folge von besonderen, beiden Parteien bei Vertragsschluss bekannten Umständen* [...] *Der Vertrag gibt die Pflichten an, er zeigt, welche Interessen* [...] *der Schuldner gutzumachen hat.*“[540]

Daher, führt *Rabel* aus, seien nur solche Schäden zu ersetzen, die auf vertraglich geschützten Interessen beruhen, nicht aber *„alle denkbaren Folgen“* eines *„vertragswidrigen Tuns schlechthin“*.[541] Dies gelte nicht nur für den vertraglichen Bereich, sondern ließe sich strukturell auch auf das Deliktsrecht übertragen, da hier eine Verletzung von Pflichten – wenngleich eher gesetzlichen Pflichten – der Anknüpfungspunkt der Haftung sei. Für den Bereich des § 823 Abs. 2 BGB hält *Rabel* unter Verweis auf die Protokolle zum BGB fest, der Richter sei jeweils dazu angehalten *„aus dem Inhalt des verletzten Gesetzes zu ermitteln, welche Interessen durch dasselbe geschützt werden sollen.*“[542] *Rabels* grundlegende Ausführungen verdeutlichen, dass die Schutzzwecklehre eine Auslegungsform ist. Die Wertungsoffenheit und die vertraglichen oder gesetzlichen Grenzen selbiger mögen umstritten sein, rechtstechnisch betrachtet muss aber eine Form von Interpretation stattfinden. Dabei bleibt häufig im Dunkeln, welche Norm genau Gegenstand der Auslegung ist: Die Haftungsnorm, etwa § 823 Abs. 1 BGB, oder aber die konkrete Verhaltenspflicht.[543] Effektiv geht es jedenfalls um eine Begrenzung der Haftungsnorm in ihrer Wirkung, jedoch – insbesondere bei mittelbaren Verletzungshandlungen – meist gemessen an dem Maßstab der konkreten Verhaltensnormen, gegen die verstoßen wurde.[544] Insoweit ist die Gestalt der Schutzzwecklehre im Kern eine solche der Auslegung. Allerdings ist weitgehend anerkannt, dass allgemeinere Wertungskriterien ihren Platz in dem Konzept finden.[545] Daher ist vor allen Dingen

---

540 *Rabel*, Das Recht des Warenkaufs, 1936, S. 496.

541 *Rabel*, Das Recht des Warenkaufs, 1936, S. 496.

542 *Rabel*, Das Recht des Warenkaufs, 1936, S. 496.

543 *Lang*, Normzweck und Duty of Care, 1983, S. 33; *Sourlas*, Adäquanztheorie und Normzwecklehre, 1974, S. 172.

544 *Sourlas*, Adäquanztheorie und Normzwecklehre, 1974, S. 172; *Schiemann*, in: Staudinger, Neubearbeitung 2017, § 249 BGB, Rn. 27.

545 *Lange*, in: Lange/Schiemann, Schadensersatz, 3. Aufl. 2001, § 3 IX 1, S. 101 m.w.N.: *„In den Begriff der Schutzzwecklehre sind auch weitergehende Fragestellungen mit einbezogen worden. Es wird nicht nur aus der einzelnen Norm und aus der jeweiligen vertraglichen oder gesetzlichen Verhaltenspflicht argumentiert, sondern auch eine Aufstellung allgemeiner Regeln gefordert.*“.

der Charakter der Schutzzwecklehre als stark normatives Zurechnungskriterium zu betonen. Dieses normative Kriterium dient dazu, insgesamt angemessene oder gerechte Ergebnisse innerhalb des geltenden Systems zu finden, indem verschiedene Wertungen in die Konturierung des Schutzzecks einbezogen werden:

> *„Aus diesem Zusammenhang wird die Bedeutung der Normzwecklehre klarer: Sie erfaßt besser als jedes andere, vielleicht quantitative Zurechnungskriterium das normative Element der Zurechnung, indem sie diese am Sinn und Zweck der konkret vom Täter verletzten Pflicht orientiert.“*[546]

Kritisch könnte man die Schutzzwecklehre damit als *„Arbeitsprogramm“*[547] bezeichnen. Grundsätzlich ist es richtig, dass es sich zumindest um ein *„Auslegungsproblem besonderer Art“* handelt, bei dem zahlreiche Wertungen einfließen und ein gewisser richterlicher Entscheidungs- und Wertungsspielraum nicht verneint werden kann.[548] Darüber hinausgehend kann man die Schutzzwecklehre insgesamt als *„offen formulierte allgemeine Zurechnungsregel“* verstehen.[549] Für die bisherige und weitere Untersuchung ist festzuhalten, dass die Schutzzwecklehre jedenfalls in der praktischen Anwendung erfordert, dass ihre Ergebnisse als Auslegungsergebnisse formuliert werden, der Ausgangspunkt in bestimmten Zwecken liegen muss, aus denen Schlussfolgerungen dahingehend gezogen werden können, ob die Haftung für ein bestimmtes Vorkommnis angemessen ist, oder nicht. Man unterliegt insofern einem systemischen Anknüpfungsgebot, das sich nicht unbedingt auf die konkrete Vertrags- oder Verhaltenspflicht beschränkt, jedoch zumindest an dieser orientiert ist:

> *„Mit formelhaften Begründungen [...] darf sich der Richter jedenfalls nicht begnügen. Wenn er dies beachtet, ist schon viel erreicht. [...] die Schutzbereichslehre ist Arbeitsprogramm; sie führt zwar in die Entscheidung ‚hinein‘, aus dem von ihr näher bestimmten Interessen- und Güterkonflikt ‚heraus‘ führt aber nur die eigene Wertung des Richters.“*[550]

Diese grobe Skizzierung der Schutzzwecklehre als Instrument oder Zurechnungsprogramm verdeutlicht zugleich, dass die Schutzzwecke bestimmter Normen sich nicht ohne Weiteres offenbaren, sondern wertend

546 *Sourlas*, Adäquanztheorie und Normzwecklehre, 1974, S. 162.

547 *Keuk*, Vermögensschaden und Interesse, 1972, S. 225; *Lang*, Normzweck und Duty of Care, 1983, S. 37.

548 *Lang*, Normzweck und Duty of Care, 1983, S. 35.

549 *Lang*, Normzweck und Duty of Care, 1983, S. 41.

550 *Lang*, Normzweck und Duty of Care, 1983, S. 116.

erarbeitet werden müssen. Letztendlich muss häufig nach „*Gesichtspunkten der praktischen Vernunft* [...] *kurz nach ‚common sense'*" entschieden werden.[551] Sofern Schutzzweckerwägungen geltend gemacht werden, um bestimmte Entscheidungen zu begründen, sind diese stets kritisch zu hinterfragen. Ein Verweis allein auf das Arbeitsprogramm als solches ersetzt keine dezidierte Auseinandersetzung mit den im Einzelfall maßgeblichen Wertungen.

II. Begründung des Erfordernisses eines Rechtswidrigkeitszusammenhangs durch die Schutzzwecklehre

Möglicherweise lässt sich das Erfordernis des RWZ mit Schutzzweckerwägungen begründen. Dafür muss man sich der Frage, ob hypothetische Entwicklungen zu berücksichtigen sind, aus der Perspektive von Vertrags- oder Verhaltenspflichten nähern.

1. Der allgemeine Schutzzweck von Verhaltenspflichten

a) Begrenzung des Normzwecks bei Einzelfallversagen

Man könnte den bereits angedeuteten Gedanken heranziehen, dass jede Verhaltensnorm Rechtsgutsverletzungen oder Schäden, die sie nicht verhindern kann, grundsätzlich nicht verhindern wolle, diese mithin außerhalb ihres Schutzbereichs lägen. Insofern müsse eine Zurechnung ausscheiden. Eine derartige Andeutung des Schutzzweckgedankens findet sich sowohl bei *von Caemmerer*, als auch bei *Münzberg* und schließlich bei *Erb*. Dabei bleibt jedoch zunächst noch offen, *weshalb* sich dies aus dem Zweck der Verhaltensnorm ergeben sollte. *Von Caemmerer* liefert in seinem grundlegenden Vortrag keine tiefergehende Begründung für die Maßgeblichkeit des Schutzzwecks „*der verletzten Norm*".[552] Hinzuweisen ist jedoch darauf, dass *von Caemmerer* sich nicht ausschließlich auf die jeweils verletzte Verhaltens-, Vertragspflicht oder Norm bezieht, sondern weitergehend auf „*Sinn und Funktion der Schadensersatzregelung*" allgemein und damit – zumindest andeutungsweise – auf die Ausgleichsfunktion.[553] Damit wird

551 *Lang*, Normzweck und Duty of Care, 1983, S. 116.
552 *Von Caemmerer*, Das Problem der überholenden Kausalität, 1962, S. 31.
553 *Von Caemmerer*, Das Problem der überholenden Kausalität, 1962, S. 31.

deutlich, dass schon zu Beginn der Auseinandersetzung mit dem Problem rechtmäßigen Alternativverhaltens in der Ausgleichsfunktion – zutreffender Weise – eine Grundlage für dessen Lösung gesucht wurde. Die bereits bei *von Caemmerer* angelegte Verbindung mit Zurechnungs- und Schutzzweckerwägungen, sowie der konkret verletzten Verhaltenspflicht ist jedoch nicht überzeugend. Warum *von Caemmerer* hier nicht die Ausgleichsfunktion konsequent bis zu ihrem Ursprung in § 249 Abs. 1 BGB verfolgt, ist unklar. Ein Erklärungsversuch könnte damit gegeben werden, dass *von Caemmerer* in eben jenen Gedankenmustern der Verhaltensunrechtslehre fest verhaftet geblieben ist, die er maßgeblich mitgeprägt hat. Demnach stellte sich für ihn die Frage der Schadensberechnung nicht mehr, ist doch bereits die Haftungsbegründung abzulehnen. Bereits auf einer früheren (Zurechnungs-)Ebene ist es elementar für ihn, den RWZ und damit zugleich das – angebliche – Werturteil auszuschließen.

Demgegenüber bezieht sich *Münzberg* nicht auf den Schutzzweck der jeweils verletzen Verhaltenspflicht, sondern den „*Grundgedanken*" des „*Haftungstatbestandes*", also etwa von § 280 Abs. 1 oder § 823 Abs. 1 BGB und nimmt – wie bereits analysiert – eine teleologische Auslegung der Haftungstatbestände vor, soweit sie an der Rechtswidrigkeit eines Verhaltens anknüpfen.[554] Indes wurde bereits ausgeführt, weshalb dieses Konzept nicht überzeugt. Insoweit ist es nicht weiterführend, auf den allgemeinen Schutzzweck der Haftungstatbestände zu verweisen. Das Abstellen auf den Schutzzweck ist lediglich eine deskriptive Umschreibung desselben Vorgangs einer telelogischen Interpretation, den *Münzberg* vornimmt. Für seine Auslegung bleiben aber die – im Einzelfall nicht tragfähige – Steuerungsfunktion des Schadensersatzrechts, sowie die unzureichende verfassungsrechtliche Perspektive zentral.

Erb drückt sein Konzept der normativen Korrespondenz ebenfalls mit Schutzzweckerwägungen aus:

> „*Es geht darum, daß eine Norm nur insoweit wirken kann, als sie eine Gestaltungsmöglichkeit hinsichtlich eines bevorstehenden Geschehens besitzt* [...] *Die Erwägung, der zum Schaden führende Verlauf liege nicht im Schutzbereich der Norm, läßt sich insoweit im Grunde genommen aus dem Fehlen der normativen Korrespondenz ableiten und ist damit sekundärer Natur.*"[555]

---

554 *Münzberg*, Verhalten und Erfolg, 1966, S. 137.
555 *Erb*, Rechtmäßiges Alternativverhalten, 1991, S. 215.

Damit gilt auch für *Erb*, dass eine Übersetzung seines Modells in reine Schutzzweckerwägungen – im Sinne einer teleologischen Betrachtung von Verhaltenspflichten und dem Schadensersatzrecht – zwar möglich ist, aber nicht weiterführt. Bleibt es bei der bereits geäußerten Kritik an seinem Konzept, wird durch den Schutzzweckgedanken *kein zusätzliches Argumentationsmaterial* geliefert. Erkennt man das Erfordernis der normativen Korrespondenz nicht an, so ist nicht erklärt, weshalb der Schutzbereich der Norm nur so weit reichen soll, wie sie im Einzelfall wirken kann.

Fraglich bleibt, ob man den angeführten Gedanken, eine Norm wolle Verletzungen oder Schäden, die sie nicht verhindern kann, nicht verhindern, unabhängig von den analysierten Begründungsmodellen – allgemein – fruchtbar machen kann. So konstatiert *Hanau*, der *„gemeinsame Nenner“* von Schutzzweckerwägungen und dem RWZ liege eben darin, dass eine Norm oder Verhaltenspflicht vernünftigerweise nicht auf etwas Unmögliches abziele.[556] Insoweit klingt die folgende Überlegung plausibel: Der vernünftige Normgeber würde nicht versuchen, Unmögliches zu regeln. Erst recht müsse dies für einen verobjektivierten, vernünftigen Norm- oder Gesetzgeberwillen gelten. Man müsste die Verhaltenspflichten demnach immer so verstehen, dass sie für Fälle, in denen sie einen Verletzungs- oder Schadenserfolg nicht verhindern können, von vornherein kein bindendes Verhaltensgebot aufstellen. Ansonsten würden sie – unsinniger Weise – auf etwas Unmögliches abzielen. Allerdings darf man bei dieser Betrachtung wiederum die typisierende ex ante Perspektive nicht außer Acht lassen, die bei der Konstituierung von Verhaltenspflichten – in welcher Form auch immer – maßgeblich ist. Geht es um die Verhinderung zukünftiger Gefahren, ist diese Perspektive zwingend. Vor diesem Hintergrund kann allenfalls der Umstand:

> „[...] *daß ein bestimmter Schade* ***regelmäßig*** *auch durch rmAV herbeigeführt wird, Anlaß zu Erwägungen sein* [...] *ob die Verhinderung derartiger Schäden sinnvollerweise noch als Zweck der Norm anzusehen ist.*“[557]

Dies setzt jedoch eine gewisse Prognostizierbarkeit heraus, die in vielen Fällen, in denen es an einem RWZ fehlt, gerade nicht gegeben ist.

---

556 *Hanau*, Kausalität der Pflichtwidrigkeit, 1971, S. 70.

557 *Erb*, Rechtmäßiges Alternativverhalten, 1991, S. 89, Hervorhebung durch Verfasser.

b) Die notwendige Allgemeinheit gesetzlicher Verhaltenspflichten

Bei außergewöhnlichen Fällen kann man nicht ohne Weiteres davon ausgehen, dass sie vom (verobjektivierten) Normgeber ex ante erfasst und als Ausnahme von einer Verhaltenspflicht anerkannt wurden. Eher käme es einer Kapitulation des Normgebers gleich, anzunehmen, er wolle in allen Fällen, in denen aufgrund außergewöhnlicher Umstände eine Verhaltenspflicht versagt hat, diese bereits im Grundsatz nicht gelten lassen. Realistischer und zweckgerichteter ist die Vorstellung, dass Verhaltenspflichten mit ihrer notwendigen Typisierung *unbedingt* gelten sollen. Dabei nimmt der vernünftige Normgeber automatisch auch in Kauf, dass die Regelung in Einzelfällen an ihre Grenzen stoßen könnte. Es ist ihm jedoch nicht möglich, von einer gewissen Typisierung abzuweichen, will er sich nicht in unüberschaubarem Stückwerk verlieren, was eine deutliche qualitative Verschlechterung des Regelungswerks zur Folge hätte.[558] Die Typisierungsbefugnis des Gesetzgebers ist verfassungsrechtlich abgesichert.[559] Ihm kommt ein erheblicher Entscheidungs- und Prognosespielraum zu, insbesondere im Hinblick auf die Geeignetheit bestimmter Normen zur Erreichung der angestrebten Ziele.[560] Der Gesetzgeber als zentral-legitimierte Volksvertretung ist in dem *„Ob, Wann und Wie einer Regelung“*, entsprechend seiner zentralen Rolle, frei.[561] Dabei wird dem Gesetzgeber zugestanden, aus einer ex ante Perspektive jedenfalls bis zu einem gewissen Maßstab Fehlprognosen zu treffen, solange diese *„sachgerecht und vertretbar“* sind.[562] Hinzu kommt die notwendige Allgemeinheit gesetzlicher Vorgaben, die nicht nur ein notwendiges Übel darstellt, weil im gesetzgeberischen Entscheidungsprozess ohne eine gewisse Typisierung kaum Handlungsfähigkeit bestünde, sondern *„Rechtssicherheit, Pflichtenklarheit und Planbarkeit“* gegenüber dem Normadressaten gewährleistet.[563] Dementsprechend erfüllt die allgemeine Präzision gesetzlicher Vorgaben eine wichtige Stabilisierungsfunktion im Rechtsstaat, hinter der ein möglichst

558 Vgl. *Kirchhof*, Die Allgemeinheit des Gesetzes, 2009, S. 248: *„Die Zurücknahme des Gesetzgebungsauftrags auf das Wesentlich zielt in der Rechtsprechung des Bundesverfassungsgerichts auch darauf, die Qualität der Gesetzgebung zu sichern.“*.

559 *Grzeszick*, in: Maunz/Dürig, 81. EL September 2017, Art. 20 GG, Rn. 122.

560 *Grzeszick*, in: Maunz/Dürig, 81. EL September 2017, Art. 20 GG, Rn. 122 m.w.N., insbesondere unter Hinweis auf ständige BVerfG-Rechtsprechung.

561 Grundlegend *Meßerschmidt*, Gesetzgebungsermessen, 2000, S. 72.

562 *Meßerschmidt*, Gesetzgebungsermessen, 2000, S. 294.

563 *Kirchhof*, Die Allgemeinheit des Gesetzes, 2009, S. 331; siehe auch *Eichler*, Gesetz und System, 1970, S. 48 f.

konkreter Zuschnitt auf Einzelfälle zurücktreten muss.[564] Soweit es um formell-gesetzliche Verhaltensplichten geht, kann nicht ohne Weiteres angenommen werden, dass besondere Einzelfallumstände und ein darauf gegründetes Versagen der Norm ihren Geltungsanspruch in Frage stellen. Ein solches Beschränken des Normzwecks im Einzelfall steht mit der Typisierung und Allgemeinheit gesetzgeberischer Entscheidungen im Widerspruch und eröffnet eine zu weitreichende Befugnis zur Abweichung von den gesetzlichen Grundsatzentscheidungen.

c) Konflikt mit dem Steuerungsgedanken

Es würde die Wirkung von Verhaltenspflichten – entgegen der unterstellbaren Intention des Normgebers, das Verhalten möglichst wirksam zu steuern – ferner unterminieren, wenn die Geltung und Bedeutung der Pflichten für eine Schadensersatzpflicht aufgrund außergewöhnlicher Umstände jeweils zur Disposition stünden. Kommt man beispielsweise auf den Radfahrer-Fall zurück, lässt sich festhalten, dass der Gesetzgeber die Abstandspflicht – ein gefährliches Verhalten antizipierend – mit gewissen Einschränkungen geschaffen hat. Würde man den adressierten Verkehrsteilnehmern nun mitteilen, eine daran anknüpfende Schadensersatzpflicht gelte nur für „übliche“ Fälle, jedoch nicht, wenn aufgrund außergewöhnlicher Umstände ein Unfall nicht vermeidbar ist, würde dies einem waghalsigen Verhalten in eher unüberschaubaren Situationen Vorschub leisten. Die Verkehrsteilnehmer selbst könnten sich dazu ermächtigt fühlen, in Situationen, die sie als außergewöhnlich beurteilen, die Pflicht zu ignorieren. Man könnte in diesem Kontext anführen, dass es keinen Unterschied macht, ob man den RWZ oder aber eine Schadensersatzpflicht aufgrund anderer Umstände, beispielsweise aufgrund der entlastenden Berücksichtigung hypothetischer Entwicklungen in der Schadensberechnung nach § 249 Abs. 1 BGB, verneint. Auch letzteres mindere effektiv die Verhaltenssteuerung, da der Schädiger im Ergebnis nicht mit einer Schadensersatzpflicht rechnen müsse. Dies soll später eingehender thematisiert werden.

---

564 *Kirchhof*, Die Allgemeinheit des Gesetzes, 2009, S. 333, spricht davon, dass eine „*Genauigkeit der Verallgemeinerung*“ zu fordern ist; siehe auch *Osterkamp*: Juristische Gerechtigkeit, 2004, S. 247: „*Die Spannung zwischen den Zielen der Einzelfallgerechtigkeit und der Regelbildung ist dabei weniger ein hinzunehmendes Übel als ein produktiver Faktor, der sowohl eine Erstattung der Rechtsordnung als auch ein Auseinanderfallen in unberechenbare Einzelentscheidung verhindert.*“.

Allerdings ist zur Vermeidung von Missverständnissen zu betonen, dass nicht von einem allgemeinen Geltungsanspruch von Verhaltensnormen um jeden Preis die Rede ist. Die anerkannten Prinzipien des Schadensersatzrechts – wie die Ausgleichsfunktion – sind im jeweiligen Haftungskontext zu berücksichtigen. Es ist ein erheblicher Unterschied, ob man Normen den Geltungsanspruch für bestimmte Situationen aufgrund eines (vermeintlich) eingeschränkten Schutzzwecks abspricht oder eine Haftungskorrektur auf Ebene der Schadensberechnung vornimmt. So ist es für den Schädiger praktisch eine erhebliche Besserstellung, wenn als Haftungsvoraussetzung ein RWZ gefordert wird. Denn dann sind die tatsächlichen Umstände für das Vorliegen dieses Zusammenhangs im Einzelfall – wie die Adäquanz und der Schutzzweck der Norm im engeren Sinn – konsequenter Weise vom Geschädigten darzulegen und zu beweisen.[565] Demgegenüber ermöglicht die Lösung über die Schadensberechnung, § 249 Abs. 1 BGB, in Verbindung mit § 287 ZPO eine Darlegungs- und Beweislastverteilung, die den Schädiger insbesondere über die Anwendung der Regelungen zum prima-facie Beweis stärker in die Verantwortung nimmt. Dann obliegt dem Schädiger das wesentliche Risiko, sich im Einzelfall zu entlasten.[566] Darüber hinaus ist es im nicht zu unterschätzenden symbolischen Aussagewert ein Unterschied, ob die Geltung einer Norm schlechthin verneint oder ein Schadensersatzanspruch nur der Höhe nach nicht zugebilligt wird. Insofern lässt sich festhalten, dass die Folgerung, eine Norm soll nur soweit gelten, wie sie wirken kann, angreifbar ist und nicht grundsätzlich überzeugt. Allenfalls bei typisierten Gründen für ein Normversagen, wenn schon antizipierend betrachtet bestimmte Schäden kaum vermeidbar sind, lässt sich diese Erwägung fruchtbar machen.[567] Als Grundlage für das Erfordernis eines RWZ taugt sie hingegen nicht.

2. Der allgemeine Schutzzweck der Haftungsnormen

Versucht man den Schutzzweckgedanken auf die jeweilige Haftungsnorm, wie etwa § 823 Abs. 1 BGB oder § 280 Abs. 1 BGB, zu übertragen, so müsste man sich fragen, welchen Zweck die jeweilige deliktische oder vertragliche Schadensersatzhaftung als solche verfolgt – nicht die konkrete Verhal-

---

565 Siehe im Detail unten § 4 V. 1. b).

566 OGH der Britischen Zone Köln, Urteil vom 20.01.1949, II ZS 20/48, NJW 1949, 302.

567 Vgl. *Erb*, Rechtmäßiges Alternativverhalten, 1991, S. 89.

tensnorm. Damit gelangt man aber wieder unweigerlich zu den Konzepten, die bereits kritisiert worden sind: Entweder man unterstellt, dass die Haftung *nur* dann angeordnet werden solle, wenn die verletzte Vertrags- oder Verkehrspflicht im Einzelfall den Erfolg hätte verhindern können, wäre sie befolgt worden. Für diese Annahme gibt es, abgesehen von der Ausgleichsfunktion des Schadensersatzrechts, keinen überzeugenden Grund. Die Ausgleichsfunktion selbst aber ist dem Bereich der Schadensberechnung, § 249 Abs. 1 BGB, zuzuordnen. Es überzeugt nicht, diese – als Schutzzweckerwägung betitelt – für den Bereich der Haftungszurechnung anzuwenden und sie damit in einen (vermeintlichen) Funktionszusammenhang mit den konkreten Verhaltenspflichten oder der Rechtswidrigkeit zu bringen. Zwar soll nicht in Abrede gestellt werden, dass gesetzgeberische Wertungen in systematischer Auslegung über ihren konkreten Standort hinaus fruchtbar gemacht werden können. Der Ausgleichsfunktion kann in diesem Sinne eine weitreichende Bedeutung als grundlegendes Prinzip zukommen. Es gibt jedoch *keinen erkennbaren vernünftigen Grund* dafür, die Ausgleichsfunktion derart mit den Verhaltenspflichten und der Rechtswidrigkeit in Verbindung zu bringen. Dies soll, zur Verdeutlichung, noch einmal abschließend skizziert werden: Die Ausgleichsfunktion des Schadensersatzrechts ist ein legitimes Prinzip.[568] Die Präventionsfunktion des Schadensersatzrechts ist ebenfalls ein legitimes Prinzip. Die Präventionsfunktion als solche ist nicht durch die Ausgleichsfunktion bedingt. Prävention im Sinne von Verhaltenssteuerung erfordert es gerade nicht, dass die Haftung eines Schädigers in Einzelfällen wegen des Einwands rechtmäßigen Alternativverhaltens beschränkt wird. Vielmehr verstärkt eine unbedingte, typisierte Haftung eher die Prävention. Soweit sich die Haftung in den Grenzen der Kausalität, Adäquanz und anderer bestehender Zurechnungsgesichtspunkte hält, ist sie nicht vollkommen uferlos und damit nicht verfassungswidrig.[569] Die Ausgleichsfunktion als solche

568 Zum Begriff der Rechtsprinzipien siehe oben, § 2 A.

569 Gemeint ist, dass eine zu weitgehende Haftungsanordnung gegen den verfassungsrechtlich mit dem Rechtsstaatsprinzip, Art. 20 Abs. 3 GG und den Grundrechten allgemein verbürgten Grundsatz der Verhältnismäßigkeit verstoßen könnte. Es ist jedoch nicht erkennbar, dass eine Verfassungswidrigkeit in diesem Sinne eintreten würde, wenn man den Einwand rechtmäßigen Alternativverhaltens grundsätzlich für unbeachtlich hält, er also zwingend zu berücksichtigen wäre. Denn im Sinne einer abwägenden Betrachtung der Grundrechte von Schädiger und Geschädigten gibt es gute Gründe dafür, den Schädiger auch dann haften zu lassen, wenn er den Schaden im Einzelfall nicht hätte verhindern können.

ist nicht durch die Präventionsfunktion bedingt. Insofern lässt sich ein Zusammenhang zwischen der Präventionsfunktion von Verhaltenspflichten und der Ausgleichsfunktion nicht überzeugend herstellen.

3. Konkrete Schutzzwecke einzelner Verhaltenspflichten

Lässt sich aus dem allgemeinen Steuerungsanspruch von Verhaltenspflichten oder dem allgemeinen Schutzzweck der Haftungsnormen nicht ableiten, dass ein RWZ erforderlich ist, folgt dies möglicherweise eher aus einzelnen Verhaltenspflichten. Insofern soll die aktuelle höchstrichterliche Rechtsprechung analysiert werden, gemäß welcher:

> „[...] *der Schutzzweck der jeweils verletzten Norm darüber entscheiden muß, ob und inwieweit der Einwand* [rechtmäßigen Alternativverhaltens] *im Einzelfall erheblich ist.*“[570]

K. Zwischenergebnis

Der Steuerungsgedanke ist grundsätzlich als fester Bestandteil des legitimierten schadensersatzrechtlichen Systems anzuerkennen. Aus dem Steuerungsgedanken erhellen sich die Bedeutung des Verschuldensprinzips und die Anknüpfung an gefährliches Verhalten im Sinne der Gefährdungshaftung: Dass potenzielle Schädiger zu einem bestimmten Verhalten motiviert werden sollen, um zukünftige Schäden zu verhindern, ist eine entscheidende Erklärung dafür, dass der im Einzelfall verantwortliche Schädiger (und nicht etwa die Allgemeinheit) mit einer Schadensersatzpflicht belastet wird. Dass die Ersatzpflicht an einem vorwerfbaren Fehlverhalten oder einem besonders gefährlichen Verhalten anknüpft, macht sie zu einem (negativen) Vorbild für zukünftiges ähnliches Verhalten des Schädigers oder potenzieller anderer Schädiger. Allerdings folgt daraus nicht zwingend, dass ein im Einzelfall unvermeidbarer Schaden keine Haftung auslösen kann. Der Steuerungsgedanke erschöpft sich nicht im Einzelfall, sondern geht über diesen hinaus. Im Einzelfall hat sich – ist der Schaden bereits eingetreten – die Präventionsfunktion erledigt und kann keine Wir-

570 BGH, Urteil vom 24.10.1985, IX ZR 91/84, BGHZ 96, 157 (173); BGH, Urteil vom 09.03.2012, V ZR 156/11, NJW 2012, 2022; BAG, Urteil vom 26.07.2016, 1 AZR 160/14, BAGE 155, 347.

kung mehr entfalten. Entscheidend ist dann der Blick auf zukünftige Fälle. Misst man dem Schadensersatzrecht – zutreffend – einen Verhaltenssteuerungszweck zu, darf man diesen konsequenterweise nicht rein einzelfallbezogen verengen.

Der Steuerungsgedanke wird – über eine bloße Bezugnahme auf die Verhaltenssteuerung hinausgehend – mit weiteren Wertungen angereichert, um das Erfordernis eines RWZ abzuleiten. So wird in Verbindung mit dem Steuerungsgedanken angeführt, dass eine Schadensersatzpflicht des Schädigers bei Unvermeidbarkeit des Schadens nicht zu rechtfertigen sei. Dahinter stehen, im Modell *Gotzlers*, allgemeine Gerechtigkeitserwägungen, die nur schwer greifbar sind und sich nicht im System der legitimierten Rechtsordnung verorten lassen.[571] Die Bezugnahme auf ausfüllbedürftige Gerechtigkeitserwägungen lässt sich schon im Grundsatz kritisieren, werden so doch außerrechtliche Maßstäbe inkorporiert, sodass ein zuverlässiger Rückschluss auf die legitimierte Rechtsordnung kaum mehr möglich ist. Argumentiert man etwa damit, ein bestimmter Grundsatz sei „*evident und ohne weitere Ableitbarkeit aus der Idee der Gerechtigkeit folgend*“[572], lässt sich dies nicht in das anerkannte System von Normen und Prinzipien einordnen. Für die Frage, ob die legitimierte Rechtsordnung einen RWZ voraussetzt, können solche Ausführungen daher nicht fruchtbar gemacht werden. Eine verfassungsrechtliche Betrachtungsebene überzeugt nicht schon deshalb, weil ein „*Verbot* [...] *im Einzelfall ‚versagt‘*“ und „*die Handlungsfreiheit im Hinblick auf das Rechtsgutsobjekt vergebens*“ einschränkt.[573] Nimmt man die Interessen möglicher zukünftiger Geschädigter in die Betrachtung mit auf, ist dieser Schluss nicht zwingend. Wie ausgeführt, mag ein Verbot im Einzelfall „*versagt*“ haben, kann aber gleichwohl präventive Wirkung in Zukunft entfalten. Schließlich wird auf ein besonderes, von der Verhaltensunrechtslehre geprägtes Verständnis zivil-

---

571 Wie bereits ausgeführt, verweist *Gotzler*, Rechtmäßiges Alternativverhalten, 1977, S. 91 f., zum Erfordernis des hier als RWZ bezeichneten Zusammenhangs von Pflichtverletzung und Schaden „*materiell betrachtet*“ auf eine „*Verwirklichung des unmittelbar aus der Rechtsidee abgeleiteten Zurechnungsprinzips* [...] *daß für einen Erfolg haftet, wer ihn meiden konnte und sollte.*“ Damit soll die „*ausgleichende Gerechtigkeit*“ angesprochen sein, S. 54.

572 *Gotzler*, Rechtmäßiges Alternativverhalten, 1977, S. 54.

573 *Münzberg*, Verhalten und Erfolg, 1966, S. 137; bestätigend insofern *Hanau*, Kausalität der Pflichtwidrigkeit, 1971, S. 76.

rechtlicher Rechtswidrigkeit Bezug genommen.[574] Dass dies aufgrund einer unterkomplexen Wahrnehmung von Verkehrspflichten und einer Überbetonung des Rechtswidrigkeitsurteils im zivilrechtlichen Kontext nicht überzeugt, wurde eingehend erläutert. Demnach lässt sich mit den vorhandenen Erklärungsmodellen der Literatur das Erfordernis eines RWZ als Bestandteil der legitimierten Rechtsordnung nicht überzeugend begründen. Eine überzeugende Weiterentwicklung der in der frühen Reichsgerichts- und BGH-Rechtsprechung angelegten Kausalität der Pflichtwidrigkeit ist in den Modellen nicht zu finden.

Bemerkenswerterweise knüpft die aktuelle höchstrichterliche Rechtsprechung am *„Schutzzweck der jeweils verletzten Norm"*[575] an, um über die Berücksichtigung rechtmäßigen Alternativverhaltens im Einzelfall zu entscheiden. Dabei spielt der Steuerungsgedanke eine maßgebende Rolle. Damit basiert die Rechtsprechung auf einer ähnlichen konzeptionellen Grundlage und könnte möglicherweise als Weiterentwicklung der untersuchten Modelle zum RWZ verstanden werden.[576] Wie im Rahmen der nachfolgenden Untersuchung zu zeigen sein wird, soll nach der Rechtsprechung der sich im Schutzzweck verschiedener Verhaltenspflichten ausdrückende Gedanke der Verhaltenssteuerung im Sinne eines Präventionsprinzips im Einzelfall *gegen* die entlastende Berücksichtigung rechtmäßigen Alternativverhaltens sprechen. Bereits bei der kritischen Auseinandersetzung mit dem RWZ wurde mehrfach darauf hingewiesen, dass der Steuerungsgedanke im Sinne effektiver Prävention – jedenfalls isoliert betrachtet – dafür angeführt werden kann, Schadensersatzpflichten selbst dann zu bejahen, wenn der Schaden im Einzelfall unvermeidbar war. Möglicherweise ist die aktuelle Rechtsprechung als konsequente Umsetzung dieses Gedankens zu verstehen und bildet insofern eine – auf dem Steuerungsgedanken basierende – *sinnvolle Antithese* zu den untersuchten Modellen des RWZ. Dies soll im Folgenden näher untersucht werden.

---

574 *Erb*, Rechtmäßiges Alternativverhalten, 1991, S. 170, argumentiert, bei rechtmäßigen Alternativverhalten, könne man lediglich von *„beziehungslos nebeneinanderstehendem reinem Handlungs- und reinem Erfolgsunrecht, das dem Täter mangels innerer Verbindung mit seiner Sorgfaltswidrigkeit nicht zugerechnet werden kann"* sprechen.

575 BGH, Urteil vom 24.10.1985, IX ZR 91/84, BGHZ 96, 157 (173).

576 *Münzberg*, Verhalten und Erfolg, 1966, S. 135 f. zur *„Verwandtschaft"* von Schutzzweckerwägungen und dem Problem rechtmäßigen Alternativverhaltens.

§ 4 Das rechtmäßige Alternativverhalten in der höchstrichterlichen Rechtsprechung

A. Die Entwicklung des Problems

I. Entscheidungen des Reichsgerichts

Bereits das Reichsgericht setzt sich in verschiedenen Sachverhaltskonstellationen mit der Bedeutung hypothetischer Entwicklungen, so auch hypothetischen Schädigerverhaltens, auseinander.[577] Dabei sind Schutzzweckerwägungen noch kein Teil der Auseinandersetzung, *Rabel* sollte sie erst in seinem Werk im Jahr 1936 stärker im Schadensrecht etablieren.[578] Das Reichsgericht nimmt jedoch – in unterschiedlichen Entscheidungen – an zwei Orten im Anspruchsaufbau Stellung zu der Bedeutung hypothetischer Entwicklungen: In der Kausalität (wie bereits erläutert) und im Rahmen der Schadensberechnung.[579] Zum Teil wird ein eher natürlicher, zum Teil ein normativer Kausalitätsbegriff zugrunde gelegt, der sich auf die Pflichtverletzung als solche, nicht auf das tatsächliche Handeln des Schädigers bezieht.[580]

1. Haftungskorrektur durch einen normativen Kausalitätsbegriff

Aktuell gehen Rechtsprechung und Literatur übereinstimmend davon aus, dass der Einwand rechtmäßigen Alternativverhaltens die Kausalität unberührt lasse und – wenn überhaupt – jedenfalls ein davon unabhängiges Wertungsproblem darstellen müsse.[581] In der früheren dogmatischen Aus-

---

577 *Gotzler*, Rechtmäßiges Alternativverhalten, 1977, S. 15 ff.; *Hanau*, Kausalität der Pflichtwidrigkeit, 1971, S. 16 ff.

578 *Gebauer*, Hypothetische Kausalität und Haftungsgrund, 2007, S. 222, auch zu den Vorläufergedanken *Wilburgs*.

579 *Hanau*, Kausalität der Pflichtwidrigkeit, 1971, S. 14.

580 *Hanau*, Kausalität der Pflichtwidrigkeit, 1971, S. 16: „*Nicht das natürliche Tun oder Unterlassen, sondern sein normatives Element, die Pflichtwidrigkeit, wird der Kausalitätsprüfung als rechtserhebliche Ursache vorgegeben.*".

581 Grundlegend BGH, Urteil vom 24.10.1985, IX ZR 91/84, BGHZ 96, 157; siehe ferner bereits *Gotzler*, Rechtmäßiges Alternativverhalten, 1977, S. 22 für die frü-

einandersetzung wurde ein stärker normatives Verständnis der Kausalität selbst noch durchaus erwogen. Die Idee eines solchen normativ angereicherten Kausalitätsbegriffes kulminierte in *Hanaus „Aufbau einer pflichtenbezogenen Kausallehre“*,[582] wurde anschließend aber zu Gunsten des eher natürlichen Kausalitätsbegriffs zurückgedrängt, der nur auf konkretes Schädigerverhalten, nicht aber auf die Pflichtwidrigkeit als solche abstellt.[583]

2. Die Schadensberechnung nach § 249 BGB

Der VIII. Senat des Reichsgerichts führt im bereits genannten Mietgelder-Fall nach der Bejahung der Kausalität aus, es sei für die Schadenshöhe unerheblich, *„daß hinterher ein zweiter Umstand“* eingetreten wäre, der den Erfolg herbeigeführt hätte.[584] Wenn die Ersatzpflicht einmal entstanden sei, könne sie *„nach den Gesetzen der Logik“* nicht mehr beseitigt werden.[585] Ferner führte es, so der VIII. Senat, zu *„höchst unbefriedigenden Ergebnissen“*, hypothetische Entwicklungen derart entlastend zu berücksichtigen.[586] Zur Illustration seiner Begründung bedient sich der VIII. Senat eines Beispiels *Oertmanns*: In diesem bricht ein Dieb in ein Haus ein und stiehlt einen bestimmten Gegenstand. Unmittelbar danach brennt das Haus vollständig aus. In diesem Falle habe der zuerst begangene Diebstahl den Brand daran gehindert *„für den Verlust der Sache ursächlich zu werden.“*[587] Umgekehrt habe der Brand jedoch keine tatsächlichen Auswirkungen mehr auf den Diebstahl. Damit will der VIII. Senat die seiner Auffassung nach logische Abfolge betonen, in der ein späterer Umstand keine Auswirkungen mehr auf die – durch eine Verletzung – entstandene Ersatzpflicht entfalten könne. Logik im Sinne von Folgerichtigkeit benötigt jedoch immer einen Bezugspunkt, den der VII. Senat zumindest implizit in dem tatsächlich-konkreten Schadensereignis sieht, ohne dass dafür hypothetische Entwicklun-

---

he Abkehr der Literatur von der Kausalität; *Erb*, Rechtmäßiges Alternativverhalten, 1991, S. 54.

582 *Hanau*, Kausalität der Pflichtwidrigkeit, 1971, S. 83 ff.

583 So bereits *Lange*, AcP 152 (1952/1953), 153 (159): *„Der Versuch, die Lösung von der Kausalitätsfrage her anzustreben, der überwiegend historisch zu erklären ist, ist aufzugeben.“*; *Erb*, Rechtmäßiges Alternativverhalten, 1991, S. 32.

584 RG, Urteil vom 13.07.1933, VIII 106/33, RGZ 141, 365 (367).

585 RG, Urteil vom 13.07.1933, VIII 106/33, RGZ 141, 365 (367-368).

586 RG, Urteil vom 13.07.1933, VIII 106/33, RGZ 141, 365 (368).

587 RG, Urteil vom 13.07.1933, VIII 106/33, RGZ 141, 365 (368).

gen eine Rolle spielen. Unbestreitbar ändert – bei dem Beispiel *Oertmanns* bleibend – ein späterer Brand nichts daran, dass der Diebstahl begangen wurde und der gestohlene Gegenstand durch die Hand einer konkreten Person entwendet worden ist. Deshalb befindet er sich nun nicht mehr in der Zugriffssphäre des Bestohlenen. Dieser Umstand wird jedoch ebensowenig in Frage gestellt, wenn man das hypothetische Verbrennen des Gegenstands – wäre er nicht gestohlen worden – für die Ersatzpflicht *der Höhe nach* berücksichtigt. Ob man aber hypothetische Entwicklungen berücksichtigt oder nicht, ist dann keine Frage der Logik, sondern bereits des zugrundeliegenden Bezugspunkts, also des grundlegenden gedanklichen Konzepts. Der VIII. Senat beruft sich auf ein besonderes Schadenskonzept, indem er auf *Oertmann* Bezug nimmt, macht dieses jedoch nicht explizit.

Oertmann verstand sein Konzept eines *„konkreten Schadens"* als Gegenentwurf zu einem rechnerisch ermittelten, eher abstrakten Schaden.[588] Konkret soll insofern *„real"* bedeuten, diese Form des Schadens drückt sich in Form einer *„sinnlich wahrnehmbaren Veränderung* [...] *der realen Güterwelt"*[589] aus. Entscheidend in dieser Konzeption ist, ohne zu tief in die Thematik einzusteigen, ein besonderes Schadensverständnis, bei dem sich die Problematik hypothetischer Entwicklungen schon im Ansatz überhaupt nicht stellt. Denn die real erlittenen Nachteile sind:

> „[...] *durch den historischen Vorgang ihrer Entstehung charakterisiert und individualisiert. Wenn ein bestimmter realer Schadenserfolg in prinzipiell haftungsbegründender Weise verursacht wurde, dann bleibt es dabei, weil jedes hypothetisch hinzutretende Geschehen denselben Erfolg nicht mehr hätte herbeiführen können.*"[590]

Der Schaden wird damit nicht als abstrakter Nachteil begriffen, der durch verschiedene Ereignisse hätte herbeigeführt werden können, sondern als real durch den tatsächlichen Geschehensablauf charakterisierter und deshalb nicht mehr zu beseitigender Zustand. An dieser Stelle soll diesem besonderen Schadensverständnis jedoch vorerst nicht weiter nachgegangen werden. Zum Teil argumentiert das Reichsgericht mit der Aussage, § 249 BGB schreibe nur die Subtraktion, nicht jedoch eine Addition als *„Denko-*

---

588 *Gebauer*, Hypothetische Kausalität und Haftungsgrund, 2007, S, 96.

589 *Gebauer*, Hypothetische Kausalität und Haftungsgrund, 2007, S. 96; *Wendehorst*, Anspruch und Ausgleich, 1999, S. 67.

590 *Wendehorst*, Anspruch und Ausgleich, 1999, S. 81.

peration“[591] vor, also nur das Ausblenden des Schädigerverhaltens, nicht jedoch ein Hinzudenken weiterer hypothetischer Umstände.[592]

Hervorzuheben ist die dogmatische Verortung der Frage hypothetischer Entwicklungen, wie beispielsweise im Mietgelder-Fall, im Bereich der Schadensberechnung, § 249 BGB. Insoweit wird deutlich, dass – wie bereits mehrfach im Rahmen der Untersuchung angedeutet – die (Lösung der) Problematik rechtmäßigen Alternativverhaltens wegen ihres Charakters als hypothetische Vergleichsbetrachtung konzeptionell stark auf die in § 249 Abs. 1 BGB angelegte hypothetische Betrachtung verweist. Wie genau eine Berücksichtigung rechtmäßigen Alternativverhaltens sich im Rahmen von § 249 Abs. 1 BGB rechtfertigen lässt, wird noch zu untersuchen sein. Jedenfalls ist festzuhalten, dass mit der Bejahung der Kausalität das Störgefühl, das durch die Geltendmachung hypothetischer Schadensursachen entsteht, für das Reichsgericht in einigen Fällen noch nicht beseitigt wird. Und die Ausblendung hypothetischer Schadensursachen in der, der Schadensberechnung nach § 249 BGB zugrundeliegenden, Vergleichsbetrachtung bedarf einer erheblichen Begründungsarbeit, die jedenfalls dem Reichsgericht nicht überzeugend gelingt.[593] So kommt der VIII. Senat im Mietgelder-Fall nicht umhin, gleich mehrfach zu betonen, wie „*unbefriedigend*“ die Berücksichtigung hypothetischer Entwicklung wäre, um seine Entscheidung zu untermauern.[594] Hier fühlt man sich an die einleitend zu dieser Untersuchung bereits verwendeten Worte *Lemhöfers* erin-

591 *Richter*, Schadenszurechnung, 2012, S. 189, sowie S. 323 f. zu den verschiedenen Denkoperationen im Falle hypothetischer Erwägungen.

592 RG, Urteil vom 13.07.1933, VIII 106/33, 365; RG, Urteil vom 03.03.1934, V 360/33, RGZ 144, 80; kritisch insofern *Lange*, AcP 152 (1952/1953), 153 (159).

593 *Coing*, SJZ 1950, 865 (872); *Gebauer*, Hypothetische Kausalität und Haftungsgrund, 2007, S. 97, stellt zutreffend fest, dass das RG grundsätzlich der Differenzhypothese *Mommsens* folgt, die „*eben definitionsgemäß hypothetische Ereignisse in ihre kausalen Analysen integriert*“, es jedoch, S. 95, diese „*Hürde der Differenzhypothese*“ trotzdem zu überwinden versuchte, indem es konzeptionelle Anleihen bei *Oertmanns* – allerdings schon im Grundsatz – abweichenden Schadensdefinition nahm; siehe auch *Lange*, in: Lange/Schiemann, Schadensersatz, 3. Aufl. 2003, § 4 IV., S. 185: „*Gewiß läßt sich die Differenzhypothese, wie sich vor allem in der Lehre von der Vorteilsausgleichung ergeben hat, nicht ohne wertende Modifizierung anwenden. Aber ein allgemeines Ausklammern von hypothetischen Schadensursachen aus der Differenzrechnung bedürfte doch überzeugender und auf diese Ursachen insgesamt zutreffender rechtlicher Gesichtspunkte.*“; siehe ferner *Oetker*, in: MüKo BGB, 7. Aufl. 2016, § 249 BGB, Rn. 212 zur Unerheblichkeit „*ob der Schadensersatzanspruch auf Naturalrestitution oder auf Geldersatz gerichtet ist.*“.

594 RG, Urteil vom 13.07.1933, VIII 106/33, RGZ 141, 365 (368): „*Die gegenteilige Ansicht* [...] *führt auch* [...] *zu höchst unbefriedigenden Ergebnissen* [...] *zu gleich un-*

nert: *„Offenbar ist man vielfach gefühlsmäßig nicht bereit, dieses Ergebnis hinzunehmen. Doch das Gefühl trügt.“*[595] Dass die in ihrem Grundsatz herrschend angewandte Differenztheorie[596], jedenfalls im Sinne des *„gesetzlich vorgegebenen Zustandsvergleichs“*[597], konzeptionell unweigerlich auf die Berücksichtigung hypothetischer Geschehnisse hinausläuft,[598] soll an späterer Stelle noch vertiefend untersucht werden. In Einzelfällen berücksichtigte bereits das Reichsgericht hypothetische Entwicklungen entlastend im Rahmen der Schadensberechnung, freilich ohne eine grundsätzliche dogmatische Stellungnahme. So entschied es etwa für einen Schadensersatz in Form von Rentenzahlungen, dass auf hypothetische Entwicklungen durchaus abzustellen sei.[599] Die *„nachträgliche Zuerkennung einer Zuchthausstrafe gegen den Rentenberechtigten“* führe zu einer Begrenzung des Ersatzanspruchs.[600] In der frühen zivilrechtlichen Rechtsprechung deutet sich demnach Zweierlei an: Zum einen wird – ohne eine tiefergehende Begründung – der normative oder wertende Charakter der Zurechnung, zunächst noch beschränkt auf eine Korrektur der natürlichen Kausalität, zumindest implizit erkennbar. Allerdings fehlt es an überzeugenden Wertungen dafür, hypothetisch rechtmäßiges Schädigerverhalten zurechnungsbeschränkend zu berücksichtigen. Zum anderen wird deutlich, dass die Frage der Bedeutung hypothetisch rechtmäßigen Schädigerverhaltens (ebenso) im Rahmen der Schadensberechnung thematisiert werden muss. Eine Unterscheidung zwischen dem rechtmäßigen Alternativverhalten und der hypothetischen Kausalität im Übrigen, insbesondere so genannter Reserveursachen, ist jedenfalls in den frühen Gerichtsentscheidungen noch nicht angelegt. Zudem verfolgt das Reichsgericht, was die Berücksichtigung hypothetischer Entwicklungen in der Schadensberechnung angeht, eine nicht ganz einheitliche, jedoch grundsätzlich eher ablehnende Linie.[601]

---

befriedigenden Ergebnissen würde die Auffassung [...] *in Fällen der vorliegenden Art führen* [...] *so wäre es in höchstem Maße unbefriedigend, ihn dann, wenn bei der Bank die angelegten Gelder zu 99% verloren gegangen wären* [...] *nur 1% ersetzen zu lassen, nämlich den Betrag, den die Kläger von der Bank erhalten hätten.*“.

595 *Lemhöfer*, JuS 1966, 337 (337).

596 *Lange*, in: Lange/Schiemann, Schadensersatz, 3. Aufl. 2003, § 1 I., S. 27 f.; *Magnus*, Schaden und Ersatz, 1987, S. 19.

597 *Gebauer*, Hypothetische Kausalität und Haftungsgrund, 2007, S. 92; *Großerichter*, Hypothetischer Geschehensverlauf und Schadensfeststellung, 2001, S. 12.

598 *Gebauer*, Hypothetische Kausalität und Haftungsgrund, 2007, S. 95.

599 RG, Urteil vom 23.12.1879, III 188/79, RGZ 1, 66, wobei des Gericht jedoch auf §§ 3, 7 RHaftpflichtgesetz abstellte.

600 RG, Urteil vom 23.12.1879, III 188/79, RGZ 1, 66.

601 *Larenz*, NJW 1950, 487 (489).

II. Der „Löschteich-Fall" des OGH der Britischen Zone Köln

Besonders prägend ist die Entscheidung des II. Senats des OGH der Britischen Zone Köln vom 20.01.1949.[602] Die Entscheidung des Gerichts sorgte seinerzeit in der Fachliteratur für erhebliche Aufregung, da das Gericht in der Urteilsbegründung bewusst und mit deutlich geäußerter Kritik von der bisherigen Hauptlinie des Reichsgerichts abweicht.[603] In dem zugrundeliegenden so genannten Löschteich-Fall beeinträchtigte der Beklagte die Grundstückssubstanz des Klägers ohne erforderliche Genehmigung. Die Beeinträchtigung hätte rechtmäßig herbeigeführt werden können, da die Voraussetzungen für eine zwangsweise Inanspruchnahme des Klägers vorlagen – eine Genehmigung für die Maßnahmen hätte eingeholt werden können. Der II. Senat des OGH kommt in seiner Entscheidung nur kurz auf die Kausalität zu sprechen und hält fest: *„Bedenken gegen die Annahme adäquaten ursächlichen Zusammenhangs bestehen nicht."*[604] Anschließend widmet er sich umfassend der Schadensberechnung nach § 249 BGB.[605] Im Rahmen der dort angelegten hypothetischen Betrachtung fragt sich der II. Senat des OGH, was geschehen wäre, wenn der Beklagte sich rechtmäßig verhalten hätte, denn:

> *„[...] § 249 BGB fordert vom Schadensersatzpflichtigen nicht Herstellung des Zustandes, wie er ohne das schadenstiftende Ereignis damals bestanden haben würde, sondern des Zustandes, wie er ohne jenes Ereignis bestehen würde. Die Schadensfeststellung setzt den Vergleich zweier Güterlagen voraus: Der wirklich vorhandenen (durch das Schadensereignis geschaffenen) und der gedachten (hypothetischen), in der sich der ‚Geschädigte' befinden würde, wenn das schädigende Ereignis nicht eingetreten wäre."*[606]

Eine tiefergehende Analyse der Möglichkeiten, hypothetische Ereignisse in der Schadensberechnung zu berücksichtigen, soll an späterer Stelle der

---

602 OGH der Britischen Zone Köln, Urteil vom 20.01.1949, II ZS 20/48, NJW 1949, 302.

603 Siehe etwa *Larenz*, NJW 1950, 487; *Coing*, SJZ 1950, 865.

604 OGH der Britischen Zone Köln, Urteil vom 20.01.1949, II ZS 20/48, NJW 1949, 302.

605 *Larenz*, NJW 1950, 487 (488): *„Von vornherein möchten wir aber darauf aufmerksam machen, daß das Kölner Gericht die Frage unter einem anderen Blickpunkt betrachtet als die bisherige Rechtsprechung, nämlich nicht unter dem des Kausalzusammenhangs, sondern unter dem der Schadensermittlung."*.

606 OGH der Britischen Zone Köln, Urteil vom 20. 1. 1949, II ZS 20/48, NJW 1949, 302.

Untersuchung erfolgen. Vorläufig bleibt lediglich festzuhalten, dass für den II. Senat des OGH § 249 BGB den wesentlichen Anknüpfungspunkt zur Berücksichtigung hypothetischen Schädigerverhaltens darstellt.[607] Eine Möglichkeit, das hypothetische Verhalten im Rahmen des *„adäquaten ursächlichen Zusammenhangs"* wertend zu berücksichtigen, verfolgt der II. Senat eindeutig nicht weiter.[608]

III. Die frühe BGH-Rechtsprechung

In der frühen zivilrechtlichen BGH-Rechtsprechung wird die Möglichkeit der haftungsbefreienden Berücksichtigung hypothetischer Entwicklungen zunächst nur angedeutet. Unter Bezugnahme auf die Löschteich-Entscheidung führt der VI. Senat des BGH im Jahr 1953 aus:

> *„Ein sogenanntes hypothetisches Schadensereignis kann, sofern seine Berücksichtigung überhaupt zulässig erscheint, zuungunsten des Berechtigten höchstens dann Beachtung finden wenn feststeht, daß es tatsächlich eingetreten wäre."*[609]

Im Anschluss an diese Entscheidung hält der VI. Senat fest, hypothetische Entwicklungen müssten berücksichtigt werden, soweit sie bereits zur Zeit der Schädigung *„in der Person des Geschädigten selbst lagen"*.[610] Dabei distanziert sich der VI. Senat explizit von der Mietgelder-Entscheidung des Reichsgerichts:

> *„Der Senat bekennt sich mit dem Obersten Gerichtshof für die Britische Zone (OGHZ 1, 308) zu dem Grundsatz, daß dem Richter, der den Umfang eines Schadens zu ermitteln hat, die Berücksichtigung hypothetischer Schadensursachen nicht schlechthin verwehrt sein kann."*[611]

---

607 Dies stellt für *Larenz* ein *„wesentliches Verdienst der Urteilsbegründung"* dar, *Larenz*, NJW 1950, 487 (488).

608 *Larenz*, NJW 1950, 487 (488): *„Es geht gar nicht um die Beziehung zwischen dem die Haftung begründenden Ereignis und dem Erfolg, sondern darum, ob dieser Erfolg jetzt, nach Eintritt der hypothetischen Schadensursache, fernerhin überhaupt noch als ein ‚Schaden' betrachtet werden kann. Es geht also letzten Endes um den* ***Schadensbegriff****."*, Hervorhebung durch Verfasser.

609 BGH, Urteil vom 14.01.1953, VI ZR 9/52, BGHZ 8, 288 (295-296); ebenso bereits BGH Urteil vom 21.06.1951, IV ZR 33/50, JR 1952, 70 (71).

610 BGH, Urteil vom 13.05.1953, VI ZR 5/52, BGHZ 10, 6.

611 BGH, Urteil vom 13.05.1953, VI ZR 5/52, BGHZ 10, 6.

Damit behandelt der VI. Senat des BGH die Berücksichtigung hypothetischer Entwicklungen eindeutig – im Anschluss an die Entscheidung des OGH – im Rahmen der Schadensberechnung und sieht dabei ein durchaus weites Feld für den entscheidenden Richter eröffnet, hypothetische Erwägungen anzustellen, dabei sei dem Richter:

> „[...] *durch § 287 ZPO die Aufgabe gestellt, alle für die Bemessung eines Schadens maßgebenden Umstände nach freier Überzeugung zu würdigen, ohne daß insoweit eine Einschränkung gemacht ist.*"[612]

Interessanterweise betont der VI. Senat jedoch, dass eine generelle Aussage ihm noch nicht möglich sei, vielmehr befinde sich die Diskussion über eine Berücksichtigung hypothetischer Entwicklungen *„noch im Fluß"*, der Lösung wolle er *„nicht vorgreifen."*[613] Angedeutet wird damit bereits das Unvermögen – oder der Unwille – der Rechtsprechung, einen allgemeinen Grundsatz für die Frage der Berücksichtigung hypothetischer Entwicklungen, also insbesondere rechtmäßigen Alternativverhaltens, zu entwickeln. Die Tendenz geht vielmehr schon früh zu Einzelfallentscheidungen. Für das einzelfallabhängige Vorgehen bei rechtmäßigem Alternativverhalten wird im späteren Verlauf der Rechtsprechung der Schutzzweck der jeweils verletzten Verhaltenspflicht, der auf seine dogmatische Tragfähigkeit noch eingehend zu untersuchen ist, herangezogen und bis heute verwendet.[614]

---

612 BGH, Urteil vom 13.05.1953, VI ZR 5/52, BGHZ 10, 6.
613 BGH, Urteil vom 13.05.1953, VI ZR 5/52, BGHZ 10, 6.
614 BGH, Urteil vom 09.03.2012, V ZR 156/11, NJW 2012, 2022; BGH, Urteil vom 29.01.2016, V ZR 285/14, BGHZ 209, 1; BGH, Urteil vom 19.07.2016, VI ZR 75/15, NJW 2016, 3523; BGH, Urteil vom 02.11.2016, XII ZR 153/15, NJW 2017, 1104; BGH, Urteil vom 20.04.2017, III ZR 470/16, VersR 2018, 31; kritisch insofern *Hanau*, DNotZ 1986, 406 (413): „[...] *es gebe gar keinen allgemeinen Grundsatz, sondern der Schutzzweck der jeweils verletzten Norm müsse darüber entscheiden, ob und inwieweit der Einwand im Einzelfall erheblich sei* [...] *so gehandhabt ist die Schutzzwecklehre keine dogmatische Kategorie, sondern eine durch Interessenabwägung ausfüllungsbedürftige Generalklausel ohne eigenen Inhalt* [...] *Nach jahrhundertelangen Bemühungen von Rechtsprechung und Schrifttum* [...] *ein mageres Resultat.*".

IV. Die frühe BAG-Rechtsprechung

1. Der Schleswig-Holsteinische Metallarbeiterstreik

a) Einschränkung von § 249 BGB aus Sanktionsgründen

Bevor der BGH jedoch grundlegend zu dem Einwand rechtmäßigen Alternativverhaltens Stellung nehmen sollte, beschäftigte sich das Bundesarbeitsgericht mehrfach mit der Konstellation. In seinem Urteil zum Schleswig-Holsteinischen Metallarbeiterstreik im Jahr 1958 setzt sich der 1. Senat des BAG erstmalig tiefgehend mit dem Einwand auseinander.[615] Die beklagten Gewerkschaften und die klagenden Arbeitgeberverbände hatten sich im zugrundeliegenden Fall darauf geeinigt, dass die Gewerkschaften während der laufenden Verhandlungen sowie für eine bestimmte Frist nach einem eventuellen Scheitern der Verhandlungen nicht zum Streik aufrufen würden. Gegen diese so genannte Friedenspflicht verstießen die Gewerkschaften. Daraufhin von den Mitgliedsunternehmen der Arbeitgeberverbände auf Schadensersatz wegen der streikbedingten Einbußen in Anspruch genommen, wandten sie unter anderem ein, der wesentliche Teil der Einbußen wäre ebenso durch einen legitimen Streik nach Ablauf der Friedenspflicht entstanden. Allenfalls der so genannte Verfrühungsschaden, der spezifisch durch den mehrere Tage verfrühten Streik verursacht worden sei, müsse ersetzt werden, was nur einem Bruchteil der eingeklagten Ansprüche entsprochen hätte. Der 1. Senat bezeichnet diesen Einwand in seiner Urteilsbegründung zunächst als ein Problem, das sich erst stelle, wenn jemand den haftungsbegründenden Tatbestand verwirklicht habe und deutet damit an, dass er den Einwand im Rahmen der Haftungsausfüllung thematisiert.[616] Ferner nimmt der 1. Senat auf die Entscheidung des VI. Senats des BGH aus dem Jahr 1953[617] Bezug, in welcher hypothetische Entwicklungen im Rahmen der Schadensberechnung Berücksichtigung finden, sowie auf die Löschteich-Entscheidung[618] und die auf diese bezogenen Urteilsbesprechungen von *Coing*[619] und *Larenz*[620]. Mithin betrachtet der 1. Senat des BAG den Einwand rechtmäßigen Alter-

---

615 BAG, Urteil vom 31.10.1958, 1 AZR 632/57, BAGE 6, 321.
616 BAG, Urteil vom 31.10.1958, 1 AZR 632/57, BAGE 6, 321 (376).
617 BGH, Urteil vom 13.05.1953, VI ZR 5/52, BGHZ 10, 6.
618 OGH der Britischen Zone Köln, Urteil vom 20.01.1949, II ZS 20/48, NJW 1949, 302.
619 *Coing*, SJZ 1950, 865.
620 *Larenz*, NJW 1950, 487.

nativverhaltens – den er freilich noch als „*Einwand der überholenden Kausalität*" bezeichnet, als ein Problem der Schadensberechnung.[621]

Die hypothetische Schadensverursachung durch ein legitimes hypothetisches Verhalten des Schädigers könne, so der 1. Senat weiter, „*jedenfalls bei Vertragsverletzung im Interesse der Vertragstreue*" nicht entlastend berücksichtigt werden.[622] Aus Sicht des 1. Senats muss in diesem Fall dem „*Prinzip der zivilrechtlichen Prävention*" Vorrang vor dem „*reinen Ausgleichsprinzip (Restitutionsprinzip)*" eingeräumt werden.[623] Dies ergibt sich für den 1. Senat aus der spezifischen Funktion des Verschuldensprinzips, die man mit dem „*Verantwortungsgedanken*" beschreiben könnte:

> „*Wenn der Gesetzgeber dem Verschulden im haftungsbegründenden Tatbestand ausschlaggebende Bedeutung beimisst, geht er von der Vorstellung aus, daß dem Appell an den Willen verantwortlich zu handeln, für den Bestand der Ordnung des Zusammenlebens der Menschen entscheidende Bedeutung zukommt.*"[624]

Der 1. Senat stützt sich damit auf die – bereits thematisierte – Steuerungsfunktion des Schadensersatzrechts. Anders als die untersuchten Begründungsmodelle für den RWZ schlussfolgern, ist die Anordnung einer Haftung trotz Unvermeidbarkeit des Schadenserfolgs bei (hypothetischer) Befolgung der jeweiligen Verhaltenspflicht jedoch für den 1. Senat nicht illegitim. Im Gegenteil rechtfertige sich die Inanspruchnahme des Schädigers für einen unvermeidbaren Schadenserfolg gerade aus dem unbedingten Appell der Verhaltenspflicht an ihren Adressaten. Wenngleich der Geschädigte besser gestellt wird, als er stünde, wenn sich der Schädiger rechtmäßig verhalten hätte, sei eine Belastung des Schädigers angemessen, da seine Pflichtwidrigkeit sonst „*praktisch weitgehend sanktionslos*" wäre.[625] Dabei rückt die spezifische Funktion der jeweils verletzten Pflicht, in diesem Fall der Friedenspflicht, für den 1. Senat in den Vordergrund, er beschäftigt sich umfassend mit der Bedeutung dieser Pflicht, die „*gar nicht hoch genug*" eingeschätzt werden könne und kommt dabei auf die Intention der Vertragsparteien zu sprechen:

> „*Die angebliche Reserveursache ist in Fällen der vorliegenden Art nicht ein zufälliges, von den Partnern gar nicht in Betracht gezogenes Ereignis oder*

621 BAG, Urteil vom 31.10.1958, 1 AZR 632/57, BAGE 6, 321 (376).
622 BAG, Urteil vom 31.10.1958, 1 AZR 632/57, BAGE 6, 321 (377).
623 BAG, Urteil vom 31.10.1958, 1 AZR 632/57, BAGE 6, 321 (377).
624 BAG, Urteil vom 31.10.1958, 1 AZR 632/57, BAGE 6, 321 (377).
625 BAG, Urteil vom 31.10.1958, 1 AZR 632/57, BAGE 6, 321 (378).

> *die Handlung eines Dritten (vgl. oben). Sie ist vielmehr gerade die Handlung, die nach dem Vertrag während einer gewissen Dauer unterlassen werden muß, während sie nachher wieder freisteht.* [...] [Die Vertragsparteien] ***wollten*** *vielmehr die unzulässigen Handlungen ohne Rücksicht auf die spätere Freiheit des Handelns* ***unter Sanktion stellen.***"[626]

Der 1. Senat spricht hier – zumindest implizit – von einer Vertragsstrafe.[627] Dafür aber bedarf es des Verweises auf die allgemeine Verhaltenssteuerungsfunktion des Schadensersatzrechts nicht. Allenfalls könnte eine allgemein anerkannte Präventionsfunktion dafür ins Feld geführt werden, dass die Vereinbarung von Vertragsstrafen grundsätzlich legitim und nicht als systemfremder Körper zivilrechtlich unwirksam ist.[628] Dazu nimmt der 1. Senat jedoch nicht Stellung. Es bleibt unklar, in welchem Verhältnis die Ausführungen des 1. Senats über das allgemeine Schadensersatzrecht und die vertragliche Vereinbarung der Parteien zu einander stehen.[629] Möglicherweise führt der 1. Senat den Parteiwillen nur an, um seine Interpretation des Schutzzwecks der Friedenspflicht weiter zu untermauern. In jedem Fall, so der 1. Senat, rechtfertige sich aus dem speziellen Schutzzweck dieser verletzten Friedenspflicht – man könnte klarstellend von einem Sanktionszweck sprechen – ein Zurücktreten des Ausgleichzwecks des Schadensersatzrechts. Der Präventions- und Sanktionszweck suspendiere den Ausgleichszweck.[630]

Zurückkommend auf die Ausgangsfrage, inwiefern sich der Rechtsprechung Begründungsmuster für den RWZ oder andere Konzepte zur Berücksichtigung hypothetisch rechtmäßigen Alternativverhaltens entnehmen lassen, lässt sich somit Folgendes festhalten: Der 1. Senat des BAG scheint in der untersuchten Entscheidung grundsätzlich anzuerkennen, dass die Schadensberechnung nach § 249 BGB durch ihre konzeptionell angelegte Vergleichsbetrachtung eine Berücksichtigung hypothetischen Schädigerverhaltens ermöglicht. Insoweit verweist der 1. Senat auf das

---

626 BAG, Urteil vom 31.10.1958, 1 AZR 632/57, BAGE 6, 321 (378), Hervorhebungen durch Verfasser

627 Tiefergehend zur spezial- und generalpräventiven Funktion der Vertragsstrafe als *„Privatstrafe"* siehe *Hess*, Die Vertragsstrafe, 1993, S. 193-197.

628 Vgl. *Hess*, Die Vertragsstrafe, 1993, S. 177 f., zur *„Rechtfertigung"* der Vertragsstrafe.

629 *Larenz*, NJW 1959, 865 (865), sieht in der Urteilsbegründung die Vertragsstrafe zwar nicht angesprochen, weist jedoch auf darauf hin, dass Vertragsparteien, die eine *„wirksame Sanktion"* anstreben eine solche vereinbaren müssten, dies aber nicht Zweck des gesetzlichen Schadensersatzanspruchs sei.

630 BAG, Urteil vom 31.10.1958, 1 AZR 632/57, BAGE 6, 321 (377).

„Ausgleichsprinzip (Restitutionsprinzip)“.[631] In bestimmten Fällen – *„jedenfalls bei Vertragsverletzung“* gebiete jedoch der *„Schutzzweck“* einer verletzten Pflicht eine über den Ausgleich hinausgehende Sanktion, sodass sich eine Berücksichtigung hypothetischer Entwicklungen verbiete.[632] Dies wird mit einer sonst drohenden Sanktionslosigkeit des pflichtwidrigen Verhaltens begründet.[633] Wiederum findet sich allerdings kein Anhaltspunkt für das Erfordernis eines RWZ. Woraus genau sich die – möglicherweise durch Präventionszwecke beschränkte – grundsätzliche Berücksichtigung rechtmäßigen Alternativverhaltens ergibt, bleibt weitgehend im Dunkeln. Allein der Verweis auf den Löschteich-Fall lässt erahnen, dass der 1. Senat insoweit wohl an die von § 249 BGB angeordnete Vergleichsbetrachtung anknüpft.[634] Dementsprechend ist der Schutzzweck einer jeweils verletzten Pflicht aber keine *Grundlage* für die Berücksichtigung rechtmäßigen Alternativverhaltens, sondern – im Gegenteil – allein Anlass für die Nichtberücksichtigung des Einwands im Einzelfall.

b) Keine „Begründung“ des Rechtswidrigkeitszusammenhangs

In der Literatur werden die Schutzzweckerwägungen des 1. Senats in der Urteilsbegründung zum Teil nicht nur als Einschränkung der in § 249 BGB angelegten hypothetischen Vergleichsbetrachtung betrachtet, sondern weitergehend als die grundsätzliche Forderung, das Vorliegen eines RWZ, also einer besonderen *„Verbindung zwischen Pflichtverletzung und Schaden“*, zu prüfen.[635] *Medicus* versteht das Urteil als Bestätigung der schon bei *von Caemmerer*[636] und *Esser*[637] anklingenden Auffassung, es sei stets der Frage nachzugehen, ob die jeweils verletzte Pflicht *„gerade diesen Schaden“* der *„auch rechtmäßig hätte zugefügt werden können* [...] *habe verhindern sollen.“*[638] Davon ausgehend könne beurteilt werden, ob der Einwand rechtmäßigen Alternativverhaltens zu berücksichtigen sei. Mit dieser Ansicht wird der Schutzzweck der Norm – jedoch nur scheinbar, wie sogleich zu zeigen ist – zum *Ausgangspunkt* der Berücksichtigung rechtmäßigen Al-

631 BAG, Urteil vom 31.10.1958, 1 AZR 632/57, BAGE 6, 321 (377).
632 BAG, Urteil vom 31.10.1958, 1 AZR 632/57, BAGE 6, 321 (377).
633 BAG, Urteil vom 31.10.1958, 1 AZR 632/57, BAGE 6, 321 (378).
634 BAG, Urteil vom 31.10.1958, 1 AZR 632/57, BAGE 6, 321 (376).
635 *Medicus*, in: AP BGB § 276 Vertragsbruch Nr. 3.
636 *Von Caemmerer*, Das Problem der überholenden Kausalität, 1962, S. 31.
637 *Esser*, Schuldrecht, Band I, 3. Aufl. 1968, S. 322.
638 *Medicus*, in: AP BGB § 276 Vertragsbruch Nr. 3.

ternativverhaltens und ist nicht mehr allein eine Einschränkung von § 249 BGB aus Präventionszwecken. In der Tat deutet der 1. Senat des BAG in der Urteilsbegründung an, dass die Friedenspflicht den Beginn des Streiks nicht nur hinausschieben, sondern – durch die Ermöglichung weiterer, unbefangener Verhandlungen – habe verhindern sollen.[639] In der aktuellen Literatur und Rechtsprechung wird zum Teil darauf abgestellt, ob eine Verhaltenspflicht nur schädigendes Verhalten verhindern solle *„oder die Schädigung überhaupt“*.[640] Sei letzteres der Fall, so könne der Einwand rechtmäßigen Alternativverhaltens nicht berücksichtigt werden.

Dagegen lassen sich zwei Kritikpunkte anführen: Zum einen bleibt noch immer offen, *weshalb* die entlastende Berücksichtigung hypothetischen Verhaltens geboten sein soll, wenn eine Verhaltenspflicht nur vor bestimmten Verletzungsarten schützen soll. Wie bereits ausgeführt, ist es nicht zwingend, wegen eines beschränkten Präventivzwecks die Schadensersatzhaftung zu verneinen. Eine Schadensersatzhaftung ist nicht allein deshalb unverhältnismäßig, weil ein Schaden – durch das geforderte rechtmäßige Verhalten – konkret unvermeidbar war. Darüber hinaus ist vollkommen unklar, wie man sich eine Verhaltenspflicht vorzustellen hat, die die Schädigung überhaupt, ohne Rücksicht auf ein bestimmtes Verhalten, verhindern will. Die Steuerungswirkung erschöpft sich in der Beeinflussung von Verhalten auf eine bestimmte Art. Hier wird deutlich, warum der 1. Senat des BAG in der Urteilsbegründung zum Metallarbeiterstreik nicht umhin kommt, auf Sanktionsaspekte abzustellen: Eine solche absolute Verhaltenspflicht ist schlicht nicht denkbar. Der Schutzzweck, jedenfalls wie ihn *Medicus* beschreibt, ist nur scheinbar ein Aufhänger für den Einwand rechtmäßigen Alternativverhaltens. Tatsächlich verhält es sich andersherum: Aus dem Einwand rechtmäßigen Alternativverhaltens – allgemein verstanden – wird zum Teil abgeleitet, dass ein Schutzzweck ein bestimmtes Schädigungsverhalten nicht umfasst. Man nimmt dementsprechend den Standpunkt ein, dass es nur auf den jeweiligen Schutzzweck der Norm ankommt und dieser Schutzzweck Fälle, in denen eine Schädigung auch bei rechtmäßigem Verhalten *regelmäßig* eintreten würde, vernünfti-

639 BAG, Urteil vom 31.10.1958, 1 AZR 632/57, BAGE 6, 321 (378): *„Die Verpflichtung hat nicht nur zum Inhalt, für ihre Dauer keine Arbeitskampfmaßnahmen einzuleiten* [...]“.

640 *Lange*, in: Lange/Schiemann, Schadensersatz, 3. Aufl. 2003, § 4 XII. 4., S. 205; siehe etwa LG München, Urteil vom 22.02.2011, 33 O 9550/07, BeckRS 2011, 4112: *„Eine Berücksichtigung des rechtmäßigen Alternativverhaltens kommt daher nur in Betracht, wenn diese Norm bloß eine bestimmte Verletzungsart verhindern will und nicht auch den Verletzungserfolg überhaupt.“*.

gerweise nicht erfassen soll.[641] Dann aber spielt hypothetisches Schädigerverhalten nur als hilfsweise *„Denkoperation“*[642] eine Rolle. Dabei beruft sich der Schädiger auf einen beschränkten Schutzzweck und nicht *„auf einen hypothetischen Kausalverlauf“*.[643] Das Eintreten des Schadens bei einem hypothetischen Kausalverlauf ist in dieser Konstellation allein der Anlass dafür, den Schutzzweck zu konturieren. Der hypothetische Schadensverlauf als solcher und die Frage, ob er im Einzelfall mit Sicherheit eingetreten wäre, ist dann jedoch irrelevant.[644] Es ist inkonsequent, davon auszugehen, der Schutzzweck einer Verhaltenspflicht umfasse eine bestimmte Verletzungsart nicht und zusätzlich zu fordern, der Schädiger habe zu beweisen, dass *„derselbe Erfolg effektiv herbeigeführt worden wäre“* und anzunehmen, dass die bloße Möglichkeit einer rechtmäßigen Herbeiführung nicht ausreiche.[645] Nimmt man hingegen an, dass der Schutzzweck der verletzten Verhaltensnorm den Schaden umfasst, stellt sich noch immer die Frage, weshalb man die in § 249 BGB angelegte hypothetische Betrachtung im Einzelfall beschränken sollte. Dafür gibt der Schutzzweck der Norm nichts her, es sei denn, man entlehnt ihm – wie der 1. Senat des BAG in seinem Urteil zum Metallarbeiterstreik – Sanktions- und Präventionszwecke.[646] Der Hinweis auf die *„Verletzungsart“* und den *„Verletzungserfolg überhaupt“*[647] ist im Hinblick auf hypothetisch rechtmäßiges Schädigerverhalten missverständlich, denn es geht insofern allein um Schutz-

---

641 *Erb*, Rechtmäßiges Alternativverhalten, 1991, S. 89, der betont, dass *„der Umstand, daß ein bestimmter Schaden regelmäßig auch durch rmAV herbeigeführt wird, Anlaß zu Erwägungen sein kann, ob die Verhinderung derartiger Schäden sinnvollerweise noch als Zweck der Norm anzusehen ist.“*.

642 *Richter*, Schadenszurechnung, 2012, S. 189.

643 *Wissmann*, NJW 1971, 549 (550).

644 *Lange*, in: Lange/Schiemann, Schadensersatz, 3. Aufl. 2003, § 4 XII. 5., S. 205: *„Wenn dieser* [der Schutzzweck] *den Schaden oder den Teil des Schadens, der auch durch rechtmäßiges Verhalten hätte angerichtet werden können, von vornherein nicht ergreift, so entsteht das hier zu erörternde Problem* [rechtmäßigen Alternativverhaltens] *im Grunde nicht.“*; ebenso *Wissmann*, NJW 1971, 549 (550); ebenso *Erb*, Rechtmäßiges Alternativverhalten, 1991, S. 88: *„Gelangt man zu dem Ergebnis, der Schaden bzw. die Art seiner Herbeiführung sei nicht vom Schutzbereich der Norm erfaßt, so führt dies zur Entlastung des Schädigers* [...] *d.h. es kommt auf die rmAV-Problematik gar nicht an.“*.

645 So aber der BGH, aktuell etwa Urteil vom 20.04.2017, III ZR 470/16, VersR 2018, 31.

646 BAG, Urteil vom 31.10.1958, 1 AZR 632/57, BAGE 6, 321; insbesondere ist hier der *„Vermeidbarkeitsgedanke“* nicht tragfähig, wie *Erb*, Rechtmäßiges Alternativverhalten, 1991, S. 88, zutreffend ausführt.

647 *Lange*, in: Lange/Schiemann, Schadensersatz, 3. Aufl. 2003, § 4 XII 5.b, S. 206.

zweckerwägungen und die Frage, welche konkreten Arten der Schadensherbeiführung von einem Schutzzweck umfasst sind. Besonders deutlich macht dies der 7. Senat des OLG Dresden in einem Urteil des Jahres 2003, in Anknüpfung an *Schiemann*:

> *„Ergreift aber der Schutzzweck der verletzten Haftungsnorm den gesamten Schaden, so ist der Hinweis des Ersatzpflichtigen, dass er den Schaden hätte rechtmäßig anrichten können (aber nicht müssen), nicht zu beachten. Für diese Fallgruppe trägt der oft vorgetragene Rechtsgedanke, dass derjenige, der einen rechtswidrigen anstelle eines rechtmäßigen Weges gewählt hat, sich an dieser Wahl festhalten lassen und die Folgen auf sich nehmen muss* [...] *Denselben Gedanken fasst Schiemann (a.a.O., Rdn. 105) in die Formulierung, eine Berücksichtigung des rechtmäßigen Alternativverhaltens komme nur dann in Betracht, wenn die Haftungsnorm bloß eine bestimmte Verletzungsart verhindern wolle und nicht auch den Verletzungserfolg überhaupt (ähnlich Wissmann, NJW 1971, 549, 550).“*[648]

Die Überlegungen zeigen, dass die zuvor erläuterte Lesart des Urteils zum Metallarbeiterstreik zutreffend ist: Der Schutzzweck der Norm dient dem 1. Senat des BAG allein dazu, die in § 249 BGB angelegte Vergleichsbetrachtung zur Stützung eines Präventivzwecks einzuschränken. Der Schutzzweck ist hingegen nicht die Grundlage für das allgemeine Erfordernis eines RWZ. Als allgemeiner Grundsatz – unabhängig von Prävention und Sanktion – kann der Schutzzweck der Norm in unserem Kontext nur insoweit tragfähig sein, wie man aus der regelmäßigen Möglichkeit einer hypothetisch rechtmäßigen Schadenszufügung schließt, der Schutzzweck einer Norm umfasse *„sinnvollerweise“*[649] eine bestimmte Art der Schädigung nicht. *Gotzler* bringt dies darin zum Ausdruck, dass bereits bei der Bildung und Ermittlung der *„Schutzrichtung“* einer Norm ex ante die *„Prinzipien der Eignung, des Könnens und der Interessenabwägung“* maßgeblich seien.[650] Dies wird in einem Urteil des 3. Senats des BAG zu Schadensersatz für Insertionskosten des Arbeitgebers deutlich.[651] Davon abzugrenzen ist jedoch die Frage, ob der Einwand rechtmäßigen Alternativverhal-

648 OLG Dresden, Urteil vom 16.01.2003, 7 U 1167/02, ZIP 2003, 360 (361); dazu auch die Ausführungen *Langes*, in: Lange/Schiemann, Schadensersatz, 3. Aufl. 2003, § 4 XII 5.b, S. 206.

649 *Erb*, Rechtmäßiges Alternativverhalten, 1991, S. 89.

650 *Gotzler*, Rechtmäßiges Alternativverhalten, 1977, S. 154.

651 BAG 26.03.1981, 3 AZR 485/78, BAGE 35, 179.

tens im konkreten Einzelfall, aufgrund besonderer, nicht regelmäßig auftretender Umstände, berücksichtigt werden muss.

2. Schadensersatz vertragsbrüchiger Arbeitnehmer – „Insertionskosten I"

Im Insertionskosten-Fall aus dem Jahr 1969 beschäftigt sich der 2. Senat des BAG mit dem Schadensersatzbegehren eines Arbeitgebers für durch den Vertragsbruch eines Arbeitnehmers veranlasste Kosten des Arbeitgebers für Zeitungsannoncen, um personellen Ersatz für den säumigen Arbeitnehmer zu finden.[652] Der 2. Senat hält fest, dass diese bei rechtmäßiger Kündigung und Auflösung des Vertrages entstehenden Kosten zu ersetzen seien. Dafür schließt er sich der Rechtsprechung des 1. Senats zum Metallarbeiterstreik an und betont, *„im Interesse der Vertragstreue"* müsse das Präventionsprinzip Vorrang vor der im Ausgleichsprinzip angelegten Berücksichtigung hypothetischer Entwicklungen haben, sodass eine Schadensersatzpflicht bejaht werden könne, obwohl der Schaden insoweit bei rechtmäßigen Verhalten entstanden wäre.[653] Der 2. Senat stützt sich auf Präventionserwägungen, um eine Berücksichtigung hypothetischer Schadensursachen auszuschließen, die nach seiner Auffassung – ebenso wie nach der Auffassung des 1. Senats – grundsätzlich ein Ausfluss der in § 249 BGB angelegten Vergleichsbetrachtung ist. Dies stützt er darauf, dass sonst – wie der Verstoß gegen eine Friedenspflicht – *„auch der Arbeitsvertragsbruch [...] praktisch weitgehend sanktionslos"*[654] wäre.

3. Schadensersatz vertragsbrüchiger Arbeitnehmer – „Insertionskosten II"

a) Abrücken des 5. BAG-Senats von Präventionserwägungen

Bei in den maßgeblichen Punkten gleicher Ausgangslage, weicht der 5. Senat im Jahr 1975 von der Entscheidung des 2. Senats des BAG – und damit von der Auffassung des 1. Senats des BAG – ab.[655] Explizit im Rahmen der Bestimmung der *„nach § 249 BGB ausgleichspflichtigen Schadensfolgen"* meldet der 5. Senat erhebliche Zweifel an dem zuvor von dem 1. und 2. Senat

652 BAG 18.12.1969, 2 AZR 80/69, NJW 1970, 1469.
653 BAG 18.12.1969, 2 AZR 80/69, NJW 1970, 1469 (1470).
654 BAG 18.12.1969, 2 AZR 80/69, NJW 1970, 1469 (1470).
655 BAG 14.11.1975, 5 AZR 534/74, NJW 1976, 644.

etablierten Grundsatz an, dem Präventionsprinzip im Rahmen einer Schadensersatzpflicht so starke Bedeutung beizumessen.[656]

b) Verlagerung der Fragestellung in reine Schutzzweckerwägungen

Der 5. Senat des BAG führt weiter aus, es spreche im Fall der – ebenso bei ordnungsgemäßer Kündigung entstehenden – Insertionskosten viel dafür „*den Rechtswidrigkeitszusammenhang zwischen dem Verhalten des Handelnden und dem eingetretenen Schaden zu verneinen*“.[657] Den Begriff des RWZ führt der 5. Senat des BAG auf eine BGH-Entscheidung zurück, in welcher der VII. Senat des BGH ausführt:

> „*Ein Rechtswidrigkeitszusammenhang und damit eine Zurechenbarkeit des Schadens* [...] *besteht nur dann, wenn der Schaden sich innerhalb des Schutzbereichs der verletzten Norm verwirklicht; es muß ein innerer Zusammenhang mit der durch den Schädiger geschaffenen Gefahrenlage bestehen.*“[658]

Der so eröffnete Kontext der BGH-Rechtsprechung hat jedoch nicht unmittelbar mit dem hypothetischen Schädigerverhalten im Einzelfall zu tun, sondern bezieht sich auf allgemeine Schutzzweckerwägungen. Die vom 5. Senat des BAG zitierte BGH-Entscheidung steht in einer Linie mit den grundlegenden BGH-Entscheidungen, die *Rabels* Schutzzwecklehre erstmalig aufgreifen und für die Frage der Zurechnung anerkennen.[659] Wie bereits zum Anfang der Untersuchung in Anlehnung an *Hanau* ausgeführt, bewegt man sich hier in einem Feld reiner Normzweckerwägungen.

---

656 BAG 14.11.1975, 5 AZR 534/74, NJW 1976, 644 (645): „*Der erkennende Senat hält es für fraglich, ob es mit dem geltenden Schadensersatzrecht vereinbar ist, mit Hilfe des ‚Prinzips der zivilrechtlichen Prävention‘ dem vertragsbrüchigen Arbeitnehmer stets die Berufung auf rechtmäßiges Alternativverhalten zu verwehren.*“.

657 BAG 14.11.1975, 5 AZR 534/74, NJW 1976, 644.

658 BGH, Urteil vom 14.10.1971, VII ZR 313/69, BGHZ 57, 137 (142).

659 Insbesondere BGH, Urteil vom 22.04.1958, VI ZR 65/57, BGHZ 27, 137 (140): „*Auf der Suche nach anderen Wegen hat von Caemmerer (aaO) im Anschluß an die Forschungsergebnisse Rabels (Warenkauf I, 473-509) mit Recht die Frage ins Licht gerückt, ob die Tatfolge, für die Ersatz begehrt wird, innerhalb des Schutzbereichs der verletzten Norm liegt* [...] *Diese Begrenzung gilt aber nicht minder, wenn wie hier Ersatzansprüche aus § 823 Abs. 1 hergeleitet werden. Auch im Rahmen dieser Bestimmung muß zunächst gefragt werden, ob der geltend gemachte Schaden innerhalb des Schutzzweckes dieser Vorschrift liegt, maW ob es sich dabei um Folgen handelt, die in den Bereich der Gefahren fallen, um derentwillen die Rechtsnorm erlassen wurde.*“.

Die Normmacht spielt allenfalls als Indiz dafür eine Rolle, ob – bei *regelmäßigem* Normversagen – der Normzweck vernünftigerweise auf die praktisch „unvermeidbaren“ Folgen ausgerichtet sein soll. Es wird deutlich, dass der 5. Senat des BAG die Frage, ob Insertionskosten zu ersetzen sind, eher in einem generellen Sinn des Schutzzwecks der Norm versteht. Wird bereits auf dieser Ebene entschieden, dass der Schutzzweck der Kündigungspflichten die bei der rechtmäßigen Kündigung ebenso entstehenden Insertionskosten nicht umfasst, bedarf es einer Auseinandersetzung mit hypothetischem Schädigerverhalten im Einzelfall, also dem Einwand rechtmäßigen Alternativverhaltens, jedoch nicht. Dementsprechend bezieht sich der 5. Senat weder auf § 249 BGB, noch auf den Begriff rechtmäßigen Alternativverhaltens. Allerdings entscheidet er die Frage *„nicht abschließend“*.[660]

4. Schadensersatz vertragsbrüchiger Arbeitnehmer – „Insertionskosten III“

Der 3. Senat des BAG entfernt sich in einem späteren Urteil über einen Insertionskosten-Fall, mit wiederum gleicher Ausgangslage, schließlich eindeutig von einer Herangehensweise an die zugrundeliegende Problematik durch hypothetische Einzelfallerwägungen im Rahmen von § 249 BGB und löst den Fall allein über allgemeine Schutzzweckerwägungen, für die das hypothetische Schädigerverhalten im Einzelfall keine Rolle mehr spielt:

> *„Der Schutzzweck einer arbeitsvertraglichen Kündigungsfrist geht nicht so weit, dem Arbeitgeber die Kosten für die Suche eines Nachfolgers schlechthin zu ersparen. Er ist darauf beschränkt, beiden Parteien einen ausreichenden Zeitraum zu gewährleisten, um die Voraussetzungen für den Abschluß eines Anschlußvertrages zu schaffen. Der vertragsbrüchige Teil muß deshalb seinem Vertragspartner nur den Schaden ersetzen, der durch die überstürzte Vertragsbeendigung entstanden ist, jedoch bei vertragsmäßiger Einhaltung der Kündigungsfrist nicht entstanden wäre.“*[661]

Wie bereits im Hinblick auf das Urteil des 1. Senats des BAG zum Schleswig-Holsteinischen Metallarbeiterstreik und die daran anknüpfenden Erwägungen von *Medicus* kritisch untersucht, treten die Normmacht und das

660 BAG 14.11.1975, 5 AZR 534/74, NJW 1976, 644.

661 BAG 26.03.1981, 3 AZR 485/78, BAGE 35, 179 (182); Bestätigung auch bei BAG, 23.03.1984, 7 AZR 37/81, NJW 1984, 2846.

hypothetische Schädigerverhalten, also die mögliche, alternative Schadensverursachung auf rechtmäßige Weise im Einzelfall, in den Hintergrund. Allenfalls als Hilfserwägung spielt hier der Umstand eine Rolle, dass auch bei Einhaltung einer Kündigungsfrist *regelmäßig* noch Kosten für den Arbeitgeber durch die Suche eines Ersatzes entstehen.[662] Der 3. Senat konturiert die Bedeutung der Kündigungsfrist und kommt zu dem Ergebnis, dass diese darauf beschränkt sei, den Parteien einen Zeitraum für die Bemühung um anderweitige Anschlussverträge zu geben, sodass nur ein Verfrühungsschaden zu ersetzen sei, wenn der Arbeitnehmer vor Ablauf der Frist die Arbeit verweigere.[663] Dies wird schließlich durch den 7. Senat des BAG konsequent dahingehend weitergeführt, dass es keines Nachweises darüber bedürfe, dass der Arbeitnehmer von der vertraglichen Kündigungsmöglichkeit fristgemäß Gebrauch gemacht hätte.[664] Denn mit Einordnung der Problematik als Frage des Schutzzwecks der Norm, wird sie zum *„Fall von einer ungeschriebenen Voraussetzung des Schadensersatzanspruchs“*[665], also einer anspruchsbegründenden Voraussetzung, die das entscheidende Gericht – wie das Vorliegen anderer Haftungsvoraussetzungen – prüft, ohne dass es eines Entlastungsnachweises des Schädigers bedarf.[666]

V. Die Grundsatzentscheidungen des BGH

1. Der BGH zur notariellen Fälligkeitsbestätigung

Ende des Jahres 1985 beschäftigt sich der IX. Senat des BGH erstmalig tiefergehend mit dem Einwand rechtmäßigen Alternativverhaltens, *„der BGH hat*[te] *zu ihr bisher nicht grundsätzlich Stellung genommen.“*[667] Auf der Ent-

662 *Erb*, Rechtmäßiges Alternativverhalten, 1991, S. 89.

663 BAG 26.03.1981, 3 AZR 485/78, BAGE 35, 179 (182).

664 BAG, 23.03.1984, 7 AZR 37/81, NJW 1984, 2846.

665 *Erb*, Rechtmäßiges Alternativverhalten, 1991, S. 94.

666 Siehe etwa BGH, Urteil vom 11.11.1999, III ZR 98/99, BeckRS 1999, 30081510: *„Nach allgemeiner Meinung haftet der Schädiger nicht für alle* [...] *Folgen die Verantwortlichkeit des Schädigers ist vielmehr um eine unerträgliche Ausweitung der Schadensersatzpflicht zu verhindern, durch weitere Zurechnungskriterien einzuschränken* [...] *als solche sind in der Rechtsprechung des BGH die Adäquanz des Kausalverlaufs* [...] *sowie der Schutzzweck der Norm* [...] *anerkannt.“*.

667 BGH, Urteil vom 24.10.1985, IX ZR 91/84, BGHZ 96, 157 (173).

scheidung basiert bis heute die (höchstrichterliche) Rechtsprechung[668] und die herrschende Literaturansicht.[669]

a) Unklare Herleitung der BGH-Begründung

Zunächst lehnt der IX. Senat die Behandlung des Problems als *„Unterfall einer allgemeinen Kausalität der Pflichtwidrigkeit“* ab und verortet es in der wertenden Zurechnung – wobei noch nicht eindeutig zwischen Haftungsbegründung und -ausfüllung unterschieden wird.[670] Entscheidend für die Erheblichkeit des Einwands sei der Schutzzweck der jeweils verletzten Norm. Dafür verweist der IX. Senat auf mehrere Quellen, denen nachfolgend – wegen der grundsätzlichen Natur der Entscheidung, vertieft nachgegangen werden soll. So zitiert der IX. Senat zunächst im Vergleichswege *Medicus*, der in der 12. Auflage des Staudinger Kommentars zu § 249 BGB die *„Berufung auf rechtmäßiges Alternativverhalten“* behandelt.[671] Dieses ähnele, so *Medicus*, der hypothetischen Kausalität, sei jedoch aufgrund seiner

668 BGH, Urteil vom 25.11.1992, VIII ZR 170/91, BGHZ 120, 281; BGH, Urteil vom 03.02.2000, III ZR 296/98, BGHZ 143, 362; BGH, Beschluss vom 13.12.2005, VI ZR 164/04, BeckRS 2005, 14901; BGH, Urteil vom 09.03.2012, V ZR 156/11, NJW 2012, 2022, dort explizit Festhaltung an BGH, Urteil vom 25.11.1992, VIII ZR 170/91, BGHZ 120, 281 und Hinweis auf Sanktionszweck; BGH, Urteil vom 29.01.2016, V ZR 285/14, BGHZ 209, 1, mit Hinweis auf eine ständige Rechtsprechung; BGH, 19.07.2016, VI ZR 75/15, NJW 2016, 3523 (3524): *„Hier ist den Beklagten der Einwand des rechtmäßigen Alternativverhaltens verwehrt, weil dies dem Schutzzweck des Einwilligungserfordernisses bei ärztlichen Eingriffen (§ 823 Abs. 1 BGB) widerspricht).“;* BGH, Urteil vom 02.11.2016, XII ZR 153/15, NJW 2017, 1104; BGH, Urteil vom 20.04.2017, III ZR 470/16, VersR 2018, 31.

669 *Teichmann*, in: Jauernig, 17. Aufl. 2018, Vor. §§ 249-253 BGB, Rn. 47: *„Methodisch ist die Berücksichtigung des rmAV damit eine Frage nach dem Schutzbereich der verletzten Norm.“*; *Magnus*, in: Dauner-Lieb/Langen, 3. Aufl. 2016, Vor. §§ 249-255 BGB, Rn. 107 f.; *Oechsler*, in: MüKo BGB, 7. Aufl. 2017, § 932 BGB, Rn. 45; *Dörr*, in: Spickhoff, 2. Aufl. 2014, § 839 BGB, Rn. 491; *Altmeppen*, in: MüKo AktG, 4. Aufl. 2015, § 317 AktG, Rn. 42: *„Die Berufung auf rechtmäßiges Alternativverhalten gehört zur Problematik der Zurechnung in Gestalt der Schutzzwecklehre“*; siehe auch *Oetker*, in: MüKo BGB, 7. Aufl. 2016, § 249 BGB, Rn. 221, der sich gegen eine *„schematische Behandlung der Fallgruppen“* verwehrt und auf den jeweiligen Schutzzweck der Norm abstellen will; sowie *Ekkenga/Kuntz*, in: Soergel, 13. Aufl. 2014, Vor. § 249 BGB, Rn. 223.

670 BGH, Urteil vom 24.10.1985, IX ZR 91/84, BGHZ 96, 157 (172).

671 *Medicus*, in: Staudinger, 12. Aufl. 1983, § 249 BGB, Rn. 107 ff.

Besonderheiten von dieser abzugrenzen.[672] Entscheidend sei der Schutzzweck der jeweils verletzten Norm. [673] Dazu verweist *Medicus* auf *Lange*, der in der 1. Auflage des Handbuchs des Schuldrechts, Schadensersatz, von 1979 in der Tat ausführt, der Schutzzweck der Norm müsse der *„Ausgangspunkt für die rechtliche Beurteilung"* sein.[674] Wenn dieser einen Schaden oder Schadensteil nicht umfasse, müsse nicht mehr weiter geprüft werden, denn dann entstehe das Problem rechtmäßigen Alternativverhaltens bereits *„im Grunde nicht"*.[675] Wie bereits ausgeführt, geht es hier indes um die Konturierung des *Normzwecks*, für den die Normmacht allenfalls – bei regelmäßigem Normversagen – indiziell sein kann. *Lange* führt weiter aus, wenn der Schutzzeck den Schaden umfasse, sei der Einwand rechtmäßigen Alternativverhaltens grundsätzlich nicht zu beachten.[676] Hierbei gelte vielmehr der Rechtsgedanke, wer einen rechtswidrigen Weg gewählt habe, müsse sich daran festhalten lassen und die Schadensfolgen tragen.[677] Dabei nimmt *Lange* Bezug auf Ausführungen *Niederländers*:

> *„Dem Schädiger, der vorbringt, er habe den Schaden nur bis zu dem Zeitpunkt zu ersetzen, in dem er auch rechtmäßigen den ‚Schaden' hätte herbeiführen können muß gesagt werden: Dann hättest du in diesem Fall rechtmäßig vorgehen sollen [...] Ist es nicht mehr möglich, auf das rechtmäßige Vorgehen überzuwechseln [...] dann liegt dies innerhalb des Risikos jeder Schadenshandlung. Nur dann ist anders zu entscheiden, wenn der Schaden als Folge eines rechtmäßigen Vorgehens bereits im Zeitpunkt des rechtswidrigen Eingriffs mit Sicherheit zu erwarten war. Dann hatte der Schädiger sich primär für das rechtmäßige Vorgehen entschieden und die entscheidenden Schritte bereits unternommen, nur das demgegenüber unwesentliche Endstück fehlte noch. Der Einwand des hypothetischen rechtmäßigen Eingriffs ist demnach nicht anders zu behandeln als der Einwand eines sonstigen hypothetischen Schadensereignisses."*[678]

Dies wäre, so *Niederländer*, etwa dann anzunehmen, wenn beispielsweise im Falle des Metallarbeiterstreiks bereits rechtmäßige Kampfmaßnahmen

---

672 *Medicus*, in: Staudinger, 12. Aufl. 1983, § 249 BGB, Rn. 107: *„Diese Fallgruppe zeigt so ausgeprägte Eigenarten, daß man sie [...] nicht bloß als Unterfall der hypothetischen Kausalität ansehen sollte."*.

673 *Medicus*, in: Staudinger, 12. Aufl. 1983, § 249 BGB, Rn. 111.

674 *Lange*, Schadensersatz, 1. Aufl. 1979, § 4 XII 5. a), S. 134.

675 *Lange*, Schadensersatz, 1. Aufl. 1979, § 4 XII 5. a), S. 134.

676 *Lange*, Schadensersatz, 1. Aufl. 1979, § 4 XII 5. a), S. 135.

677 *Lange*, Schadensersatz, 1. Aufl. 1979, § 4 XII 5. a), S. 135.

678 *Niederländer*, JZ 1959, 617 (621).

ansatzweise ergriffen worden wären.[679] Damit ist gemeint, dass der Einwand rechtmäßigen Alternativverhaltens, wie es *Niederländer* für andere hypothetische Schadensereignisse vertritt, *nur in absoluten Ausnahmefällen berücksichtigt* werden soll, nämlich wenn das schädigende Ereignis bereits *„im Keim, in der Anlage vorhanden war und von sich aus, ohne Anstoß von außen, unvermeidlich einen Schaden verursacht hätte"*.[680] Denn insoweit würde man, so *Niederländer* weiter, eine *„bereits vorhandene Wertminderung"* im Sinne einer *„Schadensreife"* des geschädigten Objekts berücksichtigen.[681] Dass *Niederländer* hier von einer Wertminderung ausgeht, lässt zumindest erahnen, dass es sich für ihn um einen Fall der Schadensberechnung im Rahmen der haftungsausfüllenden Kausalität handelt.[682] Inwiefern die Berücksichtigung hypothetischer Schadensursachen derart eingeschränkt werden kann oder muss, soll an dieser Stelle dahinstehen.[683] Als entscheidend hervorzuheben ist, dass für *Niederländer* der Einwand rechtmäßigen Alternativverhaltens *wie andere hypothetische Ereignisse bei der Schadensberechnung* beurteilt wird. Eine eigene Fallgruppe – etwa im Sinne eines (fehlenden) RWZ – eröffnet er hingegen nicht. Auf *Lange* zurückkommend, der von *Medicus* zitiert wird, welcher wiederum in der Grundsatzentscheidung des IX. Senats angeführt wird und so die Referenzkette vervollständigend, ergibt sich damit die folgende Aussage: Der *generelle*, vernünftigerweise geltende Schutzzweck der Norm muss in jedem Fall beachtet werden. Abgesehen davon wird rechtmäßiges Alternativverhalten im Einzelfall jedoch *nicht* berücksichtigt, es sei denn, wie *Niederländer* ausführt, eine besondere Form der *„Schadensreife"* im Sinne einer Anlage des rechtmäßigen Schädigerverhaltens in der tatsächlichen Gegenwart, ist erkennbar.[684] Folgerichtig hält *Medicus* fest, dass sich ein Schädiger – wenn der Schutzzweck einer Norm einen bestimmten Schaden umfasst – grundsätzlich nicht geltend machen könne, der Schaden wäre bei rechtmäßigem Verhal-

679 *Niederländer*, JZ 1959, 617 (621).

680 *Niederländer*, JZ 1959, 617 (620).

681 *Niederländer*, JZ 1959, 617 (620).

682 *Niederländer* setzt sich in AcP 153 (1954), 41 (60) mit der Verankerung in § 249 BGB auseinander und führt aus: *„Eine derartige Schadensreife ist gleichbedeutend mit einer verkürzten Nutzungsdauer des Gegenstandes"* und spricht insofern von einer *„Wertminderung"* die im Schädigungszeitpunkt objektiv vorliege.

683 Vgl. aber etwa *Niederländer*, AcP, 153 (1954), 41 (41 ff.).

684 *Niederländer*, JZ 1959, 617 (620).

ten eingetreten.[685] Mit dem Verweis auf *Medicus* gelingt dem IX. Senat keine überzeugende Begründung dafür, weshalb die Berücksichtigung rechtmäßigen Alternativverhaltens *im Einzelfall* sich nach dem Schutzzweck der Norm richten soll, unabhängig von den ohnehin anerkannten, generellen Schutzzweckerwägungen (für die, wie ausgeführt, eine regelmäßig bestehende Möglichkeit der alternativen, rechtmäßigen Schadenszufügung indiziell sein kann, wie etwa bei den Insertionskosten), für die das hypothetische Schädigerverhalten im Einzelfall unerheblich ist.[686]

Neben dem Verweis auf *Medicus*, verweist der IX. Senat direkt auf die bereits untersuchten Ausführungen *Langes*, sowie auf *von Caemmerer*, der – indes ohne nähere Begründung – ausführt, die Frage des rechtmäßigen Alternativverhaltens sei *„nur aus dem Zweck der verletzten Norm und aus Sinn und Funktion der Schadensersatzregelung*“[687] zu beantworten. Ferner verweist der IX. Senat auf *Wissmann*[688] und eine Insertionskosten-Entscheidung des BAG aus dem Jahr 1984[689]. Die beiden letzteren Verweise sind besonders kritisch hervorzuheben, denn sie beziehen sich auf Positionen, die das rechtmäßige Alternativverhalten explizit *nicht* als eigenständige Fallgruppe behandeln. *Wissmann* kritisiert in seinen referenzierten Ausführungen die bereits untersuchte Entscheidung des BAG „Insertionskosten I“ aus dem Jahr 1969[690], die seiner Auffassung nach *„an der falschen Stelle*“ ansetzt.[691] Es müsse allein um *„eine Bewertung des realen Schadensverlaufs*“ gehen, ausgerichtet am Schutzzweck der jeweils verletzten Norm, der hypothetische Schadensverlauf sei jedoch *„in diesem Zusammenhang irrelevant*“.[692] Darüber hinaus seien – so *Wissmann* weiter – Sanktionszwecke für eine Begründung nicht tragfähig, da der Schadensersatz lediglich eine Ausgleichsfunktion habe.[693] Das BAG habe in seiner Entscheidung zu Unrecht einen

685 *Medicus*, in: Staudinger, 12. Aufl. 1983, § 249 BGB, Rn. 111, die noch bei *Niederländer* angelegte Ausnahme der *„Schadensreife*“ wird hier allerdings nicht mehr thematisiert.

686 *Wissmann*, NJW 1971, 549 (550); *Erb*, Rechtmäßiges Alternativverhalten, 1991, S. 88; *Medicus* Ausführungen zum rechtmäßigen Alternativverhalten als eigene Fallgruppe neben sonstigen hypothetischen (Reserve-)Ursachen, für die der Schutzzweck der Norm entscheidend sei, ist also zumindest missverständlich.

687 *Von Caemmerer*, Das Problem der überholenden Kausalität, 1962, S. 31.

688 *Wissmann*, NJW 1971, 549.

689 BAG, Urteil vom 23.03.1984, 7 AZR 31/81, NJW 1984, 2846.

690 BAG 18.12.1969, 2 AZR 80/69, NJW 1971, 549.

691 *Wissmann*, NJW 1971, 549 (550).

692 *Wissmann*, NJW 1971, 549 (550).

693 *Wissmann*, NJW 1971, 549 (551).

„Anspruch auf Vertragsstrafe zugesprochen“.[694] In der vom IX. Senat des BGH daneben referenzierten BAG-Entscheidung aus dem Jahr 1984 heißt es unter anderem:

> *„Diesen Erwägungen, zu denen das Landesarbeitsgericht sich im Hinblick auf die in der Entscheidung des Zweiten Senats des Bundesarbeitsgerichts vom 18. Dezember 1969 (aaO) abgelehnte Möglichkeit der Berufung auf rechtmäßiges Alternativverhalten veranlaßt sah, kann nicht zugestimmt werden. Die Klägerin kann nämlich* ***bereits aufgrund des begrenzten Schutzbereichs der vom Beklagten verletzten Arbeitspflicht*** *den Ersatz der Inseratskosten nicht verlangen.“*[695]

Das BAG macht deutlich, dass eine Lösung des Insertionskosten-Falls bereits und ausschließlich durch allgemeine Normzweckerwägungen möglich ist, ohne dass es auf das hypothetische Verhalten im Einzelfall ankomme. Auf diese Standpunkte Bezug nehmend, führt der IX. Senat des BGH jedoch aus, der Schutzzweck der jeweils verletzten Norm bestimme *„ob und inwieweit der Einwand* [rechtmäßigen Alternativverhaltens] ***im Einzelfall*** *erheblich“* sei.[696] Der IX. Senat scheint das rechtmäßige Alternativverhalten als eine eigenständige Fallgruppe zu begreifen, bei der hypothetisches Einzelfallverhalten entscheidend ist, entfernt sich damit aber von den zitierten Quellen, die nur auf *generelle* Schutzzweckerwägungen zurückgreifen und für die ein Normversagen im konkreten Einzelfall deshalb unerheblich ist. Besonders eindeutig sind hier *Lange*[697] und *Wissmann*[698], die beide betonen, dass für das hypothetische Verhalten im Einzelfall neben den Schutzzweckerwägungen kein Raum mehr bleibe. Der IX. Senat aber deutet eine zweifache Individualisierung an:

> „[...] *zunächst soll es auf den Schutzzweck der jeweils verletzten Norm und dann noch auf den Einzelfall ankommen. So gehandhabt ist die Schutz-*

694 *Wissmann*, NJW 1971, 549 (551).

695 BAG, 23.03.1984, 7 AZR 31/81, NJW 1984, 2846, Hervorhebungen durch Verfasser.

696 BGH, Urteil vom 24.10.1985, IX ZR 91/84, BGHZ 96, 157 (173), Hervorhebungen durch Verfasser.

697 *Lange*, Schadensersatz, 1. Aufl. 1979, § 4 XII 5.), S. 135: *„Sofern der Schutzzweck* [...] *den (gesamten) Schaden ergreift, so ist der Hinweis des Ersatzpflichtigen, daß er den Schaden hätte rechtmäßig anrichten können* [...] *nicht zu beachten.“*.

698 *Wissmann*, NJW 1971, 549 (550): *„In diesen Fällen geht es daher allein um die Beantwortung der Frage, ob die verletzte Norm gerade den eingetretenen Schaden verhindern wollte. Dagegen ist der hypothetische Schadensverlauf in diesem Zusammenhang irrelevant.“*.

zwecklehre keine dogmatische Kategorie, sondern eine durch Interessenabwägung ausfüllungsbedürftige Generalklausel ohne eigenen Inhalt.“[699]

Die Quellenlage bietet jedoch keine überzeugende Grundlage für diesen Schluss.

b) Das Konzept des BGH als Weiterentwicklung des Rechtswidrigkeitszusammenhangs?

Insofern darf man den Verweis des IX. Senats auf den Schutzzweck möglicherweise nicht zu „wörtlich“ nehmen und könnte das Konzept als eine Weiterentwicklung oder Ausformung desjenigen Konzepts betrachten, welches zuvor als RWZ – in unterschiedlichen Ausprägungen – analysiert wurde.[700] Dies hätte nicht zuletzt zur Folge, dass die oben geäußerte Kritik an dem Erfordernis eines RWZ auf die aktuelle Rechtsprechung zu übertragen wäre, sofern diese nicht weitergehende Begründungsmöglichkeiten bietet. Dass ein solcher Zusammenhang des RWZ und der aktuellen Rechtsprechung besteht, liegt insofern nahe, als dass der RWZ ein Zurechnungskonzept darstellt und der IX. Senat die Frage rechtmäßigen Alternativverhaltens als die Frage versteht, inwieweit dem Schädiger *„die Folgen seines pflichtwidrigen Verhaltens bei wertender Betrachtung billigerweise zugerechnet werden können.“*[701] Ferner beruft sich die Rechtsprechung auf die Verhaltenssteuerungsfunktion des Schadensersatzrechts. Gegen ein Verständnis des BGH-Konzepts als Weiterentwicklung des RWZ spricht jedoch die unterschiedliche Einordnung der Konzepte: Der RWZ ist eine Frage der Haftungs- oder Anspruchsbegründung, die Rechtsprechung löst das Problem rechtmäßigen Alternativverhaltens demgegenüber als Frage der Haftungsausfüllung und gelangt so zu einer anderen Beweislastverteilung, als sie für den RWZ naheläge.

---

699 *Hanau*, DNotZ 1986, 406 (414).

700 Dass der Gedanke nicht ganz abwegig zu sein scheint, zeigt beispielsweise das OVG Nordrhein-Westfalen, Beschluss vom 06.07.2015, 14 B 1264/14 (juris): „*Bei der Lehre von der Unterbrechung des Rechtswidrigkeitszusammenhangs* […] *bei rechtmäßigem Alternativverhalten handelt es sich um ein vom Schutzzweck der Norm her entwickeltes Institut aus dem zivilrechtlichen Schadensersatzrecht.*“.

701 BGH, Urteil vom 24.10.1985, IX ZR 91/84, BGHZ 96, 157 (173).

(i) Der Rechtswidrigkeitszusammenhang als Frage der Haftungsbegründung

Nach allen der zuvor untersuchten Begründungsansätze stellt der RWZ ein Problem der Zurechnung dar.[702] Zurechnung bedeutet im Kontext des Schadensrechts das Herstellen einer – rechtlich relevanten – Verbindung, grob betrachtet zwischen dem Schädiger und dem Schaden, für den er ersatzpflichtig ist. In seiner Dissertation widmet sich *Gotzler* den Grundlagen der Zurechnung als Terminus und als dogmatischem Programm.[703] Als Essenz seiner Ausführungen lässt sich aufgreifen, dass es für die Zurechnung und die damit einhergehende Begründung einer Schadensersatzhaftung eines besonderen (Rechtfertigungs-)Grundes bedarf. Durch die Zurechnung wird auf gesetzlicher Grundlage entschieden, wer bestimmte Lasten trägt. Die Zurechnung ist insofern – hier geht *Gotzler* bis auf *Kant* zurück – ein „*Urteil*", also eine Entscheidung darüber, wer für bestimmte Umstände (finanziell) einzustehen hat. Diese Entscheidung muss wiederholt für Teilaspekte eines bestimmten tatsächlichen Geschehens getroffen werden, um letztendlich den Schädiger mit dem ersatzpflichtigen Schaden zu verbinden. Die „*Zurechnungsfrage*" stellt sich „*in mehrfacher Hinsicht*":

> „*Einmal nach der Zurechenbarkeit eines bestimmten Verhaltens, dann nach der Zurechnung einer geschehenen Rechtsgutsverletzung (Haftungsgrund) und letztlich nach der Zurechenbarkeit des daraus resultierenden Schadens (Haftungsausfüllung).*"[704]

Unsicherheiten bei dem Verständnis des RWZ als Zurechnungsprinzip werden indes dadurch verursacht, dass eine Zuordnung zum Bereich der Haftungsbegründung oder Haftungsausfüllung unterschiedlich vorgenommen oder erst gar nicht explizit thematisiert wird. In den Ausführungen *Schmidts* etwa wird zur haftungsrechtlichen Bedeutung des RWZ im selben Abschnitt zunächst Bezug genommen auf den Eingriff in ein Rechtsgut (eine Rechtsgutsverletzung), dann auf die „*Verletzungs- bzw. Schadensbeteiligung*", woraufhin nur noch auf den Schaden abgestellt wird und schließlich wieder auf die Verletzung, für welche die „*Widerrechtlichkeit als*

---

702 *Schmidt*, in: Esser, Schuldrecht, 8. Aufl. 2000, § 33 III. 1. c), S. 242; *Gotzler*, Rechtmäßiges Alternativverhalten, 1977, S. 89; *Erb* S. 72 ff.; *Hanau*, Kausalität der Pflichtwidrigkeit, 1971, S. 83, 90.

703 *Gotzler*, Rechtmäßiges Alternativverhalten, 1977.

704 *Gotzler*, Rechtmäßiges Alternativverhalten, 1977, S. 50; ebenso *Lange*, in: Lange/Schiemann, Schadensersatz, 3. Aufl. 2003, § 3 II., S. 77.

tragendes Moment der Verantwortlichkeit für Unrechtsfolgen ihre Funktion verliert", wenn es am RWZ fehle, wenn die Verletzung auch bei rechtmäßigem Verhalten eingetreten wäre.[705] Das Konzept des RWZ wird so zunächst der Frage der Haftungsbegründung zugewiesen, also der Frage, ob ein zurechenbarer Verletzungserfolg eingetreten ist, dann jedoch der Haftungsausfüllung und schließlich wieder der Haftungsbegründung. Das Konzept *Gotzlers* wiederum räumt dem RWZ nur im Rahmen der Haftungsbegründung eine dogmatische Bedeutung ein, die Haftungsausfüllung soll sich anhand anderer Kriterien bestimmen.[706] *Erb* verortet den RWZ in seinem Konzept normativer Korrespondenz, soweit ersichtlich, ebenfalls in der Haftungsbegründung.[707]

Die grundsätzliche Unterscheidung zwischen Haftungsbegründung und -ausfüllung ist dogmatisch weitgehend anerkannt, wenngleich nicht explizit gesetzlich festgeschrieben.[708] Allerdings wird sie durch die Systematik der verschiedenen Normtatbestände nahegelegt. Verallgemeinernd kann man die Haftungsbegründung als Anlass der Schadensersatzhaftung beschreiben, die Haftungsausfüllung als (Rechts-)Folge. Dann lassen sich die eine Ersatzpflicht begründenden Tatbestände wie § 280 BGB, § 823 Abs. 1 und Abs. 2 BGB, § 832 BGB der Haftungsbegründung zuordnen, die zentrale Norm des § 249 BGB (sowie die §§ 250 ff.) ausschließlich der Haftungsausfüllung. Die Haftungsbegründung entscheidet, *warum* gehaftet wird, die Haftungsausfüllung entscheidet, *wie* gehaftet wird. Die Unterscheidung lässt sich strukturell nicht nur bei der deliktischen Haftung, sondern auch im Rahmen der Vertragshaftung anwenden.[709] Allerdings ist die Pflichtverletzung im Rahmen von § 280 Abs. 1 BGB häufig offensichtlich kausal (und auch im Übrigen nach Adäquanz und Schutzzweck der Norm zurechenbar), sodass hier von einer expliziten Feststellung der haftungs*begründenden* Kausalität (und Zurechnung) meist abgesehen wird.

---

705 *Schmidt*, in: Esser, Schuldrecht, 8. Aufl. 2000, § 33 III. 1. c), S. 243.

706 *Gotzler*, Rechtmäßiges Alternativverhalten, 1977, S. 228 f.; *Gotzler* geht jedoch insofern einen Sonderweg, als dass er den RWZ nicht als „*Teil des Tatbestands im engeren Sinn*" sieht, sondern nachgeschaltete „*Haftungselemente*", S. 223.

707 *Erb*, Rechtmäßiges Alternativverhalten, 1991, S. 236-237, führt aus, wenn es an der normativen Korrespondenz fehle sei „*die Ausgleichsfunktion des Zivilrechts* [...] *hier von vornherein nicht auf den Plan gerufen. Liegt dagegen eine zurechenbare Rechtsgutsverletzung vor, so richtet sich die Frage des ‚Ob' und ‚Wie' des Schadensersatzes nach den §§ 249 ff. BGB.*"; siehe dort auch S. 238.

708 *Brüggemeier*, Haftungsrecht, 2006, S. 545.

709 *Lange*, in: Lange/Schiemann, Schadensersatz, 3. Aufl. 2003, § 3 II., S. 78; *Larenz*, Lehrbuch des Schuldrechts, Erster Band, Allgemeiner Teil, 14. Aufl. 1987, § 27 III. 2., S. 441.

Die Unterscheidung zwischen Haftungsbegründung und -ausfüllung ist umstritten, jedoch letztendlich noch immer eine *„juristische Realität"*, zumal an sie überwiegend die unterschiedlichen prozessualen Anforderungen von § 286 ZPO und § 287 ZPO geknüpft werden.[710] Ein Einstieg in die Diskussion um Zweck und Berechtigung einer Trennung zwischen Haftungsbegründung und -ausfüllung ist an dieser Stelle nicht zielführend. Maßgeblich ist die zutreffende Einordnung des RWZ. Die diesbezüglichen Unklarheiten lassen sich begrifflich und konzeptionell jedenfalls dadurch entschärfen, dass man den RWZ konsequent als eigenständiges Zurechnungsprinzip neben Kausalität, Adäquanz und Schutzzweck der Norm (im Sinne des Normzwecks) begreift und einordnet. Zurückkommend auf das Beispiel des Radfahrer-Falls, kann dann bereits im Rahmen der Haftungsbegründung, also der Voraussetzungen von § 823 Abs. 1 BGB, gefragt werden: Besteht eine hinreichende Verbindung zwischen der Unterschreitung des Mindestabstands und der Rechtsgutsverletzung in Form der Körperverletzung durch den Zusammenstoß? Dann ist für die Prüfung maßgeblich, welche Maßstäbe man an diese Zurechnungsentscheidung legen will, also ob man neben der Kausalität weitere Zurechnungsprinzipien heranzieht. Zieht man weitere Prinzipien heran, kann hier der RWZ relevant sein. Zu fragen ist dann: Was wäre geschehen, hätte der Fahrer den Mindestabstand eingehalten? Allerdings könnte man, etwa weil man die Anwendung von weiteren Zurechnungskriterien außer der Kausalität in diesem Bereich für irrelevant hält[711], festhalten: Der haftungsbegründende Tatbestand des § 823 Abs. 1 BGB ist erfüllt. Gibt es jedoch einen ersatzfähigen Schaden nach § 249 Abs. 1 BGB? Dieser könnte in den Behandlungskosten liegen. Was wäre geschehen, hätte der Fahrer den Mindestabstand eingehalten? Spätestens hier entfalten dann die weiteren Zurechnungsprinzipien ihre Wirkung, insbesondere der RWZ. Demnach muss der RWZ als eigenständiges Zurechnungsprinzip seine Relevanz grundsätzlich im Rahmen der Haftungsbegründung entfalten, sofern man dort neben der Kausalität auf weitere Zurechnungskriterien abstellt. Dann geht es um die Frage, ob zwischen der Rechtswidrigkeit der Verletzungshandlung und dem Verletzungserfolg eine hinreichende Verbindung besteht.

---

710 *Wendehorst*, Anspruch und Ausgleich, 1999, S. 82 m.w.N.

711 *Oetker*, in: MüKo BGB, 7. Aufl. 2016, § 249 BGB, Rn. 106: *„Für die Haftungsbegründung wird häufig die Auffassung vertreten, es könne bei der streng naturgesetzlichen Kausalität iSd Äquivalenztheorie verbleiben, weil die erforderliche Haftungseinschränkung auf einer anderen Ebene erfolge."*.

Trifft man mit der ganz überwiegenden Meinung eine Unterscheidung von Haftungsbegründung und -ausfüllung und knüpft an diese eine unterschiedliche Beweislastverteilung, ist es einzig überzeugend, den RWZ, da es sich um eine besondere (ungeschriebene) Voraussetzung eines Schadensersatzanspruchs handelt, ausschließlich der Haftungsbegründung zuzuordnen.[712] Dies entspricht – folgerichtig – den Konzepten *Gotzlers*[713] sowie *Erbs*[714].

(ii) Das Konzept des BGH als Frage der Haftungsausfüllung

Wie damit ein Verständnis des Nichtvorliegens des RWZ und des damit verbundenen rechtmäßigen Alternativverhaltens als Einwand des Schädigers, für den dieser beweisbelastet ist, zu versöhnen ist, bleibt unklar.[715] Billigkeitserwägungen allein können jedenfalls nicht dazu führen, abweichend von anerkannten systematischen Grundsätzen die Beweislast umzuverteilen. Die höchstrichterliche Rechtsprechung nimmt im Hinblick auf rechtmäßiges Alternativverhalten hingegen eine Beweislast des Schädigers an.[716] Damit steht jedoch ein Verständnis des Konzepts der Rechtsprechung als Bestandteil der haftungsbegründenden Kausalität im Konflikt. Wie mit Blick auf die dem Grundsatzurteil nachfolgende Rechtsprechung noch verdeutlicht werden wird, verortet der BGH das Problem rechtmäßigen Alternativverhaltens in der Haftungsausfüllung. Demnach lässt sich das Konzept der Rechtsprechung nicht als eine Ausprägung oder Weiterentwicklung des RWZ verstehen.

c) (Wieder-)Einführung eines starken Sanktionszwecks

Nachdem der IX. Senat die Fälle rechtmäßigen Alternativverhaltens als eine eigenständige Fallgruppe behandelt, die jedoch – im Einzelfall – nach

---

712 *Erb*, Rechtmäßiges Alternativverhalten, 1991, S. 93, insbesondere auch unter kritischem Verweis auf *Hanau*, der trotz der Einordnung der *„Kausalität der Pflichtwidrigkeit“* als Haftungsvoraussetzung eine generelle Beweislastumkehr für diesen Bereich zu Lasten des Schädigers befürwortet; siehe insofern *Hanau*, Kausalität der Pflichtwidrigkeit, 1961, S. 138 ff.

713 *Gotzler*, Rechtmäßiges Alternativverhalten, 1977, S. 222 ff.

714 *Erb*, Rechtmäßiges Alternativverhalten, 1991, S. 241.

715 *Erb*, Rechtmäßiges Alternativverhalten, 1991, S. 94.

716 BGH, Urteil vom 15.03.2005, VI ZR 313/03, NJW 2005, 1718.

dem Schutzzweck der jeweils verletzten Pflicht zu entscheiden sei, konkretisiert der IX. Senat den so von ihm eröffneten Wertungsbereich mit Präventionserwägungen.[717] Konkret entscheidet der IX. Senat über die Pflichtverletzung eines Notars, der fälschlicherweise eine Fälligkeitsbestätigung ausgestellt hat. Der Notar als Beklagter beruft sich jedoch darauf, er hätte – ordnungsgemäß – die Fälligkeitsbedingungen schaffen können und müssen, in dem Fall wäre die Bestätigung pflichtgemäß erfolgt. Dies – so der IX. Senat – dürfe den Notar jedoch nicht entlasten, da sonst das Vertrauen in die „*Zuverlässigkeit und Unparteilichkeit des Notars*" gefährdet würde.[718] Vergleicht man diese Grundsatzentscheidung mit der frühen BAG-Rechtsprechung, insbesondere zum Schleswig-Holsteinischen Metallarbeiterstreik[719], sieht man eine ähnliche Bemühung von Sanktionserwägungen. Entscheidend ist nicht die (Schadens-)Position des Geschädigten im Einzelfall und die Frage, wie diese – im Vergleichswege über § 249 Abs. 1 BGB – zu ermitteln ist, sondern ein davon unabhängig bestehendes Anliegen, das in das Schadensersatzrecht transportiert wird. Kritisch kann man dies als „*Umfunktionierung des Schadensersatzrechts von einer Ausgleichs – zu einer Disziplinarordnung für verfahrenswidriges Verhalten ohne Schadensrelevanz*" kritisieren.[720] Anders als noch das frühe BAG, das auf Schutzzweckerwägungen abstellt, um die in § 249 BGB angelegte Vergleichsbetrachtung und das sich darin zeigende Ausgleichsprinzip zu suspendieren und insofern dem Prinzip der Prävention einen Vorrang einräumte,[721] greift der IX. Senat des BGH indes anscheinend direkt auf Schutzzweckerwägungen zu. Dabei bleibt im Dunkeln, woraus sich im Einzelfall die Berücksichtigung von rechtmäßigem Alternativverhalten ergeben soll. Der bloße Hinweis auf einen RWZ oder einen Vermeidungszeck von Normen im Zusammenhang mit deren Schutzweck taugt allein jedenfalls, wie bereits untersucht, nicht als Fundament für die Berücksichtigung hypothetischen Schädigerverhaltens.

717 BGH, Urteil vom 24.10.1985, IX ZR 91/84, BGHZ 96, 157 (173).
718 BGH, Urteil vom 24.10.1985, IX ZR 91/84, BGHZ 96, 157 (173).
719 BAG, Urteil vom 31.10.1958, 1 AZR 632/57, BAGE 6, 321.
720 *Hanau*, DNotZ 1986, 406 (416).
721 BAG, Urteil vom 31.10.1958, 1 AZR 632/57, BAGE 6, 321.

d) (Implizit) fortbestehende Bedeutung des Ausgleichsprinzips

Die Begründungslücke, die in der Entscheidung des IX. Senats des BGH im Hinblick auf (unter dem Vorbehalt des Schutzzwecks der Norm stehende) Relevanz hypothetischen Schädigerverhaltens zutage tritt, kann nur mit der Ausgleichsfunktion des Schadensersatzrechts gefüllt werden. Nicht gemeint ist die Heranziehung der Ausgleichsfunktion zur Ermittlung des Schutzzwecks von Verhaltenspflichten. Bereits *Schiemann* hat die *„Inhaltsleere"* des Ausgleichsprinzips zutreffend herausgearbeitet.[722] Als Grundlage für die Frage *„welche einzelnen Positionen des Vermögens* [...] *in Zweifelsfällen schutzbedürftig sein sollen"* gibt das Ausgleichsprinzip nichts her.[723] Vielmehr lässt sich ein *„Fehlen von eigenen Wertungen"* feststellen.[724] Vorliegend wird nur auf die im Ausgleichsprinzip von § 249 Abs. 1 BGB zum Ausdruck kommende Ermittlung des Schadens als Vergleich von zwei Güterlagen, als *„Differenz zwischen* [...] *dem hypothetischen schadensfreien und dem wirklichen schadensbelasteten Zustand"*[725] abgestellt. Im Rahmen des Zustands *„der bestehen würde"* stellt sich die Frage, wie es um die Rechtsgüter des Geschädigten stünde, hätte sich der Schädiger pflichtgemäß verhalten.[726] Dass die so verstandene Ausgleichsfunktion für den IX. Senat von Bedeutung ist, verdeutlicht der Verweis in der Urteilsbegründung auf *von Caemmerer*[727] und eine Entscheidung des BAG zu Insertionskosten[728]. *Von Caemmerer* nimmt in der zitierten Fundstelle unter anderem Bezug auf die *„Löschteich-Entscheidung"*[729] und die Entscheidung des BAG zum Schles-

---

722 *Schiemann*, Argumente und Prinzipien, 1981, S. 186.

723 *Schiemann*, Argumente und Prinzipien, 1981, S. 186.

724 *Schiemann*, Argumente und Prinzipien, 1981, S. 186.

725 *Schiemann*, in: Staudinger, Neubearbeitung 2017, § 249 BGB, Rn. 5.

726 So eindeutig noch der OGH der Britischen Zone Köln, Urteil vom 20.01.1949, II ZS 20/48, NJW 1949, 302: *„Entgegen der Annahme des BerGer. ist aber damit der Klaganspruch noch nicht begründet. § 249 BGB fordert vom Schadensersatzpflichtigen nicht Herstellung des Zustandes, wie er ohne das schadenstiftende Ereignis damals* bestanden haben *würde, sondern des Zustandes, wie er ohne jenes Ereignis* bestehen *würde. Die Schadensfeststellung setzt den Vergleich zweier Güterlagen voraus: Der wirklich vorhandenen (durch das Schadensereignis geschaffenen) und der gedachten (hypothetischen), in der sich der ‚Geschädigte' befinden würde, wenn das schädigende Ereignis nicht eingetreten wäre."*.

727 *Von Caemmerer*, Das Problem der überholenden Kausalität, 1962, S. 31.

728 BAG, Urteil vom 23.03.1984, 7 AZR 31/81, NJW 1984, 2846.

729 OGH der Britischen Zone Köln, Urteil vom 20.01.1949, II ZS 20/48, NJW 1949, 302.

wig-Holsteinischen Metallarbeiterstreik[730]. In beiden Entscheidungen ist § 249 Abs. 1 BGB der Ausgangspunkt für die (mögliche) Berücksichtigung rechtmäßigen Alternativverhaltens. Weiter hält *von Caemmerer* vor dem Hintergrund dieser Entscheidungen fest:

> *„Hier ist besonders deutlich, daß die Frage, ob solche Argumentation* ***möglich ist, nur aus dem Zweck der verletzten Norm und*** *aus Sinn und Funktion der Schadensersatzregelung beantwortet werden kann.“*[731]

Mit diesem Zweiklang stellt *von Caemmerer* nicht nur auf den Schutzzweck der verletzten Verhaltenspflicht, sondern eindeutig auch auf die Ausgleichsfunktion des Schadensersatzes ab. Und im vom IX. Senat referenzierten BAG Urteil spricht der Senat von der *„der Ausgleichsfunktion des Schadensersatzrechts entsprechende*[n] *Möglichkeit der Berufung auf rechtmäßiges Alternativverhalten“*.[732] Durch die Verweise wird zumindest angedeutet, dass der Ausgleichsfunktion bei der Behandlung des Einwands rechtmäßigen Alternativverhaltens nach der BGH-Konzeption eine tragende Bedeutung zukommt. Setzt man diesen Gedanken konsequent um, müsste jedoch der Einwand rechtmäßigen Alternativverhaltens grundsätzlich – nach der Konzeption von § 249 Abs. 1 BGB – berücksichtigt werden und würde im Einzelfall eine Einschränkung wegen bestimmter durchschlagender Schutzzweckerwägungen erfahren. Ein solches Regel-Ausnahme-Verhältnis ginge – hier lässt sich indes nur spekulieren – dem BGH möglicherweise zu weit, sodass er auf die explizite Benennung des Ausgleichsprinzips im Kontext rechtmäßigen Alternativverhaltens verzichtet. Stattdessen wird, etwas nebulös, explizit nur der Schutzzweck der Norm bemüht.[733] Damit könnte das Ziel verbunden gewesen sein, die Rolle von Sanktionserwägungen, die im Einzelfall für eine Suspendierung des Ausgleichsprinzips sprechen, vordergründig zu entschärfen, da dem Sankti-

730 BAG, Urteil vom 31.10.1958, 1 AZR 632/57, BAGE 6, 321.

731 *Von Caemmerer*, Das Problem der überholenden Kausalität, 1962, S. 31, Herhorhebungen durch Verfasser.

732 BAG, Urteil vom 23.03.1984, 7 AZR 31/81, NJW 1984, 2846.

733 Insofern zutreffende Kritik bei *Erb*, Rechtmäßiges Alternativverhalten, 1991, S. 83: *„Nach dem Hinweis, daß das Problem umstritten sei, bemerkte der BGH schließlich lapidar und ohne weitere Begründung: ‚Der Senat schließt sich der Auffassung an, daß der Schutzzweck der jeweils verletzten Norm darüber entscheiden muß, ob und inwieweit der Einwand im Einzelfall erheblich ist.‘“*.

onszweck im Rahmen der Schadensersatzpflicht noch immer überwiegend mit Skepsis begegnet wird.[734]

2. Die höchstrichterlichen Folgeentscheidungen

a) Bestätigung des Grundsatzurteils: Maßgeblichkeit des Schutzzwecks

Die Auffassung, der Einwand rechtmäßigen Alternativverhaltens müsse im Einzelfall ausgehend vom Schutzzeck der jeweils verletzten Norm oder Verhaltenspflicht behandelt werden, wurde in den Folgeentscheidungen des BGH weitergeführt.[735] Dabei beziehen sich die aktuellen Entscheidungen noch immer auf das soeben analysierte Grundsatzurteil.[736] Noch immer wird das rechtmäßige Alternativverhalten damit als eine eigenständige Fallgruppe behandelt, die im Einzelfall wertend entschieden wird. Dabei führt der BGH weiterhin nicht näher aus, ob das hypothetische Schädigerverhalten grundsätzlich, etwa auf Grundlage von § 249 Abs. 1 BGB, zu beachten sei und nur im Einzelfall aus Schutzzweckerwägungen heraus eingeschränkt wird[737] oder ob sich die Frage der Berücksichtigung hypothetischen Schädigerverhaltens – positiv wie negativ – ausschließlich aus Schutzzweckerwägungen heraus bestimmen soll.

---

734 Die Bedeutung von Sanktionserwägungen in diesem Kontext wird unter § 6 B. I.näher untersucht.

735 BGH, Urteil vom 25.11.1992, VIII ZR 170/91, BGHZ 120, 281; BGH, Urteil vom 03.02.2000, III ZR 296/98, BGHZ 143, 362; BGH, Beschluss vom 13.12.2005, VI ZR 164/04, BeckRS 2005, 14901; BGH, Urteil vom 09.03.2012, V ZR 156/11, NJW 2012, 2022, dort explizit Festhaltung an BGH Urteil vom 25.11.1992, VIII ZR 170/91, BGHZ 120, 281 und Hinweis auf Sanktionszweck; BGH, Urteil vom 29.01.2016, V ZR 285/14, BGHZ 209, 1, mit Hinweis auf eine ständige Rechtsprechung; BGH, Urteil vom 19.07.2016, VI ZR 75/15, NJW 2016, 3523: *„Hier ist den Beklagten der Einwand des rechtmäßigen Alternativverhaltens verwehrt, weil dies dem Schutzzweck des Einwilligungserfordernisses bei ärztlichen Eingriffen (§ 823 Abs. 1 BGB) widerspricht).“*; BGH, Urteil vom 02.11.2016, XII ZR 153/15, NJW 2017, 1104; BGH, Urteil vom 20.04.2017, III ZR 470/16, VersR 2018, 31.

736 So etwa das Urteil BGH, 20.04.2017, III ZR 470/16, VersR 2018, 31.

737 So noch das BAG, Urteil vom 31.10.1958, 1 AZR 632/57, BAGE 6, 321.

b) Erfordernis der alternativen Herbeiführung des Erfolgs und Beweislast

Der Grundsatz, die Berücksichtigung des Einwands rechtmäßigen Alternativverhaltens richte sich im Einzelfall nach dem jeweiligen Schutzzeck der verletzten Norm oder Pflicht wurde dahingehend ergänzt, der Einwand sei nur beachtlich, wenn der Schaden alternativ herbeigeführt worden wäre, eine bloße Möglichkeit des rechtmäßigen Alternativverhaltens genüge hingegen nicht, beweisbelastet sei insofern der Schädiger.[738] Insbesondere bei fehlerhaften Behördenentscheidungen im Rahmen von Amtshaftungsansprüchen wird der Einwand rechtmäßigen Alternativverhaltens nicht berücksichtigt, wenn nicht klar ist, in welche Richtung die Behörde ein bestehendes Ermessen ausgeübt hätte und ob sie sich zu einem rechtmäßigen, zu einem Schaden führenden Vorgehen, überhaupt entschieden hätte. Jüngst betonte der III. Senat des BGH diesen Grundsatz für den Fall einer fälschlicherweise untersagten Gaststättenerlaubnis:

> *„Denn der Einwand des rechtmäßigen Alternativverhaltens setzt voraus, dass derselbe Erfolg effektiv herbeigeführt worden wäre; die bloße Möglichkeit, ihn rechtmäßig herbeiführen zu können, reicht nicht aus. Daher greift der Einwand rechtmäßigen Alternativverhaltens nicht, wenn das alternative Verhalten dem in Kenntnis der rechtlichen Problematik gebildeten Willen der Behörde widerspräche.“*[739]

Ebenso fordert das BAG nach aktueller Rechtsprechung zum Schadensersatz für einen unberechtigten Streik, dass vom Schädiger jedenfalls dargelegt und bewiesen wird, dass ein alternativer, rechtmäßiger Streik in jedem Falle stattgefunden hätte.[740] Die bloße Möglichkeit eines rechtmäßigen Streiks – der mit Sicherheit zum Schaden geführt hätte – genügt nicht. Hier gerät man schnell in semantische Wirren, darf aber die Perspektive nicht aus den Augen verlieren: Was das BAG fordert, ist nicht bloß, dass ein (mögliches) rechtmäßiges Verhalten mit Sicherheit zum Schaden geführt hätte. Vielmehr wird gefordert, dass es mit Sicherheit zu dem recht-

---

738 Grundlegend BGH, 25.11.1992, VIII ZR 170/91, BGHZ 120, 281; ebenso BGH 03.02.2000, III ZR 296/98, BGHZ 143, 362.

739 BGH, 20.04.2017, III ZR 470/16, VersR 2018, 31 (35).

740 BAG, 26.07.2016, 1 AZR 160/14, BAGE 155, 347: *„Rechtmäßiges Alternativverhalten setzt voraus, dass derselbe Schadenserfolg effektiv herbeigeführt worden wäre; die bloße Möglichkeit, ihn rechtmäßig herbeiführen zu können, reicht nicht aus.“*.

mäßigen Verhalten gekommen wäre.[741] Damit korrespondiert die Auffassung, bei mehreren Handlungsalternativen müsse der Schädiger beweisen, dass jede Alternative schadensursächlich geworden wäre.[742] Betrachtet man das rechtmäßige Alternativverhalten jedoch als reine Schutzzweckerwägung, also unabhängig von § 249 Abs. 1 BGB, müsste die *Möglichkeit* der Herbeiführung eines gleichen Schadenserfolgs auf rechtmäßige Weise genügen. Denn dann geht es – generell – darum, ob eine bestimmte Norm oder Verhaltenspflicht einen Schaden verhindern soll, der *regelmäßig oder zumindest häufig* bei Erfüllung der Pflicht nicht verhindert würde. Die besonderen hypothetischen Einzelfallumstände taugen insoweit hingegen nicht als Begründung eines beschränkten Schutzzwecks, sie sind in diesem speziellen Kontext irrelevant. Denn, wie bereits ausgeführt, taugt das einmalige Versagen einer Verhaltenspflicht aufgrund außergewöhnlicher Einzelfallumstände nicht dazu, den Geltungsanspruch dieser Verhaltenspflicht in Frage zu stellen. Anderenfalls läge eine Kapitulation des Normgebers vor, die dem abstrakt-generellen Geltungsanspruch der Norm widerspräche. Erst wenn eine Verhaltenspflicht in bestimmten Konstellationen häufiger versagt, ist die kritische Frage angebracht, ob die insofern unvermeidbaren Folgen noch von ihrem Schutzbereich umfasst sind.

Medicus führt in der 12. Auflage des Staudinger-Kommentars aus, es müsse lediglich sicher sein, dass *„der Schaden auf dem alternativen rechtmäßigen Weg wirklich eingetreten wäre."*[743] Eine *„bloß möglicherweise schadensursächliche Alternative"*[744] müsse unbeachtet bleiben, was einleuchtet. Was *Medicus* jedoch damit eindeutig nicht verlangt ist, *dass* der rechtmäßige Weg *eingeschlagen* worden wäre. Dies wird deutlich durch den Verweis auf *Lange*, der zur Frage der Insertionskosten ausführt: *„Ob der vertragsbrüchige Teil voraussichtlich von der Kündigungsmöglichkeit Gebrauch gemacht hätte, ist*

---

741 BAG, 26.07.2016, 1 AZR 160/14, BAGE 155, 347: *„Hiervon ausgehend tragen bereits die vom Landesarbeitsgericht herangezogenen Umstände nicht seine Würdigung, der Einwand des rechtmäßigen Alternativverhaltens sei ausnahmsweise gerechtfertigt. Das Berufungsgericht sieht seine Annahme, der Streik hätte auch ohne die inkriminierten Tarifforderungen zur selben Zeit, am selben Ort und auf dieselbe Art und Weise stattgefunden, dadurch belegt, dass sich der Streit der Tarifvertragsparteien am Ende der Schlichtung auf andere Regelungsgegenstände bezogen habe und hinsichtlich der friedenspflichtverletzenden Forderungen bereits eine Einigung erzielt worden sei. Mit dieser Begründung nimmt das Landesarbeitsgericht die arbeitskampfrechtlich spezifische Situation nicht ausreichend in den Blick* [...] *Deshalb kann nicht davon ausgegangen werden, bestimmte Tarifforderungen hätten den Streik nicht beeinflusst."*.

742 *Flume*, in: BeckOK-BGB, Stand 01.05.2018, § 249 BGB, Rn. 336.

743 *Medicus*, in: Staudinger, 12. Aufl. 1983, § 249 BGB, Rn. 113.

744 *Medicus*, in: Staudinger, 12. Aufl. 1983, § 249 BGB, Rn. 113.

unerheblich.“[745] Entscheidend ist die – regelmäßige – bloße Möglichkeit rechtmäßiger Schadenszufügung, um in Frage zu stellen, ob eine Norm vor einem bestimmten Schaden überhaupt schützen will, oder nicht.

Etwas anderes gilt freilich, wenn man die Problematik nicht in reinen Schutzzweckerwägungen, sondern im Ausgangspunkt in § 249 Abs. 1 BGB verortet – denn dann ist entscheidend, ob im Falle des Unterbleibens des rechtswidrigen Verhaltens im Einzelfall, wenn der *„zum Schadensersatz verpflichtende Umstand nicht eingetreten wäre“*, mit Sicherheit gleichwohl ein alternatives Verhalten zum Schaden geführt hätte.[746] Allerdings würde dies eine grundsätzliche dogmatische Entscheidung *für* die Berücksichtigung rechtmäßigen Alternativverhaltens bedeuten, derer sich der BGH noch immer zu verwehren scheint.

c) Einordnung als Frage der Haftungsausfüllung

Für ein Einordnung des rechtmäßigen Alternativverhaltens als Frage der in § 249 Abs. 1 BGB angelegten hypothetischen Vergleichsbetrachtung spricht ferner die Verortung des Problems im Rahmen mehrerer Folgeentscheidungen. So führt etwa der V. Senat im Hinblick auf die Verletzung von Zahlungspflichten aus, ein Schadensersatzanspruch (in diesem Fall aus § 326 BGB) sei *„dem Grunde nach“* zu bejahen.[747] Anschließend sei der Vorinstanz jedoch darin nicht zu folgen, dass *„unter dem Gesichtspunkt der Berücksichtigung eines rechtmäßigen Alternativverhaltens* [...] *ein Mindererlös als Schaden nicht in Betracht“* käme.[748] Noch deutlicher führt der IX. Senat des BGH in einem Beschluss des Jahres 2006 aus:

---

745 *Lange*, Schadensersatz, 1. Aufl. 1983, § 4 XII, 5. a), S. 134.

746 *Wissmann*, NJW 1971, 549 (551); so auch *Beitzke*, in: AP BGB § 276 Vertragsbruch Nr. 8: *„Stellt man mit Keuk darauf ab, daß der Zweck des Schadenersatzrechts auf Verwirklichung des Interesses des Betroffenen beschränkt bleiben müsse (Vermögensschaden und Interesse, 1972, S. 59ff., 67-68) und dies Interesse darauf gehe, den Zustand herzustellen, welchen der Schädiger durch sein ordnungsgemäßes Verhalten hätte herbeiführen sollen, so ergibt sich die Schadenersatzpflicht aus einem Vergleich der tatsächl. Lage mit der, die sich bei ordnungsmäßigem Verhalten des Schuldners ergeben hätte. Die Schadenersatzpflicht entfällt demnach dann, wenn bei ordnungsmäßigem Verhalten des Schuldners der Schaden ebenfalls eingetreten wäre. Ob man dann von mangelnder Kausalität der Pflichtwidrigkeit, von fehlendem Rechtswidrigkeitszusammenhang oder von mangelnder haftungsrechtl. Relevanz des Schuldnerverhaltens für den schädl. Erfolg spricht, bleibt wohl eher eine sekundäre Frage.“*.

747 BGH, Urteil vom 09.03.2012, V ZR 556/11, NJW 2012, 2022 (2023).

748 BGH, Urteil vom 09.03.2012, V ZR 556/11, NJW 2012, 2022 (2023).

„Der Einwand rechtmäßigen Alternativverhaltens stellt im Rahmen der haftungsausfüllenden Kausalität nur einen Aspekt des erforderlichen Zurechnungszusammenhangs zwischen der Pflichtverletzung und dem Schaden dar.“[749]

Dementsprechend ordnet – soweit ersichtlich – der überwiegende Teil der neueren LG- und OLG-Rechtsprechung das rechtmäßige Alternativverhalten als ein Problem der Haftungsausfüllung ein.[750]

3. Zwischenergebnis: Der Schutzzweck als dogmatische Chimäre

Das dogmatische Fundament der Schutzzweckerwägungen im Hinblick auf die Berücksichtigung rechtmäßigen Alternativverhaltens ist brüchig. Die genaue Funktion des Schutzzweckkonzepts der höchstrichterlichen Rechtsprechung ist noch immer unklar. Während frühe Stellungnahmen, insbesondere die Löschteich-Entscheidung des OGH[751] und die BAG Entscheidung über den Schleswig-Holsteinischen Metallarbeiterstreik[752], eindeutig § 249 Abs. 1 BGB und die dort angelegte Vergleichsbetrachtung als Grundlage sehen, um hypothetisch rechtmäßiges Schädigerverhalten zu berücksichtigen, wobei Schutzzweckerwägungen allenfalls der *Suspendierung* dieser grundsätzlichen Vergleichsbetrachtung im Einzelfall dienen, um bestimmte Sanktionszwecke durchzusetzen, verliert sich dieser Ausgangspunkt in der späteren Rechtsprechung zunehmend. Stattdessen werden Schutzzweckerwägungen zumindest scheinbar zum „Maß aller Dinge“ und eröffnen eine einzelfallabhängige Wertentscheidung. Dabei ist deutlich geworden, dass Schutzzweckerwägungen im engeren Sinn, also die Frage nach der Reichweite des grundsätzlichen Normzwecks, nur auf

749 BGH, Beschluss vom 14.12.2006, IX ZR 110/04, BeckRS 2007, 01246.

750 Exemplarisch LG Köln, Urteil vom 03.09.2014, 13 S 20/14, BeckRS 2015, 00742: *„Im Rahmen der Schadensermittlung gelten die §§ 249ff BGB* [...] *Die haftungsausfüllende Kausalität kann vorliegend nicht verneint werden. Der Beklagte erhebt ohne Erfolg den Einwand rechtmäßigen Alternativverhaltens.“*; auch der 5. Senat des OLG Koblenz, Beschluss vom 17.08.2017, 5 U 491/17, BeckRS 2017, 123188 ordnet den *„Einwand eines rechtmäßigen Alternativverhaltens“* unter die *„Haftungsausfüllung“* ein; ebenso OLG Hamm, Urteil vom 29.03.2017, 11 U 73/16, GI aktuell 2017, 107; sowie OLG Zweibrücken, Urteil vom 23.07.2015, 6 U 2/14, BeckRS 2016, 14020.

751 OGH der Britischen Zone Köln, Urteil vom 20.01.1949, II ZS 20/48, NJW 1949, 302.

752 BAG, Urteil vom 31.10.1958, 1 AZR 632/57, BAGE 6, 321.

einem *regelmäßigen* Versagen der Normmacht begründet werden können, ohne dass es auf die hypothetischen Entwicklungen im jeweiligen Einzelfall ankommt.[753] Dies entspricht der maßgeblichen BAG-Rechtsprechung zu den Insertionskosten-Fällen.[754] Trotzdem stellt die höchstrichterliche Rechtsprechung bei der Frage rechtmäßigen Alternativverhaltens nicht auf die *generelle* Möglichkeit rechtmäßiger Schadenszufügung ab, sondern auf das hypothetische Schädigerverhalten im jeweiligen Einzelfall. Damit entfernt sie sich jedoch von nachvollziehbaren Normzweckerwägungen und eröffnet ein dogmatisch unklares Wertungsfeld. Nicht überzeugend ist es in diesem Kontext, den Schädiger als mit dem Einwand rechtmäßigen Alternativverhaltens beweisbelastet anzusehen. Denn der Schutzzweck der Norm stellt grundsätzlich eine ungeschriebene, allgemeine anspruchsbegründende *Voraussetzung* der Schadensersatzhaftung dar.[755] Dem Schädiger die Beweislast für die Umstände, die dieser Voraussetzung zugrunde liegen, aufzubürden, überzeugt dogmatisch nicht ohne Weiteres – darüber hilft die semantische Einordnung als „Einwand" nicht hinweg. Konsequent wäre insofern allein die Einordnung des Einwands rechtmäßigen Alternativverhaltens als hypothetische Schadensursache im Rahmen von § 249 Abs. 1 BGB.[756] Für dieses Verständnis spricht, wie ausgeführt, auch die neuere Rechtsprechung.[757]

Der Schutzzweck stellt sich in der Form, wie ihn die höchstrichterliche Rechtsprechung für die (Nicht-)Berücksichtigung rechtmäßigen Alternativverhaltens verwendet, als dogmatische Chimäre dar. Die Frage, weshalb hypothetisches Schädigerverhalten grundsätzlich eine Rolle für die Frage

---

753 Exemplarisch für dieses Verständnis, jedoch auch die terminologische Verwischung, LG Berlin, Urteil vom 10.01.2017, 18 S 39/16, BeckRS 2017, 109783: *„Entgehen dem Vermieter nur diejenigen Mietzahlungen, derer der Mieter sich nicht seinerseits durch eine eigene Kündigung des Mietverhältnisses hätte entledigen können; es handelt sich hierbei um den Einwand des ‚rechtmäßigen Alternativverhaltens' der von Amts wegen zu berücksichtigen ist: Für Mietausfälle nach dem Zeitpunkt der Wirksamkeit einer fiktiven, zeitgleich mit der vom Mieter verschuldeten Kündigung des Vermieters erklärten Kündigung des Mieters fehlt es an der Kausalität - oder genauer: am Zurechnungszusammenhang - zwischen seinem Fehlverhalten und dem Einnahmenausfall des Vermieters* [...] *Irrelevant ist, ob der Mieter selbst kündigen wollte oder tatsächlich kündigte.*".

754 Siehe oben, § 4 A. IV. 3.

755 *Erb*, Rechtmäßiges Alternativverhalten, 1991, S. 93.

756 *Erb*, Rechtmäßiges Alternativverhalten, 1991, S. 93.

757 Vgl. auch *Lange*, in: Lange/Schiemann, Schadensersatz, 3. Aufl. 2003, § 4 XII. 6., S. 209, der auf § 287 ZPO verweist, da es sich *„um die Frage, ob ein Schaden entstanden ist"* handele.

der Schadensersatzhaftung spielt, wird von der höchstrichterlichen Rechtsprechung nicht mehr explizit adressiert, die dogmatische Grundlage bleibt unklar. In seiner Grundsatzentscheidung zur notariellen Fälligkeitsbestätigung verweist der IX. Senat auf unterschiedliche Quellen, die zum Teil keine Begründung liefern, sich in (generellen) Schutzzweckerwägungen im engeren Sinn erschöpfen oder die das Ausgleichsprinzip zur Grundlage nehmen und es im Einzelfall aus Sanktionsgründen einschränken wollen.[758]

B. Umsetzung der Schutzzweckerwägungen in der Praxis

Das Konzept der Rechtsprechung lässt sich als eine einzelfallabhängige Einschränkung der in § 249 Abs. 1 BGB angelegten hypothetischen Vergleichsbetrachtung begreifen – wenngleich dies nicht (mehr) explizit benannt, sondern durch allgemeine Schutzzweckerwägungen überlagert wird. Fraglich bleibt, ob mit dem Abstellen auf den Schutzzweck der jeweils verletzten Norm oder Verhaltenspflicht im Einzelfall nachvollziehbare Wertungen und eine gewisse Wertungskonsistenz erreicht werden. Sofern der Schutzzweck in diesem Kontext zu rechtspraktisch nachvollziehbaren Entscheidungen führt, spräche dies für die Tragfähigkeit des Konzepts. Die rechtspraktische Umsetzung lässt einen Rückschluss auf die gesetzgeberische Grundkonzeption zu. Denn – wie sogleich näher ausgeführt wird – erst eine gewisse Wertungskonsistenz (bei ähnlich gelagerten Fällen) lässt ein Verständnis des Rechts als Ordnung und System zu:

> „*Da* [...] *die Rechtsordnung auf Widerspruchsfreiheit angelegt ist, diese in der Regel dem Willen der Gesetzgebung entspricht, ist die Möglichkeit eines teleologischen Systems zumindest als Arbeitshypothese anzuerkennen.*“[759]

Des Weiteren erlaubt ein Blick auf die jeweils umgesetzten Wertungen im Einzelfall einen weitergehenden, kritischen Vergleich mit dem noch darzustellenden Alternativkonzept einer – unbeschränkten – Berücksichti-

---

758 Insbesondere die vom IX. Senat zitierte BAG Entscheidung zu Insertionskosten vom 23.03.1984, 7 AZR 37/81, NJW 1984, 2846.

759 *Höpfner*, Die systemkonforme Auslegung, 2008, S. 135; *Bumke*, Relative Rechtswidrigkeit, 2004, S. 37; grundlegend *Engisch*, Die Einheit der Rechtsordnung, 1935; *Canaris*, Systemdenken und Systembegriff in der Jurisprudenz entwickelt am Beispiel des deutschen Privatrechts, 1969, S. 13 ff.

gung hypothetischer Entwicklungen im Rahmen der Schadensberechnung.

I. Gleichförmigkeit und Wertungskonsistenz als Ausdruck des Systemgedankens

Zunächst ist hervorzuheben, dass die Sicherstellung einer gewissen Gleichförmigkeit und Wertungskonsistenz kein formalistischer Selbstzweck ist, sondern zu der Verwirklichung der Ideen von *„Folgerichtigkeit und innerer Zusammenhalt, Abstimmung und Harmonisierung oder Gleichbehandlung"* innerhalb der Rechtsordnung beiträgt.[760] Insofern handelt es sich um einen *„zentralen Argumentationstopos beim rechtsfortbildenden Umgang mit der Rechtsordnung"*[761], der maßgebliche Bedeutung für die Frage hat, ob bestimmte Grundsätze oder Konzepte als Teil der legitimierten Rechtsordnung begriffen werden können. Das Erreichen wertungskonsistenter Ergebnisse mit einem bestimmten Konzept – wie dem hier zu untersuchenden Schutzzweck der Norm im Kontext rechtmäßigen Alternativverhaltens – kann darauf hindeuten, dass dieses Konzept von einem vernünftigen Gesetzgeber avisiert ist.[762] Das Rechtssystem bedingt sich insoweit selbst durch eine gewisse Gleichförmigkeit, denn erst durch eine Reproduzier- und Nachvollziehbarkeit lässt sich die Rechtsordnung im Grundsatz als zusammenhängendes System begreifen.[763] Bei der Beurteilung eines dogmatischen Konzepts ist insofern dessen Leistungsfähigkeit im Hinblick auf praktisch gleichförmige und antizipierbare Ergebnisse von besonderer Bedeutung. Bei der Entscheidungsfindung in der richterlichen Praxis kommt

---

760 *Bumke*, Relative Rechtswidrigkeit, 2004, S. 51; *Fikentscher*, Methoden des Rechts in vergleichender Darstellung, Band IV, 1977, S. 189 f.: *„Das Gleichbehandlungsgebot ist für die gedankliche und historische Entwicklung des Rechts von außerordentlicher, meist unterschätzter Bedeutung. Jeder Fall muß nicht nur ‚sach', sondern auch ‚gleichgerecht' entschieden werden."*.

761 *Bumke*, Relative Rechtswidrigkeit, 2004, S. 52 m.w.N.

762 Dies ist allenfalls eine notwendige, nicht jedoch ohne Weiteres eine hinreichende Bedingung. Die rechtspraktischen Vorteile einer bestimmten Herangehensweise bedeuten noch nicht, dass diese als verbindliches Konzept zu verstehen ist. Umgekehrt ist es fernliegend, dass ein Konzept, welches zu unzusammenhängenden Einzelfallentscheidungen führt, gesetzgeberisch verbindlich ist.

763 *Rüthers/Fischer/Birk*, Rechtstheorie, 10. Aufl. 2018, § 4 III. 3., Rn. 145; *Höpfner*, Die systemkonforme Auslegung, 2008, S. 135; *Osterkamp*, Juristische Gerechtigkeit, 2004, S. 123; *Fikentscher*, Methoden des Rechts in vergleichender Darstellung, Band IV, 1977 S. 191.

der „*Entscheidungsklarheit*“ als einem besonderen Gebot von „*Rationalität*“ zudem eine tragende Rolle zu.[764] Nicht (nur) die Umsetzung eines gesellschaftlichen Wertekonsenses[765], der im Gesetzesmaterial zum Vorschein kommt, sondern insbesondere die Nachvollziehbarkeit von Entscheidungen und Entscheidungsmustern trägt zu dem Funktionieren des Rechtssystems bei. Diese Nachvollziehbarkeit bedingt nicht nur ein Vertrauen in das Funktionieren des Systems, sondern stellt auch die Verwirklichung einer materiellen Gerechtigkeitsvorstellung dar, nämlich der Gleichheit. Gleichheit in diesem Sinne bedeutet, dass bei ähnlicher Ausgangssituation, also ähnlichem Sachverhalt, die jeweils beteiligten Parteien mit einem ähnlichen Ausgang des Prozesses rechnen können. Insoweit wird eine – verfassungsrechtlich in Art. 3 Abs. 1 GG verbürgte – „*Rechtsanwendungsgleichheit*“ gewährleistet.[766] Die Bürger sind vor dem Gesetz, wie vor den Gerichten gleich und haben Anspruch auf eine nämliche Behandlung.[767] Damit korrespondiert die „*Stabilisierung von sozialen Erwartungen*“[768], da die Bürger ihr Verhalten anhand bestimmter Verhaltenspflichten des Rechtssystems ausrichten können und es ihnen möglich ist, die Folgen bei einem bestimmten Verhalten zu antizipieren. Insofern wird die Idee des Vertrauensschutzes als maßgeblicher Bestandteil des Rechtsstaatsprinzips, Art. 2 Abs. 1 GG in Verbindung mit Art. 20 Abs. 3 GG, verwirklicht.[769]

Ein dogmatisches Konzept wie die Berücksichtigung rechtmäßigen Alternativverhaltens auf Grundlage von Schutzzweckerwägungen trägt, wenn es eine gewisse Transparenz der richterlichen Entscheidungsfindung ermöglicht, zu der Gleichförmigkeit und Wertungskonsistenz des Rechtssystems bei. Insofern kann es durchaus, trotz der im Einzelnen kritikwürdigen Herleitung, ein rechtspraktisch leistungsfähiges Konzept darstellen und als verbindliches Konzept der legitimierten Rechtsordnung begriffen werden. Handelt es sich hingegen um „*eine durch Interessenabwägung ausfüllungsbedürftige Generalklausel ohne eigenen Gehalt*“[770], spricht dieser Umstand zusätzlich gegen die Anwendung des Konzepts. Vor diesem Hintergrund soll anhand exemplarischer Entscheidungen näher untersucht wer-

---

764 *Schneider*, Richterrecht, Gesetzesrecht und Verfassungsrecht, 1969, S. 38.

765 Vgl. dazu *Zippelius*, Recht und Gerechtigkeit in der offenen Gesellschaft, 2. Auflage 1996, Kap. 9 „*Zur Funktion des Konsenses in Gerechtigkeitsfragen*“, S. 110 ff.

766 BVerfG, Beschluss vom 09.05.1984, 1 BvR 1279/83, NJW 1984, 2345.

767 *Zippelius*, Recht und Gerechtigkeit in der offenen Gesellschaft, 2. Aufl. 1996, Kap. 26 I. 2. a), S. 308.

768 *Osterkamp*, Juristische Gerechtigkeit, 2004, S. 127.

769 BVerfG, Beschluss vom 09.05.1984, 1 BvR 1279/83, NJW 1984, 2345.

770 *Hanau*, DNotZ 1986, 406 (413).

den, auf welche Wertungen im Rahmen der Schutzzweckerwägungen Bezug genommen wird, um rechtmäßiges Alternativverhalten im Einzelfall zu berücksichtigen oder es unberücksichtigt zu lassen.

II. Analyse exemplarischer Gerichtsentscheidungen

1. Entscheidungen des BAG zum Streikrecht

Der 1. Senat des BAG betont bereits in seiner grundlegenden Entscheidung zum Schleswig-Holsteinischen Metallarbeiterstreik, dass der Einwand rechtmäßigen Alternativverhaltens – vom 1. Senat damals noch als Problem der überholenden Kausalität bezeichnet – jedenfalls bei Vertragsverletzungen aufgrund des Prinzips zivilrechtlicher Prävention nicht durchgreifen könne.[771] Der 1. Senat lässt demgegenüber sehr freimütig das *„Ausgleichsprinzip (Restitutionsprinzip)"* zurücktreten.[772] Dabei nimmt er Bezug auf die Funktion der Friedenspflicht, die unzulässige Streikhandlungen *„unter Sanktion stellen"* solle, ohne Rücksicht auf die Möglichkeit eines hypothetisch rechtmäßig herbeigeführten Streikschadens.[773] Zutreffend kritisiert *Larenz*, dass der gesetzliche Schadensersatzanspruch jedoch nicht die Funktion einer Vertragsstrafe erfüllen könne, die ohne Rücksicht auf bestimmte Einbußen als Sanktion für ein bestimmtes Verhalten greift.[774] Das vom 1. Senat des BAG so stark betonte Präventionsprinzip könne keine Rolle bei der Ausgestaltung der Schadensersatzpflicht spielen *„eben weil es für die Frage nach dem Umfang des zu ersetzenden Schadens vollständig durch aus Ausgleichsprinzip verdrängt ist."*[775] Wohlgemerkt nimmt der 1. Senat des BAG, unter Rückgriff auf Normzweckerwägungen, in seiner Entscheidung der Sache nach durchaus eine Vertragsstrafenvereinbarung an, indem er auf den angeblichen Willen der Vertragsparteien abstellt, Zuwiderhandlungen gegen die Friedenspflicht in jedem Fall zu sanktionieren. Wie genau der 1. Senat zu dieser Einschätzung gelangt, ist jedoch unklar. Der 1. Senat führt aus, die Möglichkeit eines späteren rechtmäßigen Streiks sei kein *„zufälliges, von den Partnern gar nicht in Betracht gezogenes Ereignis"*.[776]

---

771 BAG, Urteil vom 31.10.1958, 1 AZR 632/57, BAGE 6, 321.
772 BAG, Urteil vom 31.10.1958, 1 AZR 632/57, BAGE 6, 321 (377).
773 BAG, Urteil vom 31.10.1958, 1 AZR 632/57, BAGE 6, 321 (378).
774 *Larenz*, NJW 1959, 865 (865).
775 *Larenz*, NJW 1959, 865 (865).
776 BAG, Urteil vom 31.10.1958, 1 AZR 632/57, BAGE 6, 321 (378).

Unter anderem spielen für den 1. Senat die drohenden erheblichen Streikschäden eine maßgebliche Rolle, welche die Allgemeinheit träfen.[777] Dass im Einzelfall weitreichende (Folge-)Schäden drohen ist jedoch keine Besonderheit des Streikrechts, sondern kann im zunehmend vernetzten Wirtschaftsleben typischerweise niemals ausgeschlossen werden. Würde man versuchen, die Erwägungen des 1. Senats zu verallgemeinern, käme man zu einer de facto Vertragsstrafe in vielen Fällen, in denen besondere Einbußen – für die Allgemeinheit – drohen. Man würde damit generalpräventive Erwägungen in die individuelle Schadensersatzpflicht transportieren und – zu Lasten des jeweiligen Schädigers – eine weitreichende Sanktionsordnung etablieren. Im Schrifttum wurde die weitreichende Präventionsfunktion der Friedenspflicht jedoch bestätigt und noch bis vor Kurzem verteidigt, selbst gegen Versuche der arbeitsgerichtlichen Rechtsprechung, von diesem Verständnis abzuweichen.[778] Das Problematische daran, einzelnen Verhaltenspflichten eine weitgehende Sanktionswirkung zuzusprechen, ist die mangelnde Transparenz und Vorhersehbarkeit des Vorgehens. Stellt man darauf ab, wie bedeutend bestimmte Verhaltenspflichten für die Allgemeinheit sind, bewegt man sich in einem äußerst wertungsoffenen Bereich.

Nicht umsonst weicht der 1. Senat mittlerweile von seiner Auffassung ab und misst der Friedenspflicht nun eindeutig nicht mehr die Funktion einer de facto Vertragsstrafe zu, die Präventionserwägungen treten dadurch stark in den Hintergrund.[779] Damit ist, was die Schutzzweckerwägungen zur Friedenspflicht betrifft, eine 180-Grad-Wende beschrieben. Betrachtet man dies unter dem Aspekt der Entscheidungsklarheit und Transparenz, sind die vom 1. Senat des BAG angestellten Schutzzweckerwägungen durchaus kritisch zu sehen. Während anfangs noch eine weitreichende Präventionsfunktion, zu Gunsten der Allgemeinheit, in die Friedenspflicht hineingelesen wurde, hat man nun vollkommen von diesem Zweck Abstand genommen.

---

777 BAG, Urteil vom 31.10.1958, 1 AZR 632/57, BAGE 6, 321 (378).

778 *Willemsen/Mehrens*, NZA 2013, 1400 (1402).

779 BAG, 26.07.2016, 1 AZR 160/14, BAGE 155, 347: *„Eine solche die Allgemeinheit oder Dritte schützende Wirkung kommt der schuldrechtlich determinierten Friedenspflicht nicht - jedenfalls nicht typischerweise - zu. Ebenso trägt der Gedanke nicht, dass im Arbeitskampfrecht die Verletzung der Friedenspflicht praktisch weitgehend sanktionslos bliebe, wenn man die Möglichkeit eines zulässigen Streiks als rechtmäßige Alternative in Betracht ziehen würde* […] *Eine sanktionierende Wirkung ist dem Schadensersatzrecht im Allgemeinen fremd; auch die Schadensersatzpflicht bei rechtswidrigem Streik hat Ausgleichs- und keine Sanktionsfunktion.*“.

2. Der BGH zur notariellen Fälligkeitsbestätigung

Auf Präventions- und Sanktionserwägungen stellt auch der IX. Senat des BGH in seinem Grundsatzurteil aus dem Jahr 1985 ab.[780] In dem Fall einer unrichtigen notariellen Fälligkeitsbestätigung durfte der Notar zu seiner Entlastung nicht einwenden, er habe – rechtmäßig – eine Fälligkeitsstellung zum selben Zeitpunkt vornehmen müssen, der Schaden (die Aufnahme und Finanzierung eines vorzeitigen Kredits durch den Schuldner), wäre dann ebenso eingetreten. Der IX. Senat stellt darauf ab, dass das Vertrauen in die Rolle des Notars nicht geschützt wäre, wenn dieser sich auf rechtmäßiges Alternativverhalten berufen könne.[781] Ähnlich wie in der Entscheidung des BAG zum Metallarbeiterstreik[782], führt der IX. Senat des BGH generelle Erwägungen ins Feld, um im Einzelfall die Haftung zu bejahen. Das allgemeine Vertrauen *„in die Zuverlässigkeit und Unparteilichkeit des Notars als amtlich bestellter Urkundsperson“* rechtfertigt für den IX. Senat eine Schadensersatzhaftung, obwohl es auch bei pflichtgemäßem Alternativverhalten zu dem Schaden gekommen wäre.[783] Allerdings stellt sich die Frage, ob es einer solchen Sanktionsdrohung in Form des unbedingten Schadensersatzes, bei dem rechtmäßiges Alternativverhalten keine Rolle spielt, wirklich bedarf. Der IX. Senat berücksichtigt in seiner Entscheidung beispielsweise nicht, dass Notare als besondere Urkundspersonen einen Eid auf gewissenhafte Amtsausführung ablegen und der Kontrolle der Notarkammer unterliegen, die Beschwerden über die Amtstätigkeit von Notaren entgegennimmt und zu verschiedenen Sanktionen befugt ist. § 75 der BNotO sieht etwa ein Ermahnungs- und § 94 BNotO ein Missbilligungsverfahren vor. Über die Effektivität der Maßnahmen lässt sich streiten. Bei der Frage, ob es einer besonderen schadensersatzrechtlichen Sanktionswirkung bedarf, wäre ein Blick auf das Berufs- und Standesrecht aber zumindest naheliegend gewesen. Darüber hinaus ist in diesem Kontext der Haftung für eine notarielle Fälligkeitsbestätigung zu betonen, dass der IX. Senat ein Wertungsfeld eröffnet, das keine klaren Leitlinien erkennen lässt. Mehr als die besondere Bedeutung der notariellen Tätigkeit wird vom IX. Senat nicht angesprochen. Wann im Einzelfall ein besonderes Sanktionsbedürfnis für spezielle Verhaltenspflichten besteht, das gegen die Berück-

780 BGH, Urteil vom 24.10.1985, IX ZR 91/84, BGHZ 96, 157 (173).
781 BGH, Urteil vom 24.10.1985, IX ZR 91/84, BGHZ 96, 157 (173).
782 BAG, Urteil vom 31.10.1958, 1 AZR 632/57, BAGE 6, 321 (378).
783 BGH, Urteil vom 24.10.1985, IX ZR 91/84, BGHZ 96, 157 (173).

sichtigung rechtmäßigen Alternativverhaltens spricht, wird damit zu einer intransparenten Wertungsfrage.

3. Der BGH zur Verletzung von Zahlungspflichten

In einer Entscheidung aus dem Jahr 2012 lehnt der V. Senat des BGH den Einwand eines Schädigers ab, er habe – anstatt die Zahlung zu verweigern – zurücktreten können.[784] Der Schädiger machte geltend, dass der konkrete Schaden in Form eines Mindererlöses aus dem (erneuten) Verkauf eines Grundstücks bei ordnungsgemäßem Rücktritt ebenso entstanden wäre. Die Weigerung, zu zahlen, obgleich der Geschädigte einen fälligen und durchsetzbaren Anspruch geltend machte, verpflichte ihn also nicht zum vollen Schadensersatz. Allenfalls der Schaden für vorgerichtliche Anwaltskosten und Aufwendungen im Zusammenhang mit dem (ersten) Grundstücksverkauf seien zu ersetzen, da diese bei einem Rücktritt nicht entstanden wären. Der 8. Senat des OLG München in der Vorinstanz folgte dieser Argumentation und hielt fest, ähnlich wie bei einem Mietausfallschaden, bei dem die spätere Kündigungsmöglichkeit des Vermieters einzubeziehen sei, sei die Rücktrittsmöglichkeit zu berücksichtigen.[785] Der V. Senat des BGH sieht demgegenüber im Schutzzweck der Kaufpreiszahlungspflicht ein Hindernis für die Berücksichtigung rechtmäßigen Alternativverhaltens begründet: Würde man das rechtmäßige Alternativverhalten hier berücksichtigen, bliebe die „*Verletzung der Zahlungspflicht weitgehend sanktionslos*".[786] Die Zahlungspflicht bestehe unabhängig von einem eventuellen Rücktrittsrecht, bis dieses effektiv ausgeübt werde. Es widerspräche dem Vertragszweck, wenn Beklagte stets einwenden könnten, sie hätten zurücktreten können.

Der Argumentation des V. Senats lässt sich entgegenhalten, dass eine Verweigerung der Zahlung bei bestehendem Rücktrittsrechts keinesfalls folgenlos ist. Der Gläubiger kann den Rechtsweg beschreiten, um seinen Primäranspruch gegen den Schuldner durchzusetzen. Sofern der Schuldner erst nach Rechtshängigkeit der Klage ein möglicherweise bestehendes Rücktrittsrecht ausübt, kann der Gläubiger den Rechtsstreit (einseitig) für erledigt erklären. Seinen Interessen ist insoweit Rechnung getragen, als er von den Prozesskosten freigehalten wird: Das Gericht berücksichtigt ent-

784 BGH, Urteil vom 09.03.2012, V ZR 156/11, NJW 2012, 2022.
785 OLG München, Urteil vom 18.11.2010, 8 U 3376/10, BeckRS 2012, 07977.
786 BGH, Urteil vom 09.03.2012, V ZR 156/11, NJW 2012, 2022 (2023).

weder im Rahmen von § 91a ZPO, dass die Klage erst nach Rechtshängigkeit zulässig oder unbegründet geworden ist, oder der Kläger obsiegt bei einer Klageänderung in eine Feststellungsklage über das ursprüngliche Bestehen des Anspruchs. Im Hinblick auf den Primäranspruch ergibt sich keine unangemessene Benachteiligung des Gläubigers. Insofern bleibt die Verweigerung der Zahlung nicht *„sanktionslos"*[787], sondern der Schuldner wird mit den Prozesskosten belastet. Er läuft Gefahr, auf die Leistung in Anspruch genommen und – kostenpflichtig – verklagt zu werden. Wendet man sich den Sekundäransprüchen zu, also konkret dem Schadensersatz wegen Verletzung der Zahlungspflicht, kommt zunächst grundsätzlich ein Anspruch auf Ersatz eines Verzögerungsschadens in Betracht. Um einen solchen Schaden – in Form von vorgerichtlich entstandenen Anwaltskosten der Kläger, die Rechtsberatung suchten, nachdem der Beklagte die Zahlung verweigerte – ging es unter anderem in dem hier untersuchten Rechtsstreit. Zutreffend hielt der 8. Senat des OLG München als Vorinstanz fest, dass die Rücktrittsmöglichkeit des Beklagten diesen insofern nicht entlaste.[788] Das Risiko eines Mindererlöses indes – in Abgrenzung zu den entstandenen Anwaltskosten – sei dem Vertrag schon *„eben wegen der Rücktrittsmöglichkeit des Beklagten immanent"* gewesen.[789] Ein Rücktritt des Beklagten hätte die Kläger vor das Problem gestellt, nunmehr einen Verkauf zu schlechteren Konditionen vor- und, im Vergleich zum Vertrag mit dem Beklagten, einen Mindererlös hinzunehmen. Die vorgerichtlichen Anwaltskosten wären jedoch vermieden worden, hätte der Kläger – anstatt die Zahlung einfach zu verweigern – rechtzeitig den Rücktritt erklärt. Insofern bleibt die Zahlungsverweigerung nicht sanktionslos. Der die Zahlung verweigernde Schuldner trägt vielmehr das Risiko, dass dem Gläubiger ein Verzugsschaden entsteht.

Unter dem Aspekt der Nachvollziehbarkeit und Transparenz ist die Entscheidung des V. Senats ein Negativbeispiel. Wieder wird deutlich, dass das Bedürfnis einer Sanktionierung von Verhaltenspflichtverstößen letztendlich nur behauptet, nicht aber fundiert begründet wird. Sofern der V.

787 BGH, Urteil vom 09.03.2012, V ZR 156/11, NJW 2012, 2022 (2023).

788 OLG München, Urteil vom 18.11.2010, 8 U 3376/10, BeckRS 2012, 07977: *„Denn anders als bei der Frage der Ersatzfähigkeit des Mindererlöses* [...] *das Risiko eines Mindererlöses bei einem Zweitverkauf war dem Vertrag eben wegen der Rücktrittsmöglichkeit des Beklagten immanent – ist hier zu sehen, dass der (hypothetische) Rücktritt des Beklagten nicht auch zu dem Schaden in Form der Anwaltskosten geführt hätte. Solche Kosten wären nicht entstanden, weil es zur Rückabwicklung des Vertrages aufgrund des Rücktritts gekommen wäre."*.

789 OLG München, Urteil vom 18.11.2010, 8 U 3376/10, BeckRS 2012, 07977.

Senat die dargelegten Möglichkeiten des Primär- und Sekundärrechtsschutzes und die drohenden Anwalts- und Gerichtskosten für den Schuldner, der – ohne sein Rücktrittsrecht zu gebrauchen – die Zahlung verweigert, implizit als nicht schwerwiegend genug sieht, ist dies nicht nachvollziehbar. Insofern fehlt jegliches Maß dafür, in welchen Fällen eine weitergehende Sanktion notwendig sein könnte. Es handelt sich – anders als etwa im Fall der Notarhaftung – um einen alltäglichen Verhaltenspflichtverstoß ohne weitgehende Implikationen. Die unberechtigte Zahlungsverweigerung ist im zivilrechtlichen Verkehr keine Seltenheit. Der Schädiger nahm kein besonderes Vertrauen in Anspruch, sondern stand dem Geschädigten als normaler Geschäftsgegner gegenüber. Dass es hier einer besonders scharfen Haftung bedarf, ist somit nicht nachzuvollziehen. Deutlich wird hingegen die Beliebigkeit der Schutzzweckerwägungen. Vergleicht man etwa die Verletzung der Zahlungspflicht mit der Haftung eines GmbH-Geschäftsführers, der seinen Informationspflichten nicht nachkommt, ist vollkommen unklar, weshalb im ersten Fall rechtmäßiges Alternativverhalten unbeachtlich sein soll, im zweiten Fall jedoch beachtlich sein kann.[790] Die Pflichten eines Geschäftsführers als zentralem Organ der Gesellschaft sind von erheblicher Bedeutung. Vergleicht man dies mit der Stellung eines beliebigen Geschäftsgegners, zu dem eine rein zivilvertragliche Verbundenheit besteht, müsste für Geschäftsführer der Einwand rechtmäßigen Alternativverhaltens erst recht ausgeschlossen sein.[791]

4. Der BGH zu Amtshaftungsansprüchen

Im Rahmen von Amtshaftungsansprüchen deutet der BGH regelmäßig an, dass der Einwand rechtmäßigen Alternativverhaltens berücksichtigungsfähig sei, wenn der Behörde ein Verfahrensfehler unterlaufen ist und sie bei einem ordnungsgemäßen Verfahren zu der gleichen, für den Geschädigten ebenso nachteiligen Entscheidung gekommen wäre.[792] Dass der BGH den Einwand rechtmäßigen Alternativverhaltens bei verfahrensrechtlichen Ver-

---

790 BGH, Urteil vom 16.06.2012, II ZR 86/11, BGHZ 197, 304; BGH, Urteil vom 04.11.2002, II ZR 224/00, BGHZ 152, 280.

791 Je nach den Umständen wird der Einwand jedoch akzeptiert, siehe *Zöllner/Noack*, in: Baumbach/Hueck, 21. Aufl. 2017, § 43 GmbHG, Rn. 16 m.w.N.

792 BGH, Urteil vom 07.12.2000, III ZR 84/00, BGHZ 146, 122; BGH, Urteil vom 03.02.2000, III ZR 296/98, BGHZ 143, 362; BGH, Urteil vom 26.03.1997, III ZR 114/96, BeckRS 1997, 31118221; siehe auch OLG Hamm, Urteil vom 03.05.2013, 11 U 88/11, BeckRS 2013, 09146; BGH, Beschluss vom 26.02.2015,

stößen zumindest nicht für ausgeschlossen hält, wirft im Vergleich zur Notarhaftung und der Verletzung von Zahlungspflichten die Frage der Wertungskonsistenz auf. Zwar spricht die Heilungsmöglichkeit des § 45 VwVfG dafür, dass bloße Verfahrensfehler im Vergleich zu materiellrechtlichen Fehlern als nicht „so schwerwiegend“ empfunden werden. Allerdings nimmt die öffentliche Verwaltung gegenüber den Bürgern ein gesteigertes, nicht zuletzt in Art. 20 Abs. 3 GG verbürgtes, Vertrauen in Anspruch. Der Vergleich zum Notar, der in dem vom IX. Senat entschiedenen Fall als *„amtlich bestellte[r] Urkundsperson“*[793] einen eher geringen verfahrensrechtlichen Fehler beging, indem er es unterließ, die Fälligkeitsvoraussetzungen zu schaffen[794], wirft Zweifel auf. Dass die öffentliche Verwaltung eine weniger vertrauensgebundene Stellung innehat, als ein Notar, ist nicht ersichtlich.

5. Der BGH zur gesellschaftsrechtlichen Organhaftung

Im Organhaftungsrecht wird der Einwand rechtmäßigen Alternativverhaltens, wie bereits angedeutet, vielfach akzeptiert.[795] In zwei Fällen aus dem Jahr 1991 sah der BGH jedoch die Mitwirkungsrechte der Minderheitsgesellschafter bei Kompetenzverstößen von Leitungsorganen in Gefahr und lehnte vor diesem Hintergrund die Berücksichtigungsfähigkeit rechtmäßigen Alternativverhaltens ab.[796] Wiederum ist für den BGH im Hinblick auf die jeweils verletzte Verhaltenspflicht entscheidend, ob eine scharfe Sanktion durch die unbedingte Schadensersatzpflicht – ohne die Möglichkeit des Einwands rechtmäßigen Alternativverhaltens – erforderlich ist, oder nicht. Gerade im Fall von Kompetenzüberschreitungen stehen jedoch verschiedene *„Steuerungsinstrumente bereit, die geeignet sind, pflichtvergessene Geschäftsleiter in die Schranken zu weisen“*, wie nicht zuletzt Kündigungs-

III ZR 204/13, BeckRS 2015, 05462; *Zimmerling*, in: jurisPK-BGB, Stand 05.02.2018, § 839 BGB, Rn. 133.

793 BGH, Urteil vom 24.10.1985, IX ZR 91/84, BGHZ 96, 157 (173).

794 *Hanau*, DNotZ 1986, 406 (415): *„Hier kommt hinzu, daß der Notar von dem vorgeschriebenen Verfahren nur um ein Weniges abgewichen ist, so daß von einer Verletzung grundlegender Verfahrensvorschriften keine Rede sein kann.“*.

795 BGH, Urteil vom 16.6.2012, II ZR 86/11, BGHZ 197, 304; BGH, Urteil vom 04.11.2002, II ZR 224/00, BGHZ 152, 280.

796 BGH, Urteil vom 25.02.1991, II ZR 76/90, NJW 1991, 904; BGH, Urteil vom 25.03.1991, II ZR 188/89, BGHZ 114, 127; dazu auch *Fleischer*, DStR 2009, 1204 (1207 f.).

rechte.[797] Darüber hinaus obliegt dem jeweiligen Geschäftsführer das Risiko des hypothetischen Geschehensablaufs, der im Einzelfall nicht ohne Weiteres rekonstruierbar ist.[798] Dabei wird insbesondere zu berücksichtigen sein, wie genau sich ein (hypothetisches) Abstimmungsverhalten im Einzelfall dargestellt hätte, wobei weitreichende Überlegungen zum verantwortungsvollen Stimmverhalten, das den Rechten und berechtigten Interessen von Minderheitsgesellschaftern Rechnung trägt, legitim sein können.[799]

Vor diesem Hintergrund wird deutlich, dass sich die Wertungsfrage, ob bestimmte Interessen der Allgemeinheit oder einzelner Geschädigter eines besonders weitgehenden schadensersatzrechtlichen Schutzes bedürfen, nach der Rechtsprechung kaum trennscharf mit allgemeingültigen Kriterien beantworten lässt.[800] Gemeinsame Leitlinien der entschiedenen Fälle sind, vergleicht man die exemplarischen Entscheidungen miteinander, nicht auffindbar. Stattdessen wird der Sanktionsgedanke mit einer gewissen Beliebigkeit fruchtbar gemacht, um bei einzelnen Verhaltenspflichten den Einwand rechtmäßigen Alternativverhaltens auszuschließen.

6. Der BGH zum Arzthaftungsrecht – Aufklärungspflichtverletzungen

a) Die Wertungsinkonsistenz der Grundaufklärungsdoktrin

Schutzzweckerwägungen spielen in der höchstrichterlichen Rechtsprechung zum Arzthaftungsrecht, konkret im Bereich der Schadensersatzhaftung bei Aufklärungspflichtverletzungen, eine entscheidende Rolle. Dabei stellt insbesondere die Rechtsprechung zur Grundaufklärung einen besonderen Fall dar, der strukturell als Berücksichtigung rechtmäßigen Alternativverhaltens in Form einer hypothetischen Einwilligung zu qualifizieren ist, obwohl der BGH, soweit ersichtlich, eine andere Terminologie verwendet und darüber hinaus eine Pauschalbetrachtung vornimmt, ohne die hypothetischen Entwicklungen im Einzelfall zu prüfen.[801]

---

797 *Fleischer*, DStR 2009, 1204 (1208).
798 *Fleischer*, DStR 2009, 1204, (1208).
799 *Fleischer*, DStR 2009, 1204, (1209).
800 Ebenso, freilich ohne hier ein Problem zu sehen, *Flume*, in: BeckOK-BGB, Stand 01.05.2018, § 249 BGB, Rn. 333, der darauf verweist, dass sich *„die ‚Findung‘ und Anerkennung relevanter Fallgruppen* [...] *als nicht einfach gestaltet.“*.
801 Siehe auch *Schenk*, Grundaufklärung, 2015, S. 51 f. zu der Abgrenzung der Wirkweisen von Grundaufklärung und rechtmäßigem Alternativverhalten.

Ausgangspunkt ist der Grundsatz, dass bei einer fehlerhaften Aufklärung des Patienten der Arzt für alle Behandlungsrisiken haftet, die sich im Einzelfall verwirklichen. Dies gilt vor dem Hintergrund der so genannten Körperverletzungsdoktrin, wonach ein lege artis Eingriff in die körperliche Integrität ohne „informed consent" als Rechtsgutsverletzung zu qualifizieren ist.[802] Im Jahr 1984 legte der VI. Senat des BGH den Grundstein für eine ausdifferenzierte Aufklärungspflichtverletzungsdoktrin mit verschiedenen Abstufungen.[803] In dem Fall ging es um die Frage, ob der behandelnde Arzt für eine verwirklichte, jedoch nicht aufklärungsbedürftige Darmperforation haften sollte, die im Rahmen einer Rektoskopie erfolgte. Ein Behandlungsfehler war nicht ohne Weiteres auszumachen, sodass es darauf ankam, ob eine Haftung auf Basis der fehlerhaften Einwilligung des Patienten, der unvollständig aufgeklärt worden war, begründet werden konnte. Denn der Arzt hatte es versäumt, über das Risiko von Schmerzen nach dem Eingriff aufzuklären, obwohl dies als aufklärungsbedürftiges Risiko allgemein anerkannt war. Der VI. Senat lehnt eine Haftung jedoch mit folgender Begründung ab:

> „*Wenn aber die Rektoskopie dem Kläger keine größeren Schmerzen bereitet hatte, so hat er durch diese Untersuchungsmaßnahme auch keinen Schaden erlitten.* [...] *Daran ändert sich nichts deswegen, weil sich bei der Durchführung der Rektoskopie mit der Darmperforation ein ganz anderes, entferntes Risiko verwirklicht hat, sofern dieses Risiko seinerseits nicht aufklärungspflichtig war* [...] *Der dadurch entstandene Schaden fällt nämlich nicht in den Schutzbereich der haftungsbegründenden Norm, aus der eine Schadensersatzpflicht des Arztes für den mangels rechtswirksamer Einwilligung des Patienten rechtswidrigen Eingriff in den Körper des Patienten folgt* [...] *Ein Rechtswidrigkeitszusammenhang zwischen der Pflichtverletzung des Arztes und der Verletzung des Selbstbestimmungsrechtes des Patienten liegt in derartigen Fällen nur insoweit vor, als sich das Risiko gerade einer schmerzhaften Behandlung verwirklicht hat.*"[804]

Für den VI. Senat fehlt es an einem ausreichenden RWZ zwischen dem konkreten Aufklärungsfehler und dem konkret verwirklichten Risiko, da der Schutzbereich der Aufklärungspflicht und des Einwilligungserfordernisses hier nicht greife. Denn, so der VI. Senat, dem Patienten sollte keine

---

802 Kritisch zu den Grundsätzen der Körperverletzungsdoktrin, denen hier nicht vertieft nachgegangen wird, *Hart*, in: FS Heinrichs, 1998, S. 291 (292) m.w.N.

803 BGH, Urteil vom 07.02.1984, VI ZR 188/82, BGHZ 90, 96.

804 BGH, Urteil vom 07.02.1984, VI ZR 188/82, BGHZ 90, 96 (100-103).

Entscheidung über Gesundheitsgefahren, wie die Gefahr einer Darmperforation, ermöglicht werden, sondern ausschließlich eine Entscheidung darüber, ob er eine Beeinträchtigung seines Wohlempfindens in Form von Schmerzen in Kauf nehmen wollte.[805]

Darauf aufbauend entwickelt der VI. Senat in einem Folgeurteil des Jahres 1989 seine Dogmatik zur so genannten Grundaufklärung.[806] Zwar kam es auch in diesem Fall zur Verwirklichung eines nicht konkret aufklärungsbedürftigen Risikos und die Aufklärung war fehlerhaft. Im Unterschied zum ersten Fall habe es hier jedoch bereits an einer Aufklärung gefehlt, die dem Patienten „*einen zutreffenden Eindruck* [...] *von der Schwere des Eingriffs*" vermittelt, sodass eine im Grundsatz informierte Entscheidung nicht möglich gewesen wäre.[807] In diesen Fällen müsse der Arzt:

> „[...] *nach Sinn und Zweck der verletzten Verhaltensnorm dann für alle Schäden aus dem Eingriff haften, auch wenn sich dabei ein äußerst seltenes, nicht aufklärungspflichtiges Risiko verwirklicht hat.*"[808]

Liege allerdings zumindest eine Grundaufklärung vor und verwirkliche sich ein nicht aufklärungsbedürftiges Risiko, was freilich nur die Ausnahme sein könne, so fehle es an einer „*sachlichen Rechtfertigung*" für den Schadensersatz, wenn das Aufklärungsdefizit „*in eine ganz andere Richtung*" ziele.[809] Der VI. Senat spricht hier nicht von rechtmäßigem Alternativverhalten, als Begründung schwingt jedoch eindeutig die Vorstellung mit, dass eine Haftung eben deshalb nicht angebracht sei, weil der Patient bei einer hypothetisch ordnungsgemäßen Aufklärung in die Behandlung eingewilligt hätte. Die grundlegende Entscheidung des VI. Senats zur Grundaufklärung wurde durch weitere Rechtsprechung bestätigt.[810]

Strukturell überzeugt die Trennung der Grundaufklärungsdoktrin vom rechtmäßigen Alternativverhalten in Form einer hypothetischen Einwilligung[811] nicht. Denn der Haftungsausschluss durch reine Schutzzwecker-

---

805 BGH, Urteil vom 07.02.1984, VI ZR 188/82, BGHZ 90, 96 (102).

806 BGH, Urteil vom 14.02.1989, VI ZR 65/88, BGHZ 106, 391.

807 BGH, Urteil vom 14.02.1989, VI ZR 65/88, BGHZ 106, 391 (399).

808 BGH, Urteil vom 14.02.1989, VI ZR 65/88, BGHZ 106, 391 (399).

809 BGH, Urteil vom 14.02.1989, VI ZR 65/88, BGHZ 106, 391 (400).

810 BGH, Urteil vom 12.03.1991, VI ZR 232/90, NJW 1991, 2346; OLG Köln, Urteil vom 12.01.2011, 5 U 37/10, VersR 2012, 1565; OLG Karlsruhe, Urteil vom 09.04.2014, 7 U 124/12, GesR 2014, 494.

811 *Wagner*, in: MüKo BGB, 7. Aufl. 2016, § 630e BGB, Rn. 68; *Jung/Lichtschlag-Traut/Ratzel*, in: Ratzel/Luxenburger, Handbuch Medizinrecht, 3. Aufl. 2015, 13. Kapitel, Rn. 262 und 271; *Schenk*, Grundaufklärung, 2015, S. 52.

wägungen in diesem Kontext ist von Wertungen getragen, die der hypothetischen Einwilligung als Form rechtmäßigen Alternativverhaltens entsprechen: Hinter der Grundaufklärungsdoktrin steht der Gedanke, es sei dann nicht gerechtfertigt, den Arzt in die Haftung zu nehmen, wenn davon auszugehen ist, dass der Patient – der zumindest eine Grundaufklärung erhalten hat – auch bei fehlerfreier Aufklärung im Übrigen eingewilligt hätte. Nichts anderes ist gemeint, wenn davon die Rede ist, dass das verwirklichte Risiko *„so wenig mit den übrigen aufklärungspflichtigen Risiken zu tun hat, dass es mehr oder minder ‚zufällig' erscheint"*,[812] es sich um ein Aufklärungsdefizit *„in eine ganz andere Richtung"*[813] handele oder dem Patienten *„über die Grundaufklärung bereits ein Eindruck von der Art und dem Schweregrad des Eingriffs vermittelt"* worden sei und ihm so *„auch die Stoßrichtung der damit zusammenhängenden Belastungen* [...] *mitgeteilt sind."*[814] Allen diesen Erwägungen liegt die Annahme zugrunde, der Patient habe insofern das verwirklichte Risiko im Rahmen der Grundaufklärung akzeptiert.[815] Trotzdem prüft der BGH in diesen Fällen nicht, wie sich der Patient tatsächlich (hypothetisch) verhalten hätte, sondern schließt die Haftung *„mangels eines Zurechnungszusammenhangs"* aus.[816] Dieses Vorgehen ist inkonsequent, denn so wird eine standardisierte Einschätzung vorgenommen, im Schutzzweck der Norm verortet, ohne dass es auf die – gegebenenfalls unvernünftige, aber ihm freistehende – Entscheidung des Patienten im Einzelfall ankommt.[817] Weshalb man dem Patienten den weitergehenden Schutz, den seine Entscheidungsfreiheit über die Lösung der

---

812 *Förster*, in: BeckOK-BGB, Stand 01.05.2018, § 823 BGB, Rn. 876 m.w.N.

813 BGH, Urteil vom 14.02.1989, VI ZR 65/88, BGHZ 106, 391 (400).

814 BGH, Urteil vom 12.03.1991, VI ZR 232/90, NJW 1991, 2346.

815 *Greiner*, in: Geiß/Greiner, Arzthaftpflichtrecht, 7. Aufl. 2014, C. Haftung aus Aufklärungsfehler, V. Rn. 157: *„Der Patient hat dann als Folge der Grundaufklärung derartige Risiken akzeptiert."*.

816 *Rehborn/Gescher*, in: Erman, 15. Aufl. 2017, § 630e BGB, Rn. 5; ebenso *Schmidt*, in: jurisPK-BGB, Stand 24.01.2017, § 630e BGB, Rn. 65: *„Eine Haftung entfällt unter Schutzzweckgesichtspunkten dann, wenn der notwendige innere Zusammenhang zwischen dem Schaden und dem Ziel der (verletzten) Aufklärungspflicht fehlt. Erforderlich* [...] *ist jedoch stets, dass dem Patienten eine Grundaufklärung* [...] *erteilt wurde."*; grundlegend auch *Larenz/Canaris*, Lehrbuch des Schuldrechts, Zweiter Band, Besonderer Teil, 2. Halbband, 13. Aufl. 1994, § 76 II. 1. g), S. 384.

817 Zur Wirkungsweise der Grundaufklärung im Verhältnis zum rechtmäßigen Alternativverhalten *Schenk*, Grundaufklärung, 2015, S. 52: *„Die Wirkung der Grundaufklärung übertrifft die des rechtmäßigen Alternativverhaltens. Das wird insbesondere dann deutlich, wenn der Patient einen Entscheidungskonflikt substantiiert glaubhaft macht und der Behandelnde den Beweis, der Patient hätte bei ordnungsgemäßer Aufklärung* [...] *eingewilligt, nicht führen kann. In diesem Fall kann nicht von*

Problematik durch die hypothetische Einwilligung und deren strenge Voraussetzungen bei Geltendmachung eines ernsthaften Entscheidungskonflikts[818] erhielte, pauschal versagt, erschließt sich nicht. Denn widmet man sich dem Schutzzweck des Aufklärungserfordernisses genauer, stellt man fest, dass nach ganz überwiegender Meinung eine so genannte selbstbestimmungswahrende *„Bilanzentscheidung"* des Patienten ermöglicht werden soll, bei welcher der Patient im Sinne der freien Ausübung seines Persönlichkeitsrechts nicht an allgemeingültigen Grenzen gebunden ist.[819] Vielmehr soll der Patient *„das Für und Wider nach den Maßstäben seiner persönlichen Befindlichkeit und seiner individuellen Einstellung zu seiner Krankheit"* abwägen.[820] Bei konsequenter Anwendung dieses Schutzzwecks und unter Berücksichtigung der Körperverletzungsdoktrin müsste bei defizitärer Aufklärung streng genommen stets gehaftet werden.[821] Vor diesem Hintergrund ist zumindest unklar, wie aus nämlichem Schutzzweck abgeleitet werden soll, dass schon die bloße Grundaufklärung haftungsbegrenzend wirkt, ohne dass wenigstens im Sinne weitgehender Respektierung eines Entscheidungsspielraums des Patienten auf die hypothetische Einwil-

---

einer hypothetischen Einwilligung ausgegangen werden [...] *Insoweit würde jedoch immer noch die Möglichkeit der Geltendmachung der Grundaufklärung mit der Folge offenstehen, dass bei deren Vorliegen nicht aufklärungsbedürftige Risiken nicht zugerechnet werden können* [...] *sodass ihr Wirkbereich größer ist.".*

818 *Schenk*, Grundaufklärung, 2015, S. 52.

819 Vgl. BGH, Urteil vom 19.07.2016, VI ZR 75/15, NJW 2016, 3523: *„Von jeher leitet die Rechtsprechung das Erfordernis der Einwilligung des Patienten in die Heilbehandlung zur Rechtfertigung des Eingriffs in die körperliche Integrität aus dem Recht auf körperliche Unversehrtheit (Art. 2 Abs. 2 GG) und seinem Selbstbestimmungsrecht als Ausfluss des Rechts auf Menschenwürde (Art. 1 GG) her. Geschützt wird damit die Entscheidungsfreiheit des Patienten über seine körperliche Integrität, über die sich der Arzt nicht selbstherrlich hinwegsetzen darf.";* *Schmid*, NJW 1984, 2601, dort Fn. 37: *„Wenn sich daher nicht das aufklärungspflichtige typische Risiko, sondern ein dem Patienten schon allgemein bekanntes oder ein untypisches Risiko verwirklicht, so trifft ein Mangel der Aufklärung gleichwohl dessen Entscheidungsfreiheit. Der Patient hätte nämlich möglicherweise den Eingriff abgelehnt, wenn er zusätzlich zu den ihm bereits bekannten Risiken und den sonstigen Unwägbarkeiten und Gefahren noch das verschwiegene Risiko gekannt hätte.";* *Wagner*, in: MüKo BGB, 7. Aufl. 2016, § 630e BGB, Rn. 67.

820 *Steffen*, in: FS Medicus, 1999, 637 (641); unter Verweis auf *Steffen* a.a.O. auch *Wagner*, in: MüKo BGB, 7. Aufl. 2016, § 630e, Rn. 67; *Katzenmeier*, in: Laufs/Katzenmeier/Lipp, Arztrecht, 7. Aufl. 2015, V. B. IV. 1., Rn. 67.

821 *Schenk*, Grundaufklärung, 2015, S. 48; *Hart*, in: FS Heinrichs, 1998, S. 291 (298).

ligung im Einzelfall abgestellt wird.[822] Mit der starken Betonung des Selbstbestimmungsrechts des Patienten passt eine derart standardisierte Ansicht über die Inkaufnahme bestimmter Risiken bei einer Grundaufklärung nicht ohne Weiteres zusammen.[823] Unklar ist, worin genau der BGH im Hinblick auf die Grundaufklärung den Schutzzweck sieht und was eine derartige Form der Haftungsbegrenzung legitimiert.[824]

b) Weitere Wertungsinkonsistenz bei Aufklärungsfehlern

Auch über die Grundaufklärungsdoktrin hinaus lässt sich eine Wertungsinkonsistenz im Bereich der Haftung für unzureichende Aufklärung finden. Der VI. Senat vertritt die Auffassung, ein unvollständig aufgeklärter Patient, der jedoch über das konkrete, später eingetretene Risiko aufgeklärt worden ist, könne aus diesem *„bei wertender Betrachtungsweise nach dem Schutzzweck der Aufklärungspflicht“* keinen Ersatzanspruch herleiten, da er das konkrete Risiko in Kauf genommen habe.[825] Auf den ersten Blick einleuchtend, sind auf einen zweiten Blick wiederum Friktionen mit dem Selbstbestimmungsrecht des Patienten erkennbar. Denn *„ein Patient hat nicht vernünftig zu sein“*.[826] Wie er sich entschieden hätte, wenn er über die nicht-verwirklichten Risiken aufgeklärt worden wäre, kann zwar gegebenenfalls ermittelt werden, etwa im Rahmen des Einwands einer hypothetischen Einwilligung, sollte aber nicht pauschal unterstellt werden, wenn man das freie Selbstbestimmungsrecht ernst nimmt.[827] Der VI. Senat des

---

822 *Steffen*, in: FS Medicus, 1999, S. 637 (643): *„Schutz vor medizinischer und forensischer Bevormundung erhält der Patient schon durch die strengen Anforderungen des BGH an die Feststellung der Hypothese, die zu Lasten des Arztes geht.“*.

823 Auch *Schenk* hat keine tragfähige Antwort auf dieses Dilemma, er beschränkt sich dementsprechend darauf, festzustellen, mit der Grundaufklärung werde eine *„sachgerechte Einschränkung“* und *„eine sinnvolle Korrektur der uneingeschränkten Haftung“* erreicht, *Schenk*, Grundaufklärung, 2015, S. 48.

824 Vgl. auch *Borgmann*, NJW 2010, 3190 (3193), der – auch unter Bezugnahme auf den *„Grundsatz der Unteilbarkeit der Einwilligung“* – die *„Unschärfe der Begriffe“* bemängelt.

825 BGH, 13.06.2006, VI ZR 323/04, BGHZ 168, 103 (111); Bestätigung u.a. bei OLG Hamm, Urteil vom 12.05.2010, 3U 134/09, VersR 2011, 625; siehe auch *Jung/Lichtschlag-Traut/Ratzel*, in: Ratzel/Luxenburger, Handbuch Medizinrecht, 3. Aufl. 2015, 13. Kapitel, Rn. 264.

826 *Borgmann*, NJW 2010, 3190 (3194); *Steffen*, in: FS Medicus, 1999, S. 637 (643).

827 Vgl. *Steffen*, in: FS Medicus, 1999, S. 637 (647): *„‚Nur ein bißchen Aufklärung‘ hält den Patienten genauso unmündig wie gar keine Aufklärung.“*.

BGH verkehrt das Selbstbestimmungsrecht in seiner Entscheidungspraxis gewissermaßen in sein Gegenteil, wenn er in diesem Kontext ausführt:

> *„Überlegungen dazu, ob er* [der Patient] *die Zustimmung bei Hinweis auf ein anderes Risiko möglicherweise versagt hätte, sind notwendigerweise spekulativ und können deshalb nicht Grundlage für einen Schadensersatzanspruch sein.*“[828]

Will man eine größtmögliche Wahrung des Selbstbestimmungsrechts erreichen, müsste es, im Gegenteil, mangels hinreichend substantiierten anderweitigen Vortrags und gegebenenfalls Beweises über eine hypothetische Einwilligung, als spekulative Überlegung abgelehnt werden, dass der Patient bei vollständiger Aufklärung seine Zustimmung positiv *erteilt* hätte. So, wie vom VI. Senat verstanden, wird das Selbstbestimmungsrecht des Patienten hingegen unterlaufen. Dabei soll an dieser Stelle keine grundsätzliche Position für oder gegen eine stärkere Berücksichtigung des Selbstbestimmungsrechts ergriffen werden.[829] Bemerkenswert ist jedoch, dass die Entscheidungspraxis zu Aufklärungspflichtverletzungen in ihrer Wertung inkonsistent ist. Denn es erschließt sich – ähnlich wie bei der Grundaufklärung – nicht, weshalb der besondere Schutzzweck des Selbstbestimmungsrechts, das durch den Patienten nicht rational ausgeübt werden muss, sondern ein Ausdruck seiner individuellen und nicht standardisierten Persönlichkeit ist, für eine pauschale Einschränkung der Haftung sprechen soll.[830]

Ohne zu tief in die Dogmatik zu Aufklärungspflichtverletzungen einzusteigen, kann bei einem Blick auf die BGH-Rechtsprechung im Bereich der Arzthaftung festgestellt werden, dass die Schutzzweckerwägungen eine sehr undurchsichtige Entscheidungspraxis bedingen. So bleibt unklar, was – wenn man von einem umfassenden Schutz des Selbstbestimmungsrechts absieht – der konkrete Schutzzweck der Aufklärungspflicht ist, der einen standardisierten Haftungsausschluss erlauben soll.[831] Unklar ist, weshalb insofern nicht auf die Grundsätze zur hypothetischen Einwilligung abgestellt wird, sondern eine davon losgelöste Haftungsbegrenzung vorgenom-

828 BGH, 15.02.2000, VI ZR 48/99, BGHZ 144, 1 (7).

829 Zu berechtigter Kritik an einem teilweise opportunistischen Gebrauch der Haftung für Aufklärungspflichtverletzungen siehe *Wagner*, in: MüKo BGB, 7. Aufl. 2016, § 630e BGB, Rn. 71 ff.

830 Zweifelnd auch *Borgmann*, NJW 2010, 3190 (3193).

831 *Borgmann*, NJW 2010, 3190 (3193).

men wird.[832] Ähnlich wie bereits *Hanau* es bei der Grundsatzentscheidung des BGH zum rechtmäßigen Alternativverhalten bemängelt, liegt insoweit die Vermutung nahe, *„dass der BGH hier nur die Tatsache verbrämen will, dass es sich um Einzelfallentscheidungen handelt, die sich letztlich einer Kategorisierung entziehen (sollen?).“* [833]

c) Hypothetische Einwilligung und Sanktionserwägungen

Mit Urteil vom 19.07.2016 hält der VI. Senat des BGH in einer denkbar knappen aber schwerwiegenden Entscheidung fest ein Arzt könne sich, wenn sich ein Patient explizit für eine Chefarztbehandlung entschieden habe, weder auf die hypothetische Einwilligung des Patienten in die Operation durch einen anderen Arzt, als den Chefarzt berufen, noch darauf, der – mangels Behandlung durch den Chefarzt nicht von der Einwilligung des Patienten gedeckte Eingriff – wäre durch den Chefarzt genauso vorgenommen worden, wie tatsächlich geschehen.[834] Nach der Operation kam es zu erheblichen Beeinträchtigungen des Klägers. Der Beklagte wandte zunächst ein, dass der klagende Patient in keinen ernsthaften Entscheidungskonflikt geraten sei, wenn ihm die Verhinderung des Chefarztes mitgeteilt worden wäre. Der Beklagte sei selbst ein ausgewiesener Spezialist für die geplante Operation, ferner war ein standardmäßiges operatives Vorgehen ohne Besonderheiten indiziert gewesen und wäre gleichermaßen durch den Chefarzt durchgeführt worden. Der Kläger legte daraufhin nicht plausibel dar, weshalb er trotz dieser Umstände bei der Mitteilung in einen Entscheidungskonflikt geraten wäre. Dies war für die erste Instanz Anlass genug, die Klage abzuweisen.[835] Die zweite Instanz lehnte einen Schadensersatzanspruch ab, weil der Vortrag des Beklagten, die konkrete Ausführung der Operation mit denselben gesundheitlichen Folgen wäre ebenso bei der gewünschten Chefarztbehandlung geschehen, als rechtmäßiges Alternativverhalten zu berücksichtigen sei und es deshalb an einem Schade fehle.[836] Der VI. Senat des BGH verwirft demgegenüber beide Ein-

832 Zur Wirkungsweise der Grundaufklärung im Verhältnis zum rechtmäßigen Alternativverhalten Schenk, Grundaufklärung, 2015, S. 51: *„Die Grundaufklärung kann also über den Gesichtspunkt des rechtmäßigen Alternativverhaltens hinaus fruchtbar gemacht werden, sodass ihr Wirkbereich größer ist.“*.

833 *Borgmann*, NJW 2010, 3190 (3193).

834 BGH, Urteil vom 19.07.2016, VI ZR 75/15, NJW 2016, 3523.

835 LG Koblenz, Urteil vom 12.08.2014, 10 O 48/12, BeckRS 2016, 12563.

836 OLG Koblenz, Urteil vom 26.01.2015, 5 U 1131/14, BeckRS 2016, 14562.

wendungen. Ausgangspunkt der Entscheidung ist für ihn, dass ansonsten der *„Schutzzweck des Einwilligungserfordernisses"* unterlaufen werde, welches die Selbstbestimmung des Patienten schützen solle.[837] Im Hinblick auf die hypothetische Einwilligung führt der VI. Senat weiter aus, die Verletzung des Einwilligungserfordernisses und eine darauf gründende rechtswidrige Integritätsbeeinträchtigung blieben sonst *„sanktionslos"*. Im Hinblick auf den anzunehmenden gleichen hypothetischen Verlauf müsse das *„Vertrauen"* des Patienten *„wirksam geschützt"* werden, das in die *„ärztliche Zuverlässigkeit und Integrität"* gesetzt werde.[838] Der VI. Senat betont hier die Patientensituation, in der weitreichende Eingriffe in den Körper in Kauf genommen werden und in welcher der Patient in gewisser Weise dem Arzt ausgeliefert ist. Das Urteil des VI. Senats wurde vom OLG Hamm mit Urteil vom 15.12.2017 bereits zustimmend aufgegriffen.[839]

Die Entscheidungen des BGH und des OLG Hamm stehen zunächst im Wertungskonflikt zu § 630h Abs. 2 Satz 2 BGB. Dieser kodifiziert – für den Bereich der vertraglichen Haftung bei Aufklärungs- bzw. Einwilligungsmängeln – den Einwand der hypothetischen Einwilligung.[840] Zwar lässt sich der Gesetzesbegründung zu den §§ 630a ff. BGB entnehmen, dass *„die neuen Regelungen zum Behandlungsvertrag das Verhältnis zum Deliktsrecht unberührt lassen"* sollen.[841] Allerdings sollte die grundsätzliche Entscheidung des Gesetzgebers, im sensiblen Bereich des Behandlungsvertrags die hypothetische Einwilligung explizit zu ermöglichen, nicht völlig unberücksichtigt bleiben.[842] Die pauschale Ablehnung des Einwands einer hypothetischen Einwilligung, für die im Fall des BGH nachvollziehbare Gründe sprachen (gleiche fachliche Qualifikation des behandelnden Arztes, Stan-

837 BGH, Urteil vom 19.07.2016, VI ZR 75/15, NJW 2016, 3523 (3524).

838 BGH, Urteil vom 19.07.2016, VI ZR 75/15, NJW 2016, 3523 (3524).

839 OLG Hamm, Urteil vom 15.12.2017, 26 U 74/17: *„Den Beklagten ist der Einwand des rechtmäßigen Alternativverhaltens verwehrt, weil dies dem Schutzzweck des Einwilligungserfordernisses bei ärztlichen Eingriffen widerspricht. Der Arzt, der ohne eine auf seine Person bezogene Einwilligung des Patienten operiert hat, kann sich nicht darauf berufen, dass der Patient mit der Vornahme des Eingriffs durch einen anderen - zumal besser qualifizierten - Operateur einverstanden gewesen sei. Könnte er sich mit diesem Einwand einer Haftung entziehen, bliebe der rechtswidrige Eingriff in die körperliche Integrität des Patienten sanktionslos."*.

840 *Rehborn/Gescher*, in: Erman, 15. Aufl. 2016, § 630h BGB, Rn. 22.

841 BT-Drs. 17/10488, S. 17.

842 Eine gewisse *„Ausstrahlungswirkung auf das Deliktsrecht"* nimmt an *Mansel*, in: Jauernig, 17. Aufl. 2018, Vor. §§ 630a ff. BGB, Rn. 10; für einen angestrebten Gleichlauf von Vertrags- und Deliktsrecht in dem Bereich auch *Schwab*, JuS 2016, 1030 (1032).

dardverlauf der Operation), ist vor dem Hintergrund der Grundaufklärungsdoktrin nicht wertungskonsistent. Bei Vorliegen der Grundaufklärung wird die hypothetische Ablehnung einer Behandlung in bestimmten Fällen nicht einzelfallbezogen geprüft, sondern pauschal eine hypothetische Einwilligung angenommen, wenn der Patient keinen vernünftigen Anlass zu einer abweichenden Entscheidung hat – da die Risiken, die sich verwirklicht haben, „*in eine ganz andere Richtung*“ zielen.[843] Im Fall der vereinbarten Chefarztbehandlung tritt die – naheliegende – Wahrscheinlichkeit einer vernünftigen Entscheidung und Einwilligung demgegenüber vollkommen in den Hintergrund.[844] Der VI. Senat billigt dem behandelnden Arzt wohlgemerkt nicht einmal die Möglichkeit zu, im Einzelfall darzulegen und zu beweisen, dass der Patient eingewilligt hätte. Eine angemessene Berücksichtigung des hohen Patienteninteresses an einer Chefarztbehandlung könnte im Rahmen der Beweiswürdigung Rechnung getragen werden.[845] Sprechen etwa besondere Gründe dafür, dass der Patient nur dem Chefarzt das notwendige Vertrauen für den Eingriff schenkt und kann im Einzelfall nicht davon ausgegangen werden, dass ein anderer Arzt ihn von einer anderen Behandlung hätte überzeugen können, scheitert der Einwand einer hypothetischen Einwilligung. Hierbei kann berücksichtigt werden, dass der Patient nicht notwendigerweise rational entscheidet, sondern von Emotionen beeinflusst wird.[846] All die angeführten besonderen Umständen, das Ausgeliefertsein und die hohe Bedeutung der Behandlung für den Patienten können insofern angemessen berücksichtigt werden. Die pauschale Ablehnung des Einwands einer hypothetischen Einwilligung überzeugt demgegenüber nicht. Während der BGH im Rahmen der Grundaufklärung zu Lasten des Patienten eine gewisse Grundvernünftigkeit unterstellt, verwehrt er nun dem behandelnden Arzt die Möglichkeit sich auf eine solche zu berufen. Beides ist vom Schutzzweck der Aufklärungspflicht getragen, was verdeutlicht, dass eine Wertungskonsistenz hier nicht gewährleistet ist.

---

843 BGH, Urteil vom 14.02.1989, VI ZR 65/88, BGHZ 106, 391 (400).

844 *Fries*, JR 2017, 287 (290): „*Die Freiheit zur Chefarztgläubigkeit ohne jede Vernunftkontrolle ist Ausfluss des Selbstbestimmungsrechts des Patienten.*“.

845 Vgl. *Steffen*, in: FS Medicus, 1999, 637 (643).

846 Vgl. *Fries*, JR 2017, 287 (290) zur allgemeinen „*Chefarztgläubigkeit*“.

7. Zwischenfazit: Schutzzweckerwägungen als intransparente Einzelfallwertungen

Mit Blick auf die prägenden höchstrichterlichen Entscheidungen bleibt festzuhalten, dass Schutzzweckerwägungen im Kontext rechtmäßigen Alternativverhaltens nicht zu Transparenz und Wertungskonsistenz der Entscheidungspraxis beitragen.[847] Der Schutzzweck der jeweils verletzten Norm oder Verhaltenspflicht wird vielmehr zum Anlass genommen, Wertungen hinsichtlich der Bedeutung dieser Pflicht für die Allgemeinheit oder bestimmte Gesellschaftsgruppen einfließen zu lassen, die jedoch nicht nachvollziehbar entwickelt werden. Dabei wird häufig ein unzureichender Blick auf den Gesamtkontext und die Möglichkeiten, bestimmte Verhaltensweisen und Pflichten jenseits einer Schadensersatzhaftung durchzusetzen, geworfen. Hier wird – in einem negativen Sinn – der Charakter der Schutzzwecklehre als *„Arbeitsprogramm"*[848] besonders deutlich. Ein großer richterlicher Einschätzungsspielraum wird mit intransparenten und insgesamt nicht miteinander abgewogenen Wertungen gefüllt. Die Chance der Schutzzwecklehre als Instrumentarium für die Entwicklung und Integration grundlegender Wertungen in das Rechtssystem und aus dem weiteren Normkontext heraus wird bisher – für die Frage rechtmäßigen Alternativverhaltens – unzureichend genutzt und allenfalls als Aufhänger für unzusammenhängende Einzelfallentscheidungen bemüht.

---

847 Die Kritik von *Schmidt* lässt sich insofern als bestätigt betrachten, siehe *Schmidt*, in: Esser, Schuldrecht, 8. Aufl. 2000, § 33 III 2. b), S. 244: *„Überdies birgt es einen erheblichen Unsicherheitsfaktor in sich, wenn nach dem Gewicht und der Funktion entschieden werden soll, die der fraglichen Verfahrensnorm zukommt."*.

848 *Keuk*, Vermögensschaden und Interesse, 1972, S. 225; *Lang*, Normzweck und Duty of Care, 1983, S. 37.

§ 5 Rezeption der Rechtsprechung – eine Bestandsaufnahme

A. Schutzzweck als (untaugliche) Begründungsbasis

Wie bereits in Anknüpfung an die Untersuchungen *Erbs*[849] analysiert, wird der Schutzzweck der Norm oder der verletzten Verhaltenspflicht in der Literatur zum Teil bemüht, um das Erfordernis eines RWZ mit dem Gedanken (fehlender) Vermeidbarkeit eines bestimmten Erfolgs zu begründen. Dahinter steht entweder der Gedanke einer effektiven Verhaltenssteuerung als Zweck von Verhaltenspflichten[850] oder der allgemeine Gedanke eines Normversagens[851], der im Einzelfall die Rechtfertigung der Belastung des Schädigers mit der Pflicht zum Schadensersatz in Frage stellen soll. Dass diese Ansätze keine überzeugende Begründung für das Erfordernis eines RWZ und die Berücksichtigung rechtmäßigen Alternativverhaltens bieten, wurde bereits herausgearbeitet. Zur Verdeutlichung wird die Kritik an dieser Stelle kurz wiederholt: Der Gedanke, dass das Versagen einer Verhaltenspflicht aufgrund besonderer Umstände im Einzelfall für einen beschränkten Schutzzweck eben jener Pflicht spricht, überzeugt deshalb nicht, weil so dem abstrakt-generellen Charakter von Verhaltenspflichten nicht ausreichend Rechnung getragen wird. Der Geltungsanspruch einer – notwendigerweise – typisierenden Norm oder Verhaltenspflicht wird nicht schon dadurch in Frage gestellt, dass sie im *Einzelfall* versagt. Allenfalls der Gedanke, dass eine Norm oder Pflicht regelmäßig bestimmte Schäden nicht verhindert, kann Anlass zur Schlussfolgerung sein, dass die Norm oder Pflicht solche Schäden nicht verhindern soll.[852] Insofern ist auf die BAG-Rechtsprechung zu Insertionskosten zu verweisen.[853] Man könnte diese Überlegung mit dem verfassungsrechtlich verbürgten Verhältnismäßigkeitsprinzip untermauern und die Geeignetheit und Erforderlichkeit bestimmter Verhaltenspflichten in Frage stellen, sofern sie regelmäßig in eine bestimmte Richtung versagen. Würde man jedoch bereits aus der Perspektive der Normgeltung besondere Einzelfallent-

---

849 *Erb*, Rechtmäßiges Alternativverhalten, 1991, S. 87 ff.
850 Insbesondere *Gotzler*, Rechtmäßiges Alternativverhalten, 1977, S. 55 f.
851 *Hanau*, Kausalität der Pflichtwidrigkeit, 1971, S. 70.
852 *Erb*, Rechtmäßiges Alternativverhalten, 1991, S. 89.
853 Siehe oben § 4 A. IV. 3.

wicklungen und ein darauf gegründetes, konkret-individuelles Normversagen berücksichtigen, unterliefe das den grundsätzlich unbedingten Geltungsanspruch der Norm und den notwendigen Spielraum im Sinne einer gewissen Typisierungsbefugnis des Gesetzgebers.[854]

Bei der Rezeption der höchstrichterlichen Rechtsprechung wird der Schutzzweckgedanke durch die Literatur zum Teil aufgegriffen, ohne dass seine Bedeutung für die *Begründung* der entlastenden Berücksichtigung rechtmäßigen Alternativverhaltens näher erläutert wird.[855] Insbesondere wird ausgeführt, rechtmäßiges Alternativverhalten könne zur Haftungsentlastung führen, weil und wenn es nicht der Normzweck ist, das Opfer im konkreten Fall zu schützen.[856] *„Methodisch"* handele es sich um eine *„Frage nach dem Schutzbereich der verletzten Norm"*.[857] Insoweit wird konstatiert, dass Schäden, die bei rechtmäßigem Alternativverhalten nicht verhindert worden wären, *„vom Schutzzweck der Haftungsnormen regelmäßig nicht erfasst"* würden.[858] Dabei findet eben jene Vermischung von Normzweck und Normmacht statt, die bereits kritisiert wurde. Zum Teil wird das rechtmäßige Alternativverhalten als Fall der, grundsätzlich in der Schadensberechnung zu verortenden, hypothetischen Kausalität behandelt, gleichzeitig wird für die Frage der Berücksichtigung aber wiederum auf den Schutzzweck der jeweiligen Verhaltenspflicht verwiesen.[859] Insofern wird angenommen, dass der Schutzzweck einschränkende Wirkung entfal-

---

854 Vgl. *Grzeszick*, in: Maunz/Dürig, 81. EL September 2017, Art. 20 GG, Rn. 122.

855 *Teichmann*, in: Jauernig, 17. Aufl. 2018, Vor. §§ 249-253 BGB, Rn. 47; *Magnus*, in: Dauner-Lieb/Langen, 3. Aufl. 2016, Vor. §§ 249-255 BGB, Rn. 107 f.; *Altmeppen*, in: MüKo AktG, 4. Aufl. 2015, § 317 AktG, Rn. 42; *Oechsler*, in: MüKo BGB, 7. Aufl. 2017, § 932 BGB, Rn. 45; *Köhler*, in: Köhler/Bornkamm/Feddersen, 36. Aufl. 2018, § 9 UWG, Rn. 1.15.

856 *Altmeppen*, in: MüKo AktG, 4. Aufl. 2015, § 317 AktG, Rn. 42; *Musielak*, JA 2013, 241 (248).

857 *Teichmann*, in: Jauernig, 17. Aufl. 2018, Vor. §§ 249-253 BGB, Rn. 47.

858 LG Rostock, Urteil vom 10.11.2016, 1 S 109/15, BeckRS 2016, 116699; ebenso *Reinelt*, jurisPR-BGHZivilR 15/2011, Anm. 3: *„Der Einwand rechtmäßigen Alternativverhaltens ist nur dann beachtlich, wenn die Zubilligung des Schadensersatzes mit dem Schutzzweck der verletzten Norm nicht vereinbar wäre."* Insofern wird der Schutzzweck als Begründung für den Einwand präsentiert, wobei *Reinelt* explizit auf BGH, Urteil vom 24.10.1985, IX ZR 91/84, BGHZ 96, 157, verweist; siehe auch *Goldmann* in: Harte-Bavendamm/Bodewig, 4. Aufl. 2016, § 9 UWG, Rn. 96: *„Ein Schaden, der auch bei lauterem Handeln eingetreten wäre, kann und soll vom Lauterkeitsrecht nicht verhindert und muss nicht ersetzt werden."*; siehe ferner *Koch*, ZGR 2006, 184 (205), dort Fn. 75; *Freund*, GmbHR 2009, 1185 (1190).

859 *Oetker*, in: MüKo BGB, 7. Aufl. 2016, § 249 BGB, Rn. 221, der sich gegen eine *„schematische Behandlung der Fallgruppen"* verwehrt und auf den jeweiligen

ten kann, als Begründungsbasis für die Berücksichtigung rechtmäßigen Alternativverhaltens taugt er jedoch demnach ebenso wenig. Schließlich wird auf die umstrittene systematische Einordnung verwiesen, diese allerdings – wegen der Maßgeblichkeit des Schutzzwecks der Norm – als praktisch irrelevant erachtet.[860] Nimmt man die verschiedenen Ausführungen genauer in Augenschein, lässt sich mithin folgendes festhalten: Eine tragfähige Begründung der Berücksichtigung rechtmäßigen Alternativverhaltens durch den Schutzzweck der Norm, also eine insoweit *positiv-begründende* Wirkung des Schutzzwecks, ist in der Kommentierung nicht erkennbar. Insoweit bleibt es bei der Kritik von Schutzzweck- und Vermeidbarkeitserwägungen in diesem Kontext.

B. Der Schutzzweck als Grund für eine Einschränkung von § 249 Abs. 1 BGB

I. Begrenzung der hypothetischen Vergleichsbetrachtung aus Wertungsgründen

Hingegen wird zur Begründung der Relevanz hypothetischen Schädigerverhaltens in Form rechtmäßigen Alternativverhaltens zum Teil – deutlicher als in der Rechtsprechung – auf die hypothetische Kausalität im Rahmen von § 249 Abs. 1 BGB abgestellt.[861] Dem Schutzzweck kommt nach dieser Konzeption nur sekundäre, einschränkende Bedeutung in der grundsätzlich in § 249 Abs. 1 BGB angelegten Berücksichtigung hypothetischen Verhaltens zu. Dies wird besonders deutlich bei *Oetker* und seinem Verweis auf ein Urteil des IX. Senats des BGH aus dem Jahr 1988.[862] In diesem betont der IX. Senat, die Berücksichtigung so genannter hypothetischer Reserveursachen sei *„eine Wertungsfrage"*. Dabei verweist der IX. Senat unter anderem auf *Medicus*, der im Staudinger-Kommentar der 12.

Schutzzweck der Norm abstellen will; *Ekkenga/Kuntz*, in: Soergel, 13. Aufl. 2014, Vor. § 249 BGB, Rn. 223.

860 *Schiemann*, in: Staudinger, Neubearbeitung 2017, § 249 BGB, Rn. 102; *Flume*, in: BeckOK-BGB, Stand 01.05.2018, § 249 BGB, Rn. 333: *„Unstreitig ist jedoch, dass der Hinweis auf das rechtmäßige Alternativverhalten beachtlich sein kann und unter Berücksichtigung des Schutzwecks der jeweils betroffenen Norm zu bewerten ist."*.

861 *Oetker*, in: MüKo BGB, 7. Aufl. 2016, § 249 BGB, Rn. 221; *Ekkenga/Kuntz*, in: Soergel, 13. Aufl. 2014, Vor. § 249 BGB, Rn. 223.

862 *Oetker*, in: MüKo BGB, 7. Aufl. 2016, § 249 BGB, Rn. 221, 213, der zum *„Zweck der verletzten Norm"* und ihrer Bedeutung auf BGH, Urteil vom 07.06.1988, IX ZR 144/87, BGHZ 104, 355 verweist.

Auflage eine umfassende Aufarbeitung der Problematik hypothetischer Entwicklungen im Rahmen von § 249 Abs. 1 BGB vornimmt.[863] Zugegebenermaßen lege es die Vergleichsbetrachtung des § 249 Abs. 1 BGB im Grundsatz nahe, Reserveursachen zu berücksichtigen.[864] Eine Einschränkung sei jedoch in verschiedenen Fällen geboten, so etwa – wenn es sich nicht um die bereits bei der Schädigung vorhandene *„Anlage“* einer Wertminderung handele, die im Grundsatz entstanden sei – bei unmittelbaren Objekt- oder Gesundheitsschäden.[865] Ebenfalls nicht zu berücksichtigen sei eine Reserveursache, die zur Ersatzpflicht eines Dritten geführt hätte.[866] Ohne hier tiefer in die Abgrenzungsthematik einzusteigen, wird deutlich, dass es sich nicht um Schutzzweckerwägungen im Hinblick auf die *jeweils verletzte Verhaltenspflicht* handelt, sondern um allgemeine Wertungskriterien für bestimmte Fallgruppen. *Weshalb* – in Verletzung welcher Pflicht – etwa ein unmittelbarer Objektschaden entsteht, ist in diesem Kontext unerheblich. Möglicherweise deshalb betont *Oetker* seinen Verweis auf den IX. Senat nur als *„im Ansatz ebenso“*. Unabhängig davon ist klar erkennbar, dass die Vergleichsbetrachtung des § 249 Abs. 1 BGB als Ausgangspunkt der Berücksichtigung hypothetischer Entwicklungen dient, die im Einzelfall durch besondere Wertungen eingeschränkt werden. Ähnlich erkennt *Schiemann*, dass durch die Anreicherung des Schadensersatzrechts mit (Fern-)Zielen jenseits des Schadensausgleichs dieses *„zu einem Sanktionsinstrument gegen den Bruch von Verfahrensvorkehrungen“* werde.[867] Dies könne jedoch *„angebracht sein, wenn sonst die Pflicht, gegen die verstoßen worden ist, nicht mehr ernst genommen würde.“*[868] Damit zeigt sich *Schiemann* also offen für die Einbeziehung von Sanktionserwägungen, selbst wenn dies dem Schadensersatzrecht *„im Allgemeinen fremd“* sei.[869]

863 *Medicus*, in: Staudinger, 12. Aufl. 1983, § 249 BGB, Rn. 99 ff.
864 *Medicus*, in: Staudinger, 12. Aufl. 1983, § 249 BGB, Rn. 99.
865 *Medicus*, in: Staudinger, 12. Aufl. 1983, § 249 BGB, Rn. 103.
866 *Medicus*, in: Staudinger, 12. Aufl. 1983, § 249 BGB, Rn. 100.
867 *Schiemann*, in: Staudinger, Neubearbeitung 2017, § 249 BGB, Rn. 105.
868 *Schiemann*, in: Staudinger, Neubearbeitung 2017, § 249 BGB, Rn. 105.
869 *Schiemann*, in: Staudinger, Neubearbeitung 2017, § 249 BGB, Rn. 105.

II. Dominanz des Sanktionsgedankens

Nicht eindeutig ist hingegen, welche Wertungen genau eine Einschränkung gebieten sollen.[870] Der Sanktions- und Präventionsgedanke, den die höchstrichterliche Rechtsprechung regelmäßig bemüht, wird in der Literatur zwar zum Teil kritisch gesehen.[871] Alternative Gründe für eine Begrenzung von § 249 Abs. 1 BGB, die nicht in der Verhaltenssteuerung durch Sanktion und Prävention begründet werden, sind indes nicht erkennbar.[872] Weitgehend wird der Sanktionsgedanke verletzter Pflichten, insbesondere im Kontext bedeutender Verfahrensvorschriften, als eine zutreffende Erwägung unterstützt.[873] Dabei wird der Gedanke der Sanktion zum

870 Kritisch dazu *Schmidt*, in: Esser, Schuldrecht, 8. Aufl. 2000, § 33 III 2. b), S. 244: *„Überdies birgt es einen erheblichen Unsicherheitsfaktor in sich, wenn nach dem Gewicht und der Funktion entschieden werden soll, die der fraglichen Verfahrensnorm zukommt.“*.

871 *Schiemann*, in: Staudinger, Neubearbeitung 2017, § 249 BGB, Rn. 105 f., wobei *Schiemann* jedoch im Ausnahmefall für Sanktionserwägungen offen zu sein scheint; *Oetker*, in: MüKo BGB, 7. Aufl. 2016, § 249 BGB, Rn. 222: *„Es besteht kein Anlass, die Ausgleichsfunktion des Schadensersatzrechts beim rechtmäßigen Alternativverhalten zugunsten eines Sanktionsgedankens aufzugeben.*“, sowie Rn. 223: *„Aufgabe des Schadensersatzrechts ist es nicht, auf die Einhaltung verfahrensrechtlicher Bestimmungen hinzuwirken.*“; *Altmeppen*, in: Roth/Altmeppen, 8. Aufl. 2015, § 43, Rn. 104; aktuell auch *Fries*, JR 2017, 287 (290).

872 Unklar insbesondere *Ekkenga/Kuntz*, in: Soergel, Vor. § 249 BGB, Rn. 229: *„Insbesondere bei schwerwiegenden Verstößen gegen Verfahrensgarantien kann sich der Schädiger nicht auf rechtmäßiges Alternativverhalten berufen.*“, es gehe jedoch nicht darum *„das Schadensrecht zur Erzwingung der Einhaltung verfahrensrechtlicher Normen zu nutzen, sondern um die Heranziehung eines Wertungskriteriums.*“ Was allerdings dieses Kriterium darstellen soll, wenn nicht die Hinwirkung auf eine Einhaltung der Verfahrensgarantien, ist nicht nachzuvollziehen.

873 Aktuell im Hinblick auf die persönlichkeitsrechtsverletzende Verwendung von Dashcams *Froitzheim*, NZV 2018, 109 (114) unter Verweis auf die Entscheidung des VI. Senats des BGH zur Chefarztbehandlung, Urteil vom 19.07.2016, VI ZR 75/15, NJW 2016, 3523; *Weth*, in: Schwab/Weth, 5. Aufl. 2018, § 58 ArbGG, Rn. 97a: *„Der in Anspruch genommene Schädiger kann sich auch auf den Einwand eines rechtmäßigen Alternativverhaltens berufen* [...] *Die Erheblichkeit dieses Einwands richtet sich nach dem Schutzzweck der jeweils verletzten Norm, die Verletzungshandlung darf dadurch grds. nicht sanktionslos werden.*“; *Flume*, in: BeckOK-BGB, Stand 01.05.2018, § 249 BGB, Rn. 335 betont es sei stets zu prüfen *„ob möglicherweise gerade ein rechtswidriges Verhalten sanktioniert* [...] *werden soll.*“; *Willemsen/Mehrens*, NZA 2013, 1400 (1403); siehe auch *Spindler*, in: MüKo AktG, 4. Aufl. 2014, § 93 Rn. 174: *„Auch der Einwand des rechtmäßigen Alternativverhaltens kann vom Vorstandsmitglied erhoben werden, nicht aber, wenn es um die Verletzung von Organisations-, Kompetenz- oder Verfahrensregeln geht, da diese gerade der Abstim-*

Teil nur implizit geäußert, nämlich in der Gestalt, dass bestimmte Vorschriften eines besonderen, in Form des Schadensersatzes bewehrten Schutzes bedürften, der ihrer hohen Bedeutung gerecht werde.[874] Denklogisch kann der Schutz oder Erhalt der besonderen Bedeutung von wichtigen Verhaltensvorschriften, der im Einzelfall, da es um Schadensersatz für eine Pflichtverletzung geht, nicht erreicht wurde, nur durch die Sanktion des Schädigerverhaltens und dadurch (mittelbar) die Abschreckung des Schädigers oder anderer Personen verwirklicht werden.[875] Dass der Geschädigte, zu dessen Lasten bestimmte Pflichten nicht eingehalten wurden, eine Form von Entschädigung erhält, kompensiert per se noch nicht den allgemeinen Bedeutungsverlust von verletzten Verfahrensgarantien. Da ein anderer Zweck als die Verhaltenssteuerung durch Sanktion und dadurch mittelbar Prävention nicht erkennbar ist, sollen die Legitimierung und Effektivität dieses Zwecks im Folgenden näher untersucht werden.

---

mung und Herbeiführung von gemeinsamen Beschlüssen und Verfahrensweisen im Vorstand dienen und ansonsten der Schutzzweck und eine Sanktionierung über die Schadensersatzpflicht weitgehend leer laufen würde.“; kritisch zu dieser wohl h.M. im Gesellschaftsrecht hingegen *Koch*, in: Hüffer/Koch, 12. Aufl. 2016, § 93 AktG Rn. 50; ebenfalls kritisch *Altmeppen*, in: Roth/Altmeppen, 8. Aufl. 2015, § 43, Rn. 104; sowie *Fleischer*, DStR 2009, 1204 (1208).

874 Siehe etwa *von Steinau-Steinbrück*, NJW-Spezial 2016, 498 (499): „*Hätte das BAG an der Auffassung der Vorinstanzen festgehalten, käme der Friedenspflicht kein großer Stellenwert mehr zu.*“; *Freytag*, in: Gabriel/Krohn/Neun, 2. Aufl. 2017, Kapitel 8, § 38, D.I.1. f), Rn. 113: „*Anderenfalls könnte sich der Auftraggeber jeder Eigenverantwortung für sein vergaberechtliches Handeln entziehen.*“; *Ekkenga/Kuntz*, in: Soergel, Vor. § 249 BGB, Rn. 229.

875 Vgl. *Keuk*, Vermögensschaden und Interesse, 1972, S. 67.

§ 6 Der Präventionsgedanke im Kontext rechtmäßigen Alternativverhaltens

A. Der Präventionsgedanke im Sinne des Rechtswidrigkeitszusammenhangs

In seiner Ausprägung als Steuerungsgedanke wird der Präventionsgedanke – wie bereits untersucht – von den Begründungskonzepten des RWZ angeführt, um das Erfordernis einer Vermeidbarkeit des Schadens durch pflichtgemäßes Verhalten im Einzelfall für die Haftungsbegründung zu untermauern. Es wurde jedoch festgestellt, dass dies nicht überzeugt, da – mit Blick auf mögliche zukünftige Fälle – der Präventionsgedanke argumentativ umgekehrt eine Schadensersatzpflicht im Einzelfall trotz Unvermeidbarkeit des Schadens rechtfertigen könnte. Es ist wichtig, dies von der Ausgleichsfunktion des Schadensersatzrechts zu trennen: Wie ausgeführt, lassen sich Präventions- und Ausgleichsprinzip als Bestandteile des Schadensersatzsystems begreifen. Damit allein ist noch nicht gesagt, dass das Präventions- das Ausgleichsprinzip beschränkt oder umgekehrt. Jedenfalls lässt sich unter Rückgriff auf das Ausgleichsprinzip nicht überzeugend begründen, dass es eines RWZ bedarf. Vielmehr lässt sich eine *„Feststellung der Schadenshöhe null"* in der Schadensberechnung vornehmen und so dem Ausgleichsprinzip Rechnung tragen.[876]

B. Der Präventionsgedanke der höchstrichterlichen Rechtsprechung

Nach dem Konzept der höchstrichterlichen Rechtsprechung soll der Präventionsgedanke für die Begründung einer Schadensersatzpflicht *trotz Unvermeidbarkeit* des Schadens im Einzelfall fruchtbar gemacht werden. Demnach soll rechtmäßiges Alternativverhalten jedenfalls dann nicht berücksichtigt werden, wenn dies den Schutzzweck bestimmter, bedeutender Verhaltenspflichten unterlaufen würde, weil die Verletzung dieser Pflichten sonst sanktionslos gestellt würde. Wie bereits kritisch herausgearbeitet, ist die Annahme der drohenden Sanktionslosigkeit in vielen Fällen unbegründet, da neben einer Schadensersatzpflicht zahlreiche andere Möglich-

876 *Erb*, Rechtmäßiges Alternativverhalten, 1991, S. 87.

keiten des Geschädigten bestehen, sich gegen den Verhaltenspflichtverstoß des Schädigers zur Wehr zu setzen oder diesen zu ahnden. Darüber hinaus gewährleistet die derzeitige Handhabung des (einschränkenden) Schutzzweckgedankens weitgehend keine Wertungskonsistenz in der richterlichen Entscheidungspraxis. Nichtsdestotrotz soll, um ein umfassendes Bild zu erhalten, untersucht werden, ob diese Form eines (die Berücksichtigung rechtmäßigen Alternativverhaltens einschränkenden) Sanktionszwecks mit dem Schadensersatzrecht grundsätzlich vereinbar ist und ob es sich um ein effektives Modell der Verhaltenssteuerung handelt. Wenn diese Fragen zu bejahen sind, wenn die Präventionsfunktion grundsätzlich systemkonform umgesetzt und legitimiert werden kann und ein effektives Instrument der Verhaltenssteuerung darstellt, spräche zumindest dies grundsätzlich für das Modell der höchstrichterlichen Rechtsprechung, die Berücksichtigung rechtmäßigen Alternativverhaltens unter den Vorbehalt des Schutzzwecks (Präventivzwecks) der jeweils verletzten Verhaltenspflicht zu stellen.

I. Der Sanktionszweck im Schadensersatzrecht

1. Abgrenzung von Strafe und Prävention

Bereits im bisherigen Verlauf der Untersuchung wurde der mögliche Sanktionszweck einer Schadensersatzpflicht stets – mehr oder weniger explizit – im Hinblick auf das (Fern-)Ziel der Prävention, der Verhaltenssteuerung präsentiert. Zur Klarstellung und notwendigen Abgrenzung soll auf ein anderes mögliches Verständnis von Sanktion hingewiesen werden: Sanktion als Strafe, Vergeltung oder Genugtuung und insofern ein „*absoluter*" Sanktionszweck.[877] Dieser spezielle Sanktionszweck ist beschränkt auf eine Nachteilszufügung beim Schädiger, ohne dass es auf eine Beeinflussung des (potenziellen) Schädigerverhaltens im spezial- oder generalpräventiven Sinn ankommt.[878] Damit eng verbunden ist die Vorstellung von Sanktion als besondere Form der Missbilligung eines bestimmten Verhaltens.[879] Die sozialethische Bewertung des Verhaltens, die Verleihung eines sozialen

877 *Gregor*, Das Bereicherungsverbot, 2012, S. 28.
878 *Gregor*, Das Bereicherungsverbot, 2012, S. 28.
879 *Gregor*, Das Bereicherungsverbot, 2012, S. 28.

Stigmas, kann insofern als ein eigenständiger Zweck betrachtet werden.[880] Im Bereich des Schadensersatzrechts wird diese spezielle Sanktionsfunktion im Sinne einer Strafe als *„dem Zivilrecht* [...] *fremd“*[881] ganz überwiegend abgelehnt.[882] Dafür wird auf die Motive zu den §§ 249 ff. BGB rekurriert, welche die *„Abkehr vom Gradationssystem“*,[883] also der Koppelung des Schadensersatzumfangs an den Verschuldensgrad des Schädigers begründen:

> *„Die Hereinziehung moralischer oder strafrechtlicher Gesichtspunkte, worauf jene Abstufung beruht, muß bei der Bestimmung der civilrechtlichen Folgen unerlaubten, widerrechtlichen Verhaltens durchaus fern gehalten werden. Der Grundsatz des gemeinen Rechts, wonach lediglich der Umfang des verursachten Schadens den Umfang des zu leistenden Schadensersatzes bestimmt, ist juristisch allein haltbar und wird dem Schadensersatzberechtigten gerecht.“*[884]

In der Tat spricht die konzeptionelle Entkoppelung der zu ersetzenden Schadenshöhe vom Verschuldensgrad gegen eine Einbeziehung von Strafzwecken im engeren Sinn, also von Genugtuung oder einer moralischen Missbilligung. Dafür spricht die weitergehende Entfernung von der Bedeutung des Verschuldens im Rahmen der Gefährdungshaftung.[885] Nicht zuletzt wird in diesem Zusammenhang zutreffend vorgebracht, dass es im Zivilprozessrecht an Verfahrensgarantien fehlt, wie sie im Strafprozessrecht bestehen, sodass der Weg einer Privatstrafe mit Vergeltungsfunktion nicht der richtige sein könne.[886] Verstärkend lässt sich anführen, dass der Bei-

---

880 Vgl. *Ebers*, Rechte, Rechtsbehelfe und Sanktionen im Unionsprivatrecht, 2016, S. 113 mit dem Bezug auf *„punitive damages“*, die *„nicht nur der Prävention, sondern auch der Bestrafung“* dienen.

881 *Larenz*, Lehrbuch des Schuldrechts, Erster Band, Allgemeiner Teil, 14. Aufl. 1987, § 27 I, S. 423.

882 *Oetker*, in: MüKo BGB, 7. Aufl. 2016, § 249 BGB, Rn. 8; *Gregor*, Das Bereicherungsverbot, 2012, S. 29; *Lange*, in: Lange/Schiemann, Schadensersatz, 3. Aufl. 2003, III. 2. d), S. 12; *Thüsing*, ZRP 2001, 126 (127); *Wagner*, AcP 206 (2006), 352 (451) m.w.N.

883 *Wagner*, AcP 206 (2006), 352 (456 f.).

884 *Mugdan*, Motive, Band II, S. 17 f.

885 *Dreier*, Kompensation und Prävention, 2002, S. 516.

886 *Lange*, in: Lange/Schiemann, Schadensersatz, 3. Aufl. 2003, III. 2. d), S. 13; dass verfahrensrechtlich de lege lata die Privatstrafe nicht wirklich überzeugend umzusetzen ist, erkennt auch *Ebert*, Pönale Elemente im deutschen Privatrecht, 2004, S. 577 – sie plädiert vor diesem Hintergrund für eine Änderung des Verfahrensrechts.

bringungsgrundsatz und die Dispositionsmaxime eine pönale Funktion des Schadensersatzrechts mehr als zweifelhaft erscheinen lassen. Den Zweck einer originären Strafe derart weitgehend zur Disposition privater Parteien zu stellen, erscheint im Hinblick auf die einschneidende Bedeutung einer – moralisch als solche wahrgenommenen – Strafe für das Leben und Lebensumfeld der Betroffenen nicht angemessen.

Zwar lässt sich das *„Grundkonzept eines* [vollständig] *entpönalisierten Privatrechts"* nicht streng aufrechterhalten.[887] Möglicherweise sprechen rechtspolitische Gründe für eine langfristige Umfunktionierung des Privatrechts hin zur Privatstrafe.[888] Eine zumindest grundsätzlich weitgehende Freiheit des Schadensersatzrechts von pönalen Elementen – in seiner aktuell geltenden Form – und ohne wesentliche gestalterische Eingriffe etwa in das zivilrechtliche Verfahrensrecht[889] ist aber (derzeit) als alternativlos hinzunehmen.

Von der Ablehnung einer solchen Straffunktion muss jedoch der Präventionszweck deutlich abgegrenzt werden. Mit der konzeptionellen Freiheit des Schadensersatzrechts von Strafzwecken im engeren Sinn ist noch nicht gesagt, dass eine Verhaltenssteuerung im Sinne relativer Sanktion abzulehnen ist.[890] Denn der sich in einer Strafe im engeren Sinn erschöpfende Zweck einer Pönalisierung oder Genugtuung ist von dem Zweck einer Strafe im weiteren Sinn, die zwar der Ersatzpflichtige *„als Strafe empfin-*

887 *Ebert*, Pönale Elemente im deutschen Privatrecht, 2004, S. 248 f., sowie auf S. 251 unter Hinweis auf das Adhäsionsverfahren und die damit bestehende Verbindung zum Strafrecht, bei dem *„Einfluss des Verschuldensgrads des Schädigers auf seinen Haftungsumfang"* in verschiedenen Konstellationen oder dem Schmerzensgeld insbesondere im Hinblick auf das Persönlichkeitsrecht; *Dreier*, Kompensation und Prävention, 2002, S. 517; siehe auch *Oetker*, in: MüKo BGB, 7. Aufl. 2016, § 253 BGB, Rn. 11 zur Genugtuungsfunktion des Schmerzensgeld m.w.N.; sowie eingehend *Körner*, NJW 2000, 241.

888 Dies soll nicht vertieft werden, siehe aber *Ebert*, Pönale Elemente im deutschen Privatrecht, 2004, S. 578: *„Eine Repönalisierung des Privatrechts* [...] *sollte daher nicht als Rückschritt in archaische Zeiten, sondern als Renaissance eines seit Langem bewährten Rechtsinstituts betrachtet werden."*.

889 *Ebert*, Pönale Elemente im deutschen Privatrecht, 2004, S. 577 denkt dabei etwa an die *„Teilübertragung strafrechtlicher Beklagtenschutzbestimmungen auf das Privatstrafenverfahren, aber auch etwa einen Ausschluss derartige*[r] *Rechtsstreitigkeiten vom Mahnverfahren."*.

890 *Gregor*, Das Bereicherungsverbot, 2012, S. 29: *„Der Sanktionsgedanke hat in seiner relativen, also auf weitere Ziele gerichteten Zwecksetzung, eine große Zahl an Anhängern."*; *Wagner*, AcP 206 (2006), 352 (456).

det“[891], die ihn oder andere (potenzielle) Schädiger aber zu einem bestimmten Verhalten veranlassen soll, zu unterscheiden.[892]

2. Die allgemeine Bedeutung der Prävention im Schadensersatzrecht

Zu klären bleibt damit die Bedeutung der Präventionsfunktion für das Schadensersatzrecht, um ihren möglichen Einfluss auf die (Nicht-)Berücksichtigung rechtmäßigen Alternativverhaltens beurteilen zu können.

a) Die Frage wirksamer Verhaltenssteuerung

Obgleich eine Präventionsfunktion nicht mit einer de lege lata grundsätzlich abzulehnenden Pönalfunktion des Schadensersatzrechts gleichgesetzt werden kann, stellt sich die Frage, ob im System des Schadensersatzrechts – insbesondere im Hinblick auf § 249 Abs. 1 BGB – Raum für die Berücksichtigung präventiver Erwägungen besteht. Dies wurde bereits grundsätzlich – mit Blick auf den Steuerungsgedanken – bejaht. Das tatsächliche Maß der verhaltenssteuernden Wirkung ist allerdings umstritten.[893] Dabei wird die Versicherbarkeit von Schadensfällen etwa durch eine Haftpflichtversicherung als Argument gegen die Abschreckungswirkung angeführt.[894] Die vertragliche Ausgestaltung von Versicherungsverträgen, insbesondere die Pflicht zur (teilweisen) Selbstbeteiligung und die dynamische Entwicklung von Versicherungsprämien, spricht demgegenüber dafür, dass der Schädiger seine wirtschaftlichen Risiken zumindest nicht vollständig und in allen Situationen auf einen Versicherungsträger abwälzen kann.[895] Der mögliche Versicherungsschutz engt eine Abschreckungswirkung ein, hebt sie aber nicht vollständig auf.[896] Und indem eine einschränkende Wirkung des Versicherungsschutzes auf die Präventionswirkung des Schadensersatz-

---

891 *Lange*, in: Lange/Schiemann, Schadensersatz, 3. Aufl. 2003, Einleitung III. 2. d), S. 13.

892 *Dreier*, Kompensation und Prävention, 2002, S. 521: „*Darin liegt jedoch eine unzulässige Gleichsetzung von Prävention und Strafe, von präventiv und pönal.*“.

893 *Möller*, Das Präventionsprinzip des Schadensrechts, 2006, S. 266 f. unter Hinweis auf weitgehend fehlende „*empirische Untersuchungen*“.

894 *Rüßmann*, in: jurisPK-BGB, Stand 19.01.2018, § 249 BGB, Rn. 19; *Lange*, in: Lange/Schiemann, Schadensersatz, 3. Aufl. 2003, III. 2. b), S. 11.

895 *Wagner*, AcP 206 (2006), 352 (455).

896 *Lange*, in: Lange/Schiemann, Schadensersatz, 3. Aufl. 2003, III. 2. b), S. 11.

rechts geltend gemacht wird, wird zugleich die verhaltenssteuernde Wirkung im Grundsatz anerkannt.[897]

Auf einer Vorstufe zu der Frage, ob der potenzielle Schädiger seine Schadensersatzrisiken wirtschaftlich zumindest teilweise abwälzen kann und auf dieser Grundlage mit seiner Sorgfalt nachlässt, kann man jedoch die Rezeption des Verhaltensappells im Einzelfall bezweifeln.[898] Denn fraglich ist bereits, ob ein potenzieller Schädiger in einer Situation fahrlässigen Verhaltens von dem einschlägigen Verhaltensappell erreicht wird und die möglichen Konsequenzen seines Verhaltens erkennt und abwägt.[899] Am Beispiel des Straßenverkehrs lässt sich verdeutlichen, dass Personen nicht stets zweckrational handeln und sie im Einzelfall für eine Abschreckungswirkung nicht unbedingt empfänglich sind. *Möller*, der dem Präventionsprinzip im Schadensersatzrecht aufgeschlossen gegenübersteht, verweist insofern auf die Untersuchungen *Weyers*.[900] Damit im Einzelfall die drohenden Konsequenzen, wie die wirtschaftliche Belastung mit einer Schadensersatzpflicht, überhaupt eine Wirkung auf einen Entscheidungsträger entfalten können, bedarf es nach *Weyers* der Möglichkeit zu einer zweckrationalen Entscheidung, die nicht durch andere „Fehlerquellen" beeinflusst wird.[901] Dabei hebt *Weyers* die *„Abwesenheit eines sozialen Spannungsfeldes, das zu emotionalen Reaktionen führen kann"* hervor, sowie eine möglichst große Informationsbasis und *„die Möglichkeit, z.B. Zeit, zu ihrer Verarbeitung"*.[902] In typischen Unfallsituationen, also der kurzfristigen und unerwarteten Zuspitzung verschiedener Faktoren, bei der sich ein potenzieller Schädiger zwischen mehreren Handlungsalternativen entscheiden muss, fehlt es jedoch an einer solchen Möglichkeit zur rein zweckrationalen Entscheidung. Im eingangs zu dieser Untersuchung verwendeten Radfahrer-Fall muss sich der LKW-Fahrer in voller Fahrt und kurzfristig dazu entscheiden, ob er den vorgegebenen Überholabstand einhält oder nicht. Dass er in wenigen Sekunden oder in einem Sekundenbruchteil dazu in der Lage ist, die Schadenswahrscheinlichkeit und – weitergehend – drohende wirtschaftliche Kosten in eine abwägende Entscheidung einzubeziehen,

---

897 *Wagner*, AcP 206 (2006), 352 (455).

898 *Löwe*, Der Gedanke der Prävention, 2000, S. 75; *Möller*, Das Präventionsprinzip des Schadensrechts, 2006, S. 267; *Dreier*, Kompensation und Prävention, 2002, S. 130; *Bost*, Effiziente Verhaltenssteuerung durch den Ersatz von Nichtvermögensschäden, 2009, S. 30 f.

899 *Rüßmann*, in: jurisPK-BGB, Stand 19.01.2018, § 249 BGB, Rn. 19.

900 *Möller*, Das Präventionsprinzip des Schadensrechts, 2006, S. 266.

901 *Weyers*, Unfallschäden, 1971, S. 467.

902 *Weyers*, Unfallschäden, 1971, S. 467.

wirkt eher unrealistisch. Wenn der Vorgang auf einer stark befahrenen Straße im schnell fließenden Verkehr stattfindet und der LKW-Fahrer bereits den auf der Gegenspur entgegenkommenden Verkehr und – im Rückspiegel – den ihm folgenden Verkehr in seiner Fahrspur erblickt, die Möglichkeit für ein Überholmanöver sich deshalb nur sehr kurzfristig bietet, wird kaum Zeit und geistiger Raum für eine abgewogene, zweckrationale Entscheidung bleiben. Man kann das Beispiel mit weiteren Faktoren anreichern, wie einem Zeitdruck für die Auslieferung von Ware oder der Übermüdung des Fahrers und kommt früher oder später zu dem Ergebnis, dass die Möglichkeit einer Schadensersatzpflicht in der Entscheidungsgemengelage keine nennenswerte Rolle mehr spielt. Übertragen auf typische Unfallsituationen, erscheint die Abschreckungswirkung einer drohenden Schadensersatzpflicht sehr begrenzt. Man muss jedoch richtigerweise sehr genau differenzieren. Die Steuerungswirkung ökonomisch rationaler Aspekte wie der drohenden Kosten für eine Schadensersatzpflicht wird umso eher anzunehmen sein, *„je überschaubarer die Zahl relevanter Entscheidungsparameter ist“*[903] und je stärker der potenzielle Schädiger im Einzelfall die Möglichkeit hat, eine rationale Gesamtabwägung vorzunehmen. Zutreffend verdeutlicht etwa *Löwe*, dass im Bereich von Vorsorgehandlungen, wie den Pflichten zu regelmäßiger *„Wartung und Überwachung“* von Gefahrenquellen, der drohenden Schadensersatzpflicht durchaus eine verhaltenssteuernde Wirkung beigemessen werden kann.[904] Denn *„die Schadensvorsorge basiert auf einer Kosten-Nutzen-Rechnung.“*[905]

Selbst wenn jedoch die drohende Haftung einen Platz in der Entscheidungsfindung eines potenziellen Schädigers einnimmt und im Einzelfall nicht von anderen Faktoren verdrängt wird, insbesondere *„im Bereich der vorsätzlichen Schädigungen und der wirtschaftlich kalkulierten Verletzungen“*,[906] kann die Präventionswirkung nicht ohne Weiteres allgemein angenommen werden.[907] Denn wenn es um Abschreckung geht, muss *„das Recht für das unerwünschte Verhalten möglicher Schädiger ausreichend abschreckende, negative Konsequenzen“* androhen.[908] Bezugspunkte sind dann aber eben nicht (nur) der Geschädigte und die ihm drohenden Nachteile. Als Beispiel mag man sich vorstellen, dass ein Multimillionär zum Vergnügen

903 *Dreier*, Kompensation und Prävention, 2002, S. 130.

904 *Löwe*, Der Gedanke der Prävention, 2000, S. 76 f.

905 *Löwe*, Der Gedanke der Prävention, 2000, S. 77.

906 *Möller*, Das Präventionsprinzip des Schadensrechts, 2006, S. 267.

907 *Gregor*, Das Bereicherungsverbot, 2012, S. 33.

908 *Gregor*, Das Bereicherungsverbot, 2012, S. 33; *Bost*, Effiziente Verhaltenssteuerung durch den Ersatz von Nichtvermögensschäden, 2009, S. 36.

den Viehbestand eines Kleinbauern zu erschießen plant.[909] Da sich die Schadensersatzpflicht nach den konkreten Einbußen des Kleinbauern bestimmt, wird sie im Einzelfall kaum dazu geeignet sein, den Multimillionär aufgrund von entsprechenden finanziellen Konsequenzen im Haftungsfall von seinem Vorhaben abzuschrecken. Man kann sich vorstellen, dass ein Unternehmen durch ein schädigendes Verhalten erhebliche Profite generiert und eine Kosten-Nutzen-Analyse eindeutig dafür spricht, das schädigende Verhalten durchzuführen und die Schadensersatzkosten in Kauf zu nehmen:

> *„Eine abschreckende Wirkung des Schadensersatzes ist nur dort zu erwarten, wo der Schädiger nach Abzug des Schadensersatzes aufgrund der schädigenden Handlung keinen Vorteil erwarten kann."*[910]

Weitergehend weist *Gregor* darauf hin, dass – blickt man wirtschaftlich auf den Geschädigten – die Schadensvermeidung eher begünstigt würde, wenn nicht der Geschädigte, sondern etwa die Staatskasse eine Schadensersatzzahlung erhalten würde. Denn dann hätte der Geschädigte einen Anreiz, sich durch Vorsorgeaufwendungen gegen die mögliche Schädigung durch andere Personen abzusichern.[911] Mit Blick auf das Fernziel einer Schadensvermeidung ist der Schadensersatz nicht unbedingt das präventiv am besten geeignete Mittel. Man kann hier den bereits angeführten Gedanken der Versicherbarkeit von Schadensfällen auf den Geschädigten übertragen: Kann der Geschädigte davon ausgehen, dass seine Nachteile vom potenziellen Schädiger kompensiert werden, wird er mit seiner Sorgfalt im Schutz der eigenen Rechtsgüter vor Beeinträchtigung durch Dritte eher nachlässig.

Die Präventionswirkung entsteht nur dort, wo im Einzelfall ein Mindestmaß an rationaler Erwägung stattfindet, sodass der (potenzielle) Schädiger von einem Verhaltensappell erreicht wird und sich zumindest mit den wirtschaftlichen Folgen seines Verhaltens auseinandersetzen kann. Die angerissenen Aspekte haben nicht den Anspruch, ein umfassendes Bild der tatsächlichen Steuerungswirkung durch das Schadensersatzrecht zu zeichnen. Die aufgeworfenen Zweifelsfragen können keine empirische Untersuchung ersetzen. Allerdings ist deutlich geworden, dass von einer Präventionswirkung des Schadensersatzrechts nur bedingt und fallbezogen gespro-

---

909 *Gregor*, Das Bereicherungsverbot, 2012, S. 33.

910 *Gregor*, Das Bereicherungsverbot, 2012, S. 34; *Wagner*, in: MüKo BGB, 7. Aufl. 2017, Vor. § 823 BGB, Rn. 46.

911 *Gregor*, Das Bereicherungsverbot, 2012, S. 36.

chen werden kann. Damit ist die grundsätzlich legitimierende Kraft des Steuerungsgedankens noch nicht in Zweifel gezogen. So bleibt es dem Gesetzgeber, im Rahmen einer Typisierungsbefugnis, unbenommen, an einer grundsätzlichen und allgemeinen Steuerungsperspektive festzuhalten und – zumindest für viele Bereiche – auch durch das Schadensersatzrecht auf eine gewisse Stabilisierung von Verhaltens- und Verkehrsanforderungen hinzuwirken. Allerdings wird der Aspekt der Prävention insofern zu einem eher schwachen Argument im Vergleich zu anderen Prinzipien und Grundsätzen. Denn wenn die Bedeutung der Prävention allgemein-konzeptioneller Natur ist, im Einzelfall jedoch die tatsächliche Präventionswirkung eher zu einer Fiktion wird, dann kommt ihr im Einzelfall ein vermindertes (Bedeutungs-)Gewicht für eine Abwägung gegenüber anderen Grundsätzen zu.

b) Konkurrenz von Ausgleichs- und Präventionsfunktion

i) Eigenständigkeit der Präventionsfunktion: Beschränkung der Ausgleichsfunktion

Darüberhinausgehend ist zu klären, ob sich die Präventionsfunktion eigenständig auf die Frage des Haftungsumfangs, also der Haftungsausfüllung auswirken kann und eine Bedeutung für die Haftungsfrage erlangt, ohne dass ein im Sinne des Vergleichs von § 249 Abs. 1 BGB ermittelter Schaden besteht.[912] Diese besondere Funktion, *„eigenständig Schadensersatzansprüche zu begründen“*,[913] ist maßgeblich für die Frage, ob Präventionserwägungen die Berücksichtigung rechtmäßigen Alternativverhaltens nach der Konzeption der höchstrichterlichen Rechtsprechung zu beeinflussen vermögen. Denn diese Konzeption lässt sich, wie zuvor untersucht, allenfalls dann als insgesamt dogmatisch tragfähig begreifen, wenn man den Grund für die Berücksichtigung hypothetischen Schädigerverhaltens und dessen Auswirkungen in der hypothetischen Vergleichsbetrachtung nach § 249 Abs. 1 BGB verortet und den Schutzzweck der jeweils verletzten Verhaltenspflicht lediglich als eine Begrenzung der (grundsätzlichen) Berücksichtigung versteht, die auf die Haftungsausfüllung „durchschlägt“. Dann aber

912 Vgl. *Möller*, Das Präventionsprinzip des Schadensrechts, 2006, S. 289: *„Die Prävention ist nur dann ein Rechtsprinzip des Schadensrechts, wenn sie das Ausgleichsprinzip nicht nur ergänzt, sondern auch beschränkt.“*.

913 *Wagner*, in: MüKo BGB, 7. Aufl. 2017, Vor. § 823 BGB, Rn. 45.

ist die Berücksichtigung rechtmäßigen Alternativverhaltens konzeptionell allein in der Ausgleichsfunktion des Schadensersatzrechts, wie sie in der von § 249 Abs. 1 BGB angeordneten Vergleichsbetrachtung zum Ausdruck kommt, angelegt und steht lediglich unter dem Vorbehalt einer Präventionsfunktion, die sich im Einzelfall gegenüber der Ausgleichsfunktion durchsetzt. Der Schutzzweck der Norm taugt allenfalls dazu, die hypothetische Vergleichsbetrachtung des § 249 Abs. 1 BGB einzugrenzen, kann aber – dies soll klarstellend nochmals betont werden – nicht selbst die positive Berücksichtigung rechtmäßigen Alternativverhaltens begründen.

Das Ausgleichsprinzip ist, wie bereits angedeutet, weitgehend inhaltsleer[914] und vermag es nicht, die Schutzbedürftigkeit bestimmter Rechtsgüter und Vermögenspositionen zu begründen oder auszuschließen. Als notwendige Vorfrage muss erst durch haftungsbegründende Normen entschieden werden, für welches Verhalten und zum Schutze welcher Positionen grundsätzlich Schadensersatz gewährt wird. Die zugrundeliegenden Wertungen der haftungsbegründenden Normen und Verhaltenspflichten sind präventiver Art, zielen sie doch auf eine Schadensvermeidung ab. Im eingangs verwendeten Radfahrer-Fall soll das Abstandsgebot eindeutig vor kollisionsbedingten Schäden schützen. Kontroll- und Wartungspflichten sollen Risiken eindämmen und Unfälle vermeiden. Die hohe Bedeutung des Präventionsgedankens kulminiert für die bereits angesprochenen Vermeidbarkeitstheorien darin, ihr Konzept eines RWZ auf die Vermeidbarkeit des Schadens im Einzelfall zu gründen. Auch das schadensersatzrechtliche Verschuldensprinzip lässt sich in einem Kontext der Verhaltenssteuerung begreifen, es *„wirkt über die Steuerung menschlichen Verhaltens durch Normen“*[915] und legitimiert die Belastung des Schädigers mit den Folgen einer von ihm verschuldeten Verletzung und Schädigung. Denn es bietet einen inneren Grund für die Zurechnung mit der *„Fähigkeit, eine Norm als Sollensanforderung zu erfahren und sich danach zu richten“*.[916] Es wirkt vor diesem Hintergrund angemessen, denjenigen Schädiger, der den erkennbaren oder von ihm erkannten Sorgfaltsanforderungen nicht nachkommt, mit den negativen Folgen seines Verhaltens zu belasten. Die Verhaltensanforderungen in Verbindung mit dem Verschuldensgrundsatz eröffnen insofern einen Verhaltenskorridor oder *„Rechtsraum“*[917], innerhalb dessen der (potenzielle) Schädiger darauf vertrauen darf, nicht mit Ersatzpflichten

914 *Schiemann*, Argumente und Prinzipien, 1981, S. 186.
915 *Gotzler*, Rechtmäßiges Alternativverhalten, 1977, S. 64.
916 *Gotzler*, Rechtmäßiges Alternativverhalten, 1977, S. 51.
917 *Picker*, ZfPW 2015, 385 (389).

belastet zu werden und umgekehrt der (potenziell) Geschädigte darauf, dass bestimmte Verhaltensstandards eingehalten und so ein Minimum an sozialadäquater Alltagssicherheit gewährleistet wird.[918] Dies gilt insbesondere für den Bereich des Deliktsrechts. Hier wird die Gewährung von Schutz und gleichzeitig die Gewährleistung von Freiheit bereits in den Materialien zum BGB deutlich, wonach es der zentrale Zweck des Deliktsrechts sein soll:

> „[...] *die Rechtskreise der Einzelnen, innerhalb deren sie ihre individuelle Freiheit entfalten und ihre Interessen verfolgen dürfen, von einander abzugrenzen.*“[919]

Dabei erfolgt, systematisch über die in § 276 Abs. 2 BGB verankerte Verkehrsanschauung bedingt, eine gewisse Standardisierung der Verhaltensanforderungen, was zusätzliche Stabilität im sozialen Zusammenleben fördert und klare Erwartungshaltungen schafft.[920] Vor diesem Hintergrund wirkt es zumindest nicht abwegig, bei besonders wichtigen Verhaltenspflichten eine Abschreckungswirkung zu fordern, die von dem bloßen Ausgleich konkret erlittener Nachteile zumindest teilweise unabhängig ist und eigenständig die Grundlage für eine Schadensersatzpflicht bildet:

> *„Nötig ist allerdings ein gewisser Bewußtseinswandel dahingehend, daß Defizite beim Schadensausgleich eben immer auch Präventionsdefizite zur Folge haben. Dies sollte hinreichend Anlaß dafür sein, Kompensationslücken auch dort zu vermeiden, wo ihre Hinnahme unter Ausgleichsgesichtspunkten vertretbar sein mag.“*[921]

Hinzu kommt, dass sich in diesem Kontext die Interessen weniger Schädiger oder Geschädigter in Einzelfällen und, auf einer *„Makro-Ebene bei Betrachtung sämtlicher Geschädigter“*[922] die deutlich weiter reichende Allgemeinbedeutung bestimmter Verhaltenspflichten gegenüberstehen. Ein überkompensatorischer Schadensersatz, der mehr als ein bloßer Ausgleich von erlittenen Nachteilen ist, wird im Einzelfall oder in einigen Einzelfällen gewährt, um die allgemeine Bedeutung bestimmter Verhaltenspflich-

---

918 *Gotzler*, Rechtmäßiges Alternativverhalten, 1977, S. 56.

919 Protokolle, Band 2, 1998, S. 567.

920 Vgl. *Gotzler*, Rechtmäßiges Alternativverhalten, 1977, S. 57 f.

921 *Wagner*, AcP 206 (2006), 352 (469); siehe bereits *Diederichsen* zur Reform des Schuldrechts, AcP 182 (1982), 101 (112), demgemäß es *„an der Zeit“* sei *„über den Einsatz des Schadensersatzrechts als Mittel der Prävention und Erzwingung sozialgerechten Verhaltens generell und unvoreingenommen nachzudenken.“*.

922 *Wagner*, AcP 206 (2006), 352 (470).

ten für die Allgemeinheit zu stärken, die sonst wegen des „*partiellen Ausfalls der Präventionsanreize*" leiden würde.[923] Eben dieser Gedanke eines Zurücktretens des Ausgleichsprinzips im Einzelfall zu Gunsten wichtiger Verhaltensvorschriften taucht sehr deutlich nicht nur in der BAG-Rechtsprechung zum Metallarbeiterstreik[924], sondern auch in dem Grundsatzurteil des BGH zur notariellen Fälligkeitsbestätigung auf.[925] Der 1. Senat des BAG hält in seiner Entscheidung zum Metallarbeiterstreik fest:

> „*Andere sprechen mit Recht vom Verantwortungsgedanken, vom Verhütungszweck. Wenn der Gesetzgeber dem Verschulden im haftungsbegründenden Tatbestand ausschlaggebende Bedeutung beimisst, geht er von der Vorstellung aus, daß dem Appell an den Willen, verantwortlich zu handeln, für den Bestand der Ordnung des Zusammenlebens der Menschen entscheidende Bedeutung zukommt.*"[926]

Vor diesem Hintergrund einer gesamtgesellschaftlichen Bedeutung, die mit Bezug auf *Gotzler* und *Wagner* soeben angesprochen wurde, entfaltet der 1. Senat des BAG die „*gar nicht hoch genug einzuschätzende*" Rolle der im Einzelfall verletzten Friedenspflicht für „*das öffentliche Leben der Gemeinschaft überhaupt*" und kommt zu dem Ergebnis, dem Präventionsgedanken müsse ausschlaggebende Bedeutung beigemessen werden.[927] Sehr ähnlich, wenn auch ein wenig subtiler, nimmt der IX. BGH-Senat 27 Jahre später Bezug auf das „*Vertrauen* [...] *in die Zuverlässigkeit und Unparteilichkeit des Notars*", das präventiv zu erhalten sei.[928]

Mit einer derart eigenständigen Bedeutung des Präventionsprinzips korrespondiert systematisch die bloße „*Assistentenrolle*"[929] oder „*dienende Funktion*"[930] der §§ 249 ff. BGB, also der Haftungsausfüllung gegenüber der Haftungsbegründung. Aus dem systematischen Zusammenhang lässt sich schließen, dass das in § 249 Abs. 1 BGB zum Ausdruck kommende Ausgleichsprinzip nicht unbedingt gilt, sondern im Einzelfall ein überkompensatorischer Schadensersatz gerechtfertigt werden kann.[931] Denn die

---

923 *Wagner*, AcP 206 (2006), 352 (470).
924 BAG, Urteil vom 31.10.1958, 1 AZR 632/57, BAGE 6, 321.
925 BGH, Urteil vom 24.10.1985, IX ZR 91/84, BGHZ 96, 157.
926 BAG, Urteil vom 31.10.1958, 1 AZR 632/57, BAGE 6, 321 (377).
927 BAG, Urteil vom 31.10.1958, 1 AZR 632/57, BAGE 6, 321 (378).
928 BGH, Urteil vom 24.10.1985, IX ZR 91/84, BGHZ 96, 157 (173).
929 *Oetker*, in: MüKo BGB, 7. Aufl. 2016, § 249 BGB, Rn. 1.
930 *Schlobach*, Das Präventionsprinzip im Recht des Schadensersatzes, 2004, S. 13.
931 *Oetker*, in: MüKo BGB, 7. Aufl. 2016, § 249 BGB, Rn. 9; *Wagner*, AcP 206 (2006), 352 (457).

Haftungsausfüllung steht insofern im Dienst der Haftungsbegründung. Maßgeblich ist der Zweck der jeweiligen Haftungsgrundlage im Sinne der haftungsbegründenden Norm. Der Präventionsgedanke ließe sich dabei als legitimer „*Bestandteil der wertenden Betrachtung*" im Rahmen der allgemeinen Schutzzwecklehre auffassen.[932] Dafür spricht nicht zuletzt die Existenz sondergesetzlicher Schadensersatzansprüche, bei denen eine Präventionsfunktion bejaht werden kann.[933] Hier lässt sich das Allgemeine Gleichbehandlungsgesetz anführen oder das Eintrittsrecht bei Wettbewerbsverbotsverstößen nach § 113 HGB.[934] Beides demonstriert, dass dem deutschen Zivilrecht Präventionsgedanken zumindest nicht fremd sind. Auch der im Hinblick auf den Schadensersatz für Persönlichkeitsrechtsverletzungen höchstrichterlich anerkannte Präventionsgedanke muss in diesem Kontext hervorgehoben werden.[935]

Für eine Suspendierung des Ausgleichsprinzips zu Gunsten der Prävention spricht sich, neben *Wagner*, eindeutig *Möller* aus. Zwar sei das Ausgleichsprinzip eine zentrale Rechtfertigung dafür, dass der Geschädigte eine Ersatzleistung für seine Einbußen erhält.[936] Es sei jedoch möglich, auf Grundlage des Präventionsprinzips eine „*vermögensmäßige Besserstellung des Geschädigten als Folge des Schadensersatzes zu akzeptieren.*"[937] Man würde dem jeweils Verletzten finanzielle Anreize zur Rechtsverfolgung geben und dadurch bewirken, dass das „*Präventionspotenzial*" gesteigert wird.[938] *Wagner* hält es mit einem „*Abgesang auf das Bereicherungsverbot*" für möglich, aus Präventionsgründen eine Überkompensation zu Gunsten des Geschädigten vorzunehmen.[939] In seinen Ausführungen wird deutlich, dass das Ausgleichsprinzip zu Gunsten einer effektiven Prävention im Einzelfall schlicht aufzugeben sei. Es sei hinzunehmen, dass im Einzelfall der Ge-

---

932 Vgl. *Löwe*, Der Gedanke der Prävention, 2000, S. 236.

933 *Möller*, Das Präventionsprinzip des Schadensrechts, S. 212 ff.

934 *Möller*, Das Präventionsprinzip des Schadensrechts, S. 212 ff., seinerzeit noch zu § 611a BGB a.F.

935 Aktuell etwa OLG Düsseldorf, Urteil vom 10.06.2016, 16 U 89/15, BeckRS 2016, 124659 mit Hinweis auf die höchstrichterliche Rechtsprechungslinie des BGH; BGH, Urteil vom 17.12.2013, VI ZR 211/12, BGHZ 199, 237; sowie BGH, Urteil vom 06.12.2005, VI ZR 265/04, BGHZ 165, 203; und BGH, Urteil vom 05.10.2004, VI ZR 255/03, BGHZ 160, 298.

936 *Möller*, Das Präventionsprinzip des Schadensrechts, 2006, S. 57.

937 *Möller*, Das Präventionsprinzip des Schadensrechts, 2006, S. 265.

938 *Möller*, Das Präventionsprinzip des Schadensrechts, 2006, S. 265.

939 *Wagner*, Acp 206 (2006), 352, (470).

schädigte bereichert werde, wenn so dem Präventionsinteresse auf einer Makroebene durch Abschreckung Genüge getan wird.[940]

ii) Prävention nur im Rahmen der Ausgleichsfunktion

Demgegenüber lässt sich anführen, dass § 249 Abs. 1 BGB für die Frage der Haftungsausfüllung eine eindeutige Aussage trifft: Nur der Zustand *„der bestehen würde, wenn der zum Ersatz verpflichtende Umstand nicht eingetreten wäre"* ist wiederherzustellen. Wenngleich die haftungsbegründende Norm und die jeweils verletzte Verhaltenspflicht eine wertende Aussage darüber enthalten, welcher Schaden ersatzfähig ist und die Frage der Schadensfeststellung entscheiden, entscheidet allein das in § 249 Abs. 1 BGB verankerte Ausgleichsprinzip als der auf die Schadensfeststellung folgende Schritt über den Umfang des Schadensersatzes.[941] Wenn etwa *Möller* ausführt, der Wortlaut von § 249 Abs. 1 BGB sei *„unergiebig"*[942], bleibt unklar, was ihn zu dieser Annahme veranlasst. Es bedarf keiner besonderen Überlegung, aus der Formulierung, der Zustand *ohne* das schadensstiftende Ereignis sei herzustellen, nur das Erfordernis eines Nachteilsausgleichs, jedoch nicht mehr, zu folgern.[943] Bereits in der Löschteich-Entscheidung des OGH wird dieser unbefangene Blick auf die Bedeutung von § 249 Abs. 1 BGB deutlich.[944] In der aktuellen Rechtsprechung des BGH wird grundsätzlich die hypothetische Vergleichsbetrachtung in diesem Sinne betont:

> *„Nach § 249 Abs. 1 BGB muss der Architekt den Zustand herstellen, der bestehen würde, wenn er nicht mangelhaft geleistet hätte. Hätte der Architekt die von ihm geschuldeten Architektenleistungen mangelfrei erbracht, wäre es dem Auftraggeber möglich gewesen, das Bauwerk wie gewünscht, insbesondere ohne Mängel, durch den Bauunternehmer entstehen zu lassen. Der Architekt hat dem Besteller als Schadensersatz daher die Mittel zur Verfügung zu stellen, die dieser zur Kompensation des verletzten Interesses benötigt."*[945]

---

940 *Wagner*, AcP 206, (2006), 352, (470 f.).

941 *Löwe*, Der Gedanke der Prävention, 2000, S. 122.

942 *Möller*, Das Präventionsprinzip des Schadensrechts, 2006, S. 59.

943 *Von Caemmerer*, Das Problem der überholenden Kausalität, 1962, S. 5; *Rosenbaum*, Hypothetische Kausalität und Schadensersatz, 2010, S. 51.

944 OGH der Britischen Zone Köln, Urteil vom 20.01.1949, II ZS 20/48, NJW 1949, 302.

945 BGH, Urteil vom 22.02.2018, VII ZR 46/17.

Dementsprechend ist der „*Schadensausgleich (§§ 249ff. BGB), nicht aber eine Bereicherung des Geschädigten*“ von der deutschen Zivilrechtsordnung vorgesehen und dieser Grundsatz sogar als ordre public anerkannt.[946] Spezialnormen wie etwa § 113 HGB können eine bestimmte Folge anordnen. Dies geschieht dann jedoch systematisch *außerhalb* von § 249 BGB. So ist etwa das Eintrittsrecht gemäß § 113 Abs. 2 Hs. 1 HGB als besonders angeordnete Folge von §§ 249 ff. BGB unabhängig. Für eine Modifikation von § 249 Abs. 1 BGB ist damit aber gerade kein Anhaltspunkt gegeben. Der Hinweis auf Präventivzwecke im Bereich des Schadensersatzes für Nichtvermögensschäden taugt nur bedingt als Anhaltspunkt für eine eigenständige Präventionsfunktion. Denn in diesem Kontext bewegt man sich ohnehin „*außerhalb der Logik des auf objektiven Marktwerten aufbauenden Ausgleichssystem der Vermögensschäden*“.[947] Damit bleibt weiterhin klärungsbedürftig, wie eine Modifikation des zunächst eindeutigen Wortlauts von § 249 Abs. 1 BGB, der auf einen Ausgleich beschränkt ist, systematisch überzeugend begründet werden kann.

Ferner lässt sich im Hinblick auf das Ziel der Prävention von Schäden durch effektive Verhaltenssteuerung bei „*überkompensatorischem Schadensersatz*“ kritisch anmerken, dass – bietet man dem Geschädigten sogar die „*Aussicht eines Gewinns*“ – ihn dies tendenziell zu noch weniger sorgfältigem Verhalten veranlasst.[948] Mit Blick auf das Fernziel einer Schadensverhütung ist ein überkompensatorischer Ersatz von Schäden kein Wundermittel, sondern kritisch zu sehen.[949]

Darüber hinaus verschwimmen, je stärker man auf eine allgemeine Abschreckungswirkung durch Überkompensation abstellt, zunehmend die Grenzen zur bereits kritisch angerissenen Privatstrafe. Der im Einzelfall Geschädigte ist nicht mehr nur im eigenen Interesse tätig, um Kompensation für die erlittenen Einbußen zu erlangen, sondern wird zu einem faktischen Präventionsorgan im öffentlichen Interesse. Das Zivilprozessrecht ist jedoch, insbesondere im Hinblick auf den Dispositionsgrundsatz, auf die Durchsetzung öffentlicher Zwecke nicht ausgerichtet. Der Zweck des in-

946 BGH, Urteil vom 04.06.1992, IX ZR 149/91, BGHZ 118, 312 (338).

947 *Flume*, in: BeckOK-BGB, Stand 01.05.2018, § 249 BGB, Rn. 55 m.w.N.

948 *Gregor*, Das Bereicherungsverbot, 2012, S. 36.

949 *Gregor*, Das Bereicherungsverbot, 2012, S. 36: „*Die Begründung für eine stärkere Belastung des Schädigers spricht jedoch ebenso für eine stärkere Belastung des Geschädigten im Schadensfall.*“, *Gregor* beschreibt in diesem Kontext die „*Internalisierungsfunktion*“ des Schadensersatzrechts, wonach der Schädiger „*bei seiner Entscheidung über mögliche Handlungsalternativen auch die Nachteile des Geschädigten als eigene Nachteile einbeziehen*“ soll, S. 40. Dies wird nicht weiter vertieft.

traparteilichen Rechtsfriedens, der etwa in § 278 ZPO zum Ausdruck kommt, steht der Verfolgung allgemeiner Präventionszwecke im Wege der zivilrechtlichen Klage entgegen.[950] Der im Einzelfall Geschädigte soll die Möglichkeit haben, einen Ausgleich für seine Einbußen zu erlangen. Er kann deshalb frei darüber entscheiden, was er persönlich für angemessen hält und die Rechtsverfolgung jederzeit beenden. Führte man nun über den persönlichen Ausgleich hinausgehende Zwecke in dieses Verfahren ein, würde es zu einer kaum zu rechtfertigenden Ungleichbehandlung von Schädigern kommen.[951] Denn je nachdem, wie sich der im Einzelfall Geschädigte aufgrund individueller Motive verhält, ob er überhaupt Klage erhebt, ob er vergleichsbereit ist oder nicht, entscheidet sich die Durchsetzung des Präventionszwecks abhängig von nicht objektivierten, möglicherweise völlig irrationalen Gesichtspunkten.[952] Eine Ermessenskontrolle gibt es nicht.[953] Der jeweils Geschädigte ist gerade keine konzeptionell neutrale Instanz, wie etwa die Staatsanwaltschaft oder Verwaltungsbehörden, sodass für ihn nicht die *„Rechtsstaatsgarantien des Grundgesetzes"* gelten.[954] Akzeptiert man einen allgemeinen Präventionszweck, stellt sich im bestehenden System de lege lata die Frage, was den Gesetzgeber dazu befugt, diesen von einer weitgehend willkürlichen Durchsetzung im Einzelfall durch Privatpersonen abhängig zu machen. Schließlich würde es eine bedenkliche Dynamik auslösen, wenn man *„dem aus staatlichen Behörden zusammengesetzten Vollzugsapparat* [...] *die Gesellschaft der Bürger an die Seite"*[955] stellt. Eine insofern quasi-polizeiliche Funktion der gesamten Zivilgesellschaft einzuführen, dürfte nicht nur aus einer historischen Perspektive sozial zumindest fragwürdig sein.

Damit bestehen erhebliche Bedenken gegen eine eigenständige Bedeutung der Präventiv- im Verhältnis zur Ausgleichsfunktion. Berücksichtigt

950 *Prütting*, in: MüKo ZPO, 5. Aufl. 2016, § 278 ZPO, Rn. 4: *„Zweck des Zivilprozesses ist und bleibt aber in erster Linie die Feststellung und Durchsetzung subjektiver Rechte."*.

951 Vgl. *Poelzig*, Normdurchsetzung durch Privatrecht, 2012, S. 354: *„Die privatrechtliche Normdurchsetzung ist* [...] *durch den Staat nicht kalkulierbar und unterliegt damit verfassungsrechtlichen Bedenken* [...] *Die Möglichkeit einer sachlich nicht gerechtfertigten Ungleichbehandlung resultiert aus der Tatsache, dass die privatrechtliche Normdurchsetzung von der Initiative des Anspruchsberechtigten abhängt und dieser zur Geltendmachung seiner Ansprüche nicht verpflichtet ist."*.

952 Vgl. *Möslein*, Dispositives Recht: Zwecke, Strukturen und Methoden, 2011, S. 134.

953 *Poelzig*, Normdurchsetzung durch Privatrecht, 2012, S. 354.

954 *Meyer*, Korruption im Vertrag, 2017, S. 53; *Wagner*, AcP 206 (2006), 352 (431).

955 So fordert es aber *Wagner*, AcP 206 (2006), 352 (446).

man zusätzlich, dass die Abschreckung durch Schadensersatz in vielen Einzelfällen ohnehin keine nennenswerte Steuerungswirkung entfaltet, liegt es näher, der in § 249 Abs. 1 BGB verankerten Ausgleichsfunktion die im Einzelfall ausschlaggebende Bedeutung beizumessen. Für präventive Erwägungen bliebe demnach nur im Rahmen eines Ausgleichs Raum.

iii) Zwischenergebnis

Festzuhalten ist, dass – geht man von dem Wortlaut des § 249 Abs. 1 BGB aus – ein überkompensatorischer Schadensersatz aus präventiven Gründen, der kein bloßer Ausgleich für erlittene Nachteile ist, nicht leicht zu begründen ist. Der Zustand *„der bestehen würde“*, lässt sich nicht einfach durch Präventionserwägungen modifizieren. Die Wertungsgesichtspunkte der Haftungsbegründung lassen sich nicht ohne weiteres auf die Haftungsausfüllung, also den Umfang des Schadensersatzes, übertragen. Bereits die Zweckmäßigkeit eines überkompensatorischen Schadensersatzes für effektive Schadensverhütung lässt sich anzweifeln. Darüber hinaus überzeugt es nicht, allgemeine Präventionserwägungen in den Bereich des Schadensersatzes zu tragen und von der zivilprozessualen Durchsetzung im Einzelfall abhängig zu machen. Somit lässt sich eine Schadensersatzpflicht jenseits eines Ausgleichs nicht überzeugend mit Präventionserwägungen begründen.[956]

3. Die Bedeutung der Prävention für rechtmäßiges Alternativverhalten

Ist demnach bereits die allgemeine Möglichkeit einer Einschränkung der Ausgleichs- durch die Präventionsfunktion des Schadensersatzrechts eher abzulehnen, soll dennoch die Bedeutung von Präventionszwecken für den Einwand rechtmäßigen Alternativverhaltens speziell betrachtet werden.

956 Ebenso *Flume*, in: BeckOK-BGB, Stand 01.05.2018, § 249 BGB, Rn. 53; *Rüßmann*, in: jurisPK-BGB, Stand 19.01.2018, § 249 BGB, Rn. 21: *„Nach geltendem Recht können deshalb auch Präventionsziele allein im Rahmen der Ausgleichsfunktion zum Tragen kommen.“*; *Gregor*, Das Bereicherungsverbot, 2012, S. 254: *„Für einen Abgesang auf das Bereicherungsverbot, den Wagner anstimmt, es zu früh.“*; *Löwe*, Der Gedanke der Prävention, 2000, S. 120: *„Weil das Schadensersatzrecht unzweifelhaft dem Ausgleichsgedanken verschrieben ist, bleibt für die Prävention bei der Bestimmung des Haftungsumfangs kein Raum. Neben dem Gedanken des Schadensausgleichs ist kein Raum für den Gedanken der Prävention.“*.

Denn selbst wenn man eine eigenständige Bedeutung präventiver Erwägungen für die Frage des Schadensumfangs grundsätzlich anerkennt, ist damit nicht gesagt, dass dies für die Fälle rechtmäßigen Alternativverhaltens überzeugt.

a) Geringer Anwendungsbereich und Effekt einer Präventionswirkung

Zunächst muss betont werden, dass die möglichen Fälle, in denen sich mit der Ablehnung der Entlastung des Schädigers durch den Einwand rechtmäßigen Alternativverhaltens überhaupt präventive Wirkung erzielen lässt, äußerst gering sind. Dies wird durch mehrere Faktoren bedingt:

Zunächst lässt sich die Frage stellen, ob in allen Fällen einer Schadensersatzhaftung eindeutige Verhaltensvorgaben identifizierbar sind. Dies ist in Anknüpfung an *Jansen* zumindest mit Blick auf die dynamische Entwicklung von Verkehrspflichten zweifelhaft.[957] Wie bereits ausgeführt, wird ein Bereich für vielgestaltige Einzelfallwertungen eröffnet, der nicht ohne Weiteres auf klare Verhaltensvorgaben beschränkt ist. In diesem Kontext verliert das Argument einer Präventionswirkung zunehmend an Bedeutung. Wenn Verkehrspflichten der Lastenverteilung dienen, die zunehmend auf Aspekte abstellt, die von einer individuellen Vorwerfbarkeit losgelöst sind, bleibt immer weniger Raum für eine an Verhaltensvorgaben geknüpfte Abschreckungswirkung.[958] Ferner muss beachtet werden, dass drohender Schadensersatz in vielen Fällen, insbesondere in Unfallsituationen, keine Steuerungswirkung entfalten kann, weil es bereits an der Möglichkeit des (potenziellen) Schädigers fehlt, eine bewusste Abwägungsentscheidung zu treffen.[959] Dieser Effekt gilt für die Fälle rechtmäßigen Alternativverhaltens noch verstärkt, da es sich typischerweise um besondere Einzelfallsituationen handeln wird, in denen die ganz individuelle hypothetische Entwicklung eine Unvermeidbarkeit des Schadens bedingt.[960] Die verschiedenen Fälle, in denen der Einwand rechtmäßigen Alternativverhaltens erhoben wird, sind somit nur selten überhaupt vergleichbar. Zur Verdeutlichung: Dass in einem besonderen Fall A dem Schädiger der Einwand rechtmäßigen Alternativverhaltens versagt wurde, wäre für einen

957 *Jansen*, AcP 202 (2002), 517 (534 f.).
958 Siehe oben, § 3 C. IV. 6.
959 Siehe oben, § 6 B. I. 2. a).
960 OGH der Britischen Zone Köln, Urteil vom 20.01.1949, II ZS 20/48, NJW 1949, 302 (303).

Schädiger in einem besonderen Fall B irrelevant. Die genauen Einzelfallumstände des Falls A sind – selbst wenn sich die Fälle A und B ähneln – kaum geeignet, einen bestimmten Normappell generell in Frage zu stellen. Der (potenzielle) Schädiger im Fall B müsste zunächst überhaupt nachvollziehen, welche Einzelfallumstände im Fall A die Unvermeidbarkeit der Schädigung bedingt haben, um anschließend den Fall A mit Fall B zu vergleichen und zu dem Ergebnis kommen, dass auch in seinem Fall B ein Schaden wohl unvermeidbar ist. Erst dann kann die Erwägung eingreifen, dass dem Schädiger im Fall B eine Berufung auf die Unvermeidbarkeit des Schadens bei rechtmäßigem Alternativverhalten versagt bleiben könne, weil der Schutzzweck der verletzten Verhaltenspflicht dies gebiete (wie im Fall A entschieden). Insgesamt sind komplexe Vorstellungen und Gedankengänge erforderlich, bevor die Präventionswirkung in Fällen rechtmäßigen Alternativverhaltens überhaupt entfaltet wird. Schließlich darf nicht außer Acht gelassen werden, dass den Schädiger im Fall B noch das Risiko trifft, dass der Schaden – nach der Überzeugung des Gerichts – tatsächlich unvermeidbar war. Diese Erwägung ist bereits in der Löschteich-Entscheidung angelegt:

> „*Auch der Gedanke, daß das Schadensersatzrecht seine ihm zweifellos innewohnende Abschreckungswirkung gegenüber dem Täter verliere, wenn dieser sich unter Umständen sagen könne, daß er nicht zu haften brauche, weil bereits zu übersehen sei, daß der gleiche Zustand auch ohne seine Handlung eintreten würde, überzeugt nicht*“.[961]

Selbiges bemerkt bereits *Lemhöfer*:

> „*Außerdem ist eine gewisse generalpräventive Wirkung der Schadensersatzpflicht trotzdem gegeben, weil der Verletzer im Zeitpunkt seines rechtswidrigen Verhaltens meist nicht sicher übersehen kann, ob ein korrektes Vorgehen, zum gleichen Ergebnis führen würde; das Risiko, daß die nachträgliche Beurteilung anders ausfüllt, muß er zunächst in Kauf nehmen.*“[962]

Etwas anderes gilt allenfalls für die Fälle eines regelmäßigen und typischen Normversagens, wie etwa im Hinblick auf die Insertionskosten-Fälle.[963] Es wurde jedoch bereits ausgeführt, dass man in diesen Fällen bereits daran zweifeln kann, ob der Schutzzweck einer Norm vernünftiger Weise eine

961 OGH der Britischen Zone Köln, Urteil vom 20.01.1949, II ZS 20/48, NJW 1949, 302 (303).
962 *Lemhöfer*, JuS 1966, 337 (341).
963 Siehe oben, § 4 A. IV. 3. und 4.

bestimmte Schädigungsform umfasst.[964] Die Frage rechtmäßigen Alternativverhaltens im Einzelfall stellt sich dann jedoch nicht mehr. Blickt man etwa auf das Streikrecht und Verstöße gegen die Friedenspflicht, wird es nicht ohne Weiteres zu immer den genau gleichen Fällen kommen, in denen der Streik mit Sicherheit auch ohne eine ausgeschlossene Forderung oder zu späterer Zeit durchgeführt worden wäre. Insofern besteht zumindest erhebliches Entwicklungspotenzial im Bereich des Tatsächlichen, da die Verhandlungen zwischen den Tarifparteien typischerweise weiterlaufen und nicht klar vorhersehbar sind. Sollte der Einwand rechtmäßigen Alternativverhaltens tatsächlich regelmäßig greifen und ein Schadensersatz ausgeschlossen sein, läge es am Gesetzgeber oder an den Beteiligten (beispielsweise durch Vereinbarung von Vertragsstrafen), sicherzustellen, dass eine wirksame Sanktion für Fälle der Zuwiderhandlung geschaffen wird.[965] Insofern würde früher oder später ein Handlungsbedarf identifiziert, wenn es zu regelmäßigen untragbaren Ergebnissen kommt. Diese Erwägung findet sich insofern in der Löschteich-Entscheidung wieder, als darauf abgestellt wird, dass *„strafrechtliche Sanktionen sowie Abwehr- und Unterlassungsansprüche“*[966] typischerweise ein ausreichendes Schutzniveau für all jene Fälle bieten, die vom Gesetzgeber identifiziert wurden. Dass dabei Nachbesserungsbedarf bestehen kann, gerade im Falle zunehmender Technisierung, ist offensichtlich. Die Diskussion um das Internet als einen rechtsfreien Raum lässt sich hier beispielhaft heranziehen. Dies bedeutet jedoch nicht, dass Prävention durch das zivilrechtliche Instrument des Schadensersatzes geleistet werden muss, das – wie bereits angeführt – vollkommen zur Disposition des jeweils Geschädigten steht und daher willkürlich gehandhabt wird.

Es bleibt festzuhalten: Der Anwendungsbereich einer Präventionswirkung durch Abschreckung, indem Schädigern die Berufung auf den Einwand rechtmäßigen Alternativverhaltens versagt wird, ist gering. Die verschiedenen Fälle, in denen Schädiger sich auf den Einwand berufen, werden meist nicht vergleichbar sein, sodass eine Präventionswirkung schon dem Grunde nach ausscheidet. Eine Wiederholungsgefahr ist insofern marginal. Kommt es hingegen in ähnlich gelagerten Situationen regelmäßig zum Einwand rechtmäßigen Alternativverhaltens stellt sich die Frage,

---

964 *Erb*, Rechtmäßiges Alternativverhalten, 1991, S. 88 f.

965 Vgl. *Larenz*, NJW 1959, 865: *„Wollen die Vertragsparteien für alle Fälle eine wirksame Sanktion, so müssen sie eine Vertragsstrafe vereinbaren.“*.

966 OGH der Britischen Zone Köln, Urteil vom 20.01.1949, II ZS 20/48, NJW 1949, 302 (303).

ob der Schutzzweck der verletzten Verhaltenspflicht gegen derartige Schäden vernünftigerweise schützen soll. Gegebenenfalls wird gesetzgeberischer Handlungsbedarf identifiziert, dem jedoch im Bereich der (polizeilichen) Gefahrenabwehr oder durch repressiven Strafrechtsschutz Rechnung getragen werden kann. Schließlich kann die Absicherung bestimmter Verhaltenspflichten durch eine (übermäßige) Haftung den erwünschten Steuerungseffekt in sein Gegenteil verkehren. So sind die Fernziele bestimmter Verhaltenspflichten häufig nicht ohne weiteres zu erkennen. Nicht immer geht es nur darum, ein bestimmtes negatives Verhalten komplett auszuschalten, sondern eher darum, einen bestimmten Verhaltenskorridor zu ermöglichen, der durch Verhaltensvorgaben eingegrenzt werden soll. Sind die Haftungsrisiken zu hoch, könnte ein wirtschaftlich sinnvolles Verhalten gänzlich unattraktiv werden und allein die persönliche Haftungsvermeidung für (potenzielle) Schädiger im Vordergrund stehen. So beschreibt es exemplarisch *Brommer* für die Vorstandshaftung.[967] Mit einem „*besonders hohen persönlichen Verlustrisiko*“ von Vorständen könne eine Reaktion „*mit einem ausgeprägt risikoaversen Verhalten*“ ausgelöst werden, sodass der Vorstand „*die Vermeidung einer persönlichen Haftung zur Leitlinie seines Handels erhebt, übertrieben vorsichtig agiert und sogar vernünftige Risiken scheut.*“[968] Vor diesem Hintergrund ist fraglich, ob die Androhung einer Übermaßhaftung unter Ausblendung rechtmäßigen Alternativverhaltens zur zivilrechtlichen „*Feinsteuerung*“[969] stets geeignet ist.

b) Unverhältnismäßige Nachteile durch eingrenzende Präventionszwecke

Zu diesem ohnehin geringen Anwendungsbereich für eine präventive Wirkung stehen die Nachteile des Schutzzweckkonzepts außer Verhältnis. Wie analysiert, wird eine Wertungskonsistenz derzeit kaum gewährleistet. Dies ist bedingt durch die Wertungsoffenheit der Frage, welche Verhaltenspflichten bedeutend genug sind, um einen starken Sanktionszweck zu rechtfertigen. Klare Grenzen lassen sich hier nicht ziehen. Der Preis für das Schutzzweckkonzept zur Einschränkung des Einwands rechtmäßigen Alternativverhaltens ist eine Einschränkung von Rechts- und Entscheidungsklarheit sowie Gleichheit. Würde man demgegenüber den Einwand recht-

---

967 *Brommer*, AG 2013, 121.

968 *Brommer*, AG 2013, 121 (123); siehe zum Effekt rechtmäßigen Alternativverhaltens aus einer rechtsökonomischen Perspektive auch unten, § 7 C.

969 *Möslein*, in: FS Hopt, 2010, S. 2861 (2875).

mäßigen Alternativverhaltens ohne Einschränkung berücksichtigen, wäre eine weitgehende Gleichförmigkeit gewährleistet. Zwar bestünden noch immer Beurteilungsspielräume im Hinblick auf die hypothetische Entwicklung im Einzelfall, diese lägen jedoch auf einer Sachverhaltsebene und nicht auf der weitgehend rechtspolitischen Ebene, auf der sich die Sanktionserwägungen der höchstrichterlichen Rechtsprechung bewegen. Weiterhin würde der Einwand rechtmäßigen Alternativverhaltens eine Ausnahme mit Einzelfallcharakter bleiben, die wichtige Verhaltenspflichten nicht nennenswert gefährdet. Eine Ausrichtung des Einwands rechtmäßigen Alternativverhaltens am jeweiligen Schutzzweck der verletzten Norm oder Verhaltenspflicht kann vor diesem Hintergrund nicht überzeugen. Bereits die generelle Berechtigung eines eigenständigen Präventionszwecks für die Bestimmung des Schadensumfangs ist zweifelhaft. Jedenfalls aber die Einschränkung des Einwands rechtmäßigen Alternativverhaltens durch Schutzzweckerwägungen lässt sich nicht rechtfertigen.

c) Das Gerechtigkeitsgefühl

In diesem Zusammenhang soll ein Blick auf das Gerechtigkeitsgefühl erlaubt sein. Gerechtigkeitserwägungen spielen bei den untersuchten Konzepten des RWZ eine bedeutende Rolle. *Gotzlers* Konzept der fehlenden Eignung basiert wesentlich auf der Funktion von Zurechnung als gerechter Entscheidung über die Verteilung von Lasten. Mit Blick auf die Funktion des Zivilprozesses, zumindest zum Rechtsfrieden beizutragen, spielt die Bereitschaft der Prozessparteien zum Vergleich sowie die Akzeptanz eines Urteils und der damit zusammenhängende Verzicht auf die Möglichkeiten der Berufung oder Revision eine bedeutende Rolle. In diesem Kontext ist nicht unerheblich, ob die beteiligten Parteien ein bestimmtes Ergebnis als gerecht akzeptieren, oder nicht. Auch in dieser Hinsicht überzeugt das Konzept der höchstrichterlichen Rechtsprechung nicht. Denn die abstrakten, rechtspolitischen Wertungen, die über die Wirksamkeit des Einwands rechtmäßigen Alternativverhalten entscheiden, entfernen sich zu stark von den Einzelfallumständen. Beispielsweise würde das Gericht dem Schädiger gegenüber erklären: „Der Schaden wäre zwar auch bei rechtmäßigem Verhalten eingetreten, allerdings werden Sie trotzdem zu einer Schadensersatzzahlung verpflichtet, denn ansonsten droht die von Ihnen verletzte Pflicht allgemein ihre Wirkung einzubüßen." Damit dies für den Schädiger nachvollziehbar ist, muss er auch die Wertung nachvollziehen, weshalb sein Verhalten im Einzelfall sanktioniert werden soll. Es bleibt in dieser Konzeption jedoch dabei, dass von der Sanktion der Geschädigte profitiert, der insofern also besser gestellt wird als er bei rechtmäßigem Schädigerverhalten stünde. Demgegenüber ist die bedingungslose Zulassung des Einwands rechtmäßigen Alternativverhaltens leichter nachzuvollziehen. Die ökonomische Überlegung, dass der Geschädigte nicht mehr erhalten soll, als er bei rechtmäßigem Schädigerverhalten hätte, ist auf den Einzelfall bezogen und auf abstrakte rechtspolitische Wertungen. Zudem hat sie den Wortlaut des § 249 Abs. 1 BGB auf ihrer Seite und ist deshalb leichter von den Beteiligten nachzuvollziehen.

d) Die allgemeine Bedeutung von § 630h Abs. 2 BGB

Schließlich spricht die nunmehr eindeutig normierte Möglichkeit des Einwands hypothetischer Einwilligung in § 630h Abs. 2 BGB gegen eine durch Schutzzweckerwägungen eingeschränkte Berücksichtigung rechtmäßigen Alternativverhaltens. Wie bereits ausgeführt, handelt es sich bei der hypothetischen Einwilligung um eine Form rechtmäßigen Alternativverhaltens. Da diese nunmehr – ohne die Möglichkeit einer Beschränkung im Einzelfall – für den Bereich der ärztlichen Vertragshaftung normiert ist, stellt sich die Frage, ob eine davon abweichende Behandlung des Einwands rechtmäßigen Alternativverhaltens in anderen Fällen gerechtfertigt werden kann. Dies gilt sowohl für die deliktische Haftung von Ärzten im Bereich von Aufklärungsfehlern, als auch darüber hinaus allgemein für die Fälle rechtmäßigen Alternativverhaltens. Denn es ist zumindest nicht offensichtlich, weshalb für den Bereich der vertraglichen Arzthaftung eine hypothetische Einwilligung – ohne Schutzzweckvorbehalt – möglich sein soll, wenn dies in anderen Bereichen nicht gilt. Der allgemeine Gleichbehandlungsgrundsatz bindet den Gesetzgeber bei der Ausgestaltung des Privatrechts.[970] Man müsste entweder zu dem Ergebnis kommen, dass eine vertragliche Haftung bei Aufklärungsfehlern im Verhältnis beispielsweise zu der Haftung des Notars für die fehlerhafte Fälligkeitsbestätigung oder zu der Haftung wegen Verletzung von Zahlungspflichten nicht wesentlich gleich ist und deshalb keine Gleichbehandlung angezeigt ist, oder einen legitimen Grund für die Ungleichbehandlung finden. Führt man sich jedoch die für die Rechtsgüter des Patienten hohe Bedeutung der ärztlichen Aufklärung vor Augen, ist nicht ersichtlich, weshalb gerade hier eine hypo-

970 Vgl. BVerfG, Beschluss vom 19.01.1999, 1 BvR 2161-94, BVerfGE 99, 341 konkret zur Ausgestaltung des Erbrechts.

thetische Einwilligung beachtlich, in den anderen Fällen der Einwand rechtmäßigen Alternativverhaltens jedoch unbeachtlich sein soll. Wenn schon im Bereich der Aufklärungsfehler der Einwand hypothetischer Einwilligung möglich sein soll, dann doch erst recht in Bereichen, die nicht einmal im Zusammenhang mit Persönlichkeitsrechten oder dem Recht auf körperliche Unversehrtheit stehen, sondern rein finanzieller Natur sind. Weshalb etwa das Arzt-Patienten-Verhältnis weniger schutzwürdig sein soll, als das Vertrauen in die Unparteilichkeit des Notars, erschließt sich nicht. Auch wenn in der Literatur zum Teil kryptisch auf wichtige *„Verfahrensgarantien“*[971] verwiesen wird, die nicht durch den Einwand rechtmäßigen Alternativverhaltens unterlaufen werden sollen, dürfte es sich allenfalls um solche Vorschriften handeln, die noch wesentlich bedeutender sind als die Selbstbestimmungsaufklärung für den Patienten.

Insgesamt kann die Existenz von § 630h Abs. 2 BGB zumindest als wichtiges Indiz dafür betrachtet werden, dass eine Einschränkung des Einwands rechtmäßigen Alternativverhaltens durch Schutzzweckerwägungen nicht überzeugt.

e) Die allgemeine Bedeutung von § 252 BGB

Ebenso wie § 630h Abs. 2 BGB spricht die Existenz des § 252 BGB für eine unbeschränkte Berücksichtigung rechtmäßigen Alternativverhaltens. Bereits der II. Senat des OGH der Britischen Zone Köln hält in der Löschteich-Entscheidung fest:

> *„Danach umfaßt der Schaden auch den entgangenen Gewinn, und zwar nicht nur den schon im Zeitpunkt des Schadensereignisses zu erwartenden, sondern nach herrschender und richtiger Auffassung auch den Gewinn, der nachweislich durch spätere Ereignisse eingetreten wäre* […] *Es wäre aber befremdlich, wenn zwar schadenerhöhende, nicht aber schadenverringernde Ereignisse zu beachten wären“.*[972]

Dem ist nicht viel hinzuzufügen. Mit Blick auf den bereits mehrfach angeführten Gedanken, dass die Gleichförmigkeit und Wertungskonsistenz von (gerichtlichen) Entscheidungen eine wichtige rechtsstaatliche Funkti-

---

971 Kritisch insoweit auch *Oetker*, in: MüKo BGB, 7. Aufl. 2016, § 249 BGB, Rn. 223.

972 OGH der Britischen Zone Köln, Urteil vom 20.01.1949, II ZS 20/48, NJW 1949, 302 (303).

on erfüllen, spricht der Ersatz entgangenen Gewinns eindeutig mithin dafür, dass hypothetische Vermögenseinbußen – ebenso wie anderweitige Schadensursachen – grenzenlos zu berücksichtigen sind. Anderenfalls würde der Geschädigte im Verhältnis zum Schädiger deutlich bevorzugt.

II. Einordnung im Referenzrahmen der legitimierten Rechtsordnung

Das Konzept, wonach die Berücksichtigung des Einwands rechtmäßigen Alternativverhaltens sich nach dem Schutzzweck der jeweils verletzten Verhaltenspflicht richten soll, ist abzulehnen. Zunächst ist zu betonen, dass dieses Konzept allenfalls als Einschränkung des Einwands hypothetisch rechtmäßiger Schädigung taugt, nicht jedoch zur *Begründung* des Einwands herangezogen werden kann. Eine Erklärung dafür, weshalb rechtmäßiges Alternativverhalten gegebenenfalls relevant sein kann, bleibt der Schutzzweck der Norm im Einzelfall schuldig. Allenfalls bei generellen Schutzzweckerwägungen kann die Frage relevant werden, ob die regelmäßige Unvermeidbarkeit eines Schadens die Reichweite der Verhaltenspflicht konturiert und begrenzt. Ist demnach in bestimmten Konstellationen eine Schädigung durch Erfüllung einer Verhaltenspflicht typischerweise unvermeidbar, ist die Verhinderung des Schadens wohl eher kein (vernünftigerweise) avisierter Zweck der – sonst regelmäßig leerlaufenden – Pflicht. Das Versagen der Pflicht im konkreten Einzelfall ist dafür jedoch unerheblich.

Zur Begrenzung der Berücksichtigung hypothetisch rechtmäßiger Schädigung, die konzeptionell in der Vergleichsbetrachtung von § 249 Abs. 1 BGB angelegt ist, lässt sich der Schutzzweck der verletzten Verhaltenspflicht nicht überzeugend heranziehen. Die einzige mögliche Begründung für die einschränkende Wirkung ist in diesem Kontext eine Sanktions- und dadurch Präventionsfunktion des Schadensersatzrechts. Diese nach der jeweiligen Bedeutung der verletzten Verhaltenspflicht zu bestimmen, hat in der Praxis jedoch zu Wertungsinkonsistenzen geführt. Die Verhaltenssteuerung durch eine Androhung von Schadensersatzpflichten ist ohnehin in vielen Konstellationen zweifelhaft und in den speziellen Fällen, in denen rechtmäßiges Alternativverhalten vorgebracht wird, schließlich kaum ernsthaft anzunehmen. Da der Schaden im konkreten Einzelfall unvermeidbar ist, kann es nur darum gehen, Schädiger in Zukunft in ähnlichen Situationen von Verhaltenspflichtverstößen abzuschrecken. Denkt man dies konsequent weiter, wird es jedoch insbesondere schon an einer hinreichenden Vergleichbarkeit der Fälle fehlen, in denen rechtmäßiges Alternativverhalten (möglicherweise) geltend gemacht wird. Ferner würde ein (potenzieller) Schädiger nicht ohne Weiteres das (Beurteilungs-)Risiko eingehen, dass der Schaden konkret bei hypothetisch rechtmäßigem Verhalten eingetreten wäre. Darüber hinaus sind die Zivilrechtsordnung und das geltende Zivilprozessrecht nicht für eine Verfolgung überindividueller Präventionszwecke geeignet. § 630h Abs. 2 BGB, sowie § 252 BGB verdeutlichen, dass ein sorgfaltswidriges Verhalten nicht um jeden Preis sanktioniert werden soll. Da dies selbst im sensiblen Bereich der ärztlichen Aufklärungsfehler gilt, sind kaum Fälle denkbar, in denen es im Vergleich gerechtfertigt wäre, den Einwand rechtmäßigen Alternativverhaltens abzulehnen. Vor diesem Hintergrund ist es nicht überzeugend, das Schutzzweckkonzept als verbindlichen Bestandteil der legitimierten Rechtsordnung anzusehen. Denn zum einen drohen erhebliche Wertungswidersprüche in der rechtspraktischen Umsetzung, sodass das grundsätzliche gesetzgeberische Ziel einer weitgehend widerspruchsfreien Rechtsordnung im Einzelfall kaum gewährleistet werden kann. Zum anderen ist das in § 249 Abs. 1 BGB verankerte Ausgleichsprinzip für die Fälle rechtmäßigen Alternativverhaltens vorrangig zu berücksichtigen, da dies eine systematisch überzeugenden Umsetzung des Steuerungsgedankens ermöglicht. Ein Ausgleich wird nur insoweit gewährt, wie es den berechtigten Verkehrserwartungen entspricht. Dies soll abschließend näher erläutert werden.

§ 7 Die Berücksichtigung rechtmäßigen Alternativverhaltens nach § 249 Abs. 1 BGB

A. *Die grundsätzliche Vergleichsbetrachtung der Schadensberechnung*

I. Rechtmäßiges Alternativverhalten als (besondere) Form hypothetischer Kausalität

Wurden somit sowohl die Konzepte zur Begründung eines erforderlichen RWZ, wie auch das Schutzzweckkonzept der höchstrichterlichen Rechtsprechung abgelehnt, bleibt noch der Frage nachzugehen, weshalb hypothetisch rechtmäßiges Schädigerverhalten für die Frage der Schadensersatzhaftung im Einzelfall relevant sein soll. Es wurde bereits mehrfach im Rahmen der Untersuchung angedeutet, dass sich die Berücksichtigung hypothetischer Entwicklungen konzeptionell aus § 249 Abs. 1 BGB im Rahmen der Schadensberechnung ergibt. Denn danach ist der *„Zustand herzustellen, der bestehen würde, wenn der zum Ersatz verpflichtende Umstand nicht eingetreten wäre."* Kann mit hinreichender Sicherheit davon ausgegangen werden, dass, wenn das Schädigerverhalten nicht erfolgt wäre, ein anderes Verhalten den Schaden verursacht hätte, entspräche eine volle Schadensersatzpflicht eben nicht der Herstellung des hypothetischen Zustands im Sinne von § 249 Abs. 1 BGB. Etwas anderes gilt nur, wenn das hypothetische Verhalten eine Schadensersatzpflicht ausgelöst hätte. Ebenso muss sicher sein, dass – bei mehreren Handlungsvarianten des Schädigers in einem Fall – entweder die rechtmäßig schädigende Handlung und keine andere vorgenommen worden wäre oder aber alle Varianten rechtmäßig gewesen wären und zum Schaden geführt hätten. Denn nur dann kann davon ausgegangen werden, dass der Geschädigte im Zustand *„der bestehen würde"* einen gleichen Nachteil erlitten hätte, der jedoch nicht kompensationspflichtig ist.

Der Möglichkeit eines von dieser Differenzbetrachtung abweichenden – insbesondere „natürlichen" oder „gegliederten" – Schadensbegriffs soll in dieser Untersuchung nicht weiter nachgegangen werden. *Gebauer* hat umfassend auf ein Schadensverständnis hingewirkt, das für die Frage hypothetischer Entwicklungen den Weg der Differenzbetrachtung verlässt und dabei verschiedene bestehende Konzepte aufgearbeitet.[973] Die vorstehende Untersuchung beschränkt sich darauf, festzustellen, dass, wenn man die konzeptionelle Differenzbetrachtung[974] nicht insgesamt in Frage stellt, eine Nichtberücksichtigung oder nur partielle Berücksichtigung hypothetischen Schädigerverhaltens systematisch nicht gerechtfertigt werden kann. Die Versuche, rechtmäßiges Alternativverhalten von anderen Arten hypothetischer Kausalität abzugrenzen, überzeugen in ihrer Pauschalität nicht. So ist etwa der Hinweis, bei rechtmäßigem Alternativverhalten handele es sich um *„rein theoretisches Verhalten des Schädigers"* welches im Gegensatz zu einer tatsächlichen *„latent realen (hypothetisch gebliebenen bzw überholten Kausalkette"*, nicht geeignet ist, eine unterschiedliche Behandlung zu rechtfertigen.[975] In beiden Fällen haben sich bestimmte Umstände nicht verwirklicht, da es stattdessen zu dem tatsächlichen schadensstiftenden Ereignis kam. Ob dies im Schädigerverhalten begründet ist oder in externen Ursachen, spielt für den Grad des Hypothetischen keine Rolle. Andere hypothetische Ursachen sind nicht generell „weniger hypothetisch" als rechtmäßiges Alternativverhalten. Dies lässt sich spätestens dadurch verdeutlichen, dass man sich im Radfahrer-Fall vorstellt, dass der LKW-Fahrer zunächst kurz erwägt, den geforderten Seitenabstand einzuhalten und entsprechend ausschwenkt, dann jedoch – vielleicht weil er dies wegen entgegenkommender Fahrzeuge für zu riskant hält – doch nur einen geringeren Abstand zum Radfahrer einhält. In diesem Fall ist das hypothetische Schädigerverhalten tatsächlich angelegt und wurde dann durch ein anderes Verhalten ersetzt. Wertungsmäßig bleibt unklar, weshalb allein der Umstand, dass es sich um ein Verhalten des Schädigers selbst handelt, einen Unterschied begründen soll.[976] Allenfalls die bereits untersuchten und kritisierten Sanktionsgründe könnten hier angeführt werden. Jedenfalls ist ein – vermeintlicher – Unterschied von rechtmäßigem Alternativverhalten und

---

973 *Gebauer*, Hypothetische Kausalität und Haftungsgrund, 2012.

974 *Schiemann*, in: Staudinger, Neubearbeitung 2017, § 249 BGB, Rn. 5; vgl. auch *Tolk*, Der Frustrierungsgedanke und die Kommerzialisierung immaterieller Schäden, 1977, S. 19.

975 So aber *Teichmann*, in: Jauernig, 17. Aufl. 2018, Vor. §§ 249-253 BGB, Rn. 47; ebenso *Rosenbaum*, Hypothetische Kausalität und Schadensersatz, 2010, S. 19: *„Der hypothetische Kausalverlauf* [...] *ist jedoch im Unterschied zu anderen Reserveursachen ausschließlich gedanklicher und damit theoretischer Natur."*.

976 *Erb*, Rechtmäßiges Alternativverhalten, 1991, S. 59: *„Vielfach wird im Schrifttum eine Verschiedenheit von hypothetischer Kausalität und rmAV postuliert, ohne daß dabei aufgezeigt wird, warum eigentlich eine Gleichstellung mit (anderen?) Reserveursachen der Sache nicht gerecht werden soll."*.

anderen hypothetischen Ursachen keine Grundlage dafür, die Berücksichtigung rechtmäßigen Alternativverhaltens auszuschließen oder einzugrenzen.

Darüber hinaus soll der weitgehend vertretenen Differenzierung zwischen unmittelbaren und mittelbaren Schäden im Hinblick auf die Berücksichtigungsfähigkeit hypothetischer Umstände[977] jedenfalls für Zwecke rechtmäßigen Alternativverhaltens nicht gefolgt werden. Dies ergibt sich aus der, sogleich mit Blick auf den Steuerungsgedanken näher beschriebenen, besonderen Stellung des hypothetischen Schädigerverhaltens im Vergleich zu anderen hypothetischen Umständen.

II. Die Bedeutung des Steuerungsgedankens

Es stellt sich die Frage, ob – wenn man sich so stark auf die in § 249 Abs. 1 BGB angelegte hypothetische Vergleichsbetrachtung stützt – nicht grenzenlos jegliche hypothetische Umstände berücksichtigt werden müssten.[978] Dies bringt möglicherweise die Gefahr ausufernder Rechtsstreitigkeiten mit sich, würde doch jedem Schädiger daran gelegen sein, möglichst viele hypothetische Umstände zu benennen, die in naher oder ferner Zukunft einen Schaden begründet hätten. Das generelle Problem, wie hypothetische Kausalität zu berücksichtigen ist und auf welcher Grundlage eine Eingrenzung möglicherweise gerechtfertigt werden kann, soll hier nicht entschieden werden. Es ist weitgehend anerkannt, dass:

> „[...] *die in § 249 Abs. 1 BGB und der Differenzhypothese formulierte Regel, der zufolge hypothetische Schadensursachen stets zu berücksichtigen sind, stark aufgeweicht und ihrer unbedingten Verbindlichkeit beraubt*“

ist.[979] Vielmehr soll in dieser Untersuchung ausschließlich für das rechtmäßige Alternativverhalten als ein besonderer Fall hypothetischer Kausalität begründet werden, dass eine unbeschränkte Berücksichtigung *damit verbundener* hypothetischer Entwicklungen ohne (zeitliche) Begrenzung ange-

---

977 Kritisch *Oetker*, in: MüKo BGB, 7. Aufl. 2016, § 249 BGB, Rn. 211 m.w.N.

978 Vgl. jedoch etwa *Oetker*, in: MüKo BGB, 7. Aufl. 2016, § 249 BGB, Rn. 213, der jeweils eine Wertung „*vom Zweck der verletzten Norm her*“ vornehmen will.

979 *Richter*, Schadenszurechnung, 2012, S. 224; siehe auch *Oetker*, in: MüKo BGB, 7. Aufl. 2016, § 249 BGB, Rn. 213; sowie speziell zur Differenzhypothese *von Caemmerer*, Das Problem der überholenden Kausalität, 1962, S. 6, wonach „*mannigfache Modifikationen nach Sinn und Funktion des Schadensersatzes* [...] *geboten*“ seien; ebenso BGH, Urteil vom 26.09.1997, V ZR 29/96, NJW 1998, 302.

messen ist und sich dies in dem schadensersatzrechtlichen System der legitimierten (Gesamt-)Rechtsordnung einordnen lässt. Dies gilt für rechtmäßiges Alternativverhalten, ohne dass damit das Problem hypothetischer Kausalität für andere (externe) Ursachen entschieden wäre, die vom Schädigerverhalten unabhängig sind. Für den Fall hypothetischen Schädigerverhaltens ist vielmehr der bereits eingehend analysierte Steuerungsgedanke maßgeblich sowie ebenso die sich daraus ergebenden, berechtigten Verkehrserwartungen. Dazu wird auf die Ausführungen *Keuks* Bezug genommen. *Keuk* widmet sich in ihrer Habilitationsschrift „*Vermögensschaden und Interesse*" einem besonderen Schadensverständnis, das von der Differenzhypothese abrückt. Wie bereits ausgeführt, soll einem abweichenden Schadensverständnis nicht weiter nachgegangen werden. Allerdings können *Keuks* Gedanken für Zwecke der grundsätzlichen Vergleichsbetrachtung fruchtbar gemacht werden. So betont *Keuk* im Hinblick auf das Problem rechtmäßigen Alternativverhaltens:

> *„Nicht auf den Zustand, welcher ohne die zum Ersatz verpflichtende Handlung, sondern auf den, welcher bei ordnungsgemäßem Verhalten des Ersatzpflichtigen bestehen würde, ist die Ersatzpflicht auszureichten, weil einerseits der Gläubiger nur an diesem Verhalten des Schädigers interessiert ist und andererseits er* ***nur dieses Verhalten erwarten kann****, dem Ersatzpflichtigen nur vorgeworfen werden kann, daß er sich nicht in dieser Weise verhalten hat.*"[980]

Dabei bezieht sich *Keuk* auf mehrere Aspekte. Die Bezugnahme auf das Interesse des Gläubigers soll als Teil eines besonderen Schadensverständnisses ausgeblendet werden. Vorliegend von Bedeutung ist jedoch die von *Keuk* angesprochene berechtigte Erwartungshaltung des Geschädigten und der damit korrespondierende Vorwurf gegenüber dem Schädiger, seine Verhaltenspflichten nicht erfüllt zu haben. Hier lassen sich die bereits untersuchten Gedanken aufgreifen: Das Ziel einer Verhaltenssteuerung durch Verhaltenspflichten und der Verschuldensgrundsatz des Schadensersatzrechts. Nun könnte bemängelt werden, dass so von hinten durch die Brust ins Auge das Eignungsprinzip auf Ebene der Schadensberechnung eingeführt werde. Dem ist entgegenzuhalten, dass die konzeptionelle Verortung im Bereich der Schadensberechnung eine grundlegend andere ist, als im Bereich der haftungsbegründenden Zurechnung. Der Vorteil ist, dass sich das von *Keuk* angedeutete Verständnis hier harmonisch in das Ge-

980 *Keuk*, Vermögensschaden und Interesse, 1972, S. 61, Hervorhebungen durch Verfasser.

samtkonzept des Schadensersatzrechts einfügt. Denn das Schadensersatzrecht basiert auf berechtigten Verkehrserwartungen, die einerseits in typisierten Verhaltensanforderungen über § 276 Abs. 2 BGB zum Ausdruck kommen, andererseits in einer Gefährdungshaftung bei bestimmten Tätigkeiten.[981] Es ist nur konsequent, die Haftungsausfüllung in diesem allgemeinen Kontext zu sehen. Ein strukturell ähnlicher Gedanke wird von *Erb* mit seinem Modell normativer Korrespondenz geäußert.[982] Es geht darum, dass der Geschädigte nur einen Ausgleich für die konkrete Pflichtwidrigkeit des Schädigers erhalten und kein:

> „[...] *Zustand hergestellt wird, welchen er bei regelmäßigem Verlauf nie hätte durchsetzen oder erreichen können, welcher nur unter der Voraussetzung eines Verhaltens des Ersatzpflichtigen möglich gewesen wäre, zu welchem dieser gar nicht verpflichtet war oder welches wiederum pflichtwidrig gewesen wäre.*“[983]

Ein ähnlicher Gedanke wird bereits von *Hanau* in seiner Untersuchung zur „*Kausalität der Pflichtwidrigkeit*“ geäußert:

> „*In den Verhaltensnormtatbeständen ist es jeweils eine Pflichtverletzung, die die Schadenshaftung auslöst. Liest man dies in § 249 hinein, ergibt sich wiederum, daß derjenige Schaden zu ersetzen ist, der ohne die Pflichtverletzung ausgeblieben wäre* [...] *der relevante Schaden bestehe darin, daß dem Geschädigten etwas entzogen wurde, was ihm bei korrekter Pflichterfüllung erhalten oder zuteil geworden wäre. Das Prinzip der Naturalrestitution bekommt dadurch eine normative Färbung: Naturalrestitution ist nicht einfach die Herstellung des früheren Zustandes, sondern des dem Recht entsprechenden Zustandes, wie er sich bei pflichtgemäßem Verhalten ergeben hätte.*“[984]

Die Berücksichtigung einer Schädigung bei hypothetisch rechtmäßigem Schädigerverhalten ist – wie andere hypothetische Ursachen – in der Ver-

---

981 *Gotzler*, Rechtmäßiges Alternativverhalten, 1977, S. 57, spricht von dem typisierten Verschulden als „*Zurechnungsprinzip*“ und führt auf S. 56 aus, die gerechte Verteilung eines Schadens richte sich danach, dass im Beziehungsgeflecht der Bürger einer Zivilrechtsordnung „*sich jedermann bei der Einrichtung seines eigenen Verhaltens auf bestimmte Fähigkeiten seiner Mitmenschen muß verlassen können*“. Dieses „*Vertrauenselement*“ könne als Grundsatz identifiziert werden.

982 *Erb*, Rechtmäßiges Alternativverhalten, 1991, S. 170: „*durch die Wahl des erlaubten Verhaltens durch den Täter ist für den Betroffenen nichts gewonnen.*“.

983 *Keuk*, Vermögensschaden und Interesse, 1972, S. 64.

984 *Hanau*, Kausalität der Pflichtwidrigkeit, 1971, S. 86.

gleichsbetrachtung des § 249 Abs. 1 BGB im Grundsatz konzeptionell angelegt.[985] Dass eine unbegrenzt verstandene Berücksichtigung hypothetischer Ereignisse möglicherweise zu weit gehen könnte, soll nicht bestritten werden. Die Berücksichtigung *speziell des rechtmäßigen Alternativverhaltens* ist aber vor dem besonderen Hintergrund konsequent, was konkret vom Schädiger verlangt wird und was der Geschädigte berechtigterweise erwarten darf. Nur in diesem Korridor berechtigter Erwartungen verwirklicht sich der Ausgleichszweck des Schadensersatzrechts in wertungskonsistenter Weise. Ob man so weit gehen will, hypothetische Schadensereignisse unbegrenzt zu berücksichtigen, muss an dieser Stelle nicht entschieden werden.[986] Der Fall rechtmäßigen Alternativerhaltens ist – im Hinblick auf die grundsätzliche Bedeutung von Verkehrserwartungen – eine Besonderheit, wie an einem Beispiel gezeigt werden soll: Wendet im Radfahrer-Fall der LKW-Fahrer ein, das Einhalten des ordnungsgemäßen Seitenabstands hätte einen Unfall nicht vermieden, steht das hypothetische Ereignis, das auf Ebene von § 249 Abs. 1 BGB grundsätzlich (grenzenlos) zu berücksichtigen ist, in einem direkten Zusammenhang mit den Verkehrserwartungen. Anders formuliert, kann vom LKW-Fahrer nicht mehr verlangt werden, als das Einhalten des Abstands. Wendet der LKW-Fahrer hingegen ein, der Seitenabstand hätte zwar den Unfall vermieden, der Radfahrer wäre aber wenig später in einen Graben gefallen und gestürzt, mit ähnlichen oder gar gleichen Verletzungsfolgen, ist dies ein qualitativ anderer Einwand. Zwar würde das Vergleichskonzept von § 249 Abs. 1 BGB zunächst nahelegen, dass – soweit dem überhaupt ein Wert beizumessen ist – nur die um wenige Minuten längere Verletzungsfreiheit des Radfahrers zu ersetzen ist. Es wäre aber gut vertretbar, in dem Unfall im Graben eine andere Kausalkette zu sehen, sodass der LKW-Fahrer trotzdem vollen Schadensersatz zu leisten hat. Der *„Zustand, der bestehen würde"* wird demnach verstanden als der Zustand *bei Pflichterfüllung* durch den LKW-Fahrer, unabhängig von externen Faktoren. An dieser Stelle leuchtet es ein, einen Unterschied zwischen dem Schädigerverhalten, also eigenem hypothetischen Verhalten des Schädigers und anderen, fremden Ursachen zu sehen. Man greift mit dieser Begründung sogar den grundsätzlichen Präventionszeck

985 *Rüßmann*, in: jurisPK-BGB, Stand 19.01.2018, § 249 BGB, Rn. 42; *Oetker*, in: MüKo BGB, 7. Aufl. 2016, § 249 BGB, Rn. 213; *Lemhöfer*, JuS 1966, 337 (338); siehe auch *Musielak*, JA 2013, 241 (247).

986 Jedenfalls ist es im Hinblick auf § 249 Abs. 1 BGB bei einem grundsätzlichen Festhalten an der Differenzhypothese (auch für unmittelbare Schäden) schwierig, eine Begrenzung vorzunehmen; siehe insbesondere *Lemhöfer*, JuS 1966, 337 (338).

von Verhaltenspflichten auf, allerdings in entschärfter Form. Damit wird nicht zuletzt dem Steuerungsgedanken Rechnung getragen. Dass die konkrete Verhaltenspflicht im Einzelfall einen Schaden nicht verhindern kann, ändert nichts an ihrer grundsätzlichen Geltung (hier ist insbesondere auf die notwendige Typisierung zu verweisen). Das Versagen im Einzelfall bedeutet aber, dass es angemessen ist, bei der Haftungsausfüllung ausnahmsweise eine Belastung des Schädigers abzulehnen. Die wertungsmäßige Begründung ist dem Prinzip der Eignung von *Gotzler* durchaus sehr nahe, hat aber mit § 249 Abs. 1 BGB einen überzeugenderen Anknüpfungspunkt. Die Berücksichtigung rechtmäßigen Alternativverhaltens ist in diesem Kontext eine Anwendung des richtig verstandenen Ausgleichsprinzips im Kontext berechtigter Verkehrserwartungen: Es soll (nur) ein Ausgleich für die konkret aufgrund pflichtwidrigen Verhaltens erlittenen Nachteile geleistet werden.

Zusammenfassend lässt sich feststellen, dass die (uneingeschränkte) Berücksichtigung rechtmäßigen Alternativverhaltens im Rahmen der Schadensberechnung nach § 249 Abs. 1 BGB aufgrund ihrer Besonderheiten nicht automatisch eine uferlose Berücksichtigung aller hypothetischen Entwicklungen bedingt. Im Kontext berechtigter Verkehrserwartungen, auf denen das Schadensersatzrecht mit seinen Verhaltensanforderungen bei der Haftungsbegründung basiert, ist das rechtmäßige Alternativverhalten ein hypothetischer Sonderfall. Die bereits untersuchten Gedanken der Konzepte zum RWZ lassen sich dabei aufgreifen, entfalten sich aber – dogmatisch passender – im Rahmen des Ausgleichsprinzips von § 249 Abs. 1 BGB. Dementsprechend kann man überlegen, ob nicht das „Problem“ hypothetischer Kausalität, bei Anwendung der Differenzhypothese, durch eine teleologische Eingrenzung von § 249 Abs. 1 BGB beherrschbar wird. Modifiziert ließe sich dann die Aussage treffen: Wer einen rechtswidrigen an Stelle eines rechtmäßigen Weges wählt, muss sich an dieser Wahl festhalten lassen, es sei denn, der rechtmäßige Weg hätte zum Schaden geführt. Dass im Falle rechtmäßigen Alternativverhaltens der Schaden nicht *„in der Verbotenheit des Verhaltens“*[987] wurzelt, zeigt, dass das mit der konsequenten Vergleichsbetrachtung nach § 249 Abs. 1 BGB gefundene Ergebnis, nämlich die Feststellung eines Schadens in Höhe von 0, teleologisch stimmig ist und es in diesem Fall keiner normativen Eingrenzung[988] be-

987 *Von Caemmerer*, Das Problem der überholenden Kausalität, 1962, S. 31.

988 Vgl. BGH, Urteil vom 26.09.1997, V ZR 29/96, NJW 1998, 302: *„Die Differenzhypothese hat sich einer normativen Kontrolle zu unterziehen.“*.

darf. Der „*Wertungsabhängigkeit des Schadensbegriffs*“[989] wird so vielmehr auf angemessene und wertungskonsistente Weise Rechnung getragen.

III. Gleichförmigkeit und Entscheidungsklarheit

Die erhebliche Bedeutung von Gleichförmigkeit und „*Entscheidungsklarheit*“[990] für das Funktionieren der Rechtsordnung wurde bereits angeschnitten.[991] Eine hinreichende Klarheit im Sinne von Transparenz in den anzuwendenden Wertungs- oder Beurteilungskriterien bedingt dabei die Gleichförmigkeit richterlicher Entscheidungen. Mit eindeutigen konzeptionellen Grundsätzen wird verhindert, dass konkrete Fälle „*aus dem normativen Gefüge der Rechtsordnung herausfallen*“.[992] Es ist bereits ein nicht zu vernachlässigender, positiver Effekt, wenn ein Konzept den richterlichen Wertungs- und Beurteilungsspielraum einschränkt. Je größer der richterliche Spielraum ist – so etwa bei der Entscheidung über die Bedeutung einzelner Verhaltenspflichten und einer damit verbundenen Sanktionsbedürftigkeit – desto größer ist derjenige Teil eines Rechtsstreits, der einem weitgehend intransparenten Entscheidungsraum überlassen wird.[993] Je eindeutiger ein Konzept ausgestaltet ist, desto geringer wird darüber hinaus die Gefahr widersprüchlicher Ergebnisse. Dem liegt nicht zuletzt eine verfassungsrechtliche Dimension des Gleichbehandlungsgebots und des Rechtsstaatsprinzips zugrunde, insbesondere die Bedeutung einer gewissen „*Entscheidungskonstanz als Ausfluss des Rechtssicherheitsprinzips*“.[994] Von gebote-

---

989 *Oetker*, in: MüKo BGB, 7. Aufl. 2016, § 249 BGB, Rn. 33.

990 *Schneider*, Richterrecht, Gesetzesrecht und Verfassungsrecht, 1969, S. 38.

991 Vgl. *Bumke*, Relative Rechtswidrigkeit, 2004, S. 51; sowie *Fikentscher*, Methoden des Rechts in vergleichender Darstellung, Band IV, 1977, S. 189 f.: „*Das Gleichbehandlungsgebot ist für die gedankliche und historische Entwicklung des Rechts von außerordentlicher, meist unterschätzter Bedeutung. Jeder Fall muß nicht nur ‚sach‘, sondern auch ‚gleichgerecht‘ entschieden werden.*“.

992 *Osterkamp*, Juristische Gerechtigkeit, 2004, S. 247.

993 Eindrucksvoll *Rüthers*, Das Ungerechte an der Gerechtigkeit, 3. Aufl. 2009, S. 121: „*Für die Mitglieder der Rechtsgemeinschaft, insbesondere für die zunächst betroffenen Parteien eines Rechtsstreits, ist die Entscheidung nicht vorhersehbar (‚Hageschlageffekt‘). Richterrecht wird mit gegenüber der Gesetzgebung minderer demokratischer Legitimation und Verantwortlichkeit der ‚Ersatzgesetzgeber‘ entwickelt.*“.

994 *Keil*, Die Systematik privatrechtlicher Rechtsprechungsänderung, 2007, S. 40; *Payandeh*, Judikative Rechtserzeugung, 2017, S. 254: „*Das Gebot der Rechtssicherheit verlangt somit nach Kontinuität im Recht. Es fordert nicht Beständigkeit sondern vielmehr Verlässlichkeit und Berechenbarkeit rechtlichen Wandels.*“.

ner *„Kontinuität“* wird im rechtswissenschaftlichen Diskurs zumeist mit Blick auf Rechtsprechungsänderungen gesprochen.[995] Erst recht muss jedoch eine gewisse Wertungskontinuität oder -konsistenz durch die angewandte Konzepte selbst ermöglicht werden.[996] Ansonsten droht ein Konzept zum *„Quell ständiger Rechtsunsicherheit“* zu werden, was dem Anliegen größtmöglicher Rechtssicherheit und (Entscheidungs-)Gleichheit diametral entgegen läuft.[997] Eben diese Gefahr einer ständigen Verunsicherung besteht, wie im Rahmen der Analyse exemplarischer Entscheidungen gezeigt, bei der Anwendung des Schutzzweckgedankens im Kontext rechtmäßigen Alternativverhaltens. An Stelle eines klaren Grundsatzes tritt eine *„durch Interessenabwägung ausfüllungsbedürftige Generalklausel ohne eigenen Gehalt.“*[998] Die Unsicherheit ergibt sich aus der Natur der Schutzzwecklehre als *„Arbeitsprogramm“*[999], wie bereits *Keuk* zutreffend ausführt:

> „[...] *wichtig ist die Mitteilung der Überzeugung, daß der geltend gemachte Schaden nicht in den Schutzbereich der Norm falle* [...] *Warum aber der geltend gemacht Schaden nicht in den Schutzbereich fällt, wird nicht näher dargelegt.“*.[1000]

Die formelhafte Begründung ersetzt dementsprechend häufig eine tiefergehende Auseinandersetzung mit einer Problematik. Dies wurde im Hinblick auf die angebliche Sanktionslosigkeit beispielsweise von versäumten Zahlungspflichten bereits analysiert.[1001] Anstatt ein erhebliches Wertungsfeld über die Bedeutung von Verhaltenspflichten und Sanktionsbewehrung zu öffnen, bietet die ausnahmslose Berücksichtigung rechtmäßigen Alternativverhaltens den Vorteil größerer Klarheit. Zu Unsicherheiten in

---

995 *Payandeh*, Judikative Rechtserzeugung, 2017, S. 254 m.w.N.

996 Zur Kritik im Hinblick auf die Schutzzwecklehre allgemeine *Lang*, Normzweck und Duty of Care, 1983, S. 35: *„Die Normzwecklehre, so sagen ihre Gegner, enthalte keinen ‚greifbaren Maßstab‘* [...]“ und S. 37: *„Der Richter habe bei der Ermittlung des Schutzzwecks im Einzelfall einen unkontrollierten und ungeregelten Ermessensspielraum.“*.

997 *Keuk*, Vermögensschaden und Interesse, 1972, S. 226.

998 *Hanau*, DNotZ 1986, 406 (413), und weiter *„Ganz folgerichtig betrachtet die Entscheidung sie als Legitimation zu wertender Betrachtung und billiger Zurechnung.“*.

999 *Keuk*, Vermögensschaden und Interesse, 1972, S. 225, *Lang*, Normzweck und Duty of Care, 1983, S. 37.

1000 *Keuk*, Vermögensschaden und Interesse, 1972, S. 231.

1001 Siehe oben, § 4 B. II. 3.; der V. Senat setzt sich mit den möglichen Folgen einer unberechtigten Zahlungsverweigerung nicht umfassend auseinander, sondern unterstellt axiomatisch eine drohende Sanktionslosigkeit, sollte rechtmäßiges Alternativverhalten entlastend berücksichtigt werden.

der Sachverhaltsaufklärung und hinsichtlich hypothetischen Entwicklungen wird es trotzdem kommen. Mit dem vorhandenen prozessualen Instrumentarium ist dies jedoch transparenter zu bewältigen, als es allgemeine, rechtspolitische Wertungsfragen ermöglichen. So bietet etwa der prima-facie Beweis eine ausdifferenzierte Grundlage für die Berücksichtigung allgemeiner Lebenserfahrung durch den Richter.[1002]

Nun soll nicht in Abrede gestellt werden, dass die *„materielle Gerechtigkeit“* – was auch immer man unter dem Begriff verstehen mag – *„einen dem Grundsatz der Rechtssicherheit mindestens ebenbürtigen Bestandteil des Rechtsstaatsprinzips verkörpert“*.[1003] Sofern man sich innerhalb der legitimierten Rechtsordnung bewegt, entspricht eine ausnahmslose Berücksichtigung rechtmäßigen Alternativverhaltens jedoch den zugrundeliegenden Wertungen, insbesondere dem Ausgleichsprinzip und dem Grundsatz, dass der Geschädigte nicht besser gestellt wird, als er bei ordnungsgemäßem Verhalten des Schädigers stünde. Wenn man eine Präventionswirkung grundsätzlich anerkennt, ist nicht ohne Weiteres ersichtlich, dass diese gegenüber dem so verstandenen Ausgleichsprinzip wertungsmäßig Vorrang haben müsste. Insofern ist die ausnahmslose Berücksichtigung rechtmäßigen Alternativverhaltens nicht weniger „gerecht“, als die einzelfallabhängige Nichtberücksichtigung zum Zwecke von Prävention. Es wurde bereits herausgearbeitet, dass die Präventionswirkung von Verhaltenspflichten durch die entlastende Berücksichtigung rechtmäßigen Alternativverhaltens nicht nennenswert in Frage gestellt wird.

Gleichförmigkeit und Entscheidungsklarheit sind nicht nur rechtspraktische Vorteile des hier dargelegten Konzepts. Stellt man – stark vereinfacht – die Frage, was ein vernünftiger Gesetzgeber beabsichtigt, liegt die ausnahmslose Berücksichtigung rechtmäßigen Alternativverhaltens näher, als eine einzelfallabhängige Wertungsentscheidung. Denn die Präventionswirkung von Verhaltenspflichten bleibt durch die entlastende Berücksichtigung besonderer (hypothetischer) Einzelfallentwicklungen weitgehend unangetastet, es fehlt meist bereits an einer Vergleichbarkeit der Fälle. Kommt es hingegen zu regelmäßigem Normversagen, lässt sich über den generellen Schutzzweck einer Verhaltenspflicht streiten. Insofern ist mit einer beschränkten, schutzzweckabhängigen Berücksichtigung rechtmäßi-

---

1002 *Prütting*, in: MüKo ZPO, 5. Aufl. 2016, § 286 ZPO, Rn. 48: *„Zu beachten ist bei der Heranziehung von Erfahrungssätzen, dass sich durch sie für den Richter eine Anfangswahrscheinlichkeit ergibt, zu der im Rahmen der richterlichen Gesamtwürdigung später die konkrete Beweisaufnahme hinzukommt.“*.

1003 BGH, Urteil vom 29.02.1996, IX ZR 153/95, BGHZ 132, 119.

gen Alternativverhaltens nicht viel gewonnen, gleichzeitig sind die Kosten im Hinblick auf die drohende Rechtsunsicherheit erheblich. Die unbeschränkte Berücksichtigung rechtmäßigen Alternativverhaltens ist mithin aus gesetzgeberischer Perspektive deutlich überzeugender, als das eingeschränkte Schutzzweckkonzept.

B. Praktische Umsetzung

I. Entschärftes Beweismaß durch § 287 ZPO und Anscheinsbeweis

Durch das konsequente Verständnis rechtmäßigen Alternativverhaltens als Teil der Vergleichsbetrachtung des § 249 Abs. 1 BGB für die Schadensberechnung, wird nicht zuletzt die Möglichkeit eröffnet, § 287 ZPO vollumfänglich zu berücksichtigen. Der Geschädigte muss grundsätzlich darlegen und beweisen, wie sich die Sachlage ohne das schädigende Ereignis entwickelt hätte.[1004] Die Beweisanforderungen werden jedoch durch § 287 Abs. 1 Satz 1 ZPO deutlich herabgesetzt, sodass man insbesondere auf die Grundlagen des Anscheinsbeweises zurückgreifen kann.[1005] Es ist zunächst anzunehmen, dass sich – ausgehend vom Kerngeschehen – hypothetisch ein typischer Geschehensablauf entsponnen hätte. Die Verhaltenspflichtverletzung indiziert zunächst, dass ordnungsgemäßes Verhalten den Schaden verhindert hätte, wenn nicht das Vorliegen außergewöhnlicher Umstände bereits offensichtlich ist.[1006] Dies rechtfertigt sich vor dem Hintergrund, dass Verhaltenspflichten als typisierte Grundregeln des Zusammenlebens in der Regel diejenigen Schäden, die von ihrem Schutzbereich umfasst sind, vermeiden. Wenn dies regelmäßig nicht der Fall ist, wird bereits die Frage einer Schutzbereichsbegrenzung auf früherer Prüfungsebene aufgeworfen. Grundsätzlich ist aber davon auszugehen, dass ordnungsgemäßes Verhalten den Schaden verhindert hätte. Es liegt dann am Schädiger, auf besondere Umstände hinzuweisen, die – entgegen der Vermutung – eine Unvermeidbarkeit des Schadens im Einzelfall bedingt haben.[1007] Das

---

1004 *Oetker*, in: MüKo BGB, 7. Aufl. 2016, § 249 BGB, Rn. 499.

1005 *Foerste*, in: Musielak/Voit, § 15. Aufl. 218, § 287 ZPO, Rn. 7; *Saenger*, in: Saenger, 7. Aufl. 2017, § 287 ZPO, Rn. 14; *Oetker*, in: MüKo BGB, 7. Aufl. 2016, § 249 BGB, Rn. 499.

1006 Ähnlich, wenn auch konzeptionell auf anderer Ebene, für *„die Anwendung des prima facie-Beweises“ Erb*, Rechtmäßiges Alternativverhalten, 1991, S. 241 f.

1007 Anders als bei *Erb* geht es jedoch um eine Unvermeidbarkeit zur Überzeugung des Gerichts (beurteilt anhand des Maßstabs des § 287 ZPO) und nicht nur um

reduzierte Beweismaß nach § 287 Abs. 1 Satz 1 ZPO erlaubt es dem entscheidenden Gericht darüber hinaus, bereits die überwiegende Wahrscheinlichkeit der Vermeidbarkeit des Schadens im Einzelfall ausreichen zu lassen und eine Schadensersatzpflicht nach seinem Ermessen zu bejahen. Dabei wird bewusst in Kauf genommen, dass die Annahme des Gerichts nur eine Näherung an die hypothetische Entwicklung sein kann.[1008] Ein Vorteil liegt nicht zuletzt darin begründet, dass das Gericht keine schematische Entscheidung zu Gunsten des Schädigers oder des Geschädigten trifft, sondern in freier Würdigung und nach seinem Ermessen eine Hypothese über tatsächliche Entwicklungen trifft. Die Entscheidung ist insofern transparent, als dass es um Wahrscheinlichkeiten und diverse Aspekte des tatsächlichen Lebens geht, nicht um rechtspolitische Wertungen und Sanktionsbedürfnisse. Damit ist nicht gesagt, dass keinerlei Unsicherheiten in der tatsächlichen Wertung bestehen. Allerdings sind diese für die Parteien oder Sachverständigen einer rationalen Bewertung stärker zugänglich, als etwa das besondere Schutzbedürfnis bestimmter Personen oder Rechtsgüter. Schließlich besteht die Möglichkeit, das gerichtliche Ermessen im Rahmen der Berufung oder der Revision zu überprüfen.[1009] Insbesondere durch die Revision lassen sich unsachliche oder willkürliche Erwägungen herausfiltern und auch langfristig anerkannte Leitlinien entwickeln, die der Entscheidung über den (Nicht-)Eintritt einer hypothetischen Schädigung zusätzliche Stabilität verleihen werden. Abschließend sei betont, dass bereits der OGH im Rahmen der Löschteich-Entscheidung in der konsequenten Anwendung des § 287 ZPO eine für Schädiger und Geschädigten angemessene Lösung sieht.[1010]

II. Keine Beweislastumkehr für rechtmäßiges Alternativverhalten

Für die so genannten Reserveursachen ist in der Rechtsprechung des BGH weitgehend anerkannt, dass die Beweislast für deren Eintritt vollständig dem Schädiger obliegt.[1011] Dies folgert der BGH insbesondere aus der be-

---

eine Chancenverbesserung, sodass die Gefahr überkomplexen Sachvortrags zumindest im Vergleich zu *Erb* deutlich gemindert sein dürfte.

1008 Vgl. *Saenger*, in: Saenger, 7. Aufl. 2017, § 287 ZPO, Rn. 15.

1009 *Saenger*, in: Saenger, 7. Aufl. 2017, § 287 ZPO, Rn. 21.

1010 OGH der Britischen Zone Köln, Urteil vom 20.01.1949, II ZS 20/48, NJW 1949, 302.

1011 BGH, Urteil vom 22.03.2016, VI ZR 467/14, NJW 2016, 973; BGH, Urteil vom 05.04.2005, VI ZR 216/03, NJW 2005, 2072; BGH, Urteil vom 25.11.1992, VIII

sonderen Schutzbedürftigkeit von Patienten, die nicht vollständig über eine Behandlung aufgeklärt wurden. Hier könne der Patient regelmäßig kaum beweisen, was er bei ordnungsgemäßer Aufklärung getan hätte.[1012] *„Die besondere Interessenlage der beteiligten"* Parteien erfordere daher eine Beweislastumkehr.[1013] Interessanterweise handelt es sich hier um den Bereich der hypothetischen Einwilligung, der jedoch allgemeine Bedeutung für *„normale"* Reserveursachen entfalten soll.[1014] Als andere Begründung für die Beweislastverteilung für Reserveursachen wird angeführt:

> *„Aber die Beweislast für den Einwand, der sich auf einen solchen hypothetischen Geschehensablauf bezieht, fällt dem Bekl. zu.* Er *hat zunächst in verantwortlicher Weise jenen Zustand herbeigeführt, aus dem der Kl. die Schadensersatzforderung herleitet, und ihm ist daher zuzumuten, darzulegen und zu beweisen, daß die Krankheit, in deren Ablauf er eigenmächtig eingegriffen hat, in einem späteren Zeitpunkt zu dem gleichen Schaden geführt hätte."*[1015]

Neben der besonderen Schutzbedürftigkeit eines nicht aufgeklärten Patienten, wird die geminderte Schutzwürdigkeit eines Schädigers angeführt, der *„in verantwortlicher Weise"* eine Schädigung herbeigeführt hat. *Von Caemmerer* führt aus, der Geschädigte solle *„nicht mit dem Risiko der Zweifelhaftigkeit der Entwicklung belastet werden* [...] *wenn nicht berechtigte Schadensersatzansprüche vereitelt werden sollen."*[1016] Es wird deutlich, dass die umgekehrte Beweislast Nachteile kompensieren soll, die man auf Seiten des Geschädigten befürchtet, wenn er die hypothetische Vermeidbarkeit des Schadens im Rahmen von § 249 Abs. 1 BGB darlegen und beweisen müsste. Ob man die *„Beweislast des Verletzten vom Ergebnis her als unbefriedigend"*[1017] sieht, ist indes letztendlich eine reine Wertungsfrage, die in beide Richtungen entschieden werden kann. Die konsequente Anwendung von § 287 ZPO, wie zuvor beschrieben, scheint jedoch ausreichend zu sein, um

---

ZR 170/91, BGHZ 120, 281; BGH, Urteil vom 05.07.1973, VII ZR 12/73, BGHZ 61, 118.

1012 BGH, Urteil vom 05.07.1973, VII ZR 12/73, BGHZ 61, 118.

1013 BGH, Urteil vom 05.07.1973, VII ZR 12/73, BGHZ 61, 118 (122).

1014 *Schulze*, in: Schulze, 9. Aufl. 2017, Vor. §§ 249-253 BGB, Rn. 23; BGH, Urteil vom 20.07.2006, IX ZR 94/03, BGHZ 168, 352 zum Fall einer *„Anwalts-Hotline"*.

1015 BGH, Urteil vom 10.07.1959, VI ZR 87/58, NJW 1959, 2299 (2300).

1016 *Von Caemmerer*, Das Problem der überholenden Kausalität, 1962, S. 20.

1017 *Lemhöfer*, JuS 1966, 337 (342).

den schutzwürdigen Interessen des Geschädigten Rechnung zu tragen, sodass für eine Beweislastumkehr kein Bedürfnis besteht.[1018]

III. Mehre Möglichkeiten des Verhaltens und „unechtes Alternativverhalten"

Die Frage, was bei mehreren Möglichkeiten des Alternativverhaltens gilt, lässt sich für die in dieser Untersuchung favorisierte Konzeption schnell beantworten: Es muss zur Überzeugung des Gerichts mit überwiegender Wahrscheinlichkeit feststehen, dass der Schaden bei rechtmäßigem Handeln herbeigeführt worden wäre. Entweder muss es überwiegend wahrscheinlich sein, dass der Schädiger von mehreren möglichen Vorgehensweisen diejenige gewählt hätte, die rechtmäßig gewesen wäre und zum Schaden geführt hätte. Oder es muss überwiegend wahrscheinlich sein, dass alle Vorgehensweisen rechtmäßiger Natur sind und zum Schaden geführt hätten. Anders als bei den Konzepten des RWZ geht es nicht primär um ein Normversagen im Einzelfall, sondern allein um das Ergebnis der hypothetischen Vergleichsbetrachtung des § 249 Abs. 1 BGB. Es wird gefragt: Was wäre an Stelle des zum Schadensersatz verpflichtenden Umstands eingetreten? Am Beispiel des Radfahrer-Falls geschildert, bedeutet dies Folgendes: Wenn unklar ist, ob der Schädiger, wenn er den Radfahrer nicht mit zu geringem Seitenabstand überholt hätte, überhaupt ein Überholmanöver eingeleitet hätte, ist seine Haftung zu bejahen. Denn dann kann nicht mit überwiegender Wahrscheinlichkeit davon ausgegangen werden, dass der Schaden hypothetisch alternativ eingetreten wäre. Ist es jedoch überwiegend wahrscheinlich, dass der LKW-Fahrer auf jeden Fall ein Überholmanöver eingeleitet hätte, wird die hypothetische Verursachung – auch bei Einhaltung des Mindestabstands – zu berücksichtigen sein. Gleichermaßen gibt es kein *„unechtes Alternativverhalten"*, das sich zu weit von der verletzten Verhaltenspflicht entfernt.[1019] Zur Verdeutlichung soll hier der *„Journalistenfall" Hanaus*[1020] herangezogen werden: Ein Journalist veröffentlicht unzutreffende Behauptungen und schädigt dadurch einen Geschäftstreibenden. Er wendet im Prozess ein, dass er alternativ zutreffende Behauptungen in einer anderen Art von Bericht verbreitet hätte, die genauso schädigend gewesen wären. Hier will *Hanau* das Verhalten, da

1018 *Lemhöfer*, JuS 1966, 337 (342).
1019 *Hanau*, Kausalität der Pflichtwidrigkeit, 1971, S. 13.
1020 *Hanau*, Kausalität der Pflichtwidrigkeit, 1971, S. 13.

es sich nicht nah genug an dem tatsächlichen, rechtswidrigen Verhalten bewegt und „*nicht das Unrecht der Falschdarstellung*" berührt, unberücksichtigt lassen.[1021] Ausgehend von dem hier zugrunde gelegten Verständnis von § 249 Abs. 1 BGB ist ein irgendwie geartetes Näheverhältnis zur Verhaltensnorm jedoch nicht zu fordern. Der Unrechtsgehalt einer Verhaltenspflichtverletzung ist nicht das tragende Moment der Berücksichtigung rechtmäßigen Alternativverhaltens. Ist es nach Überzeugung des Gerichts überwiegend wahrscheinlich, dass an Stelle der Falschbehauptungen die ebenso schädliche Veröffentlichung in rechtmäßiger Form stattgefunden hätte, muss eine Schadensersatzpflicht ausscheiden. Für diesen Fall kann noch immer der Gedanke bemüht werden, dass die Berücksichtigung der rechtmäßigen hypothetischen Schädigung im Kontext berechtigter Verkehrserwartungen teleologisch folgerichtig ist. Solange das alternative Verhalten im durch die Verhaltenspflichten eröffneten Korridor des Erlaubten stattfindet, ist es – bei überwiegender Wahrscheinlichkeit – zu berücksichtigen. Es wird – im Rahmen von § 249 Abs. 1 BGB – nur ein Ausgleich für die konkret aufgrund pflichtwidrigen Verhaltens erlittenen Nachteile gewährt. Der Geschädigte kann nur erwarten, dass der Schädiger sich innerhalb des Korridors berechtigter Verkehrserwartungen bewegt, ein ganz bestimmtes Verhalten in eine Richtung ist von ihm nicht durchsetzbar. So kann der Geschädigte – zurückkommend auf den Journalistenfall – erwarten, dass keine Fehlinformationen über ihn verbreitet werden. Er kann nicht erwarten, dass der Schädiger an Stelle des Verbreitens von Fehlinformationen konkret überhaupt nicht tätig wird. Zutreffend betont *Gotzler*:

> „*Ein Verbot für sich regelt die Situation nur negativ: dieses konkrete Verhalten darf nicht gewählt werden. Offen bleibt das andere, was man tun soll oder was man tun darf* [...] *Denn zugerechnet wird nicht schon, weil sich der Betreffende so und verkehrt verhalten hat, sondern weil er sich anders, die Rechtsgutsverletzung vermeidend, hätte verhalten können und sollen.*"[1022]

C. Kurzer Blick aus der rechtsökonomischen Perspektive

Schließlich soll noch ein kurzer Hinweis auf die rechtsökonomische Perspektive gegeben werden, aus der eine uneingeschränkte Berücksichtigung rechtmäßigen Alternativverhaltens ebenfalls vorzugswürdig erscheint. *Gre-*

1021 *Hanau*, Kausalität der Pflichtwidrigkeit, 1971, S. 13.
1022 *Gotzler*, Rechtmäßiges Alternativverhalten, 1977, S. 196.

chenig und *Stremitzer* beschreiben, wie die Berücksichtigung rechtmäßigen Alternativverhaltens *„die Qualität eines Verschuldenshaftungssystems erhöht.“*[1023] Sie kommen zu dem Ergebnis, dass die Berücksichtigung des rechtmäßigen Alternativverhaltens dazu geeignet sein kann, eine Übermaßhaftung in Fällen zu vermeiden, in denen sich der Schädiger – ohne Berücksichtigung – dazu veranlasst fühlt, ineffiziente Verhaltensvorgaben zu erfüllen. Dafür gehen sie von der Prämisse aus, dass der Gesetzgeber und die Gerichte es bei realistischer Betrachtung nicht vermögen, immer den richtigen Sorgfaltsmaßstab festzulegen.[1024] Richtig ist ein Sorgfaltsmaßstab aus einer ökonomischen Gemeinwohlperspektive dann, wenn die Kosten für die Schadensvermeidung geringer sind, als die dadurch vermiedenen (Schadens-)Kosten oder zu diesen zumindest nicht vollkommen außer Verhältnis stehen.[1025] Für die Bewertung spielen nicht zuletzt die Schadenswahrscheinlichkeit im Einzelfall, sowie die Möglichkeit, den Schaden überhaupt zu vermeiden oder zu minimieren eine Rolle. Bestimmte Sorgfaltsanforderungen etwa für vorbeugende Schutzmaßnahmen sind nicht effizient, weil sie hohe Kosten verursachen, die im Verhältnis zu der Steigerung des Schutzniveaus außer Verhältnis stehen.[1026] *Grechenig* und *Stremitzer* beziehen sich in einem Beispiel auf die Höhe eines Staudamms, bei dem ab einer gewissen Höhe ein Überschwemmungsrisiko nicht nennenswert verringert wird.[1027] Man kann sich – vereinfacht – ein Optimum bei 10 Metern vorstellen, das die Überschwemmungswahrscheinlichkeit signifikant verringert. Eine Höhe des Staudamms von 11 Metern verringert demgegenüber die Überschwemmungswahrscheinlichkeit – im Verhältnis – nicht, da eine Flut mit Pegelstand von 12 Metern genauso wahrscheinlich ist, wie eine Flut mit Pegelstand von nur 11 Metern. Ein Pegelstand von 10 Metern und weniger ist hingegen deutlich wahrscheinlicher. Nun sieht eine Verordnung vor, dass der Staudamm eine Höhe von 11 Metern erreichen muss. Berücksichtigt man rechtmäßiges Alternativverhalten nicht, wird der von der Verordnung Betroffene (z.B. ein Unternehmer) stets darum bemüht sein, die Regelung einzuhalten – unabhängig von deren Ineffizienz. Kann er hingegen zumindest damit rechnen, dass rechtmäßiges Alternativverhalten berücksichtigt wird, wählt er eher das tatsächliche Optimum und richtet sich nicht nur nach der überspannten Verhal-

1023 *Grechenig/Stremitzer*, John M. Olin Center, Research Paper No. 410.
1024 *Grechenig/Stremitzer*, John M. Olin Center, Research Paper No. 410, S. 18.
1025 *Grechenig/Stremitzer*, John M. Olin Center, Research Paper No. 410, S. 18.
1026 *Grechenig/Stremitzer*, John M. Olin Center, Research Paper No. 410, S. 16.
1027 *Grechenig/Stremitzer*, John M. Olin Center, Research Paper No. 410, S. 16 f.

tensanforderung. Anhand des Beispiels konkret erläutert: Ein Unternehmer ist verpflichtet, einen Staudamm von 11 Metern Höhe zu errichten. Er weiß, dass 10 Meter das Überschwemmungsrisiko verringern. Ein Pegelstand von 12 Metern ist hingegen ebenso wahrscheinlich, wie ein Pegelstand von 11 Metern. Er weiß ferner, dass rechtmäßiges Alternativverhalten gerichtlich berücksichtigt wird. Er errichtet einen Damm von 10 Metern Höhe und spart dabei erhebliche Kosten ein. Es kommt zur Überflutung mit 12 Metern Pegelstand. Das rechtmäßige Alternativverhalten (11 Meter Höhe) hätte den Schaden nicht verhindert. Die Haftung des Unternehmers ist ausgeschlossen. Weiß der Unternehmer, dass rechtmäßiges Alternativverhalten nicht berücksichtigt wird, baut er eher einen Damm von 11 Metern Höhe. Kommt es dann ebenso zum Pegelstand von 12 Metern, ist mit der Einhaltung dieser Pflicht nichts gewonnen, sie hat lediglich zusätzliche Kosten verursacht. Vor diesem Hintergrund lässt sich argumentieren, dass die unbeschränkte Berücksichtigung rechtmäßigen Alternativverhaltens ökonomisch vernünftig ist. Dem lässt sich möglicherweise entgegenhalten, dass dann aber die Gefahr besteht, dass bestimmte Pflichten regelmäßig in Frage gestellt werden. Darauf lässt sich erwidern, dass bedeutende Kernpflichten jenseits des schadensersatzrechtlichen Kontexts abgesichert werden können, etwa durch eine Sanktionsbewährung.[1028] Ferner trägt der Schädiger noch immer das Risiko, dass seine Prognose falsch ist und rechtmäßiges Alternativverhalten den Schaden vermieden hätte. Gibt man ihm aber immerhin die Chance, in Einzelfällen das Sorgfaltsoptimum zutreffend zu ermitteln und vor diesem Hintergrund eine Übermaßhaftung zu identifizieren, wird das Verschuldenshaftungssystem eher stabilisiert, als unterlaufen.[1029] Gerade für Unternehmen, die dazu in der Lage sind, eine gut fundierte Risikoanalyse unter Rückgriff auf umfassende Ressourcen zu treffen, ergibt diese ökonomische Betrachtung Sinn. Somit wird der Adressat von Sorgfaltsanforderungen zugleich zu einer kritischen Überprüfungsinstanz des gesetzlichen oder gerichtlich anerkannten Status quo von Verhaltenspflichten. Dies trägt insbesondere der bereits diskutierten Entwicklung der Verkehrspflichten Rechnung, die zum Teil erheblich von allgemeinen Wertungs- und Risikoerwägungen getragen werden. Mit zunehmender Einbeziehung abstrakter Elemente in die Aufstellung von Verhaltenspflichten in komplexen Situationen, die von verschie-

1028 *Grechenig/Stremitzer*, John M. Olin Center, Research Paper No. 410, S. 18: *„Es wäre auch nicht richtig, in der teilweisen Nichtbeachtung des Einwands einen sinnvollen Ausgleich für Durchsetzungsdefizite zu sehen.“*.

1029 *Grechenig/Stremitzer*, John M. Olin Center, Research Paper No. 410, S. 18.

denen, zusammenwirkenden Faktoren abhängen, steigt zugleich die Fehleranfälligkeit für die entscheidenden Gerichte. Es ist insofern angemessen, dem (potenziellen) Schädiger die Möglichkeit einer im Einzelfall abweichenden Risikoeinschätzung zuzugestehen, zumal sich dies eher auf Ausnahmefälle beschränken wird, in denen sich der Schädiger auf seine eigene Risikoanalyse, die von den gesetzlichen oder gerichtlichen Vorgaben abweicht, verlässt. Eine pauschale Einschränkung der Berücksichtigung rechtmäßigen Alternativverhaltens aus Sanktionsgründen ist hingegen nicht effizient. Im Hinblick auf bedeutende Verhaltenspflichten kann die Anerkennung rechtmäßigen Alternativverhaltens sogar ein Anlass dazu sein, Effektivitätsdefizite aufzudecken. Rein schadensersatzrechtlich betrachtet, also allein im Hinblick auf das Ziel der Schadensverhinderung im Sinne einer Kostenvermeidung, ist es mithin naheliegender, rechtmäßiges Alternativverhalten unbeschränkt entlastend zu berücksichtigen. Dies lässt sich in die Perspektive des legitimierten Normgebers übersetzen: Wie bereits ausgeführt, kann die Wirkung einer Norm für den – vernünftiger Weise gewollten – Normzweck sprechen.[1030] Insofern bestätigt die effektive Möglichkeit zur schadenspräventiven Verhaltenssteuerung bei einer unbeschränkten Berücksichtigung rechtmäßigen Alternativverhaltens die Annahme, dass dies im Sinne des Gesetzgebers ist und insofern ein verbindliches Erfordernis der legitimierten Rechtsordnung darstellt.

1030 *Dreier*, Kompensation und Prävention, 2002, S. 125: „*Die zunächst abstrakt formulierten Rechtsfolgen wirken durch ihre Anwendung in die Wirklichkeit hinein, und es lassen sich umgekehrt Sinn und Inhalt* [...] *nicht losgelöst von ihren tatsächlichen Auswirkungen ermitteln.*“.

§ 8 Schlussbetrachtung

Abschließend sollen die Leitfragen der Untersuchung mit den gewonnenen Erkenntnissen beantwortet werden.

A. *Der Rechtswidrigkeitszusammenhang*

Das Konzept des RWZ – in seinen verschiedenen Ausprägungen – ist bereits in der frühen Rechtsprechung des Reichsgerichts und des BGH als „*Kausalität der Pflichtwidrigkeit*"[1031] angelegt. Dahinter steht der Gedanke, dass ein besonderer Zusammenhang von Pflichtverletzung und Schaden bestehen muss, der durch eine hypothetische Vergleichsbetrachtung (mit rechtmäßigem oder pflichtmäßigem Schädigerverhalten) ermittelt wird. *Hanau* bemühte sich frühzeitig um ein dogmatisches Fundament und einen festen Platz in der legitimierten Rechtsordnung für dieses Erfordernis. Dafür stellt *Hanau* auf den Steuerungsgedanken im Zivilrecht ab.[1032] Da eine Schadensprävention durch Verhaltenssteuerung in Fällen versage, in denen auch das rechtmäßige Verhalten den Schaden verursacht hätte, lasse sich die Haftung des Schädigers in diesen Fällen nicht rechtfertigen.[1033] Damit gelingt *Hanau* allerdings keine überzeugende Begründung, ebensowenig, wie den nachfolgenden Erklärungsversuchen der Literatur (insbesondere *Gotzler*[1034] und *Erb*[1035]). Der Steuerungsgedanke ist zwar ein Bestandteil der legitimierten Rechtsordnung.[1036] Er kann jedoch nicht rein einzelfallbezogen zur zwingenden Haftungsentlastung herangezogen wer-

1031 *Hanau*, Kausalität der Pflichtwidrigkeit, 1971.

1032 *Hanau*, Kausalität der Pflichtwidrigkeit, 1971, S. 87.

1033 *Hanau*, Kausalität der Pflichtwidrigkeit, 1971, S. 87: „*Die Interessen werden* [nur] *dadurch geschützt, daß Dritte zu einem bestimmten Verhalten angehalten werden. Dieser Schutz kann deshalb nur so weit gehen, wie die Befolgung der Norm geht oder gehen würde.*"; siehe auch *Gotzler*, Rechtmäßiges Alternativverhalten, 1977, S. 29: „*Stützen sich hierauf Rechtswidrigkeit und Schuld, so wird die Zurechnung dort problematisch, wo auch bei Einhaltung der Verhaltenspflicht derselbe Erfolg eingetreten wäre.*".

1034 Siehe die Kritik oben, § 3 F. II.

1035 Siehe die Kritik oben, § 3 H. II.

1036 Siehe zum Referenzrahmen der legitimierten Rechtsordnung oben, § 2 A.; zum Steuerungsgedanken § 3 D. III.

den, da er auf allgemeine Prävention (losgelöst vom Einzelfall) gerichtet ist.[1037] Auch zusätzliche Wertungskriterien überzeugen nicht, zumal sie sich entweder als ausfüllungsbedürftige Gerechtigkeitserwägungen[1038] entpuppen oder einer Perspektive entsprechen, die der überholten Verhaltensunrechtslehre[1039] entstammt.

Die Erwägungen zum RWZ lassen sich auch in Schutzzweckerwägungen übersetzen.[1040] Die Konzepte sind eng verwandt und betreffen Fragen nach dem – gesetzgeberisch intendierten – Normzweck (auch als Ausprägung des Steuerungsgedankens). Allerdings gelingt mit dem Verweis auf den Schutzzweck keine tiefergehende Begründung des RWZ. Es kann nicht überzeugend argumentiert werden, dass der Normgeber im Einzelfall unvermeidbare Schäden generell nicht von einer Verhaltenspflicht umfasst wissen wollte. Vielmehr muss die Typisierungsbefugnis des Gesetzgebers berücksichtigt werden.[1041] Allenfalls dann, wenn eine Verhaltenspflicht *regelmäßig* in bestimmten Situationen versagt, kann dies für einen begrenzten Schutzbereich sprechen.[1042] Dabei spielt jedoch das Normversagen im konkreten Einzelfall keine Rolle.

B. Das Konzept der aktuellen höchstrichterlichen Rechtsprechung

Die höchstrichterliche Rechtsprechung liefert, wenn sie sich auf den Schutzweck im Einzelfall bezieht, keine eigenständige Erklärung für die Berücksichtigung rechtmäßigen Alternativverhaltens. Der Schutzzweck

---

1037 Nach *Schiemann*, Argumente und Prinzipien, 1981, S. 190, dient die Prävention *„dem Ziel* [...] *das zum Schadensersatz verpflichtende Verhalten"* zu verhindern *„wenn schon nicht im konkreten ersatzbegründenden Lebensvorgang, für den die Prävention zu spät kommt, so doch institutionell durch die Wirkung auf zukünftige Wiederholungsfälle."*, siehe ferner oben, § 3 D. III. 3.

1038 *Gotzler*, Rechtmäßiges Alternativverhalten, 1977, S. 90: *„Und dieser Zusammenhang liegt darin, daß die VN auf die Verhütung des Schadens ausgerichtet ist und es daher gerecht erscheint, den haften zu lassen, der das zur Schadensvermeidung bereitgestellte Mittel nicht ergreift."*.

1039 Gemäß *Erb*, Rechtmäßiges Alternativverhalten, 1991, S. 170 fehle *„das für volles Unrecht charakteristische Zusammenwirkung von Pflicht und Anspruch"*, man habe es mit *„reinem Handlungs- und reinem Erfolgsunrecht"* ohne Zusammenhang zu tun.

1040 *Münzberg*, Verhalten und Erfolg, 1966, S. 135 f.

1041 *Britz*, Einzelfallgerechtigkeit versus Generalisierung, 2008, S. 37 f.

1042 So die BAG-Rechtsprechung zu den Inseratskosten; sowie *Erb*, Rechtmäßiges Alternativverhalten, 1991, S. 88 f.

kann insofern allein als *Einschränkung* einer entlastenden Berücksichtigung rechtmäßigen Alternativverhaltens verstanden werden.[1043] Diese Einschränkung ergibt sich – gewissermaßen antithetisch zu den Modellen des RWZ – wiederum aus dem Steuerungsgedanken: Um eine wirksame Sanktion und Prävention zu ermöglichen, soll der Einwand rechtmäßigen Alternativverhaltens unberücksichtigt bleiben. Damit suspendiert die höchstrichterliche Rechtsprechung die – in § 249 Abs. 1 BGB grundsätzlich angelegte – Ausgleichsfunktion im Interesse einer Präventionsfunktion. Soweit bereits für die *Begründung* einer Erheblichkeit rechtmäßigen Alternativverhaltens auf den Schutzzweck verwiesen wird, überzeugt dies nicht.[1044]

Auch eine Einschränkung der Vergleichsbetrachtung des § 249 Abs. 1 BGB überzeugt nicht, da so rechtspraktisch erhebliche Wertungsinkonsistenzen und Unsicherheiten erzeugt werden.[1045] Es bliebe stets zu klären, ob die verletzte Verhaltenspflicht bedeutsam genug ist, um einen überkompensatorischen Schadensersatz im Einzelfall zu rechtfertigen. Demgegenüber wirkt sich die uneingeschränkte entlastende Berücksichtigung rechtmäßigen Alternativverhaltens – als Frage besonderer Einzelfälle – nicht nennenswert im negativen Sinn auf die Steuerungswirkung aus.[1046] Die Fälle, in denen aufgrund besonderer Einzelfallumstände der Schaden unvermeidbar ist, werden nur selten vergleichbar sein. Ferner trägt der Schädiger, unter Berücksichtigung von § 287 ZPO, letztendlich die wesentliche Beweislast für die besonderen Umstände, aufgrund derer die Unvermeidbarkeit des Schadens anzunehmen ist. Insofern ist es unwahrscheinlich, dass die entlastende Berücksichtigung rechtmäßigen Alternativverhaltens die Verhaltenspflichten entwertet. Ein Bedürfnis zur Einschränkung besteht nicht, die Nachteile einer solchen Einschränkung im Einzelfall überwiegen vielmehr die Vorteile. Darüber hinaus sprechen sowohl § 630h

---

1043 Siehe oben § 4 A. V. 1. d).

1044 Siehe oben § 3 J. II.

1045 Siehe die Analyse exemplarischer Entscheidungen oben § 4 B. II., insbesondere das Zwischenfazit unter § 4 B. II. 7.

1046 Dies erkannte bereits, darauf sei abschließend nochmals hingewiesen, der OGH der Britischen Zone Köln, Urteil vom 20.01.1949, II ZS 20/48, NJW 1949, 302 (303): „*Auch der Gedanke, daß das Schadensersatzrecht seine ihm zweifellos innewohnende Abschreckungswirkung gegenüber dem Täter verliere, wenn dieser sich unter Umständen sagen könne, daß er nicht zu haften brauche, weil bereits zu übersehen sei, daß der gleiche Zustand auch ohne seine Handlung eintreten würde, überzeugt nicht, Fälle, in denen der Täter mit einiger Sicherheit einen solchen Schluß ziehen könnte, werden selten sein, und strafrechtliche Sanktionen sowie Abwehr- und Unterlassungsansprüche werden auch dann für den nötigen Schutz sorgen.*“.

Abs. 2 BGB, als auch § 252 BGB systematisch dafür, rechtmäßiges Alternativverhalten grundsätzlich entlastend zu berücksichtigen. Das Konzept der höchstrichterlichen Rechtpsrechung findet keinen Rückhalt in der legitimierten (Schadensersatz-)Rechtsordnung.[1047]

C. *Die hypothetische Vergleichsbetrachtung nach § 249 Abs. 1 BGB*

In der Medizin wird ein Organismus als „*Chimäre*" bezeichnet, „*der in sich zwei oder mehr* [...] *Gewebe verschiedenen genetischen Ursprungs beherbergt.*"[1048] Daran lässt sich metaphorisch, abschließend nochmals auf den Titel und die Einleitung der vorgelegten Untersuchung Bezug nehmend, anknüpfen. Das Konzept des RWZ vereint den Steuerungsgedanken und die haftungsbegründende Zurechnung, die sich jedoch nicht überzeugend kombinieren lassen. Die höchstrichterliche Rechtsprechung vereint den Steuerungsgedanken im Sinne von Sanktionserwägungen und die Schadensberechnung, vermag es jedoch auf diese Weise ebenso wenig, ein tragfähiges dogmatisches Konzept für die Lösung der Fälle rechtmäßigen Alternativverhaltens abzubilden. Der Steuerungsgedanke lässt sich weder für den RWZ, noch für das Konzept der höchstrichterlichen Rechtsprechung systematisch stimmig anführen. Es handelt sich also jeweils um unnatürliche Chimären, die sich nicht „*organisch*" im Sinne „*zusammenhängender Rechtsinstitute*" des „*Rechtsorganismus*" begreifen lassen.[1049]

Allein die unbeschränkte Berücksichtigung rechtmäßigen Alternativverhaltens im Rahmen der Schadensberechnung nach § 249 Abs. 1 BGB findet einen Rückhalt in der legitimierten (Schadensersatz-)Rechtsordnung. Mit Blick auf den Steuerungsgedanken im Sinne berechtigter Verkehrserwartungen ist es wertungsgerecht und systematisch überzeugend, rechtmäßiges Alternativverhalten als eine entlastende Reserveursache zu berücksichtigen.[1050] Die uneingeschränkte Berücksichtigung wirkt sich auch positiv auf die Effektivität und Effizienz des bestehenden Systems von Verhaltenspflichten aus, da – im Falle regelmäßigen Normversagens – Schwach-

---

1047 Siehe oben, § 6 B. II.

1048 *Moore*, Transplantation, 1970, S. 25.

1049 *Warnkönig*, Juristische Encyclopädie oder organische Darstellung der Rechtswissenschaft, 1853, S. 63: „*Die Rechtsordnung besteht aus einer Menge organisch gegliederter und mit einander zusammenhängender Rechtsinstitute, welche* [...] *den Rechtsorganismus des Staates ausmachen.*"; siehe auch oben § 2 A. zur Anknüpfung an den legitimierten Normgeber.

1050 Siehe oben, § 7 A. II.

stellen in den Regelungen konsequent aufgedeckt werden können, wodurch ein (Nach-)Regulierungsbedarf identifiziert wird.[1051] Richtig verstanden, spricht der Steuerungsgedanke somit für die unbegrenzte Beachtung rechtmäßigen Alternativverhaltens im Rahmen von § 249 Abs. 1 BGB. Die Begründungskonzepte zum RWZ haben den Steuerungsgedanken insoweit zutreffend identifiziert, allerdings unzutreffende Schlüsse aus diesem gezogen. Im Rahmen der Ausgleichsfunktion von § 249 Abs. 1 BGB lässt sich der Steuerungsgedanke im Sinne berechtigter Verkehrserwartungen stimmig für die Fälle rechtmäßigen Alternativverhaltens entfalten. Dabei ist auch eine rechtspraktisch befriedigende Beweislastverteilung, über § 287 ZPO, möglich, die den Schädiger nicht übervorteilt.[1052] Insofern lässt sich allein die uneingeschränkte Berücksichtigung rechtmäßigen Alternativverhaltens innerhalb der Vergleichsbetrachtung des § 249 Abs. 1 BGB als überzeugende, aus einer speziellen Präventions- und Steuerungsperspektive effektive und insofern gesetzgeberisch legitimierte[1053] Lösung der Problematik rechtmäßigen Alternativverhaltens begreifen. Im Grundsatz muss die Lösung der Problematik von § 249 Abs. 1 BGB ausgehen, es lässt sich insofern nicht *„zu den vorgelagerten Fragen der Haftungsbegründung"* aufsteigen.[1054] Gründe, die eine Einschränkung der hypothetischen Vergleichsbetrachtung des § 249 Abs. 1 BGB im Kontext des rechtmäßigen Alternativverhaltens rechtfertigen würden, sind aus der Präventions- und Steuerungsperspektive nicht identifizierbar. Für den Versuch der Rechtsprechung, zu einer einzelfallabhängigen Lösung des Problems rechtmäßigen Alternativverhaltens zu gelangen, besteht vor diesem Hintergrund kein Bedürfnis. Im Gegenteil: Die Ausrichtung der Berücksichtigung rechtmäßigen Alternativverhaltens an Schutzzweckerwägungen im Einzelfall bringt unverhältnismäßige Nachteile, insbesondere eine erhebliche Rechtsunsicherheit, mit sich, die systematisch nicht zu rechtfertigen sind.

1051 Siehe oben, § 7 C.

1052 Siehe oben, § 7 B. I.; anders bei den zuvor untersuchten Modellen des RWZ, siehe auch *Erb*, Rechtmäßiges Alternativverhalten, 1991, S. 93 f.

1053 Vgl. *Dreier*, Kompensation und Prävention, 2002, S. 125: *„Da nämlich der einer Norm innewohnende Zweck auf eine bestimmte Wirkungsweise gerichtet ist, erlangt die Wirkungsweise Bedeutung für die Ermittlung des Zwecks."*; vgl. auch *Schmidt-Aßmann*, Das allgemeine Verwaltungsrecht als Ordnungsidee, 2. Auflage 2004, S. 56 zu den *„Steuerungsgrenzen"* der Rechtsschöpfung; sowie *Bumke*, Relative Rechtswidrigkeit, 2004, S. 266; sowie oben § 2 B. I.

1054 So aber *Gotzler*, Rechtmäßiges Alternativverhalten, 1977, S. 24.

Literaturverzeichnis

Alexander, Thorsten: Die strafrechtliche Verantwortlichkeit für die Wahrung der Verkehrssicherungspflichten in Unternehmen, Herbolzheim 2005

Alexy, Robert: Recht, Vernunft, Diskurs, Studien zur Rechtsphilosophie, Berlin 1995

Ballerstedt, Kurt: Über Zivilrechtsdogmatik, in: Festschrift für Werner Flume zum 70. Geburtstag, Hrsg. Horst Heinrich Jakobs, Brigitte Knobbe-Keuk, Eduard Picker, Jan Wilhelm, Band I, Köln 1978, S. 257-282, zitiert: *Ballerstedt*, in: FS Flume, Band I, 1978

Bamberger, Georg/ Roth, Herbert/ Hau, Wolfgang/ Poseck, Roman: Beck'scher Online-Kommentar BGB, 46. Edition, zitiert: *Bearbeiter*, in: BeckOK, BGB

Baumbach, Adolf/ Hueck, Alfred: Beck'sche Kurz-Kommentare, Gesetz betreffend die Gesellschaften mit beschränkter Haftung, 21. Aufl. 2017, zitiert: *Bearbeiter*, in: Baumback/Hueck, GmbHG

Becker-Eberhard, Ekkehard: Neue dogmatische Einordnung der Verbandsklage kraft Gesetzes?, in: Festschrift für Dieter Leipold zum 70. Geburtstag, Hrsg. Rolf Stürner, Hiroyuki Matsumoto, Wolfgang Lüke, Masashisa Deguchi, Tübingen 2009, S. 3-21, zitiert: *Becker-Eberhard*, in: FS Leipold, 2009

Beitzke, Günther: Anmerkung zum Urteil des BAG vom 23.03.1984, 7 AZR 37/81, in: Arbeitsrechtliche Praxis BGB § 276 Vertragsbruch Nr. 8.

Bergmann Ávila, Humberto: Theorie der Rechtsprinzipien, Berlin 2006

Blaschzcok, Andreas: Gefährdungshaftung und Risikozuweisung, Köln 1993

Borgmann, Matthias: Der BGH klärt nicht auf! Inkongruenzen in der Rechtsprechung des BGH zur ärztlichen Risikoaufklärung, NJW 2010, S. 3190-3194

Bost, Jan-Patrick: Effiziente Verhaltenssteuerung durch den Ersatz von Nichtvermögensschäden – Eine ökonomische Analyse des Schmerzensgeld- und des Geldentschädigungsrechts anhand des deutschen Haftungsrechts, Berlin 2009

Britz, Gabriele: Einzelfallgerechtigkeit versus Generalisierung – Verfassungsrechtliche Grenzen statistischer Diskriminierung, Tübingen 2008

Brommer, Andreas: Folgen einer reformierten Aktionärsklage für die Vorstandsinnenhaftung, AG 2013, S. 121-130

Brüggemeier, Gert: Haftungsrecht: Struktur, Prinzipien, Schutzbereich – Ein Beitrag zur Europäisierung des Privatrechts, München 2006, zitiert: *Brüggemeier*, Haftungsrecht, 2006

Bumke, Christian: Relative Rechtswidrigkeit – Systembildung und Binnendifferenzierungen im Öffentlichen Recht, Tübingen 2004

Bundestag Drucksache 17/10488

Burckhardt, Walther: Methode und System des Rechts, Zürich 1971

Canaris, Claus-Wilhelm: Systemdenken und Systembegriff in der Jurisprudenz entwickelt am Beispiel des deutschen Privatrechts, 2. Aufl., Berlin 1983

Canaris, Claus-Wilhelm: Systemdenken und Systembegriff in der Jurisprudenz entwickelt am Beispiel des deutschen Privatrechts, Berlin 1969

Christensen, Ralph: Was heißt Gesetzesbindung? – Eine rechtslinguistische Untersuchung, Berlin 1989

Christensen, Ralph/ Kudlich, Hans: Theorie richterlichen Begründens, Berlin 2001

Coing, Helmut: Interessenberechnung und unmittelbarer Schaden, SJZ 1950, S. 866-872

Curti, Henning: Zur Abschreckungswirkung strafrechtlicher Sanktionen in der Bundesrepublik Deutschland: Eine empirische Untersuchung, in: Die Präventivwirkung zivil- und strafrechtlicher Sanktionen, Beiträge zum VI. Travemünder Symposium zur ökonomischen Analyse des Rechts vom 25.-28. März 1998, Hrsg. Claus Ott, Hans-Bernd Schäfer, Tübingen 1999, zitiert: *Curti*, in: Ott/ Schäfer, Präventivwirkung, 1999

Dauner-Lieb, Barbara/Langen Werner: Bürgerliches Gesetzbuch - BGB, Schuldrecht, Band 2, 3. Aufl., Baden-Baden 2016, zitiert: *Bearbeiter*, in: Dauner-Lieb/Langen

Del Vecchio, Giorgio: Grundlagen und Grundfragen des Rechts – Rechtsphilosophische Abhandlungen, Göttingen 1963

Deutsch, Erwin: Finalität, Sozialadäquanz und Schuldtheorie als zivilrechtliche Strukturbegriffe – Welzels Wirkung auf die Zivilrechtsdogmatik, in: Festschrift für Hans Welzel, Hrsg. Günter Stratenwerth, Armin Kaufmann, Gerd Geilen u.a., Berlin 1974, S. 227-251, zitiert: *Deutsch*, in: FS Welzel, 1974

Diederichsen, Uwe: Wohin treibt die Produzentenhaftung?, NJW 1978, S. 1281-1284

Diederichsen, Uwe: Zur gesetzlichen Neuordnung des Schuldrechts, AcP 182 (1982), S. 101-125

Dreier, Thomas: Kompensation und Prävention – Rechtsfolgen unerlaubter Handlung im Bürgerlichen, Immaterialgüter- und Wettbewerbsrecht, Tübingen 2002

Ebers, Martin: Rechte, Rechtsbehelfe und Sanktionen im Unionsprivatrecht, Tübingen 2016

Ebert, Ina: Pönale Elemente im deutschen Privatrecht – Von der Renaissance der Privatstrafe im deutschen Recht, Tübingen 2004

Edenfeld, Stefan: Grenzen der Verkehrssicherungspflicht, VersR 2002, S. 272-278

Eichler, Hermann: Gesetz und System, Berlin 1970

Eidenmüller, Horst: Effizienz als Rechtsprinzip – Möglichkeiten und Grenzen der ökonomischen Analyse des Rechts, 4. Aufl. 2015

Engisch, Karl: Die Einheit der Rechtsordnung, Heidelberg 1935

Engländer, Armin: Diskurs als Rechtsquelle? – Zur Kritik der Diskurstheorie des Rechts, Tübingen, 2002

Erb, Volker: Rechtmäßiges Alternativverhalten und seine Auswirkungen auf die Erfolgszurechnung im Strafrecht – Eine systematische Darstellung unter Berücksichtigung der entsprechenden Zivilrechtlichen Fragestellung, Berlin 1991, zitiert: *Erb*, Rechtmäßiges Alternativverhalten, 1991

Esser, Josef: Schuldrecht, Band I, Allgemeiner Teil, Teilband 2 Durchführungshindernisse und Vertragshaftung, Schadensausgleich und Mehrseitigkeit beim Schuldverhältnis, 8. Aufl., Heidelberg 2000, fortgeführt von Eike Schmidt, zitiert: *Schmidt*, in: Esser, Schuldrecht, 8. Aufl., Heidelberg 2000

Esser, Josef: Die Zweispurigkeit des Haftpflichtrechts, JZ 1953, S. 129-134

Esser, Josef: Grundlagen und Entwicklung der Gefährdungshaftung, 2. Aufl. München 1969

Esser, Josef: Schuldrecht, Band I, 3. Aufl., Heidelberg 1968, zitiert: *Esser*, Schuldrecht, 3. Aufl. 1968

Fabarius, Maria-Elisabeth: Äußere und innere Sorgfalt, Köln 1991

Fikentscher, Wolfgang: Methoden des Rechts in vergleichender Darstellung, Band III Mitteleuropäischer Rechtskreis, Tübingen 1976

Fikentscher, Wolfgang: Methoden des Rechts in vergleichender Darstellung, Band IV Dogmatischer Teil, Tübingen 1977

Fischer, Christian: Topoi verdeckte Rechtsfortbildungen im Zivilrecht, Tübingen 2007

Fleischer, Holger: Kompetenzüberschreitungen von Geschäftsleitern im Personen- und Kapitalgesellschaftsrecht, Schaden – rechtmäßiges Alternativverhalten – Vorteilsausgleichung, DStR 2009, S. 1204-1210

Florstedt, Tim: Recht als Symmetrie – Ein Beitrag zur Theorie des subjektiven Privatrechts, Tübingen 2015

Freund, Stefan: Organhaftung von Vorständen und Geschäftsführern – Ein Überblick mit Hinweisen aus der Praxis, GmbHR 2009, S. 1185-1190

Fries, Martin: Urteilsanmerkung zu BGH, Urteil vom 19.07.2016, VI ZR 75/15, JR 2017, S. 287-290

Froitzheim, Oliver: Dash Cams, das allgemeine Persönlichkeitsrecht und Beweisverwertung, NZV 2018, S. 109-117

Frommeyer, Ingo: Grenzen von Verkehrspflichten bei der Behandlung von Verkaufsware – „Spontaner Glasbruch, MDR 2007, S. 816-818

Funke, Andreas: Allgemeine Rechtslehre als juristische Strukturtheorie – Entwicklung und gegenwärtige Bedeutung der Rechtstheorie um 1900, Tübingen 2004

Gabriel, Marc/ Krohn, Wolfram/ Neun, Andreas: Handbuch Vergaberecht, Gesamtdarstellung und Kommentierung zu Vergaben nach GWB, VgV, SektVO, VS-VgV, KonzVgV, VOB/A, UVgO, VOL/A, VO(EG)1370, SGB V, AEUV, 2. Aufl., München 2017, zitiert: *Bearbeiter*, in: Gabriel/Krohn/Neun

Gebauer, Martin: Hypothetische Kausalität und Haftungsgrund, Tübingen 2007

Geiß, Karlmann/ Greiner, Hans-Peter: Arzthaftpflichtrecht, 7. Aufl., München 2014

Gerecke, Martin: Haftungsbegrenzungen und -intensivierungen bei der Verkehrspflicht, VersR 2008, S. 1595-1601

Gessner, Volkmar: Recht und Konflikt – Eine soziologische Untersuchung privatrechtlicher Konflikte in Mexiko, Tübingen 1976

Goette, Wulf/ Habersack, Mathias/ : Münchener Kommentar zum Aktiengesetz, Band 5, 4. Aufl., München 2015, zitiert: *Bearbeiter*, in: MüKo AktG, 4. Aufl. 2015

Gotzler, Max: Rechtmäßiges Alternativverhalten im haftungsbegründenden Zurechnungszusammenhang, München 1977, zitiert: *Gotzler*, Rechtmäßiges Alternativverhalten, 1977

Grechenig, Kristoffel R./ Stremnitzer, Alexander: The Doctrine of `Rechtmäßiges Alternativverhalten´ - A Comparative Economic Approach and its Implications for Proportional Liability, John M. Olin Center for Studies in Law, Economics, and Public Policy, Research Paper No. 410

Gregor, Stephan: Das Bereicherungsverbot – Ausdruck der Trennung von Schaden und Haftung, Tübingen 2012

Griller, Stefan/ Rill, Heinz Peter: Rechtstheorie – Rechtsbegriff – Dynamik – Auslegung, München 2011

Großerichter, Helge: Hypothetischer Geschehensverlauf und Schadensfeststellung – Eine rechtsvergleichende Untersuchung vor dem Hintergrund der perte d'une chance, München 2001

Gruber, Markus A.: Freiheitsschutz als ein Zweck des Deliktsrechts – Versuch einer methodengerechten Begründung, Berlin 1998

Grunsky, Wolfgang: Renzension: Max Gotzler, Rechtmäßiges Alternativverhalten im haftungsbegründenden Zurechnungszusammenhang, AcP 178 (1978), S. 330-334

Gsell, Beate/ Krüger, Wolfgang/ Lorenz, Stephan/ Reymann, Christoph: beck-online.GROSSKOMMENTAR Zivilrecht, fortlaufend aktualisiert, zitiert: *Bearbeiter*, in: BeckOGK

Haag, Kurt: Geigel – Der Haftpflichtprozess, 27. Aufl., München 2015

Hanau, Peter: Kausalität der Pflichtwidrigkeit – Eine Studie zum Problem des pflichtmäßigen Alternativverhaltens im bürgerlichen Recht, Göttingen 1971

Hanau, Peter: Urteilsanmerkung zu BGH, Urteil vom 24.10.1985, IX ZR 9/84, DNotZ 1986, 406-416

Hart, Dieter: Autonomiesicherung im Arzthaftungsrecht – Ein Beitrag zur Entkoppelung von ärztlicher Aufklärungspflicht und Körperverletzung, in: Recht im Spannungsfeld von Theorie und Praxis, Festschrift für Helmut Heinrichs zum 70. Geburtstag, Hrsg. Andreas Heldrich, Peter Schlechtriem, Eike Schmidt, München 1998, S. 291-318, zitiert: *Hart*, in: FS-Heinrichs, 1998

Harte-Bavendamm, Henning/ Henning-Bodewig, Frauke: Gesetz gegen den unlauteren Wettbewerb (UWG), Kommentar, 3. Aufl., München 2013, zitiert: *Bearbeiter*, in: Harte-Bavendamm/Bodewig

Heck, Philipp: Grundriß des Schuldrechts, Tübingen 1929

Heck, Philipp: Begriffsbildung und Interessenjurisprudenz, Tübingen 1932

Hedderich, Katharina: Pflichtversicherung, Tübingen 2011

Henkel, Heinrich: Einführung in die Rechtsphilosophie, München 1977

Hess, Claus: Die Vertragsstrafe – Ein unbekanntes Mittel privater Genugtuung, Berlin 1993

Holznagel, Daniel: Notice and Take-Down-Verfahren als Teil der Providerhaftung – Untersuchung des rechtlichen Rahmens von Verfahren zur Beanstandung und Verteidigung von Inhalten im Internet, insbesondere auf „User Generated Content"-Plattformen, Tübingen 2013

Höpfner, Clemens: Die systemkonforme Auslegung – Zur Auflösung einfachgesetzlicher, verfassungsrechtlicher und europarechtlicher Widersprüche im Recht, Tübingen 2009

Hornung, Gerrit/ Fuchs, Katharina: Einstandspflicht des Fälschungsopfers? Die Haftung von Originalherstellern für Schäden durch Arzneimittelfälschungen, PharmR 2012, S. 501-510

Hüffer, Uwe/ Koch, Jens: Beck'sche Kurz-Kommentare, Aktiengesetz, 13. Aufl., München 2018, zitiert: *Bearbeiter*, in: Hüffer/Koch

Jansen, Nils: Konturen eines europäischen Schadensrechts, JZ 2005, S. 160-173

Jansen, Nils: Gesetzliche Schuldverhältnisse, Eine historische Strukturanalyse, AcP 216 (2016), 112-233

Jansen, Nils: Das Problem der Rechtswidrigkeit bei § 823 Abs. 1 BGB, AcP 202 (2002), S. 517-554

Kästle-Lamparter, David: Welt der Kommentare – Struktur, Funktion und Stellenwert juristischer Kommentare in Geschichte und Gegenwart, Tübingen 2016

Kaufmann, Armin: Lebendiges und Totes in Bindings Normentheorie – Normlogik und moderne Strafrechtsdogmatik, Göttingen 1954

Kaufmann, Arthur: Die Bedeutung hypothetischer Erfolgsursachen im Strafrecht, in: Festschrift für Eberhard Schmidt zum 70. Geburtstag 1961, Hrsg. Paul Bockelmann und Wilhelm Gallas, Göttingen 1971, S. 200-231, zitiert: *Kaufmann*, in: FS Schmidt, 1971

Keil, Ulrich: Die Systematik privatrechtlicher Rechtsprechungsänderungen, Tübingen 2007

Kelsen, Hans: Was ist Gerechtigkeit?, Wien 1953

Keuk, Brigitte: Vermögensschaden und Interesse, Bonn 1972

Kirchhof, Gregor: Die Allgemeinheit des Gesetzes – Über einen notwendigen Garanten der Freiheit, der Gleichheit und der Demokratie, Tübingen 2009

Kleindiek, Detlef: Deliktshaftung und juristische Personen – Zugleich zur Eigenhaftung von Unternehmensleitern, Tübingen 1997

Koch, Robert: Geschäftsleiterpflicht zur Sicherstellung risikoadäquaten Versicherungsschutzes, ZGR 2006, S. 184-212.

Köhler, Helmut/ Bornkamm, Joachim/ Feddersen, Jörn: Gesetz gegen den unlauteren Wettbewerb: UWG, 26. Aufl., München 2018, zitiert: *Bearbeiter*, in: Köhler/ Bornkamm/Feddersen

Kolb, Katharina M. : Auf der Suche nach dem Verschuldensgrundsatz – Untersuchungen zur Faktizität der Culpa-Doktrin im deutschen außervertraglichen Haftungsrecht, München 2008

Köndgen, Johannes: Haftpflichtfunktionen und Immaterialschaden am Beispiel von Schmerzensgeld bei Gefährdungshaftung, Berlin 1969

Körner, Marita: Zur Aufgabe des Haftungsrechts – Bedeutungsgewinn präventiver und punitiver Elemente, NJW 2000, S. 241-246

Krawietz, Werner: Recht als Regelsystem, Wiesbaden 1998

Krawietz, Werner : Das positive Recht und seine Funktion – Kategoriale und methodologische Überlegungen zu einer funktionalen Rechtstheorie, Berlin 1967

Krüger, Wolfgang/ Rauscher, Thomas: Münchener Kommentar zur Zivilprozessordnung mit Gerichtsverfassungsgesetz und Nebengesetzen, Band 1 §§ 1-354, 5. Aufl., München 2016, zitiert: *Bearbeiter*, in: MüKo ZPO

Kümper, Boas: Risikoverteilung im Staatshaftungsrecht am Beispiel amtshaftungsrechtlicher Gefahrvermeidungspflichten bei fehlerhafter Planung, Genehmigung und Aufsicht, Tübingen 2011

Lang, Rolf: Normzweck & Duty of Care – Eine Untersuchung über die Grenzen der Zurechnung im deutschen und anglo-amerikanischen Deliktsrecht, München 1983

Lange, Hermann: Zum Problem der überholenden Kausalität, AcP 152 (1952/1953), S. 153-168

Lange, Hermann: Handbuch des Schuldrechts in Einzeldarstellungen, Hrsgb. Joachim Gernhuber, Band 1, Schadensersatz, 1. Aufl., Tübingen 1979, zitiert: *Lange*, Schadensersatz, 1. Aufl. 1979

Lange, Hermann / Schiemann, Gottfried: Handbuch des Schuldrechts in Einzeldarstellungen, Hrsgb. Joachim Gernhuber, Band 1, Schadensersatz, 3. Aufl., Tübingen 2003, zitiert: *Bearbeiter* in: Lange/Schiemann, Schadensersatz, 3. Aufl. 2003

Larenz, Karl: Methodenlehre der Rechtswissenschaft, 6. Aufl., Berlin 1991

Larenz, Karl: Rechtswidrigkeit und Handlungsbegriff im Zivilrecht, in: Vom Deutschen zum Europäischen Recht, Festschrift für Hans Dölle Band I, Deutsches Privat- und Zivilprozessrecht, Rechtsvergleichung, Hrsg. Ernst von Caemmerer, Arthur Nikisch, Konrad Zweigert, Tübingen 1963, S. 169-200, zitiert: *Larenz*, in: FS Dölle, Band I, 1963

Larenz, Karl: Präventionsprinzip und Ausgleichsprinzip im Schadensersatzrecht (zum Urteil des BAG im Metallarbeiterstreiks), NJW 1959, S. 865-867

Larenz, Karl: Lehrbuch des Schuldrechts, Erster Band, Allgemeiner Teil, 14. Aufl., München 1987

Larenz, Karl: Die Berücksichtigung hypothetischer Schadensursachen bei der Schadensermittlung, NJW 1950, S. 487-489

Larenz, Karl/ Canaris, Claus-Wilhelm: Lehrbuch des Schuldrechts, Zweiter Band, Besonderer Teil, 2. Halbband, 13. Aufl., München 1994

Laufs, Adolf: Willensfreiheit und Privatrecht, in: Jurisprudenz zwischen Medizin und Kultur, Festschrift zum 70. Geburtstag von Gerfried Fischer, Hrsg. Bernd-Rüdiger Kern, Hans Lilie, Frankfurt am Main 2010, S. 223-236, zitiert: *Laufs*, in: FS Fischer, 2010

Laufs, Adolf/ Katzenmeier, Christian/ Lipp, Volker: Arztrecht, 7. Aufl., München 2015

Lemhöfer, Bernt: Die überholende Kausalität und das Gesetz, JuS 1966, S. 337-344

Löwe, Henning: Der Gedanke der Prävention im deutschen Schadensersatzrecht, Frankfurt am Main, 2000, zitiert: *Löwe*, Der Gedanke der Prävention, 2000

Löwisch, Manfred: Rechtswidrigkeit und Rechtfertigung von Forderungsverletzungen, AcP 165 (1965), S. 421-452

Luck, Georg: Kann der Beklagte zwecks Haftungsbefreiung einwenden, der Schaden wäre auch ohne seine Handlung in einem späteren Zeitpunkt entstanden?, Erlangen 1936, zitiert: *Luck*, Haftungsbefreiung, 1936

Magnus, Ulrich: Schaden und Ersatz – Eine rechtsvergleichende Untersuchung zur Ersatzfähigkeit von Einbußen, Tübingen 1987

Martinek, Michael/ Weth, Stephan/ Herberger, Maximilian/ Rüßmann, Helmut: Juris Praxiskommentar BGB, 8. Aufl. 2017, zitiert: *Bearbeiter*, in: jurisPK-BGB

Maunz, Theodor/ Dürig, Günter: Grundgesetz Kommentar, Band III Art. 16-22, Loseblatt-Kommentar, München, zitiert: *Bearbeiter*, in: Maunz/Dürig, GG

Mayr, Lorenz: Der verwerflich handelnde Geschädigte – Rechtsschutzversagung wegen rechts- oder sittenwidrigen Verhaltens im deutschen und englischen Deliktsrecht, Tübingen 2015

Medicus, Dieter: Anmerkung zum Urteil des BAG, Urteil vom 18.12.1969, 2 AZR 80/69, in: Arbeitsrechtliche Praxis BGB § 276 Vertragsbruch Nr. 3

Mertens, Hans-Joachim: Verkehrspflichten und Deliktsrecht – Gedanken zu einer Dogmatik der Verkehrspflichtverletzungen, VersR 1980, S. 397-408

Meßerschmidt, Klaus: Gesetzgebungsermessen, Berlin 2000

Metzger, Axel: Extra legem, intra ius - Allgemeine Rechtsgrundsätze im Europäischen Privatrecht, Tübingen 2009

Meyer, Olaf: Korruption im Vertrag, Tübingen 2017

Mitterer, Katharina/ Wiedermann, Markus/ Ziwssler, Thomas: BB-Gesetzgebungs- und Rechtsprechungsreport zu Industrie 4.0 und Digitalisierung, BB 2017, S. 3-13

Mohr, Jochen: Zurechnung von mittelbaren Verletzungsfolgeschäden, Jura 2010, S. 567-575

Möller, Reinhard: Das Präventionsprinzip des Schadensrechts, Berlin 2006

Mommsen, Friedrich: Zur Lehre vom Interesse – Beiträge zum Obligationenrecht, Zweite Abtheilung, Braunschweig 1855

Moore, Francis D.: Transplantation – Geschichte und Entwicklung bis zur heutigen Zeit, Übersetzung aus dem Englischen von W. Brendel, Berlin Heidelberg, 1970

Möslein, Florian: „Governance by Default" – Innovation und Koordination durch dispositives Recht, in: Festschrift für Klaus J. Hopt zum 70. Geburtstag am 24. August 2010, Hrsg. Stefan v. Grundmann/ Brigitte Haar/ Hanno Merkt et. al., Berlin 2010, S. 2861-2880, zitiert: *Möslein*, in: FS Hopt, 2010

Möslein, Florian: Dispositives Recht – Zwecke, Strukturen und Methoden, Tübingen 2011

Mugdan, Benno: Die gesammten Materialien zum Bürgerlichen Gesetzbuch für das Deutsche Reich, Band 2 – Recht der Schuldverhältnisse, Berlin 1899, zitiert: *Mugdan*, Motive, Band 2, 1899

Münzberg, Wolfgang: Verhalten und Erfolg als Grundlagen der Rechtswidrigkeit und Haftung, Frankfurt am Main 1966, zitiert: *Münzberg*, Verhalten und Erfolg, 1966

Musielak, Hans-Joachim : Kausalität und Schadenszurechnung im Zivilrecht, JA 2013, S. 241-247

Musielak, Hans-Joachim/ Voit, Wolfgang: Zivilprozessordnung mit Gerichtsverfassungsgesetz, Kommentar, 15. Aufl., München 2018, zitiert: *Bearbeiter*, in: Musielak/Voit

Neumann, Franz L.: Die Herrschaft des Gesetzes – eine Untersuchung zum Verhältnis von politischer Theorie und Rechtssystem in der Konkurrenzgesellschaft, Frankfurt am Main 1980

Neuner, Jörg: Das Schmerzensgeld, JuS 2013, S. 577-584.

Niederländer, Hubert: Hypothetische Schadensereignisse, JZ 1959, S. 617-621

Niederländer, Hubert: Schadensersatz bei hypothetischen Schadensereignissen, AcP 153 (1954), S. 41-80

Nipperdey, Hans Carl: Rechtswidrigkeit, Sozialadäquanz, Fahrlässigkleit, Schuld im Zivilrecht, NJW 1957, S. 1777-1782

Osterkamp, Thomas: Juristische Gerechtigkeit – Rechtswissenschaft jenseits von Positivismus und Naturrecht, Tübingen 2004

Payandeh, Mehrdad: Judikative Rechtserzeugung – Theorie, Dogmatik und Methodik der Wirkung von Präjudizien, Tübingen 2017

Picker, Eduard: Das Deliktsrecht im Zivilrechtssystem – Eine Studie am Beispiel des Fleet-Falls BGHZ 55, 153, ZfPW 2015, S. 385-434

Poelzig, Dörte: Normdurchsetzung durch Privatrecht, Tübingen, 2012

Popper, Karl R.: Logik der Forschung, 10. Aufl., Tübingen 1994

Protokolle der Kommission für die Zweite Lesung des Entwurfs des BGB: Band 2, Recht der Schuldverhältnisse, Goldbach 1998, zitiert: Protokolle, Band 2, 1998

Rabel, Ernst: Das Recht des Warenkaufs – Eine rechtsvergleichende Darstellung, 1. Band, Berlin, Leipzig 1936

Ratzel Rudolf/ Luxenburger, Bernd: Handbuch Medizinrecht, 3. Aufl. 2015

Ratzel, Rudolf/ Lissel, Patrick M.: Handbuch des Medizinschadensrechts, 2013

Reinelt, Ekkehart: Urteilsanmerkung zu BGH, Urteil vom 09.06.2011, X ZR 143/10, jurisPR-BGHZivilR 15/2011, Anmerkung 3

Richter, Stefan: Schadenszurechnung bei deliktischer Haftung für fehlerhafte Sekundärmarktinformationen – Zur Exegese des § 826 BGB, Tübingen 2012, zitiert: *Richter*, Schadenszurechnung, 2012

Rosenbaum, Inga: Hypothetische Kausalität und Schadensersatz, Hamburg 2010

Roth, Günther/ Altmeppen, Holger: GmbHG, Gesetz betreffend die Gesellschaften mit beschränkter Haftung, Kommentar, 8. Aufl., München 2015, zitiert: *Bearbeiter*, in: Roth/Altmeppen

Rüthers, Bernd: Das Ungerechte an der Gerechtigkeit – Fehldeutungen eines Begriffs, Tübingen, 2009

Rüthers, Bernd/ Fischer, Christian/ Birk, Axel: Rechtstheorie mit Juristischer Methodenlehre, 10. Aufl., München 2018, zitiert: *Rüthers/Fischer/Birk*, Rechtstheorie, 10. Aufl. 2018

Säcker, Franz Jürgen/ Rixecker, Roland/ Oetker, Hartmut/ Limperg, Bettina: Münchener Kommentar zum Bürgerlichen Gesetzbuch, zitiert: *Bearbeiter*, in: MüKo BGB

– Band 2, Schuldrecht – Allgemeiner Teil, 7. Aufl., München 2016,

– Band 4, Schuldrecht – Besonderer Teil II, 7. Aufl., München 2016,

– Band 6, Schuldrecht – Besonderer Teil IV, 7. Aufl., München 2017

– Band 7, Sachenrecht, 7.Aufl., München 2017

Saenger, Ingo: Zivilprozessordnung, Familienverfahren, Gerichtsverfassung, Europäisches Verfahrensrecht, Handkommentar, 7. Aufl., Baden-Baden 2017, zitiert: *Bearbeiter*, in: Saenger

Schenk, Robert: Die medizinische Grundaufklärung, Aufklärung im Großen und Ganzen, Grundaufklärung und Basiswissen als Zurechnungsebenen eines Haftungssystems für medizinische Aufklärungsfehler Berlin Heidelberg 2015, zitiert: *Schenk*, Grundaufklärung, 2015

Schiemann, Gottfried: Die Entwicklung der Verkehrspflichten im Zwanzigsten Jahrhundert, in: Perspektiven des Privatrechts am Anfang des 21. Jahrhunderts, Festschrift für Dieter Medicus zum 80. Geburtstag am 9. Mai 2009, Hrsg. Volker Beuthien, Maximilian Fuchs, Herbert Roth, Gottfried Schiemann, Andreas Wacke, Köln 2009, S. 447- 466, zitiert: *Schiemann*, in: FS Medicus, 2009

Schiemann, Gottfried: Argumente und Prinzipien bei der Fortbildung des Schadensrechts, dargestellt an der Rechtsprechung des BGH, München 1981, zitiert: *Schiemann*, Argumente und Prinzipien, 1981

Schlobach, Klaus: Das Präventionsprinzip im Recht des Schadensersatzes, Baden-Baden 2004

Schmid, Hugo: Die Grundlagen der ärztlichen Aufklärungspflicht, NJW 1984, S. 2601-2606

Schmidt-Aßmann, Eberhard: Das allgemeine Verwaltungsrecht als Ordnungsidee – Grundlagen und Aufgaben der verwaltungsrechtlichen Systembildung, 2. Aufl., Berlin 2004

Schneider, Hans Peter: Richterrecht, Gesetzesrecht und Verfassungsrecht – Bemerkungen zum Beruf der Rechtsprechung im demokratischen Gemeinwesen, Frankfurt am Main 1969

Schubert, Claudia: Schmerzensgeld, in: Karlsruher Forum 2016: Schmerzensgeld, Schriftenreihe der Zeitschrift Versicherungsrecht 62, Hrsg. Egon Lorenz, Karlsruhe 2017, S. 5-38.

Schulze, Reiner/ u.a. : Bürgerliches Gesetzbuch, Handkommentar, Schriftleitung Reiner Schulze, 9. Aufl., Baden-Baden 2017, zitiert: *Bearbeiter*, in: Schulze

Schütz, Wolfram/ Dopheide, Oliver: Kausalität und rechtmäßiges Alternativverhalten bei ärztlichen Behandlungsfehlern, VersR 2009, S. 475

Schwab, Martin: Schuldrecht BT: Kein hypothetisches Einverständnis mit anderem als dem vorgesehenen Operateur, JuS 2016, S. 1030-1032

Schwab, Martin: Das Prozeßrecht gesellschaftsinterner Streitigkeiten, Tübingen 2005

Schwab, Norbert/ Weth, Stephan: ArbGG Kommentar, 5. Aufl., Köln 2017, zitiert: *Bearbeiter*, in: Schwab/Weth

Siegel, Thorsten: Entscheidungsfindung im Verwaltungsverbund – Horizontale Entscheidungsvernetzung und vertikale Entscheidungsstufung im nationalen und europäischen Verwaltungsverbund, Tübingen 2009

Sieghörtner, Robert: Internationales Strassenverkehrsunfallrecht, Tübingen 2002

Soergel, Theodor: Bürgerliches Gesetzbuch mit Einführungsgesetz und Nebengesetzen, Band 3/2, Schuldrecht 1/2 § 243-304, 13. Aufl., Stuttgart 2014, zitiert: Bearbeiter, in: *Soergel*

Sourlas, Paul: Adäquanztheorie und Normzwecklehre bei der Begründung der Haftung nach § 823 Abs. 1 BGB, Berlin 1974, zitiert: *Sourlas*, Adäquanztheorie und Normzwecklehre, 1974

Spickhoff, Andreas: Medizinrecht, 2. Aufl. 2014, zitiert: *Bearbeiter*, in: Spickhoff

Spindler, Gerald: Unternehmensorganisationspflichten – Zivilrechtliche und öffentlich-rechtliche Regelungskonzepte, Köln 2001

Steffen, Erich: Haftung des Arztes für Fehler bei der Risikoaufklärung – Zurechnungsbeschränkungen oder versari in re illicita?, in: Festschrift für Dieter Medicus, Hrsg. Volker Beuthien, Maximilian Fuchs, Herbert Roth, Gottfried Schiemann, Andreas Wacke, Köln 1999, S. 637-650, zitiert: *Steffen*, in: FS Medicus, 1999

Stoll, Hans : Unrechtstypen bei Verletzung absoluter Rechte, AcP 162 (1963), S. 204-236

Studhalter, Bernhard: Die Berufung des präsumtiven Haftpflichtigen auf hypothetische Kausalverläufe – Hypothetische Kausalität und rechtmässiges Alternativverhalten, Zürich 1995, zitiert: *Studhalter*, Hypothetische Kausalverläufe, 1995

Stürner, Rolf: Jauernig, Bürgerliches Gesetzbuch, Kommentar, 17. Aufl. 2018, zitiert: *Bearbeiter*, in: Jauernig

Thüsing, Gregor: Das Schadensrecht zwischen Beständigkeit und Wandel – 5 Thesen zur Fortentwicklung der §§ 249 ff. BGB, ZRP 2001, S. 126-130

Tolk, Martin: Der Frustrierungsgedanke und die Kommerzialisierung immaterieller Schäden – Darstellung und Versuch einer Kritik, Berlin 1977

Tschentscher, Axel: Demokratische Legitimation der dritten Gewalt, Tübingen 2006

von Bar, Christian: Entwicklung und rechtsstaatliche Bedeutung der Verkehrs(sicherungs)pflichten, JZ 1979, S. 332-336

von Bar, Christian: Verkehrspflichten – richterliche Gefahrsteuerungsgebote im deutschen Recht, Köln, 1980

von Caemmerer, Ernst: Das Problem der überholenden Kausalität im Schadensersatzrecht, Vortrag gehalten vor der Juristischen Studiengesellschaft in Karlsruhe, Karlsruhe 1962, *zitiert:* von Caemmerer, Das Problem der überholenden Kausalität, 1962, zitiert: *von Caemmerer*, Das Problem der überholenden Kausalität, 1962

von Caemmerer, Ernst: Wandlungen des Deliktsrechts, in: Hundert Jahre Deutsches Rechtsleben, Festschrift Deutscher Juristentag 1860-1960, Band II, Hrsg. Ernst von Caemmerer, Ernst Friesenhahn, Richard Lange, Karlsruhe 1960, S. 49-136, zitiert: *von Caemmerer*, in: FS DJT Band II, 1960

von Hein, Jan: Das Günstigkeitsprinzip im internationalen Deliktsrecht, Tübingen 1999

von Staudinger, Julius: J. von Staudingers Kommentar zum Bürgerlichen Gesetzbuch Zweites Buch: Recht der Schuldverhältnisse: §§ 249-254 (Schadensersatzrecht) Neubearbeitung, Berlin 2017,

– §§ 823 A-D (Unerlaubte Handlungen 1 – Rechtsgüter und Rechte; Persönlichkeitsrecht; Gewerbebetrieb, Berlin 2017,

– § 823 E-I, 824, 825 (Unerlaubte Handlungen 1 - Teilband 2), Berlin 2009, zitiert: *Bearbeiter*, in: Staudinger

von Staudinger, Julius: J. von Staudingers Kommentar zum Bürgerlichen Gesetzbuch, Zweites Buch: Recht der Schuldverhältnisse, §§ 243-254, 12. Aufl., Berlin 1983, zitiert: *Bearbeiter*, in: Staudinger

von Steinau-Steinbrück, Robert: Neues zum Schadensersatz bei Streik, NJW-Spezial 2016, S. 498-499

Voss, Laurenz: Die Verkehrspflichten – Eine dogmatisch-historische Legitimierung, Berlin 2007

Wagner, Gerhard: Prävention und Verhaltenssteuerung durch Privatrecht – Anmaßung oder legitime Aufgabe?, AcP 206 (2006), S. 352-476

Wagner, Gerhard: Grundstrukturen des Europäischen Deliktsrechts, in: Grundstrukturen des Europäischen Deliktsrechts, Hrsg. Reinhard Zimmermann, Baden-Baden 2003, S. 189-340, zitiert *Wagner*, in: Zimmermann, Grundstrukturen, 2003

Wantzen, Kai: Unternehmenshaftung und Enterprise Liability – Zur Idee unternehmensbezogener Schadenshaftung als Quasi-Versicherung, Tübingen 2007

Warnkönig, Leopold August: Juristische Encyclopädie oder organische Darstellung der Rechtswissenschaft – mit vorherrschender Rücksicht auf Deutschland zum Gebrauch bei Vorlesungen und zum Selbststudium, Erlangen 1853

Wendehorst, Christiane: Anspruch und Ausgleich – Theorie einer Vorteils- und Nachteilsausgleichung im Schuldrecht, Tübingen 1999

Westermann, Harm Peter/ Grunewald, Barbare/ Maier-Reimer, Georg: Erman BGB, Kommentar, Band 1, Band 2, 15. Aufl., Köln 2017, zitiert: *Bearbeiter*, in: Erman

Weyers, Hans-Leo: Unfallschäden – Praxis und Ziele von Haftpflicht- und Vorsorgesystemen, Frankfurt am Main 1971

Wilhelmi, Rüdiger: Risikoschutz durch Privatrecht – Eine Untersuchung zur negatorischen und deliktischen Haftung unter besonderer Berücksichtigung von Umweltschäden, Tübingen 2009

Willemsen, Heinz Josef/ Mehrens, Christian: Rechtswidriger Streik ohne Risiko? – Zum Einwand des rechtmäßigen Alternativverhaltens, NZA 2013, S. 1400-1404

Winiger, Bénédict: Verantwortung, Reversibilität und Verschulden, Tübingen 2013

Wissmann, Hellmut : Die Berufung auf rechtmäßiges Alternativverhalten, NJW 1971, S. 549-551

Zippelius, Reinhold: Recht und Gerechtigkeit in der offenen Gesellschaft, 2. Aufl., Berlin 1996

Zippelius, Reinhold: Die Rechtswidrigkeit von Handlung und Erfolg, AcP 157 (1958/1959), S. 390-398

Entscheidungsübersicht

BGH, Urteil vom 21.06.1951, IV ZR 33/50	JR 1952, 70-72
BGH, Urteil vom 14.01.1953, VI ZR 9/52	BGHZ 8, 288-299
BGH, Urteil vom 19.04.1956, III ZR 26/55	BGHZ 20, 275-281
BGH, Beschluss vom 04.03.1957, GSZ 1/56	BGHZ 24, 21-30
BGH, Beschluss vom 25.09.1957, 4 StR 354/57	BGHSt 11, 1-7
BGH, Urteil vom 22.04.1958, VI ZR 65/57	BGHZ 27, 137-143
BGH, Urteil vom 12.11.1958, V ZR 100/57	WM 1959, 87-89
BGH, Urteil vom 16.01.1959, VI ZR 179/57	BGHZ 29, 176-187
BGH, Urteil vom 10.07.1959, VI ZR 87/58	NJW 1959, 2299-2300
BGH, Urteil vom 03.02.1967, VI ZR 111/65	VersR 1967, 495-496
BGH, Urteil vom 07.06.1968, VI ZR 1/67	NJW 1968, 2287-2288
BGH, Urteil vom 14.10.1971, VII ZR 313/69	BGHZ 57, 137-153
BGH, Urteil vom 21.02.1972, III ZR 134/68	VersR 1972, 563
BGH, Urteil vom 05.07.1973, VII ZR 12/73	BGHZ 61, 118-124
OLG Düsseldorf, Urteil vom 23.07.1974, 4 U 20/74	NJW 1975, 171
BGH, Urteil vom 22.10.1974, VI ZR 149/73	NJW 1975, 108-109
BGH, Urteil vom 15.04.1975, VI ZR 19/74	VersR 1975, 812
BGH, Urteil vom 07.02.1984, VI ZR 188/82	BGHZ 90, 96-103
BGH, Urteil vom 23.10.1984, VI ZR 85/83	NJW 1985, 620-621
BGH, Urteil vom 24.10.1985, IX ZR 91/84	BGHZ 96, 157-174
BGH, Urteil vom 07.06.1988, VI ZR 91/87	BGHZ 104, 323-337
BGH, Urteil vom 07.06.1988, IX ZR 144/87	BGHZ 104, 355-363
BGH, Urteil vom 14.02.1989, VI ZR 65/88	BGHZ 106, 391-401
BGH, Urteil vom 17.10.1989, VI ZR 258/88	NJW 1990, 906-908
BGH, Urteil vom 25.02.1991, II ZR 76/90	NJW 1991, 904
BGH, Urteil vom 12.03.1991, VI ZR 232/90	NJW 1991, 2346-2347
BGH, Urteil vom 25.03.1991, II ZR 188/89	BGHZ 114, 127-137
BGH, Urteil vom 04.06.1992, IX ZR 149/91	BGHZ 118, 312-351
BGH, Urteil vom 25.11.1992, VIII ZR 170/91	BGHZ 120, 281-290
BGH, Urteil vom 14.03.1995, VI ZR 34/94	NJW 1995, 2631-2633
BGH, Beschluss vom 26.03.1997, III ZR 114/96	BeckRS 1997, 31118221
OLG Köln, Urteil vom 13.07.1998, 16 U 15/98	VersR 1999, 501-502
BGH, Urteil vom 03.02.2000, III ZR 296/98	BGHZ 143, 362-372
BGH, Urteil vom 15.02.2000, VI ZR 48/99	BGHZ 144, 1-14
BGH, Urteil vom 07.12.2000, III ZR 84/00	BGHZ 146, 122-137
BGH, Urteil vom 13.03.2001, VI ZR 142/00	NJW 2001, 2019-221

BGH, Urteil vom 04.11.2002, II ZR 224/00	BGHZ 152, 280-290
OLG Dresden, Urteil vom 16.01.2003, 7 U 1167/02	ZIP 2003, 360-365
OLG Celle, Urteil vom 24.09.2003, 9 U 80/03	NJW-RR 2004, 20-21
BGH, Urteil vom 03.02.2004, VI ZR 95/03	NJW 2004, 1449-1451
BGH, Urteil vom 19.07.2004, II ZR 217/03	NJW 2004, 2668-2671
BGH, Urteil vom 05.10.2004, VI ZR 255/03	BGHZ 160, 298-308
BGH, Urteil vom 11.01.2005, X ZR 163/02	NJW 2005, 1420-1422
BGH, Urteil vom 15.03.2005, VI ZR 313/03	NJW 2005, 1718-1720
BGH, Urteil vom 05.04.2005, VI ZR 216/03	NJW 2005, 2072-2073
BGH, Urteil vom 18.04.2005, II ZR 61/03	NJW 2005, 2546-2548
BGH, Urteil vom 06.12.2005, VI ZR 265/04	BGHZ 165, 203-213
BGH, Beschluss vom 13.12.2005, VI ZR 164/04	BeckRS 2005, 14901
BGH, Urteil vom 13.06.2006, VI ZR 323/04	BGHZ 168, 103-112
BGH, Urteil vom 20.07.2006, IX ZR 94/03	BGHZ 168, 352-268
BGH, Beschluss vom 14.12.2006, IX ZR 110/04	BeckRS 2007, 01246
BGH, Urteil vom 06.02.2007, VI ZR 274/05	NJW 2007, 1683-1685
BGH, Beschluss vom 22.03.2007, IX ZR 137/06	BeckRS 2007, 01246
LG Erfurt, Urteil vom 29.03.2007, 1 S 386/06	BeckRS 2008, 13062
BGH, Urteil vom 03.06.2008, VI ZR 223/07	NJW 2008, 3775-3777
BGH, Urteil vom 19.06.2009, VI ZR 107/08	BGHZ 181, 253-268
OLG Koblenz, Urteil vom 27.08.2009, 5 U 332/09	VersR 2009, 1553-1554
OLG Hamm, Urteil vom 12.05.2010, 3 U 134/09	VersR 2011, 625-627
OLG München, Urteil vom 16.09.2010, 1 U 3263/10	BeckRS 2010, 22958
OLG München, Urteil vom 18.11.2010, 8 U 3376/10	BeckRS 2012, 07977
LG München, Urteil vom 22.02.2011, 33 O 9550/07	BeckRS 2011, 4112
OLG München, Beschluss vom 28.04.2011, 1 U 1002/11	BeckRS 2011, 10912
BGH, Urteil vom 09.03.2012, V ZR 156/11	NJW 2012, 2022-2024
BGH, Urteil vom 18.06.2012, II ZR 86/11	BGHZ 197, 304-316
BGH, Urteil vom 02.10.2012, VI ZR 311/11	BGHZ 195, 30-42
LG Dessau-Roßlau, Beschluss vom 20.03.2013, 1 T 70/13	BeckRS 2013, 22273
BGH, Beschluss vom 23.04.2013, II ZB 7/09	NJW 2013, 2114-2119
OLG Hamm, Urteil vom 03.05.2013, 11 U 88/11	BeckRS 2013, 09146
BGH, Urteil vom 16.06.2013, II ZR 86/11	BGHZ 197, 304-316
BGH, Urteil vom 19.11.2013, VI ZR 411/12	NJW 2014, 383-386
BGH, Urteil vom 17.12.2013, VI ZR 211/12	BGHZ 199, 237-270
BGH, Urteil vom 06.03.2014, III ZR 352/13	NJW 2014, 1588-1590
OLG Karlsruhe, Urteil vom 09.04.2014, 7 U 124/12	GesR 2014, 494-497
LG Koblenz, Urteil vom 12.08.2014, 10 O 48/12	BeckRS 2016, 12563
LG Köln, Urteil vom 03.09.2014, 13 S 20/14	BeckRS 2015, 00742
OLG Saarbrücken, Urteil vom 16.10.2014, 4 U 168/13	BeckRS 2015, 06192
OLG Koblenz, Urteil vom 26.01.2015, 5 U 1131/14	BeckRS 2016, 14562

BGH, Urteil vom 05.02.2015, IX ZR 167/13	NJW 2015, 1373-1375
BGH, Beschluss vom 26.02.2015, III ZR 204/13	BeckRS 2015, 05462
BGH, Urteil vom 09.06.2015, VI ZR 327/12	NJW 2015, 2507-2509
OLG Zweibrücken, Urteil vom 23.07.2015, 6 U 2/14	BeckRS 2016, 14020
OLG München, Urteil vom 11.09.2015, 10 U 4282/14	BeckRS 2015, 15807
BGH, Urteil vom 29.01.2016, V ZR 285/14	BGHZ 209, 1-8
BGH, Urteil vom 22.03.2016, VI ZR 467/14	NJW 2016, 973-974
OLG Düsseldorf, Urteil vom 10.06.2016, 16 U 89/15	BeckRS 2016, 124659
BGH, Urteil vom 19.07.2016, VI ZR 75/15	NJW 2016, 3523-3525
BGH, Urteil vom 02.11.2016, XII ZR 153/15	NJW 2017, 1104-1108
LG Berlin, Urteil vom 10.01.2017, 18 S 39/16	BeckRS 2017, 109783
LG Köln, Urteil vom 09.03.2017, 91 O 47/15	BeckRS 2017, 106284
OLG Hamm, Urteil vom 29.03.2017, 11 U 73/16	GI aktuell 2017, 107-110
BGH, Urteil vom 20.04.2017, III ZR 470/16	VersR 2018, 31-36
OLG Koblenz, Beschluss vom 17.08.2017, 5 U 491/17	BeckRS 2017, 123188
OLG Hamm, Urteil vom 15.12.2017, 26 U 74/17	GesR 2018, 170-171
BGH, Urteil vom 22.02.2018, VII ZR 46/17	NJW 2018, 1463-1469
BAG, Urteil vom 31.10.1958, 1 AZR 632/57	BAGE 6, 321-379
BAG, Urteil vom 18.12.1969, 2 AZR 80/69	NJW 1971, 549
BAG, Urteil vom 14.11.1975, 5 AZR 534/74	NJW 1976, 644-645
BAG, Urteil vom 26.03.1981, 3 AZR 485/78	BAGE 35, 179-185
BAG, Urteil vom 23.03.1984, 7 AZR 37/81	NJW 1984, 2846-2847
BAG, Urteil vom 26.07.2016, 1 AZR 160/14	BAGE 155, 347-380
RG, Urteil vom 23.12.1879, III 188/79	RGZ 1, 66-68
RG, Urteil vom 13.07.1933, VII 106/33	RGZ 141, 365-370
RG, Urteil vom 03.03.1934, V 360/33	RGZ 144, 80-86
RG, Urteil vom 17.05.1943, III 81/41	RGZ 171, 168-173
OGH der Britischen Zone Köln, Urteil vom 20.01.1949, II ZS 20/48	NJW 1949, 302-304
BVerfG, Beschluss vom 09.05.1984, 1 BvR 1279/83	NJW 1984, 2345-2346
BVerfG, Beschluss vom 19.01.1999, 1 BvR 2161/94	BVerfGE 99, 341-360
BVerfG, Beschluss vom 23.05.2016, 1 BvR 2230/15, 1 BvR 2231/15	NJW-RR 2016, 1366-1371

FSC
www.fsc.org
MIX
Papier | Fördert gute Waldnutzung
FSC® C083411

Kolibri 360 GmbH
Ferdinand-Jühlke-Straße 7
99095 Erfurt, Deutschland
produktsicherheit@kolibri360.de